Das gelbrote Boot

Atilla Keskin

FREE PEN■VERLAG

1. Auflage
Copyright © 2019 freepen Verlag

Autor: Atilla Keskin
mit Beiträgen von: Çetin Doğan, Leyla Bulut, Neriman Orman
Illustration: Havva Gülcan Ayvalık

Printed in Germany, ISBN 978-3-945177-68-6
12,50 Euro

InterKultur e.V.
Erziehung Bildung Inklusion

INHALT

ATİLLA KESKİN – Biografie /Seite 4

DOĞAN AKHANLI
über Atilla Keskin und „Das gelbrote Boot" /Seite 5

DANKSAGUNG /Seite 6

VORWORT /Seite 6

ATİLLA KESKİN
Das gelbrote Boot /Seite 9

LITERATUR-WERKSTATT
Çetin Doğans Çetin /Seite 246
Leyla Buluts Çetin /Seite 258
Neriman Ormans Çetin /Seite 270

ÜBER DAS BUCH /Seite 283

ATİLLA KESKİN
Biografie

Der Autor wurde 1945 in Afyonkarahisar geboren und absolvierte sowohl die Grundschule als auch das Gymnasium in dieser Stadt. Er studierte Verwaltungswissenschaften in der Middle East Technical University bis zum letzten Semester. 1964 wurde er Mitglied der Arbeiterpartei der Türkei. Im Jahre 1969 war er der Vorsitzende des Clubs der „Sozialistischen Idee". Aus politischen Gründen wurde er festgenommen und verbrachte 8 Monate im Gefängnis von Diyarbakır.
Im Prozess gegen die „Volksbefreiungsarmee der Türkei" wurde er gemeinsam mit Deniz Gezmiş und seinen Freunden zum Tode verurteilt. Seine Strafe wurde erst zu lebenslänglich, dann zu 15 Jahren Gefängnis umgewandelt. Nachdem er fünf Jahre im Militärgefängnis von Mamak und anschließend im Gefängnis von Niğde seine Zeit abgesessen hatte, wurde er im Jahre 1974 dank eines Amnestiegesetzes entlassen.
Seit 1977 lebt er als unfreiwilliger Exilant in Deutschland. Er ist verheiratet und hat zwei Kinder. Er schrieb Artikel in politischen Zeitschriften.

Bisherige Bücher des Autoren
Acılara Yenilmeyen Gülümseyişler (Vom Schmerz unbesiegbares Lächeln: ein Erinnerungsroman über seine ermordeten Weggefährten)
Herkesin bir Deniz Gezmiş öyküsü vardır (Jeder hat seine eigene Deniz Gezmiş-Geschichte)
Dostluk (Freundschaft: Ein Roman über zwei Revolutionäre von 1960 bis in die 2000er Jahre)
Otuz Yıllık Hasret (Die 30jährige Sehnsucht: Das Tagebuch über die Zeit in der Türkei nach 30 Jahren)
İlticacı İzine Gitmek İsterse (Wenn der Flüchtling Urlaub machen will: Die tragikomische Geschichte eines Flüchtlings)
Çiçekler Susunca (Wenn die Blumen schweigen: Ein Roman über die zerstreuten Leben des 12. Septembers)
Zorunlu Yalnızlık (Die erzwungene Einsamkeit: Ein Roman über einen Arzt, der im Untergrund leben musste)
Baba Ben Hiç Şeker Çalmadım (Vater, ich habe keine Bonbons gestohlen: Jugenderinnerungen)
Ein anderes Kandil (Beobachtungen der PKK-Kamps)
Kinderbücher
Bisikletler de Uçar (Auch Fahrräder fliegen)
Yıldızlar da Yaşar (Auch Sterne regnen)
Noel Ağacı (Der Weihnachtsbaum)
İki Dünya (Zwei Welten)

DOĞAN AKHANLI
Über Atilla Keskin und „Das gelbrote Boot"

Atilla Keskin ist ein lebender Beweis und ein Denkmal für die feine und unscheinbare Linie zwischen Leben und Tod. Schon lange bevor er Autor wurde, ging er in die Geschichte ein als einer der bekanntesten Akteure der 68er Bewegung.

Er stand Deniz, Yusuf und Hüseyin nahe, die brutal getötet wurden.

Er war der vierte Angeklagte von 18, für die der militärische Staatsanwalt das Todesurteil gefordert hatte.

Diese Gewalt, der jene idealistischen jungen Menschen ausgesetzt waren, war dermaßen ungerecht und erbarmungslos, dass die nachfolgenden Generationen nicht abgeschreckt wurden, sondern ganz im Gegenteil, dass aus dieser Grausamkeit die größte radikale linke Massenbewegung der Geschichte der Türkei entstand.

Atilla Keskin, dessen Todesurteil umgewandelt wurde zur lebenslänglichen Freiheitsstrafe, kam 1974 bei einer Amnestie aus dem Gefängnis frei, verließ die Türkei und emigrierte nach Deutschland. Am Anfang des neuen Jahrhunderts wurde er als Roman-Autor bekannt.

Sein Roman über das Exilleben in Deutschland, „Dostluk" (Freundschaft), seine Romane mit authentischen Geschichten über seine Generation, „Acılara Yenilmeyen Gülümseyişler" (Vom Schmerz unbesiegbare Lächeln) und „Zorunlu Yalnızlık" (Erzwungene Einsamkeit), wurden in der Türkei zu einem bemerkenswerten Erfolg.

Es folgten andere Bücher. Er schrieb auch Kinderbücher. Das Buch „Das gelbrote Boot" entstand im Rahmen einer Schreibwerkstatt des Vereins InterKultur e.V. in Köln. Zur Übung wirkten an diesem Roman auch die Teilnehmer dieser Werkstatt mit.

In dem Roman „Das gelbrote Boot" lässt uns Keskin eintauchen in die unbekannte Welt der drogenabhängigen Jugendlichen und der Fischer.

Er erzählt den Lesern die Geschichte jener marginalen Menschen mit geheimnisvollen Lebensgeschichten, deren Wege sich in einem Fischerdorf kreuzen, die Geschichte von Fuat und seiner eigenwilligen Geliebten, die ihn gelegentlich besucht, und der sein Leben für Jugendliche aufopfert, die vom Weg abgekommen sind. Von Cetin, einem Deutschen mit türkischem Namen, der versucht, zu flüchten aus dem Sumpf der Drogen, von einem Mädchen namens Berfin, die eigentlich dem Namen nach eine Kurdin sein müsste und von deren Großeltern. Mit Delphinen, Möwen und Schwalben vermittelt er den Lesern nahezu ein Epos eines vom Weg abgekommenen Landes.

DANKSAGUNG

Ich danke meinem Freund Yavuz Kürkçü, der die Korrekturen des Romans mit großer Sorgfalt umgesetzt hat,
dem Psychologen Nihat Özer und der Autorin Gülsen Gülbeyaz.
Besim Sertok, der mich bei meiner Recherche über die Fischerei sehr unterstützte.
Semra Doğan für die Übersetzung ins Deutsche.
Und ich möchte mich bei Wilhelm Sonnenschein bedanken, der das Lektorat für den deutschen Text übernommen hat.

VORWORT

Die seit zwei Jahren aktive Literatur-Werkstatt des gemeinnützigen Vereins Interkultur präsentiert als ihre Erstveröffentlichung den Lesern Atilla Keskins Roman „Das gelbrote Boot", der von drei Mitgliedern der Schreibwerkstatt mit eigenen Texten ergänzt wurde.

Diese Publikation ist nach den Aktivitäten des bekannten „Fakir Baykurt Literatur-Atelier"'s in Duisburg, welches zusätzlich zu eigenen Veröffentlichungen auch bei der Ausbildung vieler Autoren mitgewirkt hat, eine der wichtigsten Fortentwicklungen im interkulturellen literarischen Bereich.

Die von Işılay Karagöz, der Verantwortlichen unseres Interkulturellen Zentrums, organisierte Arbeit der Schreibwerkstatt wird unter der Leitung von Atilla Keskin und Yavuz Kürkçü und durch die regelmäßige Beteiligung von Schriftstellern und literarischen Enthusiasten fortgesetzt. So ist bereits jetzt die Veröffentlichung weiterer Bücher geplant.

Die Literatur-Werkstatt beschränkt sich in ihrer Arbeit derzeit auf türkischsprachige Texte. Ziel ist es aber, die Arbeit auf zusätzliche Sprachen auszuweiten und Autorinnen mehr Platz einzuräumen.

Ich danke der Bezirksvertretung Köln-Mülheim, die unser Vorhaben finanziell unterstützt hat, Semra Doğan für die ehrenamtliche Übersetzung des Romans sowie Yavuz Kürkçü, der die türkischen Korrekturen vorgenommen hat und Wilhelm Sonnenschein für die Korrekturen der deutschsprachigen Ausgabe.

Auch allen Freunden, die sonst zur Entstehung des Buches beigetragen haben, gilt mein aufrichtiger Dank.

Neben der Schreibwerkstatt gehört es zu den Aufgaben des Vereins, kulturelle und künstlerische Aktivitäten mit Frauen, Kindern und Jugendlichen zu veranstalten, eine Malwerkstatt und einen gemischten Chor anzubieten.

Vorstandsvorsitzender des InterKultur e.V.
Cafer Cebe

Das gelbrote Boot

Wie jeden Morgen rieb Çetin mit einem großen Lappen in der Hand das gelbrote Boot blank. Er schien das Boot nicht verletzen zu wollen, so als ob er es nicht sauber machte, sondern zärtlich streichelte. Dabei glänzte das gelbrote Boot blitzeblank. Es war das schönste, das anmutigste Boot in den Fischerbaracken im Kavak.

Heute war auch der Morgen, an dem Berfin sich traute, etwas näher zu kommen, um Çetin zuzusehen. Seit Tagen beobachtete sie ihn von der Ferne.

Ist das dein Boot?

Çetin antwortete, ohne den Kopf zu heben:

Ja, es gehört mir, oder besser gesagt, fast. Also eigentlich gehört es Fuat, aber er meint immer, ich solle es hüten wie mein Eigentum.

Was macht ihr mit diesem Boot?

Çetin sah lächelnd zu dem kleinen Mädchen rüber, die ihn mit ihren bis zur Taille reichenden, geflochtenen strohblonden Haaren und hellgrünen Augen musterte.

Was macht man schon mit einem Boot, Mädchen, Fische fangen natürlich!

Was denn für Fische?

Halt jene Fische, die wir im Meer aufstöbern.

Fangt ihr auch Sardellen? Mein Opa brachte letztens welche mit und frittierte sie. Das war köstlich.

Nee, wir fangen keine Sardellen.

Was fangt ihr denn?

Das kommt immer auf die Jahreszeit an. Am meisten aber fangen wir Blaubarsche.

Was sind denn Blaubarsche, so etwas wie Sardellen?

Mädchen, du verstehst aber auch gar nichts von Fischen. Ein Blaubarsch ist riesig, manchmal wiegt er sogar ein Kilo und mehr. Das ist der schmackhafteste Fisch.

Wie viele fangt ihr davon?

Du stellst aber viele Fragen, Mädchen. Wenn wir Glück haben, so fünfzig, sechzig.

So viele Fische esst ihr, tatsächlich?

Çetin fing an zu lachen, als er das Mädchen betrachtete, die mit groß aufgerissenen grünen Augen voller Verwunderung ‚tatsächlich' rief.

Mädchen, du weißt aber auch gar nichts. Wir fangen die Fische doch nicht, um diese selbst zu essen.

Warum fangt ihr sie dann?

Natürlich um sie zu verkaufen! Hast du die Lokale gesehen auf der Straße dahinten?

Ja hab ich, was ist mit denen?

Das sind die Lokale, denen wir den Fisch verkaufen und damit unser Geld verdienen.

Esst ihr denn nie die Fische, die ihr fangt, ist das wirklich wahr?

Blaubarsche essen wir nie. Aber andere Fische, klar.

Wie heißt Du?

Alle sagen ‚Çetin', aber meinen richtigen Namen kenne ich auch nicht.

Wie kann man denn seinen richtigen Namen nicht kennen?

Schau mal Mädel, hast du nichts Besseres zu tun? Nerv mich nicht.

Als Berfin sah, dass Çetins Gesicht sich verdunkelte, fing sie mit weicher Stimme an zu reden.

Bitte sei mir nicht böse, ich habe doch nur Spaß gemacht.

Mach nie wieder solche Späße.

Gut, werde ich nie wieder tun.

Darf ich auch mal mit im Boot fahren?

Kannst du schwimmen?

Kann ich nicht.

Dann darfst du nicht mitfahren.

Kann ich mitfahren, wenn ich es lerne?

Wenn du was lernst?

Du hast es doch gesagt, schwimmen?

Lern erst mal, dann frage ich Fuat Abi.

Welchen Fisch fängst Du am liebsten?

Schwertfische natürlich, was denn sonst! Was weißt du schon. Der Schwertfisch ist der König der Fische. Und riesig ist er. Einmal hatten wir einen gefangen. Er war schrecklich groß, dass er kaum ins Boot passte. Das müsstest du mal sehen, er hatte ein gewaltiges Schwert, das mir fast in den Fuß stieß, als wir ihn ins Boot holten. Gottseidank hat Fuat Abi das Ruder auf seinen Kopf geschlagen, sonst wäre ich bestimmt schwer verletzt worden.

Çetin stand hinter dem Boot, so dass er Fuat, der ihm zuhörte, nicht sehen konnte.

Gutes Gelingen Çetin, wer ist denn das hübsche Mädchen?

Ich kenne ihren Namen nicht. Steht da und schaut mir zu...

Ich heiße Berfin. Ich bin die Enkelin von Großvater Cemil, der da drüben auf dem HolzStumpf am Meer sitzt.

Dieses riesige Boot gehört dir und Çetin, ist das wahr?

Das ist richtig.

Als Çetin hörte, wie Fuat ‚das ist richtig' sagte, wäre er vor Freude beinahe in die Luft gesprungen.

Nimmst du mich auch mit auf das Boot?

Wenn das Meer mal ruhig ist, ja.

Aber Çetin meinte, wenn ich nicht schwimmen kann, darf ich nicht mit auf das Boot.

Das ist wahr, aber dann fahren wir halt nicht so weit raus. Geh jetzt zu deinem Großvater, damit er sich keine Sorgen macht. Wir werden mit Çetin nun für morgen die Angelhaken vorbereiten.

Berfin wollte fragen, was ein Angelhaken ist, traute sich aber nicht.

Darf ich morgen wieder kommen?

Komm, wann immer du willst...

Fuat schaute hinter Berfin her, die sich hüpfend entfernte und fragte:

Ich habe sie vorher nie hier gesehen, kanntest du sie?

Ich kannte sie nicht, sie sind wohl neu hier.

Wie auch immer. Lasst uns unsere Arbeit tun. Bevor ich es vergesse, hör auf, überall diese Geschichte mit dem Schwertfisch zu erzählen. Ich habe weder einen Schwertfisch gefangen, noch habe ich einen gesehen. Den letzten Schwertfisch hatte vor vielen Jahren der Fischer ‚Hasan die Krähe' gefangen. Dieselbe Geschichte, die du erzählt hast, habe ich von ihm gehört.

Fuat, der ein gut gewachsener anmutiger Mann war, lief Sommer wie Winter immer mit einem kurzärmeligen Hemd herum und

war einer der besten Fischer in Anadolu Kavagi. Hätte der Fischer ‚Hasan die Krähe' ihm keine Unterstützung gewährt, wer weiß, in welchem Gefängnis er wohl seine Zeit abbüßen würde. Bis zu seinem elften Lebensjahr lebte er auf der Straße und hielt dank Fischer Hasan am Leben fest.

Er hatte sich geschworen: Er würde ein paar Kinder von der Straße retten. Bereits in der Vergangenheit holte er drei Kinder von der Straße, hegte und pflegte sie. In einem kleinen Zimmer in der Fischerhütte bezog er ihnen ein sauberes Bett. Keiner von ihnen blieb jedoch mehr als zwei Wochen. Alle drei suchten vergeblich nach Verdünnungsmitteln oder Klebstoff zum Inhalieren und verließen dann die Baracke.

Çetin war schon seit eineinhalb Monaten bei ihm. Fuat hatte die Angewohnheit, sich ein bis zwei Mal im Monat mit Kindern, die es geschafft hatten, von der Straße los zu kommen, in einem kleinen Lokal in Asmali Mescit zu treffen, um zumeist über vergangene Tage zu reden. Fuat fand Çetin am Ende eines solchen Abends, an dem auch Alkohol getrunken wurde. Er kauerte an einer Ecke gegenüber vom Lokal mit einem kurzärmeligen Hemd trotz des Winters und inhalierte an einem Stofffetzen den Verdünnungsstoff, beobachtete dabei die vorbeiziehenden Menschen. Fuat hatte sich gewundert, weil alle Straßenkinder sowohl im Winter als auch im Sommer immer warme Kleidung trugen. Dieses Kind hatte jedoch trotz des Winters ein T-Shirt an. Seine Nase war auch nicht so blutrot und flach, wie die der anderen Kinder, die Klebstoff inhalierten. Er wusste aus eigener Erfahrung, dass die Nasen von Kindern, die Verdünnungsmittel inhalieren, immer roter und flacher werden, wie eine Boxernase. Er dachte sich, dass dieses Kind neu auf der Straße sein musste.

Hast du Hunger? Soll ich dir von drüben einen Toast mit Wurst holen?

Der Junge hatte lockige, rabenschwarze Haare. Es war schwer zu

raten, wie alt er war, vielleicht sieben, acht oder zehn oder elf. Seine Arme, Knie, sein Gesicht und sein Hals waren so gebräunt, als hätte der Junge jahrelang unter glühend heißer Sonne auf dem Feld gearbeitet. Er wurde nervös, gleichzeitig schnüffelte er an seinem Stofffetzen. Er versuchte, seine Angst zu verbergen.

Nein ich bin satt.

Dabei sah man ihm an seinem Zittern an, dass er hungrig war. Obwohl Fuat dachte, dass er, wenn er ihm Geld anbieten würde, dieses nehmen würde, um seine Flasche mit Verdünner zu füllen, fragte er dennoch:

Soll ich dir Geld geben?

Nein, will ich nicht, verzieh dich.

Er war zu Tode erschrocken. Er wusste nur zu gut, was nach dieser Art Angeboten passieren könnte. Er hatte keine Angst vor der Straße, vorm Verhungern, vor der Kälte oder gar vor dem Tod. Er wusste, dass jene, die Geld anbieten, diese Kinder letztendlich zu irgendeinem düsteren Ort brachten, um sie dort zu vergewaltigen. Er hatte viele Schauergeschichten mitbekommen, die andere Straßenkinder erzählten. Um diesen Abscheulichkeiten zu entgehen, hielt er sich von allen Gruppen fern und zog es vor, auf der Straße auf sich allein gestellt zu sein. Als er bemerkte, dass Fuat sich ihm näherte, zog er sein kleines Klappmesser und baute sich vor ihm auf:

Verpiss dich, sonst spieß ich dich auf.

Das Widersetzen des Jungen gefiel Fuat.

Ich muss einen Weg finden, ihn zu überzeugen und von der Straße wegzuholen, dachte er sich.

Wie heißt du?

Ich habe keinen Namen.

Ach wirklich? Dann nenne ich dich Çetin, ja?

Ist mir egal, verzieh dich!

Also Çetin, auch ich habe früher jahrelang auf der Straße gelebt.

Der Junge, der nun Çetin hieß, musterte Fuats Gesicht aufmerksam und begann zu reden.

Echt jetzt?

Echt, ich schwöre.

Schwöre auf den Koran.

Wenn ich lüge, soll mich der Teufel holen. Drei Jahre lang war Beyoglu mein Territorium, ich schlief auf der Straße. Tagsüber hielt ich mich hier auf, nachts schlief ich in den Pontons unter der GalataBrücke. Damals nannte man uns obdachlose Kinder die ‚Brückenkinder'.

Was ist denn dann passiert? Wie konntest du der Straße entkommen?

Das ist eine lange Geschichte. Es gab einen Fischer namens ‚Hasan die Krähe'. Er nahm mich zu sich. Ihm habe ich das sozusagen zu verdanken, dass ich kein Straßenkind mehr bin.

Çetin hörte Fuat aufmerksam zu: *Und was machst du jetzt?*

Ich arbeite als Fischer. Ich habe ein hübsches Boot in Kavak. Jeden Morgen fahre ich in der Frühe raus aufs Meer und lebe von den Fischen, die ich fange und verkaufe.

Hast du keine Eltern, Geschwister?

Nein, ich habe niemanden. Wenn doch, dann kenne ich sie jedenfalls nicht.

Ich habe auch niemanden. Auch wenn es welche gibt, ich kenne niemanden. Ich hatte mal eine ganz alte Großmutter. Als sie starb, begann ich auf der Straße zu leben.

Çetin, wenn du willst, komm mit mir. Ich bringe dir das Fischen bei.

Das hättest Du wohl gerne, wer weiß, was dann passiert...

Ich schwöre auf den Koran, ich werde dir nichts tun. Ich habe ein Bett in der Fischerhütte. Dort kannst du schlafen und mir helfen.

Solche Lügenmärchen hab ich oft gehört, verzieh dich.

Ich lüge nicht, komm, Çetin, komm mit mir.

Um ihn zu überzeugen, reichte er dem Jungen zuerst seine Geldbörse, dann seine Armbanduhr.

Hier, nimm sie. Falls ich dir etwas antun sollte, dann kannst du damit abhauen. Du brauchst auch nicht neben mir zu laufen, gehe einfach ein paar Schritte hinter mir.

Der Junge nahm schüchtern die ihm gereichten Dinge und fing an, schweigend hinter Fuat herzugehen. Sie nahmen zuerst den Bus, dann stiegen sie in ein Sammeltaxi. Als sie dann auf ein Schiff stiegen, um auf die andere Seite zu gelangen, war das Kind endlich überzeugt. Er machte Fuat alles nach.

Endlich kamen sie an der Fischerhütte in Anadolu Kavagi an. Hinter der Baracke befand sich ein kleines Zimmer mit einem sauberen Bett und warmen Decken.

Hier kannst du schlafen. Wenn du frierst, kannst du diesen Gasofen anzünden. Neben dem Fenster befinden sich Streichhölzer.

Ich friere schon nicht, diese Decken reichen mir.

Also gut, ruhe dich jetzt aus. Ich werde morgen in der Frühe aufs Meer fahren. Wenn du willst, nehme ich dich nach ein paar Tagen mit. Ich fahre jetzt zu mir nach Hause.

Çetin lief hastig Fuat hinterher und reichte ihm seine Geldbörse und seine Armbanduhr.

Das hier hast du vergessen.

Danke, geh jetzt schlafen. Wenn ich vom Fischen heim komme, werden wir zusammen essen.

Çetin kehrte zur Baracke zurück; er wusste nicht, was er tun sollte. Was ist, wenn er nachts kommt? Er nahm sich eine Decke und suchte sich einen geschützten Platz außerhalb der Hütte und schlief dort ein.

Als Fuat vor Tageseinbruch in die Baracke kam, um zum Fischen zu fahren, wunderte er sich, dass Çetin nicht da war. Als er sich umschaute, bemerkte er, dass eine der Bettdecken verschwunden war. Er dachte sich, dass Çetin wohl misstrauisch geworden war und sich hoffentlich nicht zu weit entfernt hatte.

Als er jedoch in der Umgebung umherlief, sah er Çetin schlafend am Ende des Bootshauses in einer ruhigen Ecke, umhüllt von einer Bettdecke und freute sich über diesen Anblick. Er weckte ihn jedoch nicht auf und dachte: Ich werde ihn wecken, wenn ich vom Fischen zurückkomme.

An diesem Tag war das Glück auf seiner Seite, denn Fuat kam mit einer großen Wanne voll von Fischen vom Meer. Währenddessen war Çetin schon aufgewacht, als die Sonne aufging, und zur Baracke zurückgekehrt. Er wunderte sich über die vielen Dinge in der Hütte. Das Zimmer war aufgeräumt. Auf den zwei hölzernen Regalen sah er Dinge, die er nicht zuordnen konnte: Nylonfäden, Federn, Bleistücke, Häkchen. In einer Kiste befanden sich Motoröl, Farbe, Pinsel, Fäden, Seile, Holzteilchen und Klötze, von denen er nicht wusste, wozu sie dienten.

Nachdem er die Decke auf das Bett gelegt hatte, ging er raus, um die Umgebung zu erkunden. Die meisten Fischer waren bereits vom Meer zurückgekehrt und kochten Tee in Kesseln über von ihnen aufgestellten und angezündeten Brettern, die im Feuer loderten. Klapprige Baracken, kunterbunte Boote, zwischen zwei Masten gespannte Netze.

Neugierig betrachtete Çetin dies alles, was er zum ersten Mal in seinem Leben sah.

Die Fischer, die diesen gebräunten Jungen entdeckten, der die ihm unbekannte Umgebung argwöhnisch beobachtete, riefen ihm zu:

Komm, lasst uns Tee trinken, wir können zusammen frühstücken.

Çetin bekam wieder Angst und war sehr beunruhigt. Er rannte zur Baracke zurück. Fuat versuchte, sein Boot auf die Rampe zu ziehen.

Komm und hilf mir, zieh mal an dem Seil hier.

Çetin tat, was Fuat ihm auftrug und freute sich seit Jahren wieder über das Gefühl, gebraucht zu werden.

Hast du Fische gefangen?

Und wie! Komm und wirf einen Blick hinein.

Çetin wunderte sich über die Wanne voller Fische.

Hast du die alle gefangen?

Ja, hab ich, nun komm, lass uns mit den anderen frühstücken.

Seine Freunde wussten, dass Fuat versucht, den Straßenkindern zu helfen und wunderten sich deswegen kaum über Çetins Anblick.

Leute, das ist Çetin, mein Assistent. Ab heute werden wir ein Team sein. Nicht wahr, Çetin?

Çetin nickte nur mit dem Kopf.

Einer der Fischer, der diesen Jungen mit den rabenschwarzen, lockigen Haaren und dem dünnen Hemd dasitzen sah, rief:

Und wir hatten uns schon gewundert, wer dieser Junge ist, der in aller Herrgottsfrühe hier herumläuft!

Los, Çetin, lass uns erstmal unseren Hunger stillen, danach haben wir nämlich viel zu tun.

Um eine Orangenkiste waren wiederum mehrere andere Orangenkisten aufgestellt. Çetin war hungrig wie ein Wolf. Trotzdem rührte

er das aus Käse, Oliven und Tomaten bestehende Frühstücksbuffet auf der Orangenkiste nicht an.

Auf Drängen von Fuat und seinen Fischerfreunden fing er dann doch zu essen an. Er gab jedoch immer noch keinen Ton von sich. Nahm ein, zwei Bissen und verharrte, als wäre er nicht hungrig. Die anderen Fischer hatten schon zu Ende gefrühstückt und tranken Tee oder rauchten. Auch wenn Çetin nicht satt war, hörte er zu essen auf. Fuat bemerkte, dass der Junge nicht satt war.

Du isst langsam, aber ich weiß, du bist noch nicht satt. Iss mal das Brot, die Oliven und den Käse vor dir. Ein hungriger Bär tanzt nicht. Nach dem Frühstück zeige ich dir, was wir machen müssen.

Çetin aß schweigsam weiter. Die anderen unterhielten sich untereinander. Als Çetin sah, dass niemand ihn beobachtete, aß er alles auf.

Komm lass uns jetzt in die Hütte gehen, wir haben noch viel zu tun, du kannst mir helfen.

Ohne ein Wort ging Çetin Fuat hinterher.

Lasst uns zuerst diesen Bottich ausleeren. Nimm diesen Eimer und fülle den Bottich mit Wasser aus dem Meer. Und jetzt legst du die Fische aus der Wanne in den Eimer.

Nennt man diese Wanne einen Bottich?

Ja. Pass aber ja auf, dass die Fische nicht entwischen. Wie du siehst, sind die meisten noch lebendig.

Fuat beobachtete lächelnd, wie Çetin versuchte, die Fische mit der Hand zu fangen und in den Eimer zu legen. Die Fische glitten ständig aus Çetins Händen.

So geht das nicht, hier nimm diese Schaufel. Damit kannst du die Fische viel einfacher in den Eimer füllen.

Çetin, dem die Fische aus der Hand glitten, dachte sich: Warum

gibst du mir das nicht vorher, wenn es schon sowas gibt? Er sagte aber nichts. Er hatte bereits alle Fische im Eimer. An der Angel in seiner Hand bastelnd rief Fuat:

Alle Achtung, gut hast du gearbeitet. Aber deine allererste Arbeit jeden Morgen, nachdem wir das Boot ans Land gezogen haben, sollte sein, die Ruder aus den Dollen zu ziehen und sie in der Hütte zu verstauen. Dann musst du kontrollieren, ob die Dollen noch intakt sind. Das wirst du alles nach und nach lernen. Diese Stellen, wo wir die Ruder reinhängen, nennt man Dollen. Gott behüte, wenn mal der Motor ausfällt und die Dollen kaputt sind, können wir nicht rudern und stehen dann mitten auf dem Meer hilflos da. Das wichtigste ist, dass du auf dem Boot keine brauchbaren Dinge lässt. Im Heck befindet sich der Ersatzkanister mit Benzin. Den musst du auch reinbringen.

Als Fuat ‚Heck' sagte, musste Çetin lächeln.

Was bedeutet Heck?

Das wirst du alles nach und nach lernen, zum hinteren Teil des Bootes sagt man Heck, der vordere heißt Bug.
Komm jetzt mit mir. Zuerst werden wir diese Fische verkaufen, danach werden wir uns auf morgen vorbereiten.

Die Fischverkäufer fingen gerade an, ihre Stände auf der Straße hinter den Fischerbaracken vorzubereiten. Sie hatten bereits begonnen, frische Salatblätter sorgfältig auf riesige Holztabletts auszulegen. Als einer der Verkäufer Fuat mit einem Eimer in der Hand kommen sah, rief er:

Bring mal her, lass mich mal deine Fische begutachten.

Klar, gucken kannst du, aber verkaufen tu ich die Fische eh immer an Onkel Cemil.

Schau, Cemil ist noch nicht da, verkauf' sie heute doch mir. Ich werde dir auch mehr Geld geben als Cemil.

Tut mir leid, Onkel Adil, du kannst dir die Fische gerne anschauen, aber dir werde ich sie nicht verkaufen, dass du es weißt.

Onkel Adils Augen schienen zu leuchten, als er die Fische im Eimer betrachtete.

Fuat, verkauf' mir wenigstens die drei Knurrhähne. Emin Efendi hat heute in seinem Restaurant ganz besondere Gäste, denen er versprochen hat, eine KnurrhahnSuppe zu kochen. Er hat sie nirgends auftreiben können, die kann man sowieso sehr selten fangen. Schau, da kommt der Cemil, ich sage es ihm.

Ohne die Antwort von Fuat abzuwarten, eilte er zu Cemil und begann ihn anzuflehen:

Lass ihn nur die Knurrhähne an mich verkaufen. Wenn du willst, kauf du sie und verkaufe sie mir weiter.

Ist ja gut, nun heul nicht, aber nur diesmal. Du kannst dich bei Meister Emin bedanken, dass du es ja weißt.

Er rief Fuat zu, der sich ihnen näherte:

Fuat, gib Onkel Adil die Knurrhähne. Wir rechnen untereinander ab.

Fuat gab Onkel Adil die Knurrhähne und stellte seinen Korb auf den Tresen von Onkel Cemil. Cemil beäugte die Fische und wog sie ab.

Willst du das Geld jetzt oder soll ich den Betrag ins Heft eintragen?

Schreib's auf Onkel Cemil, heute brauche ich kein Geld.

Çetin nahm den leeren Korb und wunderte sich über die Reaktion von Fuat. Er konnte seine Frage nicht unterdrücken:

Fuat Abi, du hast ja noch nicht einmal gefragt, wieviel die Fische wert sind.

Sowas gehört sich nicht, passt nicht zum Berufsethos. Cemil würde mich niemals hintergehen. Sicher hat er seine Schulden mehr als genug in sein Heft geschrieben.

Was bedeutet Berufsethos, Fuat Abi?

Fasson bedeutet… für uns Fischer ein unbeschriebenes Gesetz.

Çetin hatte zwar nichts davon verstanden, fragte aber nicht weiter nach.

Kann ich noch etwas fragen?

Während Fuat sich die neugierigen Fragen von Çetin anhörte dachte er:

Dieser Junge ist anders als die anderen, er ist ziemlich neugierig, ich werde ihm in kürzester Zeit das Fischen beibringen können.

Frag nur, aber keine schwierigen Fragen.

Keine Sorge, nicht schwer, du weißt es bestimmt. Normalerweise ist Knurrhahn ein Vogel, wir hatten viele in unserem Dorf. Warum sagt ihr zu einem Fisch auch Knurrhahn*?
(Anmerkung d.Ü.: auf Türkisch nennt man sowohl diesen Fisch Knurrhahn als auch die Schwalbe: „KIRLANGIC")

Ehrlich gesagt, ich kenn den Grund auch nicht. Wer weiß, vielleicht nennt man ihn so, weil dieser Fisch diesem Vogel ähnlich ist.

Die beiden spazierten auf der Straße und unterhielten sich, als würden sie sich schon jahrelang kennen. Die Händler im Kavak, denen sie begegneten, begrüßten sie immerzu. Doch die meisten fragten sich, wie lange wohl dieser Junge bei Fuat bleiben würde.

*

Die ersten Tage war der Drang, Klebstoff oder Verdünner zu inhalieren, recht stark. Aber Çetin kämpfte mit sich und so gelang es ihm, diesem Drang zu widerstehen.

Da Fuat wusste, wie schwer die ersten Tage zu ertragen sind, ließ er ihn kaum alleine.

Nach ein paar Tagen begannen sie, gemeinsam aufs Meer zu fahren.

Sie fuhren vor Sonnenaufgang los. Unersättlich beobachtete Çetin das Glitzern im Meer.

Als ob das Meer lodernd brennt, dachte er bei sich.

Als dann die Sonne aufging, verschwand das Leuchten, die Gewässer wurden kunterbunt. Çetin war es gewohnt, das Meer bei Tageslicht zu sehen und fragte sich verwundert, wie es sein konnte, dass sich das blaue Wasser in so viele Farben verwandeln konnte. Er wollte Fuat fragen, aber dieser hatte ihn ermahnt, während des Fischens nicht zu sprechen.

Ich frage ihn später, überlegte er.

Die ersten Tage langweilten ihn, denn Fuat riet ihm:

Du setzt dich nur hin und schaust mir zu, ohne ein Wort zu sprechen!

An Tagen, wo das Meer ruhig war, legte sich eine Nebeldecke auf das Meer.

Çetin wurde immer unruhig an diesen Tagen, wo es in der Frühe noch dunkel war. Er hatte sogar Angst. Er saß aber ruhig da, denn er wusste, bald würde die Sonne aufgehen, der Kampf mit dem Nebel würde beginnen und alles würde wieder hell werden. Wenn

Fuat den Motor ausmachte, verbreitete sich eine vollkommene Stille.

An Tagen, wo das Meer sich spiegelglatt wie ein Laken ausbreitete, vernahm Çetin keinen einzigen Ton.

War das Meer mal ungezähmt, war das Plätschern der kleinen Wellen, die sachte an das Boot schlugen, das einzige Geräusch, das Çetin wahrnahm. Auch Fuat schaute immer nur stumm und regungslos, mit seiner Angelschnur in der Hand, auf das Meer, bis er den ersten Fisch fing. In diesen Augenblicken versank Çetin in seinen Gedanken. Auch beim Inhalieren von Klebstoff hatte Çetin immer geträumt. Diese Träume waren jedoch von kurzer Dauer. Nach einer Weile vermischten sich seine Vorstellungen, er war schließlich verwirrt und konnte nicht mehr unterscheiden, ob er wach war oder schlief. Auf dem Boot aber konnte er bis zum Ende träumen.

Niemals wollte er an seine Vergangenheit denken. Egal, wie sehr er sich gegen seine Erinnerungen wehrte, diese furchtbaren, dunklen und schmerzvollen Tage zerfraßen sein Gehirn. Er wollte von der Zukunft träumen. Zuerst würde er so ein Boot besitzen. Als nächstes würde er sicher ein großes Motorboot kaufen, auf dem zehn bis fünfzehn Personen gemeinsam aufs Meer rausfahren könnten. Er würde viele Fische fangen, mit dem Ertrag würde er sich eine Wohnung mieten. Und... die Träume hatten kein Ende. Manchmal gab er einen Teil des Geldes, was er verdiente, dem kleinen armen blondhaarigen Mädchen, das er am Ufer erblickt hatte. Berfin rief dann:
Nein, ich will nicht, mein Opa wird schimpfen, außerdem haben wir genug Geld!

Als er eines Tages mitten auf dem Meer während des Fischens, in der Stunde, als die Sonne ihre Strahlen noch nicht verbreitet

hatte, ein jämmerliches Kreischen hörte, hielt er sich seine Ohren zu und verzog sich voller Furcht in eine Ecke. Fuat, der ihn dabei beobachtete, musste dröhnend lachen.

Hab keine Angst sagte er.

Das ist unsere freche Möwe, sie verschwindet nicht, ohne ihren Anteil am Fischfang zu bekommen.

Die Möwe saß auf der Bootskante und betrachtete Fuat. Als eine zweite Möwe über ihren Köpfen kreiste, schnellte die erste Möwe grauenhaft kreischend in die Höhe, griff an und jagte die andere fort. Dann flog sie wieder runter und setzte sich an dieselbe Stelle. Nachdem Fuat ihr einen Fisch zugeworfen hatte, flog sie wieder weg und verschwand am Horizont.

Eine Weile später wurden sie von einem Delfin begleitet, der etwas entfernt vom Boot unentwegt aus dem Wasser sprang und wieder abtauchte

Was ist das für ein gewaltiger Fisch, Fuat Abi, wirst du diesen auch fangen?

Das ist ein Delfin. Den dürfen wir nicht fangen, der wird uns Glück bringen. Wenn dieser sich hier herumtreibt, dann bedeutet das, dass es hier im Wasser sehr viele Fische gibt. Auch diesen großen Fisch müssen wir mit Fischen füttern, sonst vertreibt er unsere Fische und wir können nicht genug fangen.

In der Tat fingen sie an diesem Tag mehr Fische als an anderen Tagen. Der Bottich war randvoll.

*

Innerhalb weniger Tage änderte sich das äußere Erscheinungsbild von Çetin. Er bekam rosige Wangen. Er sah nicht mehr so abgemagert und fahl aus. Er schien sogar an Größe gewonnen zu haben. Er hatte immer noch dasselbe Hemd an, das er am Tage seiner Ankunft trug. Fuat hatte ihn mit Mühe überredet, in den Hamam zu gehen. Er hatte Fuat nicht erlaubt, ihm neue Kleidung zu kaufen, als sie ins Hamam gingen.

Fuat Abi, ich werde mir selbst Kleidung kaufen, teilte er Fuat mit und holte aus seiner Brust ein in Plastik eingewickeltes Päckchen mit Geldscheinen hervor.

Nein du bist aber reich! sagte Fuat nur dazu. Da er Çetin nicht kränken wollte, fragte er erst gar nicht nach der Quelle des Geldes. Als Çetin nach dem Hamam-Besuch neue Kleidung trug, verwandelte er sich in eine völlig andere Persönlichkeit. Nicht nur sein Äußeres hatte sich verändert, sondern auch sein Verhalten. Er war viel lebendiger und umsichtiger als sonst. Er verzog sich auch nicht kauernd in eine Ecke und träumte vor sich hin.

*

Berfin, das Mädchen mit den purpurroten Wangen, den geflochtenen blonden Haaren und makellosem bunten Kleid, wartete immer neben der Fischerhütte, wenn Fuat und Çetin vom Fischen zurückkehrten. Wenn das Boot dann angelegt hatte und festgemacht war, schaute sie jedes Mal zum Bottich rüber.

Toll, ihr habt ja wieder sehr viel gefangen, hast du auch was gefangen?

Çetin würde so gerne *Ja, ich habe auch was gefangen* sagen und sah Fuat an.

Hübsches Mädchen, derzeit hilft er mir, aber nach einer Woche wird er auch anfangen zu fischen.

Werdet ihr all diese Fische verkaufen?

Warum fragst du?

Nur so, also, esst ihr sie nie, die Fische? Mein Großvater kauft immer Sardellen, aber solche großen Fische haben wir noch nie gegessen.

Würdest du gerne von den großen Fischen mal probieren?

Warum nicht, wenn mein Großvater sie kauft!

Wir wollen heute Mittag mit Çetin Fische grillen. Komm doch auch rüber, ja?

Ich weiß nicht, nachher schimpft mein Großvater, er meint immer: Iß niemals mit Unbekannten.

Wir sind ja keine Unbekannten, ich werde mit ihm reden, dann kann er auch kommen und wir essen dann gemeinsam, in Ordnung?

In Ordnung, erklärte sie und freute sich sehr.

Auch Çetin schien von Fuats Einladung begeistert zu sein.

Fuat, der an diesem Mittag den Grill eigenhändig anzündete und die großen Fische grillte, stellte den garen Fisch auf den mit altem Zeitungspapier belegten Holztisch vor der Hütte und bot Berfin und ihrem Großvater davon an. Berfin und ihrem Großvater schmeckten die frischen, köstlichen Fische offensichtlich, hatten sie doch bisher außer Sardellen keine anderen Fische probiert.

Obwohl Fuat sich sehr für diesen alten Mann und seine Enkelin Berfin interessierte, hatte er keinerlei Fragen gestellt. Er dachte sich: *Irgendwann werden sie schon von selbst anfangen zu erzählen.*

Während sie den von Çetin gekochten schwarzen Tee tranken, sprachen sie über Gott und die Welt. Çetin befürchtete, dass sie irgendwann fragen werden: Wer bist du, woher kommst du? Er überlegte sich, was er dann darauf antworten sollte. Aber der alte Mann stellte keine Fragen. Eigentlich überlegte sich der alte Mann auch, was er antworten sollte, wenn er gefragt würde, wer er sei und warum er hier lebt. Aber niemand fragte etwas an diesem Tag. Jeder dachte, wie Fuat auch, dass schon erzählt würde, wenn die Zeit dafür gekommen war.

Berfin, ihre Großmutter und ihr Großvater hatten sich vor drei Monaten ein kleines Häuschen in Kavak gemietet. Die Großmutter war nie zu sehen. Der Großvater ging mit Berfin täglich in der Frühe an das Ufer, saß auf einem Holzstumpf und beobachtete stundenlang das Meer. Berfin rannte zwischen den Booten umher, versuchte diese ihr bisher vollkommen unbekannte Welt zu ergründen. Nach dem Verzehr der Fische räumte Fuat auf und rief Çetin, der dabei war, das Boot zu putzen:

Komm und setz dich zu mir. Weißt du, was wir jetzt machen werden?

Nein, woher?

Du wirst jetzt den ersten Schritt zum Beruf des Fischers machen.

Çetin wusste nicht, wie ihm geschah und schaute Fuat erstaunt an. Fuat nahm zwei der kleinen Holzschachteln vom Regal in der Hütte und stellte sie auf den Tisch.

Na, schau mal rein, was drin ist.

Voller Neugier öffnete Çetin die Schachteln.

In einer befinden sich Federn, im anderen Nylon-Fäden und Nadeln.

Das ist richtig, aber wir Fischer sagen zu den Nylon-Fäden Angelschnur und zu den Nadeln sagen wir Angelhaken.

Nun werden wir für dich eine Angelrute basteln. Du wirst nämlich morgen gemeinsam mit mir angeln.

Hätte Çetin sich nicht geschämt, würde er vor Freude in die Luft springen und *juhu* rufen.

Diese Federn sind die roten Schwanzfedern eines Hahnes. Diese muss man erst mal vorbereiten. Meine sind schon fertig. Ich werde dir später beibringen, wie man das macht. Ich werde nun diese Federn einzeln an kurze Schnüre binden. Diese kurzen Schnüre mit den Federn nennen wir Abstandshalter. Du wirst jetzt diese Abstandshalter, die ich vorbereitet habe, an die Angelschnur binden, alles klar?

Nach ein paar Versuchen gelang es Çetin, diese kleinen Schnüre an der großen Angelschnur zu befestigen, so, wie ihm Fuat beigebracht hatte.

An deiner Rute werden wir vorerst nur vier Abstandshalter befestigen; wenn sie zu lang wird, wirst du die Angelschnur durcheinander bringen. Nun müssen wir die Schnur um die Bretter mit den Korken wickeln, die Häkchen bitte in die Korken stecken, damit sie sich nicht verhaken. Und jetzt sind wir an einem ganz wichtigen Punkt angelangt: das hier heißt ‚Drehring‘, und dies ist Blei. Diese beiden werden wir ganz unten am Ende befestigen, damit die Angelrute, wenn sie im Wasser ist, die Fische anlockt und ruft: kommt, lasst uns zusammen nach oben zu Çetin schwimmen!

Wann werden wir denn mit der Angel auf See fahren und Fische fangen?

Wenn du willst, können wir sofort los, man kann mit der Rute auch tagsüber angeln.

Ja, lasst uns sofort rausfahren!

Çetin wusste vor lauter Aufregung nicht, was er tun sollte, und lief ziellos um das Boot herum.

Ich werde den Motor nicht anlassen, wir brauchen gar nicht so weit rauszufahren. Hier gibt es sicherlich viele Makrelen.

Nach etwa zwanzig Minuten, als sie schon weit auf dem Meer waren, hörte Fuat auf zu rudern.

Nun können wir deine Schnur ausrollen, denn heute wirst nur du angeln.

Fuat ließ die Angel ins Wasser.
Hier, halt mal das Ende dieser Schnur fest, du musst sie, wie ich, ganz langsam nach oben ziehen und wieder sachte ins Wasser lassen, hast du verstanden?

Warum? Du selbst hast aber eine andere Methode verwendet.

Çetin, ich angele morgens nicht mit dieser Angelrute, ich benutze lebende Köder. Wenn du die Schnur hochziehst und wieder ins Wasser lässt, werden die Fische getäuscht, nehmen die roten Federn als Futter wahr und greifen an. Dann beißen sie am Haken an, verstehst du? Dass ein Fisch angebissen hat, spürst du an der Schwere der Schnur, die du zwischen den Fingern hältst, dann ziehst du ihn hoch. Na dann, toi toi toi!

Çetin hatte Fuat aufmerksam und wissbegierig zugehört. Schon nach zwei Minuten, nachdem er die Schnur in die Hand genommen hatte, begann Çetin aufgeregt zu schreien:
Die Schnur ist schwer, soll ich hochziehen?
Also gut, zieh hoch, aber sachte. Wenn du zu schnell ziehst, wird das Maul des Fisches verletzt, er löst sich vom Angelhaken und schwimmt weg.

Die Schnur, die Çetin nach oben zog, wurde von Fuat sorgfältig zur Seite gelegt, ohne durcheinander zu geraten. Endlich kam am Ende der Schnur ein Fisch zum Vorschein. Überglücklich legte Çetin den Fisch in das Boot und löste ihn vom Haken. Es war eine gar nicht so kleine Makrele, die er gefangen hatte.

Super, der erste Fang des Tages und den Segen wird uns Gott bringen. Lasst uns diesen Fisch in den Bottich legen. Nun wirf die Angel wieder aus, ohne die Schnur zu verwirren. Du solltest aber, wenn du mit dieser Rute angelst, die Angel nicht sofort aus dem Wasser ziehen, wenn ein Fisch angebissen hat. Wenn du die Schnur stattdessen ein bisschen hochziehst und wieder runter lässt, werden auch andere Fische anbeißen. Na los jetzt.

Çetin zog und ließ die Schnur runter wie verrückt. Als sich nach mehreren Minuten nichts änderte, wurde er betrübt. Als Fuat dann losruderte und die Position des Bootes änderte, fühlte Çetin, dass der erste Fisch schon angebissen hatte.

Abi, ein Fisch hat schon angebissen!

Mach weiter, ziehe erst hoch, wenn ein paar Fische am Haken sind.

Ich glaube, es sind mehrere Fische.

Gib dir noch ein bisschen Mühe.

Çetin bemerkte, dass mehrere Fische angebissen hatten, und zog die Angel langsam aus dem Wasser. Er konnte nun die Fische sehen, die er gefangen hatte.

Eins, zwei, drei, vier.....es sind genau fünf Fische!

Keine Hektik, du wirst das Boot noch zum Kentern bringen. Steh nicht auf, ich nehme die Fische schon vom Haken.

Genau auf diese Weise fingen sie dann noch viele weitere Fische. Fuat änderte immer wieder die Position des Bootes, erzählte Çetin voller Geduld immer wieder, was er zu tun hatte und dachte sich: *Ich habe mich nicht getäuscht. Dieser Junge wird schnell lernen, wie man fischt.*

Schau, jetzt reicht es, du hast fast dreißig Fische gefangen, außerdem wird das Wetter auch trüber.

Können wir bitte nicht noch ein bisschen bleiben?

Nein, das geht nicht. Wie du siehst, ist das Meer unruhiger geworden. Hebe dir für alle Fälle deine Lust für andere Tage auf. Außerdem hast du für deinen ersten Tag unheimlich viele Fische gefangen.

Die anderen Fischer hatten sich am Ufer versammelt und warteten auf das Boot von Fuat. Jeder von ihnen wusste, dass Çetin heute zum ersten Mal angeln wollte. Als das Boot angelegt hatte und festgemacht war, öffnete Fuat den Deckel des Bottichs und zeigte der versammelten Menge die Fische. Als er dann rief: *Das hat alles Çetin gefangen,* brauste ein anerkennender Applaus auf. Dann schnappten sich ein paar von ihnen Çetin und warfen ihn in die Luft. Dabei riefen sie: *Hoch, hoch, hoch soll er leben!*

Çetin war außer sich vor Stolz. Innerlich betete er für Fuat Abi und war ihm sehr dankbar, dass er ihn hierhergebracht hatte. Er wünschte, Berfin und ihr Großvater hätten seine ersten Fische gesehen, die er gefangen hatte.

Plötzlich sah er Berfin mit einem weißen Bündel hüpfend zur Fischerhütte kommen, als hätte sie seine Gedanken gehört. Mit kleinen Sprüngen rannte sie zur Hütte, ihre langen, blonden, geflochtenen Zöpfe wippten hin und her.

Sie hatte aus der Ferne gesehen, wie Çetin in die Luft geworfen wurde, und schaute neugierig zu. Als sie näher kam, zeigte Fuat ihr den offenen Bottich:

Immer wenn wir vom Fischen zurückkommen, fragst du immer Çetin, ob er die Fische gefangen hat. Obwohl das heute Çetins erster Tag ist, wurden all diese Fische von ihm gefangen.
Ehrlich, ist das wahr, alle Fische?

Und, was hast du da?

Das hier? Das ist Fladenbrot, hat meine Großmutter für euch gebacken und dazu diesen Ziegenkäse geschickt. Ihr sollt es mit Appetit genießen.

Oh vielen Dank, sie hätte sich keine Mühe machen müssen.

Çetin, nun sag einmal, was wirst du mit den ganzen Fischen tun?

Ich weiß nicht, wollen wir sie nicht verkaufen?

Das macht man nicht, das passt nicht zu den Gepflogenheiten. Die ersten Fische werden nicht verkauft, sondern verteilt. Am besten, du tust die Fische in einen Beutel, gibst sie Berfin.

Berfin nahm widerstandslos den Beutel an sich. Mit kleinen Sprüngen, ihr langer geflochtener blonder Schopf hin und her wippend, lief sie wieder davon.

Çetin saß am Ufer und las konzentriert in einem Buch. Er bemerkte den herannahenden Fuat nicht. Fuat dachte: Dieser Junge versetzt mich immer wieder in Staunen und umarmte ihn von hinten:

Wie ich sehe, bist du in das Buch versunken. Ist das Buch denn wenigstens gut?

Und wie, Fuat Abi. Ich hatte das Buch in der Schule im Dorf angefangen und nicht zu Ende lesen können.

Was für ein Dorf, welche Schule, wann?

Bisher dachte er immer, dass er irgendwann anfangen würde, zu erzählen.

Und woher hast du das Buch?

Ich habe es im Schaufenster des Schreibwarenladens im Geschäftsviertel gesehen und gekauft.

Sehr schön, gib mir das, wenn du es gelesen hast, damit ich es auch lesen kann.

Klar gebe ich es dir.

Bist du zur Schule gegangen, Çetin?

Natürlich bin ich im Dorf zur Schule gegangen, bis zur 5. Klasse. Und

auch Deutsch…

Wie und auch Deutsch…?

Ach, vergiss es, Fuat Abi.

Wie du willst, sagte Fuat und dachte: *Dieses Kind hat viel zu viele Geheimnisse. Er wird sie mir eines Tages erzählen, ich kann es kaum erwarten.*

Fuat wies ihn in die Feinheiten des Angelns ein, indem er ihm nicht nur alles erzählte, sondern draußen auf dem Meer auch praktisch vorführte.

Heute bringe ich dir die Peilung bei, Çetin.

Was heißt Peilung?

Das kann man nicht so leicht erklären, ich werde es dir auf dem Meer zeigen. Komm, spring mit auf das Boot.

Fuat ließ den Motor an und stellte ihn nach einer Weile aus, um zu rudern.

Siehst du dort drüben den großen Baum auf dem Hügel?

Ja, sehe ich.

Dann ruderte Fuat noch eine Weile und fragte erneut:

Und, siehst du ihn jetzt?

Der Baum, der auf der anderen Uferseite auf dem Hügel stand, war nicht mehr sichtbar.

Nein, ich sehe ihn nicht mehr.

Was siehst du denn stattdessen an seiner Stelle?

So etwas wie einen Turm.

Gut, hier können wir den Anker werfen. Dies ist nämlich der Ort, den ich entdeckt habe. Hier habe ich immer viele Fische gefangen. Du fragtest, was Peilung ist. Wir haben eine Standortbestimmung gemacht, indem wir

uns nach dem Baum und dem Turm auf der anderen Seite gerichtet haben. Kein Fischer erzählt es einem anderen, wenn er eine Stelle gefunden hat, wo es viele Fische zu fangen gibt. Sie machen eine Peilung, wie wir es soeben getan haben, und angeln an diesen Orten.

Gibt es denn immer an derselben Stelle viele Fische?

Meistens ja. Vielleicht ist es auch eine Stelle, wo Fische viel Futter finden oder ihre Nester haben. Den genauen Grund kenne ich auch nicht. Das ist mein Weideplatz hier. In der Sprache der Fischer nennen wir die Stelle, wo es viele Fische gibt, Weideplatz, so wie man auf dem Lande die Wiesenfläche zum Weiden nennt. Los, richte deine Rute schon aus. Da wir jedoch immer an derselben Stelle angeln werden, musst du die Schnur immer nach oben ziehen und wieder loslassen, hast du verstanden? Also, dann toi toi toi.

In Ordnung.

Du hast gar nicht gefragt, wie weit du deine Rute senken sollst. Wenn du sie zu tief ins Wasser senkst, sind die Fische zu weit oben und du gehst mit leeren Händen aus; wenn du dagegen zu weit oben bist, sind wiederum die Fische zu weit unten.

Fuat Abi, du bist spitze. Wenn meine Oma keine Antwort wusste, sagte sie immer: „Ich bin doch nicht das Orakel, woher soll ich das wissen." Ich bin auch kein Orakel, woher soll ich wissen, wie viel Fuß ich die Schnur runtersenken muss!

Das haben wir gerne. Kannst so viel lesen, wie du willst. Aber wenn du keine Erfahrung hast, kannst du kein guter Fischer werden. Vieles wirst du selbst erfahren müssen. Ich habe hier an dieser gezeichneten Stelle etliche Male ausprobiert, bis ich festgestellt habe, dass die beste Tiefe zehn Fuß sein muss. Nun lass deine Schnur auch so tief absenken. Ich werde dasselbe tun, mal schauen, wer von uns mehr Fische fangen wird.

Der Meeresgrund strotzte geradezu voller Makrelen. Nachdem die Rute ins Wasser gebracht wurde und ein paarmal an der Schnur gezogen wurde, waren die Haken schon voller Fische. Çetin hatte

einige Male die Schnur durcheinander gebracht, als er die Fische von den Haken löste. Aber als er dann endlich begann, wie Fuat den untersten Fisch zuerst zu lösen und den Haken im Holz des Bootes einzustechen, gelang es ihm, die anderen Fische mit Leichtigkeit zu lösen. Çetin war derart vergnügt und eifrig, dass er noch nicht einmal hörte, was Fuat sagte.

Fuat hatte eine Pause eingelegt, sich eine Zigarette angezündet und beobachtete Çetins unaufhörliches Bemühen.

„Es wird langsam kälter. Es ist langsam an der Zeit, diesen jungen Mann zu mir nach Hause zu bringen, aber was werden wir tun, wenn Ayse kommt. Der Junge ist nicht mehr klein, er ist in dem Alter, wo er alles versteht. Am besten, wir warten noch ein paar Monate", ging es Fuat durch den Kopf.

Ayse war die waghalsige kecke Freundin von Fuat. Sie kannte keine Regeln. Sie wuchs unter den Fischern auf. Niemand wusste, wer ihre Eltern waren. Sie war genau das, was man eine „Überlebenskünstlerin" nannte. Sie scheute keine Arbeit. An manchen Tagen verkaufte sie Fisch, dann reparierte sie Fischernetze, und manchmal fuhr sie sogar raus aufs Meer, um Fische zu fangen. Und wenn sie mal pleite war, dann ging sie eben in den Häusern in der Umgebung putzen. Niemand durfte sie schief ansehen. Sollte ein Unbekannter sie belästigen, so musste er die scheußlichsten Beschimpfungen über sich ergehen lassen. Falls jemand mal zu aufdringlich wurde, so machte er Bekanntschaft mit ihrem Dolch. Sie war vernarrt in Fuat. Sie wollte weder eine Ehe, noch eine Verlobung. Immerzu sagte sie: „Der Krug geht solange zum Brunnen, bis er bricht". Sie wollte auch nicht mit ihm zusammenziehen, da sie nicht abhängig sein wollte und ihrer Freiheit beraubt. Die Fischer in Kavak tolerierten diese närrische junge und hübsche Frau so, wie sie war. Wenn Ayse arbeitete, dann achtete sie nicht auf ihre Kleidung. Sie warf sich, wie die Fischer, einen gelben Regenmantel über. Aber wenn sie sich mit Fuat traf

oder mit ihm gemeinsam nach Beyoglu pilgerte, dann hatte sie immer ein hübsches Kleid an, schminkte sich leicht und ging mit unauffälligen Hüftschwüngen die Straße entlang, so dass alle Männer sich nach ihr umschauten.

Die Gedanken von Fuat wurden durch einen Aufschrei von Çetin unterbrochen.

Fuat Abi, schau mal, diese beiden Fische sind keine Makrelen. Sind das etwa giftige Fische?

Als Fuat Çetin das Fischen lehrte, brachte er ihm auch bei, dass es giftige Fische gab und er keine Fische berühren sollte, die er nicht kannte. Çetin dachte an seine Worte, als er die Angel aus dem Wasser zog und nicht wagte, die beiden ihm unbekannten Fische vom Haken zu nehmen.

Keine Angst, sagte Fuat. *Das sind junge Blaubarsche. Wenn sie größer werden, werden sie richtig fette Blaubarsche. Wenn wir die jetzt essen, wachsen sie nicht. Lasst uns sie deswegen ins Meer zurückwerfen, damit sie wachsen können.*

Çetin gefiel das überhaupt nicht, aber Fuat, der die Fische vorsichtig von den Haken gelöst hatte, warf sie wieder zurück ins Wasser.

Komm, der Bottich ist schon fast voll. Lasst uns zurückkehren.

Wenn es nach Çetin gehen würde, würde er noch stundenlang weiter fischen. Er war sich aber auch recht bewusst, dass er Fuats Worten folgen musste. Er schwieg. Nachdem sie das Boot festgebunden hatten, legten sie die Makrelen in mit Meerwasser gefüllte Eimer und steuerten auf die Fischer-Straße zu, um die Fische zu verkaufen.

Der Markt war von Makrelen übersät. Die Wägelchen der fliegenden Händler, die Tabletts der Fischer und sogar die mit Wasser gefüllten Gefäße vor den Verkaufsständen waren voller Makrelen. Onkel Cemil, der Fuat und Çetin mit den Eimern voller Makrelen

entdeckte, rief ihnen zu:

Heute war wohl eine MakrelenInvasion. Schaut doch, jeder Fischer bringt Kisten voller Makrelen. Werft die Fische in unser Aquarium. Wir können sie dann ein bisschen teurer verkaufen an jene, die sie schwimmen sehen. Heute soll das Volk ein Fest feiern und günstig Fisch essen.

Nachdem Onkel Cemil etwas in sein Heft gekritzelt hatte, das er unter dem Tresen hervorholte, fing er an, mit seinen Schnurrbart zu spielen. Er war vielleicht sogar das allerwichtigste in seinem Leben. Der Schnurrbart war ziemlich lang und die Spitzen wurden immer schmaler und schlängelten sich nach oben. Er fettete sie regelmäßig mit einem Öl ein, dessen Formel er geheim hielt und von dem er glaubte, dass sie das Ausfallen der Härchen verhinderten, und zwirbelte die beiden Spitzen ständig zwischen seinen Fingern.

Fuat und Çetin waren noch da, als sich eine Reisegruppe einfand und abwechselnd Onkel Cemil und die im Wasser springenden Fische betrachtete. Eine Frau zeigte auf den Schnurrbart von Cemil und fragte etwas. Niemand konnte sie jedoch verstehen. Çetin sprach auf einmal:

Onkel Cemil, diese deutsche Dame würde sich gerne mit dir fotografieren lassen, sie fragt ‚Erlauben Sie?'.

Ohne das Bedürfnis zu haben, Çetin zu fragen, woher er Deutsch kann, befahl er:

Sag der Dame, natürlich können wir uns zusammen fotografieren lassen. Sie soll mit mir hinter dem Tresen stehen, damit man die Fische auch sieht.

Die Frau schaute Çetin, der die Worte Cemils ins Deutsche übersetzte, voller Bewunderung an und spürte das Verlangen, ihn zu fragen:

Wo hast du so gut Deutsch gelernt?

Çetin antwortete auf Deutsch:

Nirgends. Ich bin auch Deutscher, genau wie Sie.

Die Damen, die Cemil gelauscht hatten, riefen erstaunt „Oh" und stellten sich links und rechts von Cemil auf und befahlen:

Na wenn das so ist, dann komm und stell dich zu uns!

Die fünf Frauen und drei Männer mittleren Alters ließen sich mehrmals fotografieren. Die Frau, die sich als Petra vorstellte, bat Çetin:

Fragst du diesen Fischer bitte, ob es einen Ort gibt, wo wir die Fische, wenn wir sie hier kaufen, zubereiten können, um sie zu essen? Der Kellner im Hotel meinte, dass dies möglich sei.

Als Çetin Petras Worte übersetzte, sagte Onkel Cemil:

Jeder der Fischer in Kavak hat einen Grill. Wir finden schon jemanden, sie werden den Leuten hier die Fische grillen, die bezahlen ja eh dafür.

Fuat, der das ganze Geschehen abseits beobachtet hatte, fand keine Worte und dachte im Stillen: *Ich wusste, dass dieser Junge Geheimnisse hat, aber das konnte ich nicht ahnen. Mal sehen, was ich noch erfahren werde.* Laut sagte er:

Sag ihnen, dass ich ihre Fische grillen kann, wenn sie erlauben. Sie können sich auf die Bänke am Ufer setzen. Es gibt aber keine Teller oder Gabeln. Sie müssten auf Zeitungspapier und mit ihren Händen essen.

Çetin war in eine völlig andere Welt eingetaucht und war gerade dabei, eine Reise in die Vergangenheit zu machen. Als er Fuats Stimme hörte, erschrak er plötzlich, kehrte in die Gegenwart zurück, lief rot an und fühlte sich klitzeklein.

Als Fuat dann meinte: *Warum schweigst du, übersetze doch meine Worte ins Deutsche,* schämte er sich und sprach: *Was hattest du noch mal gesagt? Ich habe es vergessen.*

Du kannst mir später erzählen, woher du so gut Deutsch kannst. Sag ihnen erstmal, dass ich ihre Fische grillen kann.

Der Vorschlag von Fuat gefiel den Touristen sehr gut. Als Fuat bemerkte, dass die Fische, die sie gekauft und bezahlt hatten, nicht ausreichen würden, gab er Cemil ein Zeichen, damit er ein paar Fische hinzulegte. Als die deutschen Touristen mitbekamen, dass Onkel Cemil mehr Fische in die Plastikkiste tat, als sie bezahlt hatten, staunten sie nicht schlecht.

Sag diesen Heiden, dass die letzten Fische, die ich hinzugefügt habe, mein Geschenk sind.

Als Çetin das Wort ‚Heide' hörte, sprach er zu sich selbst:

Schon wieder das Wort ‚Heide'. Herrgott nochmal, wird mich dieses Wort denn für immer verfolgen?

Gemeinsam liefen sie zum Ufer. Çetin war schweigsam, als er dabei half, die Fische auszunehmen, und den Grill anzündete. Der lebendige, aufgeweckte und quirlige Junge war verschwunden. An seiner Stelle kam wieder der ängstliche und verunsicherte Junge der ersten Tage hervor. Fuat, der diese Verwandlung wahrnahm, ließ ihn in Ruhe. Solange Çetin nichts fragte, sprach er ihn nicht an. Die Deutschen riefen Çetin zu sich und fragten, ob sie zum Fisch Wein trinken konnten. Çetin hatte geradezu flüsternd übersetzt, als Fuat ausrief:

Klar können sie Wein trinken. Sie sollen Wein kaufen gehen und du hilfst ihnen dabei.

Çetin dachte sich nur: *Was sollen jetzt die Händler über mich denken, wenn sie erfahren, dass ich Deutsch kann?*

Geht es nicht, wenn ich sie nicht begleite, Abi?

Na los, zier dich nicht. Sei nicht so schüchtern, nur weil du Deutsch kannst. Onkel Cemil hat es eh schon allen erzählt. Es gibt keinen Grund, zurückhaltend zu sein.

Çetin wollte überhaupt nicht mit den Deutschen Wein kaufen gehen. *Nun werden mich alle fragen, wo und wie ich Deutsch gelernt*

habe, dachte er. Genauso kam es auch. Sobald ‚Sükrü-Bär' Çetin beim Betreten des ZigarettenLadens bemerkte, rief er:

Na, dann komm mal rein, du Deutschländer. Was wollen denn diese Deutschen?

Er fragte Peter hinter sich, was sie wollten.

Peter meinte: *Wir wollen vier Flaschen Rotwein, aber definitiv trockenen.*

Çetin fiel das türkische Wort für ‚trocken' nicht ein. Aber er erinnerte sich, dass seine Mutter auch immer trockenen Wein trank. Als „Sükrü-Bär" bemerkte, dass Çetin still geworden war, meinte er:

Was ist, hast du die deutsche Sprache vergessen?

Nein, hab' ich nicht, aber ich weiß nicht mehr, was ‚trocken' auf Türkisch bedeutet.

Sie möchten keinen süßen Wein, richtig?

Stimmt, sie wollen einen starken.

„*Alles klar, ich habe verstanden, was sie wollen*" teilte „Sükrü-Bär" mit und holte aus den Regalen vier Flaschen Rotwein heraus, tat sie in eine Plastiktüte und reichte sie Peter. Mit Çetins Hilfe bezahlten sie die Rechnung und gingen wieder zum Ufer zurück.

Fuat hatte schon begonnen, die Makrelen zu grillen. Die ersten fertigen Makrelen verteilte er auf Pappteller. Es gab auch Brot und Zwiebeln. Den Wein begannen sie aus kleinen Teegläsern zu trinken. Die Deutschen fanden die frisch gegrillten Makrelen köstlich und sagten ständig ‚Dankeschön'. Fuat wiederholte durchweg Çetins Worte: *Bitte schön, bitte schön.* Nach der dritten Flasche Wein wurden alle gesprächiger. Çetin wusste gar nicht mehr, wen er übersetzen sollte. Doch mit einigen Brocken Türkisch und ein bisschen Körpersprache versuchten sie sich mit Fuat zu verständigen.

Bald kam Hayri, ‚die Gräte', mit einer Weinflasche an. In der anderen Hand hielt er in Zeitungspapier eingewickelten eingelegten Fisch und bot diesen jedem an. Auch diesen Fisch fanden alle köstlich. Ständig wurde er gefragt, was das sei und wie man den Fisch zubereitet. Çetin wusste auch nicht, was eingelegter Fisch ist, und fragte Onkel Hayri.

Sag ihnen, das ist eine Art eingelegter Fisch.

Wie geht denn eingelegter Fisch? Außerdem, wie soll ich das ins Deutsche übersetzen, ging es ihm durch den Kopf, und er fantasierte:

Das ist eine Art Konserve, die sie aus einem größeren Fisch selbst gemacht haben.

Als die vier Flaschen ausgetrunken waren, wurden neue Flaschen nachgekauft. Nach Hayri, der Gräte, kamen auch andere Fischer mit ihren Anisschnapsflaschen, Käse, Oliven und Tomaten zu ihnen herüber.

Langsam wurden alle ein bisschen beschwipster. Çetin wusste nicht mehr, wie er übersetzen sollte und wurde immer missmutiger. Die Deutschen wollten immerzu wissen, in welcher Stadt er aufgewachsen sei, was er hier tat. Er wich ihnen aus und wurde immer unruhiger. Schon längst bereute er, dass er am Stand von Onkel Cemil für die Deutschen übersetzt hatte.

Fuat bemerkte Çetins Unruhe. Um Çetin zu helfen, teilte er den Leuten freundlich mit, dass sie nun zu tun hätten und dass dieses Festmahl ein Ende haben musste. Wenn es nach den Deutschen oder den anwesenden anderen Fischern ginge, würden sie bis Mitternacht essen und trinken. Langsam machten sie sich auf den Weg. Jeder schüttelte die Hände von Fuat und den anderen Fischern und bedankte sich wiederholt. Sie wollten Çetin auch ein Trinkgeld geben, als sie jedoch bemerkten, dass Çetin daraufhin beleidigt war, sahen sie davon ab.

Nachdem alle gegangen waren, räumten sie auf und tranken

anschließend den Tee, den Fuat zubereitet hatte. Fuat wartete vergeblich darauf, dass Çetin das Thema ansprach und anfangen würde zu sprechen.

Wie ein Häufchen Elend saß Çetin stumm mit griesgrämigem Gesicht da, schaute immerfort mit gesenktem Kopf auf den Boden und wich den Blicken von Fuat aus.

Fuat, der durchschaute, dass Çetin keine Anstalten machen würde zu reden, dachte: *Am besten, ich frage ihn, damit er sein Herz ausschütten kann und erlöst wird.*

Çetin, wir sind nun zwei Freunde, die dasselbe Schicksal teilen. Nun erzähl schon, was ist das, von wegen Deutschländer und so?

Çetins Gesicht verdunkelte sich, auch seine Augen waren kleiner geworden.

Mit Mühe hob er seinen Kopf und sah Fuat ins Gesicht. Als Fuat den Schmerz und die Trauer in Çetins Augen nachempfand, dachte er: *Hätte ich ihn doch bloß nicht genötigt, dieser Junge wird gleich anfangen zu weinen.*

Willst du es wirklich hören, Abi?

Deine Entscheidung, wenn du es nicht möchtest, kannst du auch ein andermal davon erzählen.

Nein, wenn ich erzähle, dann jetzt.

Und Çetin fing an zu reden. Nun war er kein Kind mehr, der im Begriff war, ein Jugendlicher zu werden, sondern ein reifer erwachsener Mensch.

Weißt du, auch wenn ich Türkisch sprechen kann, bin ich eigentlich ein Deutscher.

Als er Fuats verwundertes Gesicht sah, sagte er: *Warte einen Augenblick.* Und verschwand in der Hütte. Eine Weile später erschien er mit einem mehrmals in Folie eingewickelten Päckchen.

Da, nimm. Er hielt es ihm hin. Fuat wickelte die Folie ab und schaute verdutzt auf den Ausweis, den er in der Hand hielt.

Ali was, Sch...?

Ist das dein Nachname? Wie wird das ausgesprochen?

Es wird zwar so geschrieben aber „Schnayder" ausgesprochen.

Ja und danach steht Polat, was ist das?

Polat ist der Nachname meines Vaters. Da meine Mutter es so wollte, hat man seinen Namen mit angefügt. Also mein vollständiger Name ist Ali Schneider Polat.

Çetin lief ständig herum, manchmal setzte er sich hin, dann stand er plötzlich wieder auf:

Mein Ausweis soll nun in deiner Obhut bleiben, Abi. Ich hatte solche Angst, dass ich ihn verliere. Bei dir ist er besser aufgehoben. In diesem Päckchen befindet sich auch Geld, ich hatte Angst, das Geld zu verlieren. Wäre gut, wenn du das auch aufbewahren würdest.

Donnerwetter, wie ich sehe, bist du stinkreich. Mit dem Geld kannst du sogar mein Boot kaufen! Na gut, ich werde alles aufbewahren, nun schenke uns doch mal einen Tee ein.

Während sie ihren Tee tranken, fing Çetin an zu erzählen:

Meine Mutter heißt Petra. Ob sie noch lebt oder gestorben ist, wer weiß? Sie war eine sehr schöne Mutter. Sie liebte mich über alles.

Auf einmal hielt er inne, seine rabenschwarzen Augen wurden dunkler, plötzlich fing er bitterlich zu schluchzen an.

*

Ibrahim, der Vater von Çetin, kam im Dorf Deveci im Kreis Cihanbeyli auf die Welt, er wuchs in dem Dorf auf und besuchte

dort die Grundschule bis zum Schluss. Das Dorf befand sich in einem grenzenlosen Tal. Die Familie Polat war die wohlhabendste Familie des Dorfes. Sie besaßen ein Steinhaus, inmitten eines großen Hofes, welches mit Steinmauern umrandet war. Das Tor zum Hof war imposant. Es war aus Holz. Dieses Tor wurde nur geöffnet, wenn die Schafsherde und die Kühe zur Weide mussten oder des Abends zurückkamen. Zu anderen Zeiten des Tages wurde die kleine Tür in der Mitte des Tores als Ein- und Ausgangstür genutzt.

Nach den Erzählungen des Großvaters von Ibrahim ist die Familie von Karakocan hierher gesiedelt. Besser gesagt, sie wurden zwangsumgesiedelt, inmitten dieses ebenen Tals. Die Mitglieder der großen Familie legten sich ins Zeug, ackerten unaufhörlich und erschufen sich ein neues Heim. Bald besaßen sie große Ackerfelder, Schafsherden, Kühe und Pferde. Unmittelbar hinter ihrem Haus bohrten sie inmitten eines Feldes einen Brunnen und legten hier auch den Obstgarten an. Tanten, Onkel mütterlicherseits und väterlicherseits, deren Kinder, Töchter, Söhne, mehr als 100 Menschen lebten hier in diesem Dorf, die den Nachnamen ‚Polat' trugen.

Die Sprache der Älteren zu Hause war Kurdisch. Die Nachkommen, die aber in den 60er Jahren geboren wurden, sprachen sowohl zu Hause als auch auf der Straße Türkisch und waren verärgert, wenn ihre Eltern oder ihre Großeltern darauf bestanden, Kurdisch zu sprechen.
Ibrahim hatte die Mittelschule und die Oberschule in Konya besucht. Während er noch in der Oberschule war, interessierte er sich viel mehr für das bunte Treiben in den Gärten von Meram als für die Schule. Er teilte sich mit drei anderen Verwandten aus dem Dorf eine Mietwohnung.

Neben dem Geld, was die Jungs von ihren Vätern bezogen, schwat-

zen sie auch immer wieder ihren Müttern und Großmüttern heimlich Geld ab. Ab der ersten Klasse der Oberschule hatten sie keine große Lust mehr, Schularbeiten zu machen oder zur Schule zu gehen. Sie hatten gelernt, Wein zu trinken und Zigaretten zu rauchen, und natürlich auch, wie man an käufliche Frauen kommt.

Nachdem sie dann von der Schule rausgeschmissen wurden, mussten sie wohl oder übel ins Dorf zurückkehren. Die vier Schwestern von Ibrahim wurden bereits in jungen Jahren verheiratet. Sein Vater starb an einer Krankheit, die von den Ärzten nicht behandelt werden konnte, noch bevor er 50 Jahre alt war.

Ibrahim, der von nun an mit seiner Großmutter und Mutter lebte, war der einzige Mann im Hause und erbte somit das ganze Anwesen. Aber das Leben im Dorf war für Ibrahim im Gegensatz zum Leben in der Stadt Konya recht eintönig. Er kümmerte sich überhaupt nicht um die Felder, das Vieh oder die Plantagen. Regelmäßig verkaufte er ein paar Schafe und vergnügte sich in Konya. Als er dann 25 wurde, konnte auch die Stadt Konya seine exzessiven Begierden nicht mehr erfüllen.

Neu in Istanbul, faszinierten ihn die Bars, Lokale und die Frauen auf den Inseln, die halb entblößt am Strand lagen. Je länger er in Istanbul verweilte, desto weniger wurde die Anzahl der Schafe in der Herde im Dorf. Innerhalb von zwei Jahren wurden alle Schafe verkauft, danach waren die Kühe an der Reihe. Seine Großmutter, die beim Verkauf der Schafe geschwiegen hatte, fluchte und verdammte ihn in kurdischer Sprache, die Ibrahim kaum verstand. Sie rief: *Töte mich lieber, statt die Kühe zu verkaufen.*

Zeliha, eine Dame, die er im Lokal ‚Şenbar' kennengelernt hatte, war anders als die anderen Straßenmädchen. Ihr Aussehen, ihre Kleidung und ihr Charakter waren besonders. Sie hatte pechschwarze kurze Haare und im Gegensatz dazu einen weißen seidigen Teint. Obwohl sie eine helle Haut hatte, schminkte sie

sich nur leicht. Sie schwenkte auch nicht ihre Hüften, wie die anderen Bardamen und beharrte nicht darauf, ihr einen Drink zu spendieren, wenn sie sich an einen Tisch mit einem Kunden setzte. Trotzdem wollten alle Kunden des ‚Şenbar' mit ihr zusammen sein und spendierten ihr die meisten Drinks.

Ibrahim war im wahrsten Sinne des Wortes vernarrt in sie. Wenn er mit anderen Frauen schlief, ihre nackte Haut spürte und seine Begierde befriedigte, machte er sich keine Mühe, ein zweites Mal mit ihr zusammen zu sein. Aber Zeliha war etwas Besonderes. Oft gingen sie auch nicht aufs Zimmer, um sich zu lieben. Es war für ihn glückselig genug, wenn er nur bei ihr saß und in ihre schwarzen Augen schauen konnte. Auch Zeliha, die mit Dutzenden von Männern geschlafen hatte, hatte Gefallen an Ibrahim.

Miete ein kleines Zimmer, befreie mich von diesem Leben, ich bestehe auch nicht auf einer Ehe, flehte sie ihn oftmals an. Endlich traf Ibrahim die Entscheidung und wollte ihrer Bitte nachkommen. Aber wie sollte er das bewerkstelligen? Es reichte nicht, nur eine kleine Wohnung zu mieten. Er musste auch ihrem Zuhälter, der sie angeblich beschützte, eine große Abfindung zahlen.

Er verkaufte nahezu die Hälfte der Felder, die er im Dorf besaß, befreite sie von diesem Leben. Er mietete auf der asiatischen Seite in Erenköy eine kleine Wohnung. Immer seltener besuchte er sein Dorf. Wie zwei junge Verliebte spazierte er mit Zeliha, die fünf Jahre älter war als er, Arm in Arm, sie besuchten zusammen Kinos, Teehäuser und Lokale. Sie waren glücklich….

Er hatte kaum mehr Verbindungen zum Dorf. Sogar den Tod seiner Mutter erfuhr er erst viel zu spät und konnte nicht mehr bei der Beerdigung dabei sein. Keiner seiner Bekannten im Dorf sprach mit ihm. Seine Großmutter lebte alleine in diesem großen Haus. Obwohl sie an die 70 Jahre alt war, kümmerte sie sich um den Garten und ihre Kuh, versuchte, ohne Hilfe allein zurechtzukommen.

Als keine Felder mehr existierten, waren auch die sorgenfreien Tage gezählt. Sie hatten kaum mehr die Mittel, um zu Hause Essen zu kochen, geschweige denn zum Herumtreiben, in Restaurants zu speisen oder ins Kino zu gehen. Letztendlich passierte das, was immer in den alten türkischen „Yeşilçam" – Filmen passierte. Als Ibrahim eines Tages ins Dorf reiste, fand sich Zeliha vor lauter Ausweglosigkeit in der Şenbar wieder. Ibrahim, der aus dem Dorf zurückkehrte, ahnte zwar schon, wohin Zeliha verschwunden war, er hatte jedoch weder die Kraft, noch das nötige Geld, sie wieder zurückzuholen.

Während er mit seinem letzten Geld in der Tasche auf den Straßen herumlungerte, traf er auf Ihsan, einen ehemaligen Schulkameraden aus der Oberschule in Konya. Nach seiner Kleidung zu urteilen, schien Ihsan gut situiert zu sein. An diesem Tag hatten sie sich in der Blumenpassage volllaufen lassen. Ihsan, dem es nicht entging, dass Ibrahim in einer ausweglosen Lage war, traf für sich die Entscheidung, ihm zu helfen. Seit zehn Jahren arbeitete Ihsan in Deutschland und beteuerte, dass er auch Ibrahim helfen könne, nach Deutschland zu kommen.

*

Fuat, der bemerkte, dass Çetin weinte, dachte bedrückt: *Ich hätte kein Salz in seine Wunden streuen sollen.* Er ging zu ihm hin und nahm ihn in die Arme.

Los, geh und wasch dein Gesicht. Wir reden später.

Nachdem Çetin sein Gesicht gewaschen hatte, fühlte er sich entspannter. Er kam wieder zu Fuat zurück und setzte sich ihm gegenüber.

Wenn wir schon mal angefangen haben, dann sollten wir auch weiter reden, Abi.

Ich kann mich kaum an meinen Vater vor meiner Grundschulzeit erinnern. Er sagte immerzu, dass er erschöpft sei und machte mit mir keine Fahrradtouren, obwohl ich mir das so sehr gewünscht hatte. Wir sahen ihn sowieso recht selten zu Hause. Wie meine Mutter erzählte, arbeitete er nachts in einem Obst und Gemüse-Großmarkt, kam deswegen gegen Morgen heim und legte sich ins Bett, ohne vorher mit uns zu frühstücken. Ich erinnere mich auch sehr vage an meine Zeit im Kindergarten. Meine Mutter konnte mich nicht alleine im Kindergarten zurücklassen und nach Hause gehen. Wie sie mir später erzählte, hing ich ständig weinend an ihrem Rockzipfel und wehrte mich dagegen, dass sie mich dort zurückließ.

Als ich in die Grundschule kam, hatte meine Mutter angefangen, nachmittags in einer Wirtschaft zu arbeiten. Wenn ich aus der Schule kam, schlief mein Vater meistens, oder er war erst gar nicht zu Hause. Deswegen war ich oft alleine zu Hause. Manchmal ging ich nach der Schule zu einem deutschen Freund nach Hause. Wir spielten dann bis in den Abend hinein, und meistens aß ich dann auch dort zu Abend, bevor ich nach Hause ging.

Ich war ein sehr guter Schüler in der Grundschule, war sogar Klassenbester. Aber zu Hause gab es keine Ruhe. Meistens blieb mein Vater von zu Hause fort. Dabei wollte ich so gerne, wie die anderen Kinder auch, Zeit mit meinem Vater verbringen, mit ihm Fahrrad fahren oder ins Kino gehen. Er schimpfte nicht mit mir, er schlug mich auch nicht, aber ich erinnere mich an kein einziges Mal, wo wir zusammensaßen und uns unterhalten haben. Eigentlich konnten wir uns auch nicht verstehen, wenn wir mal gesprochen haben. Mein Vater sprach Türkisch mit mir. Ich konnte sehr wenig Türkisch sprechen und verstand seine Worte nicht. Ich liebte es, Lego zu spielen, und obwohl ich darauf bestand, haben wir kein einziges Mal gespielt. Er sagte immer dasselbe: „Lass mich in Ruhe, ich muss schlafen."

Meine Mutter war ganz anders. Wenn sie Hause war und nicht arbeiten musste, verbrachte sie die ganze Zeit mit mir. Wir lasen Bücher und bauten Häuser und Züge mit Legosteinen. Ich erinnere mich auch an unsere vielen Kinobesuche. Wir waren zusammen im Phantasialand. An diesem Tag hatte meine Mutter mit mir Spaß wie ein kleines Kind. Alles, was ich machen wollte, tat sie mit mir zusammen. In der Geisterbahn hatten wir große Angst. Meine Mutter hatte sogar noch mehr Angst als ich, sie hatte die ganze Zeit gekreischt.

Wenn mein Vater zur selben Zeit wie meine Mutter zu Hause war, dann stritten sie sich immerzu. Das war komisch, mein Vater schimpfte auf Türkisch, meine Mutter auf Deutsch. Mein Türkisch war sehr schlecht. Ich verstand nicht, warum mein Vater so böse war und was er meiner Mutter zurief. Am Ende kam mein Vater gar nicht mehr nach Hause.

Çetins Stimme begann zu zittern. Als Fuat bemerkte, dass er anfangen würde zu weinen, insistierte er nicht weiter:

Komm, das reicht für heute, du erzählst besser später weiter.

Çetin war sichtlich erleichtert. Er war sich bewusst, dass er weinen würde, wenn er weiter erzählte.

Seit dem Tag, an dem die Deutschen kamen und sie gemeinsam Fisch gegessen hatten, tauchte dieses von ihm so verhasste Wort wieder auf und haftete an ihm. In der Grundschule nannten ihn seine Klassenkameraden und seine Verwandten im Dorf immerzu „Ali, der Heide". Sogar seine Großmutter sagte, wenn sie sehr böse war: *„Na, kommen wieder deine heidnischen Adern zum Vorschein?"* Als sein Vater ihn von Deutschland in die Türkei brachte, war das erste, was seine Großmutter tat, ihn beschneiden zu lassen.

Trotzdem hatten sich seine Schulkameraden, wenn sie mal stritten, sich über ihn lustig gemacht und nannten ihn „Pürçüklü gavur" ungläubige Kartoffel???. Oft hatten sie ihm die Unterhose

runtergezogen, um nachzuschauen, ob er beschnitten war. Çetin hasste dieses Wort, dessen Bedeutung er nicht kannte. Er wusste auch nicht, warum man ihn als Heide beschimpfte.

Obwohl sie Çetin sehr mochten, nannten ihn nun auch noch die Fischer ‚Çetin den Heiden', da sie ihrer Lust am Necken, an der sie festhielten, nicht widerstehen konnten. Wenn Çetin dann genervt ‚Ich bin kein Heide' sagte, ließen sie ihm erst recht keine Ruhe. Gottseidank hatte er seinen Schutzengel Fuat Abi, der einige Male sehr streng klarstellte: *Wer Çetin einen Heiden nennt oder sich lustig macht, der kann was erleben.* Nach und nach ließen sowohl die Fischer als auch die Händler des Viertels davon ab und sprachen dieses Wort nicht mehr aus. Jeder von ihnen war schon mal Zeuge gewesen, als Fuat seine Fäuste benutzte. Deswegen hatte auch niemand den Mut gehabt, zu weit zu gehen. Çetin war wieder einmal sehr stolz, Fuat zu haben und seine Zuneigung zu ihm wuchs um ein Vielfaches.

*

Çetin, wenn du möchtest, kann ich dir heute zeigen, wie das Boot funktioniert.

Natürlich möchte ich, Fuat Abi.

Na gut. Dann stell dir mal vor, ich bin nicht da, du bist alleine. Seit einem Monat beobachtest du mich, nun bist du an der Reihe.

Çetin hatte tatsächlich alles, was Fuat gemacht hatte, mit großer Aufmerksamkeit verfolgt. Er zog an dem Seil, das an der Anlegestelle befestigt war, sprang in das herandriftende Boot und wartete darauf, dass Fuat auch ins Boot stieg.

Hast du nicht etwas vergessen?

Oh ja, ich habe etwas vergessen.

Dann spring runter und bringe die Dinge her, die du vergessen hast.

Çetin zog an dem Seil, sprang auf den Bootssteg und lief zur Hütte. Er kam mit dem gelben wasserdichten Fischermantel, dem Kanister mit Treibstoff und dem Starterseil zurück.

Sehr gut, du hast die wichtigsten Sachen nicht vergessen.

Fuat sprang mit Çetin auf das Boot und fing an, ihn zu mustern. Çetin brachte die Lenkvorrichtung an, deren Name er als ‚Ruderpinne' gelernt hatte, löste die Leine vom Boot, die am Stab der Boje befestigt war und setzte sich an den Motor, um ihn zu starten. Er wickelte die Startschnur auf und zog dann daran mit voller Kraft, wie Fuat Abi es immer tat. Aber der Motor brachte nur zischende Geräusche hervor und wollte nicht anspringen. Er versuchte es abermals. Er war in Schweiß gebadet.

Warte mal, bemerkte Fuat. *Denk mal nach, kann es sein, dass du etwas vergessen hast?*

Ich habe den Benzinhahn nicht aufgedreht, nicht wahr? Wenn kein Treibstoff kommt, kann der Motor ja nicht anspringen.

Er öffnete den Hahn und probierte es erneut. Es war nicht leicht, den Motor zum Laufen zu bringen. Sobald der Motor ansprang, ging er zur Ruderpinne und ließ den Motor anlaufen.

Sehr gut, aber hast du nicht wieder etwas vergessen?

Çetin dachte: Der Motor läuft, wir fahren, was kann ich denn noch vergessen haben? Aber er konnte die Frage nicht beantworten. Er kam einfach nicht drauf. Fuat zeigte auf den Autoreifen, der an der Reling befestigt war und auf die beiden PlastikKissen.

Wie heißen diese noch mal?

Fender.

Ja, und was machen wir damit?

Wir nehmen sie an Bord. Wenn sie außen bleiben, dann drosseln sie die Geschwindigkeit des Bootes.

Çetin, der das Boot mit großer Konzentration steuerte, war außer sich vor Freude.

Als sie an die Küste zurückkamen und die Fischer Çetin ans Ufer manövrieren und das Boot festmachen sahen, applaudierten sie und jubelten: „Çetin ist der Größte".

Während sie nach dem Abendessen ihren Tee tranken, fragte Çetin auf einmal:

Fuat Abi, was bedeutet Heide?

Soweit mir bekannt, sagt man das zu Personen, die keine Türken sind.

Jedoch gefiel ihm seine eigene Antwort nicht, da ihm einfiel, dass Çetin ja auch kein Türke war.

Besser gesagt, man sagt das, glaub' ich, zu Menschen, die keine Muslime sind, zu Deutschen, Italienern und so...

Warum soll ich denn eine Heide sein? Mein Vater ist Muslim, außerdem bin ich auch beschnitten. Trotzdem nennen mich alle einen ‚Heiden', wenn sie erfahren, dass meine Mutter Deutsche ist. Ist es denn schlimm, ein Heide zu sein?

Das sind schwierige Themen, Çetin. Meiner Meinung nach ist es nicht schlimm, ein Heide zu sein. Alle Europäer und die meisten auf der Welt sind Heiden, sind sie denn deswegen schlecht?

Meine Mutter zum Beispiel war ein sehr guter Mensch.

Na siehst du… Nun geh ins Bett, schlaf dich aus. Wir werden morgen früh zum Fischen aufbrechen. Heute wurden wohl junge Blaufische gefangen, vielleicht finden wir morgen auch welche.

Was ist das für ein Fisch, ein ‚junger Blaufisch'?

Du hattest doch mal junge Blaubarsche gefangen. Dieser Blaufisch ist der große Bruder von ihm. Wenn er noch größer wird, wird er zum König der Meeresfische, ein ausgewachsener Blaufisch, hast du verstanden?

Ja, hab ich Abi, gute Nacht.

Çetin, die Saison für Blaufische naht. Was meinst du, sollen wir morgen unser Glück probieren?

Natürlich möchte ich, aber warum probieren wir es nicht schon heute aus?

Man kann doch nicht einfach so unvorbereitet Blaufische fangen! Um Blaufische zu fangen müssen wir erst Hornhechte fangen.

Und was sind das für Fische? Ich verstehe gar nichts mehr. Gibt es denn einen Fisch namens Hornhecht?

Ja, das ist ein Fisch und der Blaufisch hat eine Vorliebe für Hornhechte. Wir müssen zuerst diese fangen, damit wir sie morgen als Köder benutzen können.

Kann man denn mit unseren Angelruten keine Blaufische fangen?

Vielleicht, wenn wir andere Federn nehmen. Aber Blaufische beißen dann

kaum an. Die mögen lebende Köder. Es ginge auch mit Krabben, aber Hornhechte mag er am meisten. Geh zur Hütte und bring mir mal den gelben Karton.

Çetin brachte den gelben Karton und staunte, als er ihn öffnete.

Fuat Abi, ist das denn der richtige Karton? Hier befinden sich nur gelbe dünne Stofffetzen.

Das ist schon der richtige. Das, was du Stofffetzen nennst, ist Seide. Diese Seidenstreifen werden wir benutzen, um Hornhechte zu fangen.

Das Fischen ist schon eine komplizierte Angelegenheit. Nun bin ich aber gespannt, wie man mit diesen Seidenstoffen Fische fangen soll.

Wir werden diesen Seidenstreifen an dem Haken festbinden, so wie ich es dir zeige. Dann binden wir ihn an die Angelschnur. Komm, lasst uns ablegen, den Rest zeige ich dir auf dem Meer.

Nachdem sie etwas rausgefahren waren, ließ Fuat die Angelrute mit den Seidenstücken ins Meer und schaltete den Motor auf halbe Kraft runter. Nach einer kurzen Weile kam an der Spitze der Angel ein Hornhecht zum Vorschein. Fuat nahm den Fisch von der Angel und legte ihn in den Bottich:

Schau, wir haben den ersten Hornhecht. Für morgen brauchen wir mindestens zehn bis fünfzehn davon.

Das ist aber ein recht merkwürdiger Fisch, Fuat Abi. Sieht aus wie eine kleine Schlange. Kann man diesen denn auch essen?

Klar kann man das, er schmeckt auch ziemlich köstlich. Aber wie du siehst, ist er recht klein. Zehn Stück braucht man mindestens, um satt zu werden. Der Blaufisch hat schon einen guten Geschmack!

Binnen zwei bis drei Stunden hatten sie etwa 15 Hornhechte

gefangen. Damit sie frisch bleiben, hatte Fuat die Fische im Bottich gelassen. Als sie ans Ufer kamen, stieg Berfin auf das Boot und schaute, wie gewöhnlich, in den Bottich.

Was ist denn das, Fuat Abi. Habt ihr heute etwa Seeschlangen gefangen?

Çetin antwortete, als sei er ein Fischer mit jahrelanger Erfahrung:

Mädchen, das sind Fische, Hornhechte. Wir werden sie morgen als Köder benutzen, um Blaufische zu fangen.

Werdet ihr von den großen Fischen fangen, die wir gegessen hatten?

Nein, wir werden Blaufische fangen, die sind noch leckerer als die, die wir mit deinem Großvater zusammen gegessen haben.

Als sie sich am Morgen in aller Frühe trafen, war Çetin vor lauter Aufregung völlig aus dem Häuschen. Fuat filetierte die Hornhechte und wickelte sie am Ende der Angelleine um einen Haken und reichte einen davon Çetin. Sie waren beinahe am gegenüberliegenden Ufer in Rumeli Kavagi angekommen.

Gestern sollen hier einige Leute Blaufische gefangen haben, dann mal los, ahoi, in Gottes Namen!

Es war ein ertragreicher Tag, denn obwohl die Blaufisch-Saison gerade erst begonnen hatte, hatten sie zwanzig Stück gefangen. Sogar Çetin hatte vier Stück alleine gefangen. Voller Freude kehrten sie nach Kavak zurück.

*

Als sie sich am nächsten Tag trafen, erklärte Ihsan Ibrahim ausführlich, was er zu tun hatte. Er versprach ihm, eine Einladung zu

schicken, sobald er in Deutschland sei.

Inzwischen musst du deinen Pass beantragen und mindestens 500 DM in bar dabei haben. Nachdem du als Tourist in Deutschland eingereist bist, finden wir garantiert einen Weg, damit du eine Arbeit findest und dableiben kannst. Ich bin auch als Tourist eingereist. Ich habe nun die Aufenthaltserlaubnis und die Arbeitserlaubnis. Hauptsache, du schlägst dein Zelt in Deutschland auf!

Alles passierte so, wie Ihsan es erklärt hatte. Er hatte sich hier und da Geld ausgeliehen. Als er am Flughafen Köln Bonn ankam, wartete Ihsan bereits auf ihn.

Die Zimmer eines baufälligen dreistöckigen Hauses waren jeweils an zwei oder drei türkische Arbeitnehmer vermietet. Ein Bett, eine gemeinsam benutzte Küche, eine gemeinsame Toilette im Flur und ein Bad. Der Zimmernachbar von Ibrahim war wie er selbst ein Schwarzarbeiter, der vor zwei Jahren mit einem Touristenvisum nach Deutschland eingereist war. Emin hatte einen Asylantrag gestellt und wartete auf das Ergebnis. Er war ein gerissener Bursche. Er konnte soweit Deutsch, dass er sich mit Ach und Krach verständigen konnte. Am zweiten Tag der Ankunft Ibrahims machte er den Vorschlag:

Wenn du willst, kann ich dir vorübergehend eine Arbeit bei uns im Betrieb organisieren. Aber ich sage es gleich am Anfang: Die Arbeit ist recht mühsam, aber du bekommst einen Stundenlohn wie ein normaler Arbeiter.

Klar möchte ich, aber gib mir noch ein paar Tage.

Wie du willst...Noch eine Sache. Unser Chef wird dir eine Arbeit geben, aber für ihn ist das ein Risiko. Deswegen musst du für ihn etwas springen lassen.

Wie viel wäre das denn? Ich habe nicht so viel Geld.

Du brauchst dein eigenes Geld nicht einzusetzen. Du gibst dem Chef

einfach dein erstes Gehalt. Den Rest erledigt er.

Wenn es so ist, gut.

Emin war recht heimtückisch und entsprechend ein Schlitzohr. Er hatte mit dem Chef eine Absprache. Sie teilten sich ein Monatsgehalt eines Arbeiters auf, den Emin mitbrachte. Die Arbeit war aber so anstrengend, dass die meisten Arbeiter sie nicht länger als drei, vier Monate ertragen konnten und fortliefen. Emins Aufgabe war es dann, einen neuen Arbeiter zu finden. Binnen zwei Jahren konnte er mit dieser Methode ein Vermögen von 5.000 DM machen. Der Arbeitsort war ein Steinbruchbetrieb, etwa vierzig Kilometer von Köln entfernt. Die Steine, die mit großen Maschinen zertrümmert wurden, sollten nach Größe sortiert und auf Lastwagen geladen werden, um dann zu Baustellen für den Haus- oder Straßenbau transportiert zu werden.

Die Arbeiter, die sich das ganze Jahr über im Steinstaub abrackerten, waren irgendwann des Lebens überdrüssig. Außer den Chefs, die Gabelstapler bedienten, gab es niemanden, der länger als zwei Jahre dort arbeitete.

Als sie sich am nächsten Tag trafen, teilte Ibrahim Ihsan den Vorschlag von Emin mit.

Ich kenne diesen Mann, er ist ein Betrüger, aber für den Anfang ist das besser als gar nichts. Wenigstens verdienst du ein bisschen Geld. Komm erst mal an, danach stellen wir deinen Asylantrag.

Du hast gut reden, ich habe doch mit Politik nichts am Hut. Wie sollen wir da einen Antrag stellen?

Aber ich bitte dich, Ibo, glaubst du etwa, dass alle Asylbewerber politisch aktiv sind? Mach dir jetzt keine Gedanken darüber. Es gibt viele Wege, irgendeine Lösung werden wir schon finden.

Er teilte Emin mit, dass er sein Angebot annehmen würde. Emins Augen leuchteten auf.

Na gut, dann gehen wir beide in zwei Tagen zusammen zur Arbeit.

Er hatte, genau wie Ihsan ihm geraten hatte, die Adresse seiner Unterkunft auf einen Zettel geschrieben, und lief zu Fuß durch die Stadt. Zwei Tage lang streifte er umher, bis er vor Erschöpfung völlig schwach geworden war. Er war glücklich über die vielen Dönerbuden. Sie waren billig und man konnte in diesen Läden türkisch sprechen. Mit Händen und Füßen hatte er es sogar geschafft, in einem deutschen Imbiss ein halbes Hähnchen zu kaufen.

Er bewunderte die Frauen und Mädchen, die er überall in der Stadt, in den Läden sah. ‚Ich muss so schnell wie möglich die Sprache der Ungläubigen lernen', dachte er.

Einen Tag später weckte Emin ihn in aller Frühe.

Los, steh auf, wir gehen arbeiten.

Und wie fahren wir da hin?

Der Chef kommt höchstpersönlich und holt uns mit seinem Auto vor der Tür ab. Wasch deine Hände und dein Gesicht, iss etwas. Hier, du kannst meine alten Klamotten anziehen, später kaufen wir dir neue Arbeitskleidung.

Als sie an der Arbeitsstelle ankamen, war Ibrahim sehr erstaunt. Emin hatte erzählt, dass die Arbeit anstrengend werden würde. Und so dachte er, dass er wenigstens in einer Fabrik oder einer Werkstatt arbeiten würde. Aber dieser Ort war ein abgelegener Ort, wo große Maschinen mit großem Lärm liefen, Felsen mit Dynamit gesprengt wurden und die Lastwagen herumfuhren und Staub aufwirbelten.

Zu Emin sagte Ibrahim:

Ich kann die Sprache nicht, wie soll ich mich verständigen?

Du brauchst auf dieser Arbeit nicht viel zu sprechen. Ich werde den Chef fragen und dir sagen, was du zu tun hast.

In diesem Augenblick kam ein kleiner Mann mit großem Bauch und abgetragener Kleidung zu ihnen und reichte Ibrahim eine Schaufel, die wie eine Heugabel aussah. Dann fing er an, mit Emin zu reden. Emin zog Ibrahim daraufhin am Ärmel und ging mit ihm zu einer Maschine. Dort wurden an einem Ort wie ein Trichter mit großem Getöse Steine gebrochen und auf eine Gummibahn geworfen. Mit dieser Bahn kamen die Steine dann in eine andere Maschine, die sich weiter vorne befand. Somit wurden die Steine, die von einer Maschine zur nächsten gefahren wurden, immer kleiner, zunächst so klein wie Kieselsteine, dann zu Sand. Emin meinte:

Du musst die Steine, die von der Maschine herunterfallen, mit deiner Schaufel aufgabeln und diese auf dieses Gummiband werfen, das ist deine Arbeit.

Dann entfernte er sich. Auch er musste, wie Ibrahim, in seiner ersten Zeit mit der Schaufel arbeiten. Aber in den Mittagspausen hatte er nach langem Bitten und Betteln von einem türkischen Arbeiter, der den Gabelstapler bediente, gelernt, wie man dieses Gerät benutzte. Dann hatte er den Chef überredet, indem er ihm beteuerte, dass er in der Türkei Gabelstapler gefahren sei, und arbeitete von nun an mit dem Gabelstapler, was viel bequemer war als die Arbeit mit der Schaufel.

Ibrahim hatte bisher nur das Vermögen seines Vaters verprasst und hatte fast noch nie in seinem Leben gearbeitet, schon gar nicht so schwer geschuftet. Nach zwei Stunden schmerzten seine Schultern. Egal, wie sehr er sich anstrengte, er schaffte es nicht, alle heruntergefallenen Steine auf das Gummiband zu schütten. Ab und zu kam der Chef, rief laut *„Zack zack, schnell, schnell"* und verschwand wieder. Als dann die Mittagspause begann, konnte er mit Mühe und Not das von Emin gebrachte Essenspaket verzehren. Bis zum Feierabend konnte er es schwer aushalten.

Das Brathähnchen, was er im Laden am Hauseingang gekauft

hatte, hatte er verschlungen und schlief danach tief und fest, wie ein Stein. Schon seit dem ersten Tag fluchte er: Verflucht sei das Geld der Ungläubigen.

Emin gab ihm ständig Ratschläge:

Am Anfang ist es immer so, aber nach einer Zeit gewöhnst du dich daran.

Und so weiter. Ibrahim konnte sich aber nicht daran gewöhnen, er wollte es aber auch nicht. In den ersten Tagen duschte er noch im Bad, das sich im Flur befand. Nach einiger Zeit ließ er auch davon ab. Er legte sich ins Bett, ohne seine verstaubten Kleider auszuziehen. Nach einem kleinen Nickerchen stand er auf, stillte seinen Hunger beim Hähnchenverkäufer am Haus und ging dann in das Wirtshaus in der Seitenstraße. Erst fand er diese Deutschen und die anderen Arbeiter aus anderen Ländern sehr befremdlich, da sie Alkohol tranken, ohne nebenbei einen kleinen Imbiss zu verzehren. Im Nachhinein gewöhnte er sich auch daran. Er trank Bier, bis er stockbetrunken war, und hatte auch gelernt, wie die anderen Kneipengänger, nebenbei dieses billige und harte Getränk namens Korn zu konsumieren. Wenn er dann wieder zu Hause war, fiel er ins Bett und schlief durch bis zum nächsten Tag.

Emin, der weder trank noch Hähnchen aß, um kein unnötiges Geld auszugeben, konnte ihn morgens sehr schwer wecken. Auf der Arbeit musste sein Chef ihn ständig ermahnen, da er sehr schwerfällig arbeitete. Ibrahim hasste Deutschland, und er hasste sich selbst. Längst hatte er es aufrichtig bereut, dass er nun hier dahinvegetieren musste, aber da er alle Brücken hinter sich abgebrochen hatte, gab es kein Zurück mehr.

Ihsan fing an, ihn zu drängen, damit er so schnell wie möglich einen Asylantrag stellte. Ibrahim hatte jedoch kein einziges Dokument.

Mach dir keine Sorgen. Du bist doch Kurde, oder?

Wie kommst du denn auf das Thema, Ihsan? Ja schon, unsere ganze Sippschaft ist Kurdisch, das weißt du auch. Die Familie wurde von

Cihanbeyli vertrieben. Ich habe doch nichts am Hut mit dem Kurdisch-Sein. Ganz im Gegenteil, ich habe es immer gehasst, kurdische Wurzeln zu haben und habe diese Tatsache immer geheim gehalten.

Was du persönlich denkst, ist egal. Wenn du Asyl bekommen willst, ist das Einzige, worauf wir uns beziehen können, dass du Kurde bist und unterdrückt wurdest. Das Wichtigste ist, dass du dich an den Demonstrationen von Kurden in Köln und Düsseldorf beteiligst. Wir können dich dann auch währenddessen fotografieren und dir eine grünrotgelbe Fahne in die Hand drücken.

Mach dich nur lustig, ich werde weder an Demos teilnehmen noch eine Fahne tragen.

Wie du willst, wenn du nicht ausgewiesen werden willst aus diesem Land, ist das die einzige Möglichkeit.
Gut, ich werde mir das durch den Kopf gehen lassen. Aber was soll ich groß überlegen, gibt es denn eine andere Hoffnung?
Aber Ihsan, kann man für mich nicht eine andere Arbeit finden, ich habe diesen verdammten Steinbruch satt.

Es ist schwer, für jemanden wie dich, der mit einem Touristenvisum eingereist ist, eine vernünftige Arbeit zu finden. Schwarzarbeiter verdienen viel weniger als andere Arbeiter. Wenn er nämlich gefasst wird, wird nicht nur der Arbeiter aus dem Land gewiesen, sondern auch der Chef wird eine Strafe bekommen. Wenn du bereit bist, nachts zu arbeiten, können wir für dich vielleicht im Gemüse-Großmarkt einen Job finden. Dort arbeiten viele Bekannte von mir. Aber so schnell geht das nicht. Wenn du im Steinbruch lernst, den Gabelstapler zu fahren, kann das auf dem Großmarkt auch sehr nützlich sein.

Gut, wenn ich Emin ein bisschen Geld gebe, kann er das womöglich einrichten.

Nachdem sie sich getrennt hatten, eilte Ibrahim wieder in die Kneipe. Da es Mittagzeit war, war es nicht so voll wie gewöhnlich. Petra bediente die Gäste hinter der Theke und wäre gerne mit

diesem neuen Kunden, der fast jeden Tag in die Kneipe kam, ins Gespräch gekommen. Es gelang ihr jedoch nicht. Letztendlich konnte Ibrahim mit Händen und Füßen erklären, dass er aus der Türkei kam und dass er sich um Asyl bewerben wolle. Petra hatte zu diesem schweigsamen, undurchdringlichen neuen Kunden große Zuneigung. Er alberte nicht so rum wie die anderen. Er trank sein Bier und sein Korn und verließ die Gaststätte, nachdem er ein ordentliches Trinkgeld hinterlassen hatte. Petra fand ihn auch äußerst gutaussehend.

In den Pausen lernte er nach intensivem Bitten und Flehen von Emin das Bedienen des Gabelstaplers. Er nahm auch an einer Demonstration teil, hielt das von Ihsan mitgebrachte Plakat hoch und ließ sich damit fotografieren. In Hinsicht auf den Asylantrag war er jedoch unentschlossen. Mit Hilfe von Ihsan hatte er eine Arbeit auf dem Großmarkt in Köln gefunden. Hier brauchte er kein Deutsch zu sprechen. Der Großhändler, der Obst und Gemüse verkaufte, war Türke. Auch die Laden und Lokalbesitzer, die von ihm kauften, waren Türken. Die Arbeit begann nachts um 23 Uhr und endete am darauffolgenden Tag um 11 Uhr vormittags. An manchen Tagen war der Großmarkt auch länger geöffnet.

Mensch, in was für eine Lage hast du mich hier nur gebracht, praktisch bin ich hier der Packesel, ging es ihm ständig durch den Kopf.

Die Laster, die aus der Türkei, Spanien und Holland kamen, wurden entladen und die Ware in die Lieferwagen der Ladenbesitzer umgepackt. Einige Käufer gaben demjenigen, der mit dem Umladen beschäftigt war, auch Trinkgeld. Dieses nebenbei verdiente Geld war dann für Ibrahims Kneipengänge gedacht. Er passte sich innerhalb kurzer Zeit an die Arbeitsbedingungen des Großmarkts an. An kalten Tagen nahmen einige der Arbeiter bereits am Nachmittag um drei oder vier ihre kleinen Fläschchen mit Schnaps aus den Hosentaschen und begannen zu trinken.

Auch Ibrahim fing damit an. Nach einer solchen ‚hochprozentigen' Nacht begrüßte er den Morgen in betrunkenem Zustand.

Nachdem er dann seinen Hunger gestillt und ein paar Stunden geschlafen hatte, eilte er in das Gasthaus, wo Petra arbeitete. Er hatte bemerkt, dass Petra sich zu ihm hingezogen fühlte.

Er hatte ihr ein paar Mal Bier bestellt, sie hatte jedes Mal abgelehnt.

Danke, aber ich nehme keine Angebote von Kunden an, sagte sie.

Hübsche Frau, ob sie wohl verheiratet ist, dachte er. Ihre Freundlichkeit ermutigte ihn, sie zu fragen, ob sie verheiratet sei, indem er ein Ringzeichen machte. Petra musste daraufhin loslachen und tat so, als nehme sie einen imaginären Ring von ihrem Finger und warf ihn fort. Dann zeigte sie lächelnd auf Ibrahim und machte ein Ringzeichen. Ibrahim wusste nicht, ob sie sich nun über ihn lustig machte, oder ob sie es ernst meinte. An diesem Tag redeten sie den ganzen Abend in der Zeichensprache. Von nun an saß Ibrahim Abend für Abend an der Theke vor Petra und versuchte, mit ihr zu reden. Dann fingen sie an, sich in der kleinen Wohnung von Petra zu treffen und sich zu lieben.

Seit seinen Tagen auf der Oberschule bestand seine Beziehung zu Frauen lediglich darin, dass er mit ihnen schlief. Er hatte viele Frauen gekannt, die meisten davon waren käuflich. Zuneigung, Liebe, Leidenschaft waren für ihn Fremdwörter. Auch in der Beziehung zu Petra befand sich keine Spur von Liebe oder jeglichen Gefühlen. Er schlief mit ihr und musste dafür noch nicht einmal bezahlen. Das war alles. Petras Herz war aber für diesen Mann entflammt, der mit ihr so temperamentvoll Liebe machte. Jedes Wochenende und zu jeder erstbesten Gelegenheit warf sie sich in seine leidenschaftlichen Arme. Als Ibrahim merkte, dass sie sich immer mehr mit ihm verbunden fühlte, kam in ihm aber ein Gedanke auf: Wenn ich diese Frau heirate, dann wird es leichter,

in Deutschland zu bleiben. Diesen Gedanken teilte er auch mit Ihsan. Letztendlich entschieden sie, eines Abends mit Petra zu sprechen. Als sie gemeinsam in einem Restaurant essen waren, erklärte Ihsan Petra, dass Ibrahim sie heiraten wolle. Somit könne er ohne Probleme in Deutschland bleiben.

Warum nicht? meinte Petra. *Wir sind eh zusammen.*

Bis die nötigen Dokumente, die für die Heirat benötigt wurden, aus der Türkei kamen, vergingen ein paar Monate. Als sie dann vor dem Standesbeamten saßen, war Petra schwanger. Sie zogen in eine neue Wohnung. Die Wohnung statteten sie überwiegend mit Gebrauchtmöbeln aus. Das erste Problem ihrer Ehe war, dass Petra schwanger war. Ibrahim wollte in diesem Abenteuer, dessen Ende noch nicht abzusehen war, noch kein Kind. Im Gegensatz dazu wollte Petra unbedingt ein Kind. Am Ende siegte sie.

Petra arbeitete immer noch in der Gaststätte. Da Ibrahim auch einen Job hatte, hatten sie finanziell noch keine Probleme. Eigentlich war Ibrahim dagegen, dass Petra arbeitete. Es war jedoch offensichtlich, dass das Geld, was Ibrahim verdiente, allein nicht ausreichen würde.

Ab dem vierten Monat der Schwangerschaft hörte Petra auf, mit Ibrahim zu schlafen. Sie ging oft zum Arzt, kaufte für ihr Kind, bei dem sie erfahren hatte, dass es ein Junge werden würde, ständig irgendwelche Dinge. Nach dem fünften Monat hörte sie auf zu arbeiten. Ibrahim war hilflos, da Petra nicht mehr mit ihm schlafen wollte und sie mit dem Geld, was er verdiente, nicht bis zum Monatsende durchhalten konnten. Er hatte aber dank der Heirat mit Petra innerhalb kürzester Zeit eine Aufenthalts- und Arbeitsgenehmigung erhalten. Da er jedoch keine besonderen Fähigkeiten besaß, war es unmöglich, eine bessere Arbeit als die im Großmarkt zu finden.

Eigentlich waren Ibrahim sowohl Petra als auch das bald auf die Welt kommende Kind egal. Da er nicht mit Petra schlafen konnte, war er gegenüber ihr und dem Kind, noch bevor es auf die Welt kam, missgestimmt. *Hätte ich doch bloß nicht geheiratet, hätten wir dieses Kind doch bloß nicht gemacht,* ging es ihm durch den Kopf. Er hatte in Petra nur die Frau gesehen, durch die er sein Verlangen befriedigte. Nun konnte er nicht nur sein Verlangen nicht stillen, sondern es kam auch noch die Katastrophe mit dem Kind hinzu. Er ging wieder in die Bordelle, was ihn nicht befriedigte und dazu auch noch das Geld nicht reichte, da er zu oft hinging.

Ibrahim bereute, dass er Petra geheiratet hatte, aber er konnte nichts tun. Das Geld, was er verdiente, reichte knapp mal für sich und seinen Alkoholgenuss. Außerdem hatte er von seinen Kollegen gelernt, an Spielautomaten Geld zu verprassen. Er wurde abhängig von diesen einarmigen Banditen, die es in Gaststätten und Spielsalons an jeder Ecke gab. Den Großteil seines Lohnes verlor er an diesen Maschinen. Er hatte auch begonnen, Geld von seinen Kumpels zu leihen, wenn ihm das Geld nicht reichte. Da er seine Schulden auch nicht bezahlen konnte, wollte auch niemand mehr mit ihm zu tun haben. Deswegen hatte er auch mehrmals Streit.

Nach Hause kam er nur zum Schlafen und gab Petra auch kein Geld mehr. Petra versuchte, mit ihrem Arbeitslosengeld durchzukommen, was ihr kaum gelang. Ibrahim dagegen kam erst nach Hause, nachdem er draußen ein Hähnchen oder frittierte Kartoffeln gegessen hatte. Petras Jammern und Tadeln ließen ihn völlig gleichgültig.

Alsbald bekam Petra im Krankenhaus ihr Kind. Ibrahim kam erst am darauffolgenden Tag ins Krankenhaus, um das Kind zu sehen. Nach drei bis vier Tagen brachte er die beiden mit dem Auto eines Freundes nach Hause und ließ sie dort alleine.

Er verzichtete kein bisschen auf sein erbärmliches Leben. An Spielautomaten zu spielen reichte ihm bald nicht mehr. Er begann, die heimlichen Casinos der Türken zu besuchen, wo Barbudi und andere Würfelspiele gespielt wurden. Es waren elende üble Orte, wo viele Schlägereien stattfanden, mit Drogen gehandelt wurde und sogar Frauen verkauft wurden. Ein paar Mal geriet er selbst in eine dieser Schlägereien und musste sogar mit zur Polizeiwache. Er suchte immer nach Wegen, um Geld zu verdienen, ohne dafür arbeiten zu müssen oder sich anzustrengen.

Petra hatte keinerlei Hoffnung mehr, dass er sich ändern würde. Mit dem Arbeitslosen- und Kindergeld konnte sie sich und ihr Kind nur schwer über Wasser halten. Das Einzige, was sie wollte, war, dass Ibrahim nicht mehr nach Hause kam. Der Alkohol und die Spielsucht hatten aus Ibrahim eine menschenunwürdige Person gemacht. Wenn er nach Hause kam, stahl er, falls es überhaupt etwas gab, Geld aus Petras Geldbörse. Wenn er nachts auf dem Großmarkt arbeitete, eröffneten sich ihm auch neue Möglichkeiten. Die Lastwagenfahrer verkauften geschmuggelte Kartons von Zigaretten noch günstiger als zum halben Preis. Ibrahim kaufte diese und verkaufte sie etwas teurer an andere Personen weiter. Eine Zeitlang dauerte dieser Zustand an. Ein polnischer Fahrer fragte ihn, ob er 1015 Kartons auf einmal verkaufen könne. Der Preis, den er für einen Karton wollte, war weit unter der Hälfte des Normalpreises. Ibrahim ließ sich das nicht entgehen. Er hatte mehrere türkische Kioskbesitzer gefunden, die diese Zigaretten zum halben Preis sofort in bar bezahlten. Den Zigaretten folgten verschiedene Whisky-Marken. Zweifellos stammten sowohl die Zigaretten als auch der Whisky von Dieben, die die geparkten Lastwagen ausraubten. Er hatte einen Weg gefunden, leichtes Geld zu verdienen. Aber es war unmöglich, die Kosten dieser erbärmlichen Lebensweise zu decken. Neben den Casinos hatte er auch Bars entdeckt, wo mit Frauen gehandelt wurde. An diesen

Orten kostete ein Drink 15 bis 20 Mark und die Kosten für eine Frau beliefen sich auf mindestens 100 Mark.

Petra zeigte Ibrahim die kalte Schulter. Diese Tatsache machte Ibrahim noch angriffslustiger. Ein paar Mal versuchte er, sie mit Gewalt ins Bett zu bringen, jedoch ohne Erfolg. Statt seine eigenen Schandtaten verantwortlich zu machen, dachte Ibrahim: *Wahrscheinlich hat sie jemanden anderen und verhält sich deswegen so kalt mir gegenüber.* Petra hatte schon ein paar Mal in Erwägung gezogen, zur Polizei zu gehen. Jedoch sah sie davon ab, da sie Angst hatte, dass er ihrem geliebten Sohn etwas antun würde.

Als Ali mit drei Jahren in den Kindergarten kam, fing Petra wieder halbtags an zu arbeiten. Ibrahim, der manchmal zu Hause auftauchte, hatte nur das Ziel, ihr Geld abzuknöpfen. Damit ihr geliebtes Kind nichts von der Gewalt mitbekam, versuchte sie, ruhig zu bleiben. Ibrahim holte, wenn auch selten, Ali ab und ging mit ihm in den Park. Als er aber größer wurde, begann Ibrahim, Petra zu bedrängen: *Das ist ein Kind eines muslimischen Mannes, er muss die religiösen Regeln kennenlernen und einen Korankurs besuchen.* Bei Petra stieß diese Forderung zunächst auf Unverständnis, zumal sie Ibrahim kein einziges Mal hatte beten sehen. Später kam sie darauf, dass Ibrahim nur seine Freunde in seiner Umgebung beeindrucken wollte. Sie machte jedoch keine Zugeständnisse. Sie schickte ihren inzwischen fünfjährigen Sohn nicht zu einem Korankurs. Je älter Ali wurde, desto mehr kümmerte sich Ibrahim um ihn. Er holte ihn ein- bis zweimal die Woche ab und ging mit ihm raus. Dieses Interesse blieb auch, als Ali in der ersten und zweiten Klasse war. Petra konnte sich keinen Reim darauf machen. Als sie es viel später verstand, war alles zu spät, Ali war längst spurlos verschwunden. Auch Ibrahim ließ sich nicht mehr zu Hause blicken. Ihren Ermittlungen zufolge hatte Ibrahim ihren geliebten Sohn entführt. Diesmal war sie es, die ihn überall aufsuchte, wo

er übernachtete, vor seiner Tür stand und ihn anflehte, ihr ihren Sohn zurückzugeben. Sie hatte erfahren, dass Ibrahim Ali in die Türkei gebracht hatte, aber sie konnte nicht in Erfahrung bringen wohin und zu wem er gebracht worden war.

Ein paar Mal zog sie in Betracht, die Polizei zu informieren. Sie entschied sich aber schnell dagegen, da ihr immer wieder bewusst wurde, wie aggressiv Ibrahim sein konnte, insbesondere, wenn er getrunken hatte.

Petra hatte keine Angehörigen, wenn ja, dann war ihr niemand bekannt. Sie wuchs in einem Jugendheim auf und hatte keine vernünftige Bildung genossen. Jahrelang war sie arbeitslos gewesen und von zahlreichen Männern ausgenutzt worden. Dann fand sie eine Arbeit in der Gaststätte. Seit Jahren schon arbeitete sie hier. Sobald sie ihre Schicht begann, setzte sie sich eine Maske auf. Dies war die Maske einer freundlichen, liebevollen und verständnisvollen Frau. Sie kleidete sich immer sehr adrett, aber übertrieb ein bisschen mit ihrem Makeup. Ein Teil der Männer, die an der amerikanischen Theke an ihren Drinks nippten, kam nur, um Petra zu sehen und um sich mit ihr zu unterhalten.

Nachdem ihr Sohn verschwunden war, fing sie wieder an, in derselben Kneipe zu arbeiten. Sie schminkte sich auch nicht mehr sorgfältig wie früher und hatte ihre verständnisvolle, freundlich drein schauende Barkeeperin-Maske auch nicht mehr aufgesetzt.

Seinerzeit hatte Petra die Kunden, die ihr ein Bier spendieren und mit ihr gemeinsam trinken wollten, immer zurückgewiesen. Neuerdings hatte sie begonnen, diese Angebote anzunehmen. Sie versuchte vergeblich, sich zusammenzureißen und während ihrer Arbeit nichts zu trinken. Aber von Tag zu Tag machte sie immer mehr Zugeständnisse. Als sie dann begann, neben dem Bier auch noch den dazu gereichten Wodka zu trinken, wurde sie schnell

betrunken und die Frau, die früher lächelte und ihre Kunden erfreute, fing dann an zu weinen. Ihr Chef, der Zeuge dieser Situation wurde, ermahnte sie und riet ihr, nicht zu trinken, bevor die Arbeit zu Ende war. Da sie ihre Arbeit nicht verlieren wollte, versuchte sie, sich daran zu halten und versuchte, nicht zu trinken, bevor es Feierabend wurde. Sie hielt es kaum bis zu Hause aus, und sobald sie dann ankam, begann sie zu trinken, noch bevor sie etwas aß. Zuerst Bier und Wein, und als das dann nicht mehr ausreichte, trank sie dann harte Sachen wie Wodka und Gin. Am Ende verfiel sie immer ins Alkoholkoma.

Ibrahim hatte seit etwa einem Jahr Geld in seine Heimat geschickt. Aber als er aufhörte zu arbeiten, schickte er kein Geld mehr in die Türkei. Für jemanden, der einmal mit Dreck in Berührung kam, war der Weg, viel zu verdienen, ohne zu arbeiten, der Drogenhandel. Anfangs verkaufte er die Drogen, die er besorgte, an die Jugendlichen hinter dem Bahnhof. Dann fing er den Handel mit Heroin an. Er konsumierte selbst und verkaufte gleichzeitig in Bars und Diskotheken. Er verdiente unheimlich viel Geld und gab auch entsprechend viel aus, vor allem verjubelte er viel Geld mit jungen Frauen in den Bars. Die Polizei observierte ihn schon seit einiger Zeit. Sie wussten, was er tat, wollte jedoch durch ihn an die Hintermänner ran. Deswegen nahmen sie ihn noch nicht fest. Er beschaffte sich die Ware meistens aus Holland. Als aber ein Zollbeamter, der von der Observierung der Polizei keine Ahnung hatte, Heroin bei ihm fand, wurde er festgenommen. Während sein Prozess noch andauerte, war er sich nicht bewusst, dass er süchtig war und hatte ein paar Mal Entzugserscheinungen. Letztendlich wurde er in seiner Zelle tot aufgefunden. Es wurde eine Bestattung von Amts wegen veranlasst. Petra wurde sein Tod in der Psychiatrieklinik, wo sie lag, mitgeteilt. Jedoch erinnerte sie sich an keinen Ibrahim.

*

Çetin, wie du sehen kannst, ist der Himmel heute bedeckt. Im Moment ist das Meer noch ganz ruhig. Dies kann sich jeden Augenblick ändern, bleib da, wenn du willst.

Fuat Abi, ganz im Gegenteil, ich möchte auf jeden Fall mitkommen. Ich möchte lernen, wie man sich verhalten muss, wenn das Wetter ungünstig ist.

Wenn du unbedingt willst, dann komm mit. Aber du wirst nicht angeln, sondern nur zuschauen. Es ist kälter geworden. Wenn wir Glück haben, finden wir Blaufische.

Fuat hatte geraten, unter den Regenmänteln auch einen Pullover anzuziehen. Zuerst stieg Çetin auf das Boot. Fuat ließ den Motor an und legte den Rückwärtsgang ein, löste nach ein paar Metern das Bojenreep und gab Vollgas. Sie waren fast am Schwarzen Meer angelangt, als Fuat den Motor runterschaltete und seine Angelrute ins Meer ließ. Gleich am Anfang fing er zwei Blaufische. Jedes Mal, wenn er die Angel ins Wasser ließ, fing er mindestens zwei Blaufische. Çetin legte die Blaufische mit großer Freude in den Bottich. Plötzlich kam wie ein Blitz eine Möwe, schnappte sich einen Blaufisch aus dem Bottich und flog davon.

Unsere freche Möwe hat es wohl eilig. Normalerweise tut sie so etwas nicht. Vielleicht passierte das, weil sie dich noch nicht kennt. Wie auch immer, lass uns weiter machen.

Der Himmel war bedeckt und voll von dunklen Wolken. Sie hatten nicht bemerkt, dass die Küstenwache sich ihnen genähert hatte. Einer der Verantwortlichen auf dem Boot schrie ihnen zu: *Seht ihr nicht, dass das Wetter ungünstig ist? Ihr müsst so schnell wie möglich zu einem geschützten Platz fahren!*

Fuat hatte jedes Mal, wenn er die Angel in das Wasser ließ, Blaufische gefangen und hatte vergessen, auf das Wetter zu achten.

Erst durch die Mahnung der Küstenwache bemerkte er die Gefahr. Die Wellen begannen zu brechen. Fuat dachte: *Bald werden sich Schaumkämme bilden, es wird schwierig, Kavak zu erreichen. Am besten fahren wir gleich nach Sile. Wenn wir da ankommen, können wir eine geschützte Bucht finden. Auch wenn wir keine geschützte Bucht finden, können wir das Boot an Land ziehen, da der Strand ein Sandstrand ist.*

Çetin rief er zu: *Çetin, halt dich gut fest. Wie du siehst, gibt es schon Schaumkronen. Ich werde direkt auf die Wellen zusteuern. Das Boot wird in dem Fall in die Luft steigen und wieder hinab auf das Meer fallen. Ich flehe dich an, halte dich sehr gut fest und rühre dich nicht vom Fleck, wenn ich es dir nicht sage!*

Das Boot schaukelte hoch und runter. Dies gefiel Çetin sogar ein bisschen. Als es dann zu regnen begann und die Wellen größer wurden, verstand er durchaus, warum Fuat Abi in Panik geraten war. Wenn die Wellen von vorne trafen, fiel das Boot mit großer Wucht auf das Meer zurück. Çetin wurde übel. Der Nieselregen wurde zu einem starken Regen, als würde jemand eimerweise Wasser runterschütten.

Hab keine Angst, Çetin, wir haben nur noch einen kurzen Weg vor uns. Schau, da vorne sieht man Sile schon. Obwohl Fuat schrie, verstand Çetin kein einziges Wort. Er hatte Angst, wollte sich aber nichts anmerken lassen. *Er dachte: Ich habe volles Vertrauen in Fuat Abi, er wird uns schon sicher an die Küste bringen.*

So geschah es auch. An einer ihm bekannten geschützten Stelle stellte er den Motor ab und warf den Anker. Trotz des kalten Wetters hatte er zu schwitzen begonnen. Er schimpfte mit sich selbst: *Ich hätte bei diesem Wetter nicht wie ein Anfänger rausfahren sollen. Und wenn ich schon rausfahre, hätte ich Çetin nicht mitnehmen sollen.*

Fünf weitere Boote hatten, wie sie auch, Zuflucht an dieser geschützten Stelle gefunden. Nach einer Weile kamen noch zwei weitere größere Motorboote.

Der Regen hörte nicht auf. Es war unmöglich, an Land zu gehen. Gezwungenermaßen mussten sie hier im Boot darauf warten, dass der Regen weniger wurde und das Wetter sich stabilisiert. Auch die anderen Leute auf den Booten bedeckten sich mit Plastikfolie und begannen abzuwarten. Gegen Abend regnete es zwar weniger, die Wellen waren jedoch nach wie vor hoch.

Fuat sah, dass die Regenmäntel nicht ausreichend waren. Deswegen zog er eine für solche Tage zurückgelegte Plastikplane hervor und bedeckte sich und den Jungen damit. Sie waren zwar den Regen los, aber je später der Abend wurde, desto eisiger wurde der Wind. Als Fuat Çetin zittern sah, ging er zu ihm und legte seine Arme um ihn, damit er ihn wärmen konnte. Hunger hatten sie auch noch. Die anderen Fischer hatten nichts zu essen dabei, da sie ein solches Unwetter nicht erwartet hatten. Nur die beiden Boote, die zum Schluss kamen, hatten etwas zu essen. Sie teilten das Brot, den Käse und den Halva brüderlich mit allen anderen Menschen in den Booten auf. Fuat gab seinen Anteil Çetin. Trotz der großen Mühe konnte Çetin nur wenige Bisse zu sich nehmen.

Fuat bemerkte, dass sein Fieber immer höher stieg und war sehr besorgt. Als er den anderen Fischern davon berichtete, gaben sie ihm eine Wolldecke. Obwohl er Çetin in die Decke wickelte, sank sein Fieber nicht. Çetin schlief ein. Dabei wollte er auf keinen Fall einschlafen. Er erinnerte sich an seine Kindheit. Sowohl in Deutschland als auch im Dorf hatte er immer denselben Traum. Riesige Feuerbälle rollten auf ihn zu, verbrannten und zermalmten ihn. Dann stieg er auf einem Flügel eines Feuervogels in den Himmel, und der Vogel ließ sich auf lichterloh brennende Wolken fallen. Er wollte Wasser trinken, konnte das Wasser aber wegen den Feuerbällen nicht erreichen. Çetin hatte sich so an diese Träume gewöhnt, dass er sich bewusst war, dass dies ein Traum war, und er wartete darauf aufzuwachen, damit der Traum ein Ende hatte. Wie er sich auch bemühte, er schaffte es nicht, aufzuwachen. Wieder

passierte dasselbe. Er versuchte, die Feuerbälle wegzustoßen, und dabei brannten seine Hände.

Die ganze Nacht dauerten seine wirren Reden und sein Zittern an, gegen Morgen wurde er ein bisschen ruhiger. Fuat stellte fest, dass das Meer ruhiger war, stellte den Motor an und gab Vollgas, Richtung Kavak.

Die Fischer, die Fuat nicht heimkehren sahen, hatten die Küstenwache verständigt. Diese hatten sie aber beruhigt, indem sie informierten, dass sie das Boot in Richtung Sile zum Zufluchtsort fahren gesehen hatten und sie sich keine Sorgen machen müssten.

Der Großvater und Berfin hatten das Geschehene auch mitbekommen und gingen am frühen Morgen an die Küste, um auf das Boot zu warten. An diesem Morgen rannte Berfin nicht mit wippenden Zöpfen, ihre Haare waren aufgelöst. Sie war aus dem Haus gerannt, ohne darauf zu warten, sich von der Großmutter ihre Haare flechten zu lassen.

Ständig ging sie zu den wartenden Fischern und fragte: *Es passiert ihnen doch nichts, nicht wahr?*

Nein, es passiert ihnen schon nichts, hab keine Angst, war deren Antwort. Keine Sorge, Fuat ist ein erfahrener Fischer. Du wirst sehen, sie kommen bald zurück.

Sie wiederholte ihre Frage ständig, bis sie das Boot sah: *Es passiert ihnen doch nichts, nicht wahr?*

Als Fuat dann hinter dem Steuerruder sichtbar wurde, atmeten die wartenden Fischer auf. Berfin, die zunächst Çetin nicht entdecken konnte, fing an zu weinen. Hätte sie es geschafft, hätte sie am liebsten Klagelieder gesungen, die sie von ihrer Großmutter gehört hatte. Nachdem Fuat endlich das Boot festgemacht hatte, versuchte er, mit Çetin im Arm, den er in eine Wolldecke eingewickelt hatte, ans Ufer zu springen. Sofort eilten die anderen Fischer ihm zu Hilfe. Berfin, die sah, dass Çetin sich nicht rührte, stieß laute

Schreie aus. In ihrem Herkunftsdorf hatte sie diese Art von Situationen öfters erlebt. Immer wenn jemand ankam mit einem in einer Wolldecke eingewickelten Kind, rauften sich die Frauen ihre Haare und sangen Klagelieder.

Als Fuat Berfins Lage bemerkte, sagte er:

Hab keine Angst, er hat nichts Schlimmes. Da er sich erkältet hat, hat er Fieber bekommen. Wir werden ihn zum Arzt bringen, dann wird es ihm besser gehen.

Berfin beruhigte sich, als sie sah, dass Çetin seine Augen geöffnet hatte und versuchte zu lächeln. Sie gingen vor Ort in Kavak zum Arzt. Berfin und ihr Großvater folgten Fuat. Der Arzt hatte Medikamente verschrieben und verordnet, dass Çetin sich erst mal eine Zeit lang ausruhen sollte.

Der Großvater, der sonst wenig sprach, sagte:

Fuat, mein Freund, mein Sohn, lasst uns den Jungen zu uns nach Hause bringen. Er wird sich erholen. Außerdem kann meine Alte ihm warme Suppen und heilende Tees kochen, so dass er in kürzester Zeit wieder gesund wird.

Fuat gefiel der Vorschlag des Großvaters. Er nahm ihn an. Als die Großmutter ihn sah, weinte sie leise vor sich hin und jammerte nicht, um ihn nicht zu beunruhigen. Sie zog ihn splitternackt aus und zog ihm Kleider vom Großvater an. Nachdem Çetin seine Medikamente genommen hatte, fiel er wieder in tiefen Schlaf. Diesmal musste er weder zittern noch fantasieren, auch hatte er keine Albträume mehr. Die alte Dame hatte viel Erfahrung und wickelte in Essig getränkte feuchte Tücher um seine Waden, während er schlief, und deckte ihn mit einer dünnen Decke zu.

Ein stechender Essiggeruch verbreitete sich im ganzen Zimmer.

Fuat musste niesen, da sein Rachen brannte.

Mach dir keine Sorgen, mein Sohn, sagte Großvater. *Sie weiß, was zu tun ist, sie hat schon vielen Menschen im Dorf zur Gesundheit verholfen.* Die Großmutter gab immer noch kein Wort von sich. Mit ihren Händen und Armen vertrieb sie alle aus dem Zimmer.

Sie hatte sich zusammengerissen, bis alle aus dem Zimmer waren. Sobald sie alleine war, ließ sie sich gehen und fing leise an zu weinen. Während sie weinte, ging sie ständig hin und her und bereitete etwas vor. Sie wechselte die feuchten Tücher an seinen Beinen, sie rieb seine Stirn und seinen Rücken trocken.

Wie sieht er nur meinem tapferen Ferhat ähnlich… pechschwarze Haare und glänzende Augen. Dich gebe ich nicht her, werde erst einmal gesund. Du wirst von nun an nicht mehr in der Hütte schlafen, du wirst hier in meinem Hause leben. Vielleicht werden wir später zurückkehren in unser Dorf. Du wirst dann sehr groß sein, wir werden viele Schafe und Kühe haben. Die Vormilch von den Kühen, die ihre Kälber bekommen haben, wirst du bekommen.

Sie ging in die Küche und kehrte mit einer Suppe zurück, die sie mit den Gewürzen und Kräutern aus dem Dorf zubereitet hatte, mit viel Schärfe und Minze. Berfin saß an der Bettkante und schaute gebannt auf Çetin, in Erwartung, dass er aufwachte. Auch die Großmutter setzte sich mit der Suppe auf die Bettkante. Im Flüsterton schien sie kurdische Lieder oder Klagelieder zu singen, während sie ständig kontrollierte, ob sein Fieber gesunken war.

Oh mein schwarzer Hund, oh mein schwarzäugiges Waisenlämmchen… murmelte sie ständig vor sich hin. Als Çetin seine Augen aufmachte, murmelte er:

Warum sagst du Waise, Großmutter, ihr seid doch da. Berfin und die Großmutter wunderten sich. Die Großmutter ging auf Çetin zu

und umarmte ihn liebevoll:

Du kannst Kurdisch, mein Sohn?

Ich verstehe, aber ich kann es nicht sprechen, beteuerte Çetin. *Meine Oma und mein Vater sind Kurden. Meine Oma hatte im Dorf genau wie du gesungen, auch Klagelieder.*

Gut, mein Schwarzäugiger, sprich nicht, streng dich nicht an. Ich habe dir eine Suppe gekocht, die dich hüpfen lassen wird, wie eine Ziege.

Gut Großmutter, wie ist dein Name?

Ich habe keinen Namen. Besser gesagt, ich hatte zwar einen Namen, den habe ich jedoch vergessen. Nenn mich Großmutter Ayse oder Emine, wie du willst. Und, ganz wichtig, die anderen denken, ich sei stumm. Lasst uns vor den anderen nicht sprechen. Du bist jetzt bestimmt sehr hungrig, oder? Ich habe eine ganz leckere Suppe gekocht. Hast du Appetit?

Klar werde ich die essen, Großmutter, ich bin hungrig wie ein Wolf.

Çetin aß sogar zwei Teller Suppe. Berfin war überglücklich, dass Çetin etwas gegessen hatte. Er schlief erneut ein. Jedes Mal, wenn er aufwachte, sprach die Großmutter Kurdisch, und Çetin antwortete ihr immer auf Türkisch. Berfin hatte sich auf die Bettkante hingekauert und beobachtete voller Freude das Geschehen. Als die Großmutter in die Küche ging, um erneut zu kochen, fragte Çetin Berfin:

Möchtest du, dass ich dir eine Geschichte erzähle?

Gerne, aber du bist krank, schlaf erst Mal, später kannst du erzählen.

Nee, ich kann nicht mehr schlafen. Am besten, ich erzähle sie jetzt.

Gut, dann erzähl mal, forderte ihn Berfin auf und hörte ihm gebannt zu. Wenn sie manche Wörter nicht verstand, unterbrach sie ihn

und fragte nach: Was bedeutet das? In Wahrheit dachte sich Çetin die Geschichten aus. Die Geschichten spielten in Deutschland. Er erinnerte sich sehr gut an das Phantasialand, wo sie mit seiner Mutter gewesen waren, als er noch in der 2. Klasse war.

Dort waren ganz schnelle Achterbahnen. Du denkst, du fliegst. Dann war da ein Riesenrad. Aber glaub mir, nicht nur hier in Kavak, sondern in ganz Istanbul gibt es sicher kein Gebäude, was höher ist.

Was ist denn eine Achterbahn?

Warst du noch nie auf einer Kirmes?

Was ist denn eine Kirmes?

Egal, wenn ich wieder gesund bin, gehen wir mit Großvater mal zu einer Kirmes, dort zeige ich dir die Dinge, von denen ich dir erzählt habe.

Fuat kam ins Zimmer und freute sich, dass Çetin wach war. Aber als er sah, dass er gelb im Gesicht war, wurden seine Augen feucht. Er musste sich zusammenreißen, um nicht drauflos zu weinen. Als Çetin registrierte, dass Fuat nah am Weinen war, sagte er:

Warum schaust du so traurig drein, Fuat Abi, ich bin doch kein Weichei. Keine Angst, so leicht passiert mir nichts. Woraufhin Berfin lachen musste. Die Großmutter, die das Zimmer betrat, beförderte beide hinaus.

Lasst den Jungen in Ruhe, damit er sich erholen kann und wieder schnell auf die Beine kommt.

Çetin, der seine Suppe aufgegessen hatte, wollte aufstehen.

Kommt nicht in Frage, sagte seine Großmutter. Du darfst das Bett bis zum Abend nicht verlassen. Wenn du pinkeln musst, kann ich dir eine Flasche bringen, wo du reinmachen kannst.

Çetin wurde rot im Gesicht. *Nein, ich muss nicht, ich wollte nur aufstehen und ein bisschen gehen.*

Hab ich dir nicht gesagt, du darfst nicht aus dem Bett?

Çetin wehrte sich nicht. Eine Weile später kam Fuat mit Tüten in der Hand in das Zimmer. Ihm folgten der Großvater und Berfin, die nunmehr ging, ohne ihre Haare hin und her zu wippen, so wie sie sonst Çetin ständig hinterhergelaufen war.

Die Großmutter schickte wieder alle hinaus.

Los, zieh jetzt die Kleidung von Großvater aus. Schau, Fuat Abi hat dir saubere neue Kleidung mitgebracht.

Kommt nicht in Frage, antwortete Çetin.

Zieh alles aus.

„Nein, Fuat Abi soll kommen", sagte er errötend.

Du schämst dich also vor mir? Du bist also ein junger Mann geworden? Aber ich bin doch von nun an gewissermaßen deine Mutter. Hast du nicht gesagt, wir seien jetzt deine Familie? Los, zieh dich aus, sonst setzt es was.

Die Großmutter ließ ihn sich splitternackt ausziehen. Zuerst rieb sie ihn mit einem Waschlappen und Seife ab, danach zog sie ihm die neuen Kleider an, die Fuat mitgebracht hatte.

Als danach alle wieder ins Zimmer stürmten, meinte Großvater:

Wie geht's ihm? Er scheint sich wieder gefangen zu haben.

Die Großmutter signalisierte mit ihren Händen: *Fragt doch selbst.*

Frau, wie soll ich ihn denn fragen, mein Türkisch reicht nicht aus.

Und wenn ich ihn auf Kurdisch frage, dann versteht er es nicht. Als dann Çetin in einem gebrochenen Kurdisch Ich verstehe Großvater sagte, freute sich Berfin am meisten. Sie kam näher und setzte sich auf das Bett, schaute ihn mit glänzenden Augen an:

Çetin Abi, ist das wahr, du kannst Kurdisch?

Ein bisschen.

Und Deutsch kannst du auch, stimmt's?

Ja, Berfin, ja, und auch Türkisch kann ich.

Berfin schrie auf: *Wahnsinn.* Und brachte damit alle zum Lachen. Plötzlich wollte Fuat wissen:

Ist die Großmutter taubstumm, Großvater, warum spricht sie nie?

Frag' sie selbst.

Wie soll ich sie denn fragen, wenn sie nichts hört?

Frag sie nur, sie versteht alles, sie sagt aus Sturheit nichts.

Auf einmal brach Großmutter das Schweigen:

Was für eine Sturheit denn, du Mannsbild? Gibt es denn noch etwas zu sagen auf dieser Welt? Die Wörter sind verbraucht. Los, alle raus jetzt, das Kind muss sich ausruhen.

Als es Abend wurde, tauchte Fuat wieder vor der Tür auf. Çetin, der Fuats Stimme hörte, wollte aufstehen. Als Fuat Çetin mitnehmen wollte, sprach die Großmutter halb Türkisch halb Kurdisch:

Niemals gebe ich Çetin her, weder heute Abend, noch sonst irgendwann. Çetin ist von nun an mein Sohn.

Die Großmutter wusste, dass Çetin in der Hütte wohnte. Als Çetin beteuerte, dass er gehen wolle, schimpfte sie auf Kurdisch. Am meisten war sie sauer auf Fuat.

Als Fuat auf Kurdisch antwortete: Liebes Großmütterchen, ich werde Çetin nicht in die Hütte bringen, sondern in mein eigenes Haus, wunderte sie sich, dass Fuat Kurdisch sprechen konnte. Aber die alte Frau hatte nicht vor, Zugeständnisse zu machen.

Ihr könnt den Jungen nur über meine Leiche wegbringen.

Die alte Frau hatte Çetin nicht hergegeben. Weder an diesem Tag, noch an einem anderen. Diese stumme unscheinbare Frau war verschwunden. An ihrer Stelle kam ein von Grund auf anderer Mensch zum Vorschein.

Mit Berfin an der Hand ging sie regelmäßig einkaufen, kaufte das Gemüse und das Fleisch für das Essen selbst ein. Auch ihre Kleidung war durchweg anders. Sie zog keine grauen oder schwarzen Kleider wie sonst an. Das einzige, was sich nicht änderte, war ihr weißes Kopftuch. Sie dachte nur an Çetin. Der Junge wurde innerhalb weniger Tage wieder gesund. Wenn es nach ihr ginge, würde sie Çetin nicht einmal zum Fischen lassen. Das ließ Çetin jedoch auf keinen Fall zu. Als er wieder gesund war, stand er in der Frühe auf und ging sofort zum Boot, ohne auf Fuat Abi zu warten.

Die alte Frau versuchte; Fuat umzustimmen.

Ich zwinge ihn nicht, beteuerte Fuat. *Aber wenn man mal sein Herz an die See verloren hat, dann sehen Deine Augen nichts anderes mehr. Und Çetin hat sein Herz verloren, Großmutter, er ist nicht mehr davon abzubringen.*

*

Die Großmutter von Berfin, deren Namen niemand kannte, war kaum in der Gegend zu sehen. An manchen Tagen ging sie in aller Herrgottsfrühe aus dem Haus und kam nach einem kurzen Spaziergang wieder zurück. Niemand hatte sie je im Einkaufsviertel oder auf dem Markt gesehen.

Meist trug sie ein graues Kleid mit einer handgestrickten Weste darüber. Ihren Kopf bedeckte sie immer mit einem durchweg tadellos schneeweißen Kopftuch mit weißfarbigen Häkelspitzen an den Rändern. Jedes Kopftuch hatte eine andere Häkelumrandung...

Betrachtete man die vielen Falten in ihrem Gesicht, würde man meinen, sie sei 90 Jahre alt. Wenn man sie jedoch mit geradem Rücken im Hause unentwegt herumwirbeln sah, könnte man sie auf höchstens fünfzig Jahre schätzen. Wenn man sie kennen lernen wollte, müsste man ihr nur in ihre Augen schauen. Denn dort konnte man den Schmerz, die Freude, die Hoffnung und die Traurigkeit entdecken. Nicht nur das, im unendlich tiefen Brunnen des Schmerzes und der Trauer konnte man auch unendliche Liebe aufspüren.

Immerzu sagte sie: *Ich erinnere mich an nichts in der Vergangenheit, noch nicht einmal an meinen Namen. Nennt mich Emine, wenn ihr wollt, auch Fatma oder Ayse.*
Dabei erinnerte sie sich durchaus genau an alle Einzelheiten in der Vergangenheit, auch an ihren Namen. Ich habe alles vergessen, log sie immerzu. Mitsamt ihrer Vergangenheit wünschte sie sich, auch ihren Namen vergessen zu können. Könnte sie ihren Namen vergessen, würde alles viel einfacher sein. Aber wie konnte sie je ihren geliebten Sohn vergessen, der jedes Mal, wenn er heim kam, rief: Meine schöne, nach Thymian duftende Mutter und dessen Teile seiner Leiche, als er in den Bergen starb, nicht gefunden wurden.

Hätte sie ihren Namen vergessen, hätte sie auch den Nebel und den Tau der Almen, das Rauschen der fließenden Bäche und die Wiesen mit tausenden von kunterbunten Blumen vergessen. Nichts davon hatte sie je vergessen, jedes kleinste Detail hatte seinen Platz in ihrem Gedächtnis.

Sie log immerzu und sagte: *Ich habe alles vergessen, sogar meinen Namen habe ich vergessen.* Hätte sie ihren Namen vergessen, hätte sie auch den Geschmack des Käses vergessen, den sie mit den Kräutern gemacht hatte, die sie aus den Bergen eigenhändig gepflückt hatte, deren Namen niemand wusste und die sie zum Teil selbst benannt hatte. Aber sie vergaß nichts.

Hätte sie ihren Namen vergessen, könnte sie denn je den Aufschrei des tiefen Hasses und des Grolls vergessen, die von jedem Dorfmitglied zu hören waren: *Mutter, lauf weg, die Häuser brennen, die Bomben explodieren, alle werden erschossen.*

Hätte sie ihren Namen vergessen, könnte sie je diesen Tag vergessen, an dem sich der Bombenlärm mit den Donnern mischte, konnte sie je vergessen den Regen, den Sturm, das Gekreische der Babys und das Blöken der Lämmer, die ihre Mütter suchten?

Ich habe alles vergessen, sogar meinen Namen, sagte sie immerfort. *Den Namen meines Dorfes, die Gipfel um das Dorf und den Namen der Berge, die Sommer wie Winter mit Schnee bedeckt sind.*

Ich höre weder Kanonen, noch Kugeln, weder höre ich die Vögel, die wie Wolken in das Feuer der brennenden Häuser fliegen und wie verrückt kreischend verbrennen. Auch das Blöken der Schafe, die mit brennenden Pelzen aus ihren Ställen stürmen, höre ich nicht.

Ich habe vergessen, sagte sie immerzu, aber was sie niemals vergaß, war der Geruch von verbranntem Fleisch, Haar und Knochen, gemischt mit Pulver.

Ich höre nichts ‚sagte sie, aber sie log. Wie konnte sie die Stimmen der Frauen vergessen, die in der Höhle, zu der alle geflüchtet waren, nachdem das Dorf abgebrannt war, Klagelieder sangen und das unaufhörliche Schreien vom Volksliedsänger Haydar?

Sie log immerzu, sie hörte, sie sah und wusste, sie konnte sich an alles erinnern.

Im Dorf hatte sie eine Gewohnheit, die sie auch hier in dieser riesigen Stadt Istanbul pflegte, der Stadt, deren Sprache sie nicht verstand und deren Gepflogenheiten sie nicht kannte. Sie stand noch vor Sonnenaufgang in aller Frühe auf, noch bevor die Fischer auf das Meer fuhren, spazierte zum Ufer, suchte sich eine kleine unscheinbare Bucht, stapelte flache Steinchen, die sie in der Umgebung gefunden hatte, übereinander und wartete kniend und ihre Lippen bewegend auf den Sonnenaufgang.

Und wenn die Sonne dann aufgegangen war, stand sie auf, legte ihr Kopftuch ab und wusch sich mit dem Meerwasser ihre Hände, ihr Gesicht, machte ihre Haare nass und ging dann anschließend nach Hause.

Fuat, der auch in der Frühe das Haus verließ, um zum Boot rüberzugehen, hatte die alte Frau ans Ufer gehen sehen und folgte ihr unauffällig, weil er neugierig war. Als er dann beobachtete, was sie tat, war er sehr erstaunt, denn auch seine eigene alte Urgroßmutter im Dorf tat immer dasselbe.

*

Schon als Fuat erfuhr, dass Çetin Kurdisch sprechen konnte, war sein Staunen groß. Er hegte den Wunsch, diesen geheimnisvollen

Jungen etwas näher kennenzulernen. Eines Tages, als das Wetter beständig war, sprach er:

Çetin, wenn du willst, gehen wir heute nicht angeln, sondern fahren mit dem Boot auf das Meer und unterhalten uns ein bisschen.

Çetin verstand sehr wohl, weshalb Fuat ihm diesen Vorschlag machte:

Ist gut, Abi, ich wollte auch mit dir sprechen. Wir setzen unsere Unterhaltung dort fort, wo wir stehen geblieben waren.

Gut, dann lasst uns mal keine Zeit verlieren. Fülle die Thermoskannen mit Tee, lasst uns rausfahren.

Fuat navigierte das Boot an eine Stelle, wo es relativ wenig Strömung gab, und stellte den Motor ab.

Und, erzähl mal, wo waren wir stehen geblieben?

Ich möchte alles erzählen, Abi, alles, woran ich mich erinnern kann. Lass mich damit anfangen, wie ich von Deutschland in die Türkei kam.

An diesen abscheulichen Tag erinnere ich mich sehr gut, als wäre er gestern. Ich hatte gerade das zweite Schuljahr beendet. Mein Zeugnis war auch sehr gut. Da meine Mutter gearbeitet hatte, war sie nicht zu Hause. Mein Vater kam immer seltener zu uns nach Hause. Wenn er kam, stritt er sich jedes Mal mit meiner Mutter. Zur Mittagszeit kam mein Vater mit einem riesengroßem Koffer nach Hause.

Er sagte: „Na los, tue deine Sachen in diesen Koffer rein, wir gehen". Wie ich schon sagte, er sprach ein komisches Deutsch mit türkischen Wörtern zwischendurch.

Ständig fragte ich ihn: „Wohin gehen wir? Weiß meine Mutter Bescheid?" Er antwortete immerzu „Überraschung, Überraschung" und sagte nichts

anderes. Eilig hatte er meine Kleidung zusammengetragen, meinen Ausweis gefunden und ihn in seiner Brieftasche verstaut.

Vor der Tür wartete ein Freund von ihm im Auto und saß am Steuer. Ich hatte ihn öfter mit meinem Vater gesehen, und immer, wenn ich ihn sah, musste ich lachen. Mit seiner Glatze und seinem langen Oberlippenbart, der seine Lippen bedeckte, sah er aus wie eine Karikatur. Ich hatte immer überlegt, wie ein Mensch, der so einen langen Oberlippenbart hatte, eine Suppe essen konnte. Er fuhr los, sobald wir im Auto saßen. Er schien sehr genau zu wissen, wo es hinging. Ich fragte immer noch: Wohin fahren wir, warum kommt meine Mutter nicht mit? Letztendlich kamen wir am Flughafen an. Mein Vater umklammerte meine Hand. Bei einer Gelegenheit riss ich mich los und versteckte mich in der Toilette, aber er fand mich dort. Mein Vater, der sonst immer mürrisch dreinschaute und immer meine Mutter beschimpfte, war an diesem Tag sehr gut gelaunt, er schimpfte nicht und sprach lächelnd. Halb Türkisch halb Deutsch meinte er:

‚Wir machen eine Überraschungreise, wir fahren in den Urlaub, deine Mutter wird später nachkommen, mach dir keine Sorgen. Ich glaubte ihm. Es war das erste Mal, dass ich in ein Flugzeug stieg. Es war ziemlich groß. Nachdem er den Polizisten meinen Ausweis gezeigt hatte, legte er ihn wieder in seine Brieftasche. Er behandelte mich sehr gut und fragte immer: „Möchtest du irgendetwas?" Der Flughafen, an dem wir nach drei Stunden ankamen, war sehr voll und laut. Sofort gingen wir hinaus und stiegen in ein Taxi. Unterwegs erklärte mir mein Vater, dass die Stadt unserer Ankunft die Stadt Istanbul war. Dann kamen wir an einem Ort an, an dem zahlreiche Busse in Reihen aufgestellt waren. Mein Vater kaufte Tickets und wir stiegen in einen Bus. Es fing an zu dämmern. Ich schlief im Bus ein. Als ich wieder wach wurde, stiegen wir erneut an einem Ort mit zahlreichen Busreihen diesmal in einen kleineren Bus ein.

Fuat wollte wissen: *Und, hast du nicht gefragt: Fahren wir nicht in den Urlaub?.*

Natürlich fragte ich ihn das, aber mein Vater meinte immer: Wir sind gleich da, nur noch eine kleine Weile.

Wir fuhren etwa eine Stunde mit diesem kleinen Bus. Als wir anhielten, nahm sich mein Vater wieder ein Taxi. Diesmal fuhren wir mit dem Taxi eine Stunde. Ich fragte immerzu: Papa, du hattest doch gesagt, wir fahren in den Urlaub, wo sind wir hier? Er sagte nicht mehr, dass wir in den Urlaub fuhren, nur: Rede jetzt kein Deutsch mehr, rede Türkisch. Wie sollte ich denn schon Türkisch sprechen? Mein Vater, den ich sehr selten sah, redete zwar Türkisch, ich verstand jedoch nur einen kleinen Teil davon. In der Schule hatte ich von türkischen Kindern etwas Türkisch, oder besser gesagt türkische Schimpfwörter aufgeschnappt. Zum Schluss meinte mein Vater: Wir fahren ins Dorf, zu meiner Großmutter ins Dorf Deveci. Ich hatte zwar des öfteren das Wort ‚Dorf' von meinem Vater gehört, wusste aber nicht, was für ein Ort dies war.

Schließlich kamen wir an dem Ort an, der sich Dorf nannte. Das erste, was ich sah, waren Kinder, die mich mit großen Augen betrachteten, indem sie sich gegenseitig schubsten . Und viele Hunde, die um das Auto herum ständig bellten. Steig aus, wir sind endlich bei meiner Großmutter angekommen, sagte er.

Wie soll ich denn aussteigen, die Hunde beißen doch? Als er einen Stein vom Boden aufhob und damit nach den Hunden warf, liefen alle Hunde davon. Gemeinsam mit den zahlreichen Kindern, die uns verfolgten, gingen wir zu einem Haus in der Ferne. Überall gab es Schlamm. Meine Schuhe und sogar meine Hosen waren voller Schlamm. Es gab einen üblen Geruch, den ich nicht deuten konnte. Es roch wie im Zoo, wo ich mit meiner Mutter hinging, genauso, und zwar dort, wo die Pferde und Esel waren.

Ich fragte ihn immer noch: Papa, warum sind wir hergekommen? Die Kinder hinter uns, die mich Deutsch sprechen hörten, kicherten immerzu. Einer sagte: „Alter, dieser Junge ist einer von den Ungläubigen!" Dort habe ich das Wort „Ungläubiger" zum ersten Mal gehört. Dieses Wort

hat mich die drei Jahre, die ich in diesem Dorf verbrachte, verfolgt. Ich wusste nicht die genaue Bedeutung, aber ich wusste, dass es etwas Schlechtes war. Ein anderes Kind sagte: „Leute, dieser Junge ist bestimmt gehandikapt!" Wie das Wort „Ungläubiger" sollte auch dieses Wort zwei Jahre lang an mir kleben bleiben. Sehr viel später erfuhr ich, dass sie damit meinten, dass ich unbeschnitten war. Zuerst zogen sie mich mit den Wörtern „Ungläubiger", „gehandikapt" auf, aber ich lernte dann still zu bleiben, weil sie mich noch mehr ärgerten, wenn ich mich wehrte.

Diese alte Frau, die mein Vater „Großmutter" nannte, wartete auf uns vor einem schäbigen, baufälligen Haus, das weiter hinten stand. Mein Vater küsste die Hand dieser Frau und befahl mir gestikulierend, es ihm gleich zu tun. Ich tat dann das, was ich in Wohnungen von einigen türkischen Kindern in Deutschland gesehen hatte. Ich küsste ihre Hand und führte sie an meine Stirn. Dann betraten wir das Haus. Wären wir bloß nie reingegangen. Alles war heruntergekommen, die Wände hatten Risse. Man hatte Angst, dass die Wände jederzeit einstürzen würden. An den Wänden standen ein paar Betten auf dem Boden, deren Teile abmontiert waren. Wir sollten in diesen Betten auf dem Boden schlafen. Es gab weder Stühle noch Tische. Als es Abend wurde, bekamen wir unser Essen aus den Tellern, die auf einem Tablett standen, auf dem Boden serviert. Wir haben alle drei zusammen aus einem Teller gegessen. Was ich auch meinen Vater fragte, er antwortete immer gleich: „Sprich kein Deutsch, so macht man das hier".

Ich weiß nicht warum, aber Großmutter sprach sehr selten mit meinem Vater. Wenn sie sprachen, verstand ich kein Wort. Dann sagte mein Vater, dass die Sprache, die sie beide sprechen, Kurdisch war. Ich fragte immer wieder: „Papa, warum sind wir hier und wie lange werden wir bleiben?" Am Ende bekam ich keine Antworten mehr auf meine Fragen.

Ich sollte ein bis zwei Jahre bei der Großmutter bleiben, im Dorf zur Schule gehen, lernen zu beten und anschließend wieder nach Deutschland zurückkommen.

Dabei könnte ich doch dies alles auch in Deutschland tun. Ich wusste nun ganz genau, warum mein Vater mich hierher gebracht hatte: Er hatte mich von meiner Mutter entführt. In der letzten Zeit ihrer Auseinandersetzungen meinte er immer: „Dies ist mein Sohn, ich werde ihm Türkisch und den Islam beibringen". Er hatte mich sogar mal in eine Moschee gebracht und meinte, ich solle lernen, den Koran zu lesen. Meine Mutter war richtig böse auf diesen Vorschlag meines Vaters und warf ihm vor: „Ich habe dich kein einziges Mal in die Moschee gehen und kein einziges Mal beten gesehen. Warum übst du solch einen Druck auf den Jungen aus, er kann selbst entscheiden, wenn er groß ist. Da er meine Mutter nicht überreden konnte, gab er auf.

Ganz gleichgültig, was ich sagte oder wie sehr ich ihn anflehte, ich wusste haargenau, dass er von dieser Idee nicht abzubringen war. Insgeheim dachte ich: „Gebe keine Widerrede, ich reiße einfach bei der ersten Gelegenheit aus und kehre nach Deutschland zurück". Ich wusste zwar nicht wie, aber ich wollte auf jeden Fall ausreißen und zu meiner Mutter zurück.

Meistens kamen Kinder meines Alters zu uns nach Hause. Alle reihten sich an der Wand des Wohnzimmers auf und warteten darauf, dass ich sprach. Als ich mit meinem Vater Deutsch sprach, hatten sie sich angestupst und gekichert. Manchmal kamen auch erwachsene Frauen und Männer. Mein Vater machte sie alle bekannt, indem er sagte: „Das ist deine Tante, das ist dein Onkel, das ist dein Cousin." Und er wollte, dass ich deren Hand küsse. Ich konnte ihr Türkisch kaum verstehen, sie sprachen ja auch zum Teil Kurdisch. Ich verstand gar nichts. Immer, wenn ich meinen Vater etwas fragte, erklärte er mir, dass das die Tradition verlange.

Ein paar Mal waren wir auch in anderen Häusern im Dorf. All diese Häuser waren sauberer und etwas größer als das Haus der Großmutter. Einige hatten sogar einen Tisch und Stühle. Einige Häuser im Dorf waren alt, einige neu, aber keines hatte eine verputzte und angestrichene Fassade. Die Straßen waren sehr matschig. Wir besuchten lauter Verwandte meines

Vaters. Mich behandelten sie sehr gut, meinen Vater jedoch beschimpften sie immer wieder. Langsam verstand ich den Grund ihres Ärgers. Mein Vater war ein schlechter Mann, der all sein Erbe verkaufte und es sich gut gehen ließ. Am meisten schimpften seine Verwandten darauf, dass er nicht für seine eigene Mutter sorgte.

Schon nach einer Woche im Dorf meinte er: „Morgen kommt der Beschneider, du wirst beschnitten." Dann erklärte er mir, was Beschneidung bedeutet. In Deutschland hatte ich oft von türkischen Jungs gehört, was das ist. Ich hatte große Angst und wollte ausreißen und mich verstecken. Wo sollte ich hingehen?

Einen Tag später haben sie mir ganz sonderbare Kleidung angelegt. Die Verwandten, die in das Haus der Großmutter kamen, hatten gekocht. Ich hatte erwartet, dass ich große Schmerzen erleiden würde, aber dem war nicht so. Nach der Beschneidung legten sie mich in ein Bett. Die Verwandten meines Vaters hatten mir Geschenke mitgebracht. Dabei hatte ich viel mehr und viel schönere Sachen zu Hause in Deutschland.

Mein Vater sagte immerzu: „Du bist ein Türke, du bist Muslim. Von nun an werden dich die Kinder nicht mehr mit Wörtern wie „Ungläubiger" hänseln können." Und ich sagte mir immer, ich bin Deutscher und kein Türke. Wenn ich das jedoch aussprechen würde, würde mein Vater sehr böse auf mich werden und mich sogar schlagen. Nach der Beschneidung bin ich ein paar Tage lang mit dem weißen Beschneidungskleid herumgelaufen. Ich lief nun alleine im Dorf herum und versuchte, das Dorf zu erkunden. Alles war ganz anders als in Deutschland.

Es gab auch Dinge, die mir durchaus gefielen. Vor allem gefielen mir die Lämmer, die abends blökend in ihre Ställe liefen. Großmutter molk täglich ihre Kühe und schmierte mir den Rahm, der sich nach dem Kochen der Milch bildete, auf ein Stück Brot und gab es mir. Das mochte ich auch sehr. Mein Vater meinte: „Nach zwei Tagen fängt die Schule an, ich werde dich anmelden und anschließend nach Deutschland zurückkehren."

Fuat bemerkte: *Çetin, ich glaube du bist erschöpft, den Rest kannst du später erzählen.*

Çetin meinte: *In Ordnung, Abi, lasst es uns so machen. Aber ich bin auch neugierig auf dich. Du bist auch Kurde und landetest sogar auch bei den Schnüfflern, so wie ich. Erzähl mal etwas von dir.*

Meine Geschichte ist nicht so interessant, wie deine. Wenn du sie wissen willst, kann ich sie dir gerne kurz erzählen.

Das interessiert mich sehr, los erzähle, Abi!

Meine Eltern lebten damals in einem Dorf bei Bingöl. Als sie nicht mehr mit dem Geld auskamen, wanderten sie nach Istanbul aus. Ich bin in Istanbul geboren. Wir wohnten in einer baufälligen „Gecekondu" (ein ohne Genehmigung gebautes Häuschen). Zur Schule ging ich in Küçükçekmece. Unser Häuschen war auch in der Nähe. Während ich noch in der Grundschule war, fing mein Vater an mich zu bedrängen: „Gehe arbeiten nach der Schule, damit du auch Geld nach Hause bringst." Er fand irgendeine Schuhputzkiste und gab sie mir. Zuerst schämte ich mich sehr, aber dann gewöhnte ich mich daran. Das Geld, was ich verdiente, brachte ich nach Hause und gab es meinem Vater. Unser Vater rackerte sich bereits ab, als ich noch sehr klein war und noch nicht in die Schule ging, um unsere Familie durchzubringen. Dann weiß ich auch nicht, was passiert ist, ich denke, er lernte schlechte Menschen kennen und brachte sie mit nach Hause, wo sie Alkohol tranken und meine Mutter sie bedienen musste. Meine Mutter arbeitete als Putzfrau. Als ich in der letzten Klasse der Grundschule war, machte sich meine Mutter davon. Obwohl mein Vater sie überall gesucht hatte, fand er sie nicht. Letztendlich gab er auf. Er kam oft nicht nach Hause. Ich blieb oft alleine in einem Haus, wo es meistens kaum etwas zu essen gab.

Fuat Abi, du bist auch in Istanbul geboren und bist hier zur Schule gegangen, woher hast du Kurdisch gelernt?

Meine Mutter und mein Vater, insbesondere meine Mutter, sprachen

Kurdisch zu Hause. Als ich noch in der Grundschule war, gingen wir in den Sommermonaten nach Bingöl, dort sprachen alle Kurdisch. So habe ich Kurdisch gelernt. Ich muss dazu sagen, dass ich, so wie du auch, meistens nur verstehe und kaum sprechen kann.

Dann sagtest du mal, dass du unter die Klebstoff schnüffelnden Kinder kamst.

Ich möchte dich nicht verdrießen und alles erzählen. Mein Vater kam gar nicht mehr nach Hause. Ich erfuhr, dass er ins Gefängnis kam. Wie sollte ich satt werden? Wie sollte ich überleben? Meine Schuhputzkiste hatten die Beamten vom Ordnungsamt kaputt geschlagen. Dann fing ich an, in den Straßen zu schlafen. Du kennst das, man will sogar auf der Straße nicht allein sein.

So kam ich unter die Kinder, die Klebstoff schnüffelten. Gottseidank dauerte dies nur ein paar Monate. Wäre da nicht der Fischer Hasan Abi, wäre mein Ende ungewiss. Den Rest kennst du, ich bin hier. Komm, lasst uns zurückkehren. Den Rest deiner Geschichte besprechen wir ein anderes Mal.

Als Çetin nach Hause kam, bemerkte er, dass Berfin weinte. Er hatte dieses fröhliche lebendige Mädchen, die mit wippenden Zöpfen rannte, niemals weinen gesehen. Er ging sofort zu ihr hin und fragte:

Was ist los, hübsche Berfin? Komm, erzähl es Çetin Abi.

Die Kinder machen sich in der Schule lustig über mich, Abi.

Warum machen sie sich denn lustig? Nun hör auf zu weinen und erzähl mir das mal.

Sie machen sich lustig über meine Aussprache, über meine Haare. Wenn ich dran bin mit Vorlesen, machen sie sich über mein Lesen lustig. Was soll ich noch erzählen? Sie machen sich über alles an mir lustig. Und

einige sagen: Wo sind denn deine Eltern, oder sind sie Terroristen in den Bergen?

Sagt denn die Lehrerin nichts dazu?

Klar weist sie die Kinder zurecht, dann sind sie ruhig, aber wenn wieder Pause ist, fangen sie erneut an.

Wenn du gut im Unterricht bist, dann werden sie sich nicht lustig über dich machen können. Deswegen werden wir täglich, wenn ich nicht beim Fischen bin, zusammen üben, einverstanden?

Ja, einverstanden.

Dann fangen wir doch gleich an. Habt ihr schon die Multiplikationstabelle gelernt?

Wir lernen gerade, wir haben bis 8 gelernt.

Gut, dann sag doch mal, wieviel macht 6 mal 7?

„........."

Ich verstehe. Dann fangen wir von vorne an. Zwei mal drei?

Sechs

Sehr gut, und vier mal fünf?

...ich habs, 25.

Falsch. Nimm dir die Tabelle vor und lies sie laut vor und lerne sie auswendig.

Als Çetin aus dem Zimmer ging, meinte Berfin:

Çetin Abi, was bedeutet Terrorist? Sind meine Eltern in den Bergen? Meine Großmutter hatte das erzählt. Aber sie erklärt nicht, warum sie in den Bergen sind. Du weißt bestimmt, was es bedeutet, in den Bergen zu sein.

Çetin hatte nichts von dem verstanden, was Berfin zuletzt gesagt hatte:

Ich weiß es auch nicht, aber Fuat Abi weiß es bestimmt. Ich frage ihn und erfahre das von ihm, dann erzähle ich es dir.

Auch wenn Çetin Fuat mehrmals gefragt hatte, konnte er keine Antwort auf seine Fragen erhalten. Fuat sagte jedes Mal: Ach vergiss es, du bist noch klein, zerbrich dir nicht den Kopf wegen solchen Themen.

Seit diesem Tag lernte Çetin täglich mit Berfin für die Schule. Sie lernten alle Themen, die sie in der Schule benötigte, Arithmetik, Lesen und Schreiben.

Çetin kaufte Berfin auch neue Bücher. Nach einem Monat war sie fröhlicher.

Oft sagte sie: *Heute hat mich die Lehrerin in der Schule gelobt und hat sogar meine Arbeit den anderen Kindern gezeigt.*

Tage waren vergangen, seitdem Çetin und Fuat ein Gespräch gehabt hatten. Çetin hatte keine Gelegenheit gefunden, die Fortsetzung seiner Geschichte zu erzählen. Obwohl das Meer an diesem Tag ruhig war, biss kein einziger Fisch an der Angel an. Als er bemerkte, dass sie an diesem Tag keinen Fisch fangen würden, sagte Fuat:

Fische werden wir nicht mehr fangen. Erzähl wenigstens die Fortsetzung deiner Geschichte.

Gut, Abi, ich wollte sie dir auch erzählen. Zuerst waren die Kinder im Dorf mir gegenüber ziemlich erbarmungslos. Obwohl ich beschnitten war, nannten sie mich immer noch „pürçüklü gavur". Als jedoch die Schule begann, änderte sich alles. Mein Vater nahm mich an der Hand und brachte mich zur Schule. Er sprach mit dem Lehrer und meldete mich

an. Die Schule im Dorf war nicht mit den Schulen in Deutschland zu vergleichen. Vielleicht 30 bis 40 Kinder waren in einer Klasse und wir mussten eingeengt zu dritt an den Tischen sitzen. Wenn der Lehrer kam, standen alle auf. Ich natürlich auch. Der Lehrer las der Reihe nach alle Namen vor. Wessen Name genannt wurde, der musste „anwesend" rufen. Als er meinen Namen vorlas, musste er lachen, denn er konnte meinen Nachnamen nicht richtig aussprechen. Letztendlich musste ich ihm helfen. Ich hatte auch wie alle anderen „Anwesend" gerufen. Da ich das aber nicht richtig aussprechen konnte, hatten alle Kinder gelacht. Der Lehrer war ein guter Mensch. Er schimpfte mit den Kindern. Die ersten 1 bis 2 Monate verstand ich kaum etwas von dem, was im Unterricht durchgenommen wurde. In Mathe jedoch war ich der Beste. Das, was ich in Deutschland gelernt hatte, lernten sie erst jetzt. Die meisten Kinder in der Klasse konnten noch nicht einmal plus minus rechnen. Zwischen den Stunden oder vor dem Unterrichtsbeginn fragten sie mich nach den Hausaufgaben. In den ersten Tagen wollten sie mich nicht in ihre Gruppe aufnehmen, wenn sie im Schulhof Fußball spielten. Als eines Tages einer in einer Mannschaft fehlte, mussten sie mich notgedrungen mitspielen lassen. Ich hatte in Deutschland in einer Kinderfußballgruppe namens „Bambino" mitgespielt. Ich spielte besser als alle anderen Kinder. Im ersten Spiel schoss ich genau fünf Tore ins gegnerische Tor. Ab diesem Tag wetteiferten alle miteinander, um mich in ihre Mannschaft aufzunehmen. Sie machten sich auch nicht mehr lustig über meine Aussprache. Sie selbst sprachen ja auch ein komisches Gemisch aus Kurdisch und Türkisch. Die Spiele der Kinder im Dorf waren ganz anders als die Spiele der Kinder in Deutschland. Auch die Namen der Spiele brachten mich zum Lachen. Zum Beispiel gab es ein Spiel, was „der lange Esel" hieß. Da ich gut springen konnte, schaffte ich es, bis zum vordersten Kind zu springen, was unten liegen musste. Ich hatte jedoch das lustige Lied, was sie immer dazu sangen, nicht lernen können: „Der Imam unseres Dorfes gab unten das Stroh und oben kam der Rauch, ratze ritze wie viel Sitze?" woraufhin eines der Kinder oben mit seinen Fingern eine Zahl zeigte. Wenn eines der Kinder, die unten lagen, die Zahl erraten konnte, mussten dann die

Kinder, die oben waren, als Esel auf dem Boden hocken. Während dieses Lied gesungen wurde, nahmen sich die oberen Kinder viel Zeit damit, so dass den Kindern, die unten waren, die Kraft ausging und sie auf dem Boden zusammenbrachen. Dann spielten wir noch ein Spiel, was „Tauben-Salto" hieß.

Vier Kinder hockten Po an Po am Boden, die andere Gruppe musste über sie hinweg einen Purzelbaum machen. Den Namen dieses Spiels fand ich auch sehr lustig. Im Dorf gab es eine Person, die man „Halil, der Vogelhalter" nannte. Er züchtete Tauben. Manchmal ließ er diese Tauben fliegen. Einige dieser Vögel machten in der Luft einen Salto. Das ist wohl der Grund, warum dieses Spiel „Tauben-Salto" hieß.

Fuat meinte: *Ich habe nie diese Art von Spielen gespielt. Sag mal, was ist dann mit deinem Vater geworden?*

„Ach ja richtig, was erzähle ich dir da. Nachdem mein Vater mich in der Schule angemeldet hatte, ging er wieder weg. Zu meiner Großmutter sagte er: „Ich werde euch jeden Monat Geld schicken, mach dir keine Sorgen". Ich hörte, wie sie ihn drinnen im Zimmer auf Kurdisch anschrie. Ich denke, sie warf mit Schimpfwörtern um sich. Aber ein Jahr, nachdem er gegangen war, kam weder Geld von meinem Vater, noch irgendeine Nachricht. Meine Großmutter gab das Geld, was mein Vater schickte, immer mir. Im Dorf gab es nur einen kleinen Kiosk. Was sollte ich mit dem Geld machen? Ich tat es zur Seite. Mein Plan war, dass ich irgendeine Möglichkeit finden würde, um zu meiner Mutter nach Deutschland zu reisen.

Meine Großmutter, besser gesagt die Großmutter meines Vaters, war sehr alt, schlank und dünn. Sie war eine Frau, die immer rabenschwarze Kleidung trug. Obwohl sie alt war, stand sie morgens in der Frühe auf, um zu arbeiten. Nachmittags schlief sie dann ein paar Stunden. Wenn sie schlief, rührte sie sich nicht, als ob sie noch nicht einmal atmete. Einige Male fragte ich mich, ob sie wohl gestorben war, und näherte mich ihrem Bett, um zu horchen, ob sie noch atmete.

Sie sprach sehr wenig. Sie sprach kein Türkisch und ich kein Kurdisch. Naja, wie man so schön sagt, wir verstanden uns per Körpersprache. Nach vier bis fünf Monaten konnte ich sie einigermaßen verstehen, auch wenn ich selbst nicht sprechen konnte. Sie streichelte immer meinen Kopf, während sie dabei etwas zu singen schien, was sich so anhörte, als ob sie weinte. Ich fragte die Kinder in der Schule, warum Großmutter sang, als ob sie weinte. Die Kinder meinten: ‚Deine Großmutter bedauert dich und ist traurig, deswegen singt sie Klagelieder'.

Meine Großmutter besaß zwei Kühe, die sie über alles liebte. Morgens molk sie die Kühe, kochte ihre Milch auf und schmierte mir den Rahm der Milch auf ein Brot, damit ich es aß. Sie arbeitete auch im Gemüse- und Obstgarten hinter dem Haus. Da sie jedoch sehr alt war, konnte sie sich nicht bücken. Sie brachte mir bei, wie man aus dem Brunnen Wasser pumpte und die Unkräuter entfernte. Mit Hilfe der Nachbarn hatte sie Petersilie, Zwiebeln, Kräuter sowie Minze, Tomaten, Paprika und Gurken gesät. Jeder, der wollte, konnte von den Kräutern pflücken und nach Hause bringen. Es war meine Aufgabe, das Gemüse zu bewässern. In diesem kleinen Garten gab es auch zahlreiche Obstbäume: Äpfel, Pflaumen, Birnen. Es war meine Aufgabe, das Obst zu ernten. Da wir nicht so viel Obst essen konnten, verteilte ich es an jene Kinder, die etwas haben wollten.

Es machte mir Spaß, im Garten zu arbeiten. Die einzige Arbeit, die ich nicht mochte, war, den Kuhmist aus dem Stall zu kehren. Da Großmutter nicht in der Lage war, dies zu tun, machte ich es notgedrungen.

Ich musste immerzu an Deutschland und an meine Mutter denken. Ich wartete auf eine mögliche Nachricht von meinem Vater. Aber er schickte kein Geld und keine Briefe mehr. Ich musste einen Weg finden, nach Deutschland zu gehen. Ich wusste nicht, wie, und bewahrte Geld und meinen deutschen Ausweis sicher auf.

Ich hatte vieles im Dorf gelernt. Das wichtigste war die Notwendigkeit,

stark und tüchtig zu sein. Dank meiner Erfolge in Sport und Arithmetik hatte ich es geschafft, Anerkennung bei den anderen Kindern im Dorf zu bekommen. Als sie dann erkannten, dass ich stark bin, haben sie aufgehört, mich zu unterdrücken.

Wenn du gelernt hast, wie erforderlich es ist, stark zu sein, wie kam es denn dazu, dass du unter die Kinder kamst, die Klebstoff schnüffeln?

Abi, das werde ich dir auch erzählen. Schau mal, die anderen Boote ziehen grad Fische hoch. Lasst uns auch unser Glück probieren, wir reden dann später.

In der Tat, die fangen ja den atlantischen Bonito. Ich habe mir schon gedacht, dass die Zeit der Bonitos naht, deswegen habe ich uns auch eine Bonito-Angel vorbereitet. Hier, das ist deine, viel Glück! Bevor ich es vergesse, die Bonito-Angel musst du ganz tief ins Wasser lassen, dann fahr ich ein bisschen mit dem Boot, und dann musst du sie langsam hochziehen. Am besten, du schaust mir zu.

Als Çetin dann nach ein paar Versuchen auch ein paar Bonitos fangen konnte, freute er sich.

Fuat hätte das zwar nicht erwartet, aber es gab wahrhaftig eine Bonito-Strömung. Sie fingen viele Bonitos. An diesem Abend zeigte Fuat der Großmutter, wie man Bonito-Pilaki macht. Die Großmutter, die eigentlich keinen Fisch mochte, hatte angefangen, es zu lieben, Fisch zu kochen und zu essen.

Obwohl die Großmutter, der Großvater und Berfin ihn sehr mochten, fühlte sich Çetin nicht sehr wohl in ihrem Haus. Wenn er in der Hütte blieb, fiel er wenigstens niemandem zu Last. Er fühlte sich wohl, weil er Fuat Abi behilflich sein konnte und immer mehr das Handwerk des Fischens lernte.

Die Großmutter ließ ihn zu Hause keine einzige Arbeit machen. Er half nur Berfin bei den Schularbeiten, aber das war für ihn nicht ausreichend. Er musste ständig an seine Mutter und an Deutschland denken. Fuat dachte immerzu: „Wir sollten einen

Weg finden und Verbindung mit seiner Mutter aufnehmen. Der Junge gehört nach Deutschland."

*

Einen Tag später fuhren sie wieder auf das Meer raus, in der Hoffnung, wieder Bonitos zu fangen. Sie hatten gerade ein paar Fische gefangen, als Çetin aufschrie:

Fuat Abi, dort hinten ist von diesem wegfahrenden Schiff jemand ins Wasser gefallen.

Als Fuat in die Richtung schaute, erblickte er einen Menschen, der im Wasser um sein Leben strampelte, und lenkte sofort dorthin. Im Wasser trieb ein dunkelhäutiger Mann, der kaum schwimmen konnte und in einer Sprache rief, die sie nicht verstehen konnten. Fuat warf sofort den an einem Tau befestigten Rettungsring vom Boden des Bootes auf ihn zu. Der Mann, der sich am Rettungsring festhielt, hörte auf zu schreien und lächelte erleichtert. Als sie näher bei ihm waren, sagte Fuat zu Çetin:

Wir werden ihn nicht an Bord holen. Denn wenn das Boot kentert, wird es sowohl für ihn als auch für uns gefährlich.
Er machte dem Menschen im Wasser ein Zeichen, dass er sich gut festhalten sollte und lenkte in Richtung Ufer. Nach ein paar Minuten kam das schnelle Boot der Wasserschutzpolizei zu ihnen:

Ist das der Mann, der vor kurzem ins Wasser fiel?
Ja das ist er. Er fiel vor ein paar Minuten ins Wasser. Wir dachten, dass es gefährlich sein würde, ihn an Bord zu nehmen. Deswegen warfen wir ihm einen Rettungsring zu. Wir waren dabei, ans Ufer zu fahren. Wir wollten Ihnen dann Bescheid geben.
Gut gemacht, wir holen ihn an Bord.

Der dunkelhäutige Mann, den sie an Bord nahmen, zitterte am ganzen Leib, er sagte ständig: Asyl, Asyl, Türkei gut. Sie wickelten ihn in eine Decke ein.

Und Sie kommen sofort in das Büro der Wasserpolizei.

Sofort? Es gibt eine Bonito-Strömung.
Der Beamte im Boot war verärgert:

Ich geb' dir gleich Bonito! Außerdem ist deine Flagge zu klein, wir hätten sie beinahe übersehen. Das nächste Mal musst du eine größere festbinden. Vergiss nicht, deine Papiere mitzubringen, wenn du gleich kommst.
Das Boot der Wasserschutzpolizei verschwand wieder in Blitzeseile, so schnell, wie es gekommen war.

Sie hatten den dunkelhäutigen Mann eingekleidet und auf einen Stuhl gesetzt.

Die erste Frage des Beamten war:

Kennt ihr diesen Schwarzen?
Fuat war verblüfft. Er wollte lachen, hielt sich aber zurück, weil er befürchtete, dass er Probleme bekommen würde.

Woher soll ich ihn kennen, mein Herr? Wie Sie auch wissen, sprang der Mann vom Schiff ins Wasser. Wir haben ihn gerettet.

Und hast du gesehen, was es für ein Schiff war?

Nein, habe ich nicht. Als wir ihn sahen, strampelte er im Meer rum. Wenn wir ihm nicht den Rettungsring zugeworfen hätten, wäre er ertrunken.

Gut, im Nebenzimmer werden sie deine Aussage schriftlich festhalten, danach kannst du gehen. Und wechsele die Flagge an deinem Boot, hänge eine größere auf.

Herr Beamter, wer ist dieser Mann? Ist er gesprungen oder hat man ihn über Bord geworfen? Er ist selbst gesprungen, er möchte Asyl beantragen.

Wir wissen auch nichts Genaueres. Misch dich da nicht ein. Und wer ist der junge Mann auf dem Boot?

Der Sohn eines Bekannten, er interessiert sich für das Fischen, ich bringe ihm das bei.

Gut, das nächste Mal, wenn ihr fischen geht, nehmt seinen Personalausweis mit.

Fuat ließ seine Aussage niederschreiben und verließ das Büro der Wasserschutzpolizei, war aber verärgert, dass er die Bonito-Strömung verpasst hatte. Er war aber erleichtert, dass sie nicht weiter nachgehakt hatten wegen Çetin. Es war schon Mittag, als sie Kavak erreichten. Sie hatten noch mal ihr Glück probiert, aber die Strömung war vorbei. Sie gingen mit leeren Händen aus.

Wenn es schon keine Fische gibt, dann erzähl mal deine Geschichte weiter, Çetin.

Geht klar. Wo waren wir stehen geblieben?

Ich kann mich gut erinnern. Du sagtest, dass du gelernt hättest, wie notwendig es im Dorf ist, tüchtig und stark zu sein.
Und dann erzählte ich meine Geschichte weiter…

Innerhalb von sechs Monaten war ich wie alle anderen Kinder. Sie akzeptierten mich als ihresgleichen. Im Sommer war das Dorf heiß und staubig. Es gab ein großes Becken, um die Felder zu bewässern. Wir sprangen jeden Tag in dieses Becken. Das Wasser ging uns gerade bis zum Hals, denn sonst hätten die Kinder, die nicht schwimmen konnten, nicht reingekonnt. Als sie bemerkten, dass ich schwimmen kann, meinten sie „Bring uns das auch bei". Aber niemand lernte schwimmen. Wir spielten dann ein Spiel namens „Stahl und Stock". Innerhalb kürzester Zeit war ich einer der Besten. So blieb ich zwei Jahre im Dorf. Mit der Schule und den Spielen verflog die Zeit im Nu. Es gab immer noch keine Nachricht von meinem Vater. Meine Mutter vergaß ich nie. Meine Sehnsucht nach Deutschland hörte nie auf. Die Grundschule war fertig, wir bekamen

unsere Zeugnisse. Meine Noten waren sehr gut. Ich wollte es meiner Großmutter erzählen und rannte nach Hause. Großmutter schlief ihren Mittagsschlaf. Wie immer lag sie da mit weit geöffnetem Mund, als atmete sie nicht. Ich wartete eine Stunde auf ihr Aufwachen. Als ich keinen Ton vernahm, ging ich zu ihr, um sie zu wecken. Sie hörte mich nicht. Sie lag einfach weiter so da. Ich stupste sie mit meiner Hand an. Wieder reagierte sie nicht. Ich bekam Angst. Ich ging sofort zu den Nachbarn nebenan und schilderte ihnen die Situation. Sie kamen sofort angerannt. Sie flüsterten unter sich. Sie sagte, dass sie „gestorben" sei. Ich beobachtete sie durch den Türspalt. Sie banden ein weißes Tuch um ihr Kinn. Dann brachten sie mich aus dem Haus. So hatte ich in jungen Jahren gelernt, was für eine Leere und Verlassenheit der Tod sein kann. In diesem kleinen Dorf, wo jeder sich kannte, fing eine große Hektik an. Die meisten waren miteinander verwandt. Ein Geistlicher kam, Großmutter wurde gewaschen, es wurde gebetet. Dann brachte man sie auf den Friedhof. Ich beobachtete das Geschehen von weitem. Manchmal erinnerte man sich an mich. Dann streichelten sie meinen Kopf und sagten: „Sei nicht traurig". Ich war nur verdutzt. Nach ein bis zwei Tagen versammelten sie sich zu Hause. Es wurde gebetet und gegessen. Danach fiel ich ihnen wieder ein. Bis zu diesem Augenblick hatte ich keinen einzigen Gedanken verloren an die Fragen: Was wird jetzt geschehen? Wo werde ich bleiben, was werde ich tun? Einige der Verwandten boten mir an:
Wenn du willst, kannst du bei uns bleiben. Man sah ihnen jedoch an, dass sie dies nicht wirklich wollten. Ich sagte: *Ich bin jetzt groß, ich kann im Haus meiner Großmutter bleiben.*

Niemand hatte daran etwas auszusetzen. Mein einziger Gedanke war, einen Weg zu finden, auszureißen und nach Deutschland zu gehen. Nach dem Tod meiner Großmutter, Fuat Abi, habe ich so viel gelernt, das kannst du kaum glauben. Wie hinterlistig, betrügerisch, verlogen und geldgierig die Menschen sind, habe ich in diesen wenigen Tagen erfahren. Ich hasste alle Erwachsenen. Die Kinder und jene, mit denen ich seit zwei Jahren befreundet war, waren nicht so. Sie wollten mir wirklich helfen. Zuerst fingen die

angeblichen Verwandten an, das Haus auszuräumen, ohne den anderen die Dinge vorher zu zeigen. Sie stürzten sich wie die Geier auf die schon lange nicht mehr benutzten alten großen Töpfe und Teller aus Kupfer. Dann gab es einen großen Kessel. Zwei meiner Verwandten zerrten gleichzeitig an diesem Kessel, hin und her, bis einer von ihnen nachgab und der andere den riesigen Kessel auf seinem Rücken davontrug. Dann kamen die Kühe dran. Sie beschlossen, diese zu verkaufen und das Geld untereinander aufzuteilen. Einen Teil gaben sie mir. Dann flüsterten sie wieder und diskutierten darüber, was sie mit dem Haus machen sollten. Sie beschlossen, auch das Haus zu verkaufen. Sie konnten jedoch nicht entscheiden, was mit mir passieren sollte. Dann beschlossen sie, diesen Verkauf etwas hinauszuzögern. Ich hatte entschieden, nicht länger als fünf bis sechs Tage in diesem Dorf zu bleiben. Mein Personalausweis und mein gespartes Geld waren im sicheren Versteck. Ich wollte so schnell wie möglich nach Istanbul und, nachdem ich meine Spur verwischt hatte, würde ich nach Deutschland gehen. Ich holte mein Geld aus dem Versteck und zählte es. Ich hatte tausende von Liras. Außer einem kleinen Teil tat ich alles in eine Plastiktüte und befestigte sie an meinem Körper.

Ich war vorher nie in Istanbul gewesen, in diesen zwei Jahren hatte ich das Dorf nie verlassen. Da ich aber immer aufmerksam zuhörte, wusste ich, wie man dahin kam. Zuerst musste ich nach Cihanbeyli, dann nach Konya, und von dort aus würde ich nach Istanbul fahren. Ich wusste auch, wo der Minibus vorbeifuhr, der nach Cihanbeyli ging. Ich stand in der Frühe auf und wartete an der Straße. Ich hatte einen kleinen Koffer, in dem ich ein paar Kleidungsstücke hatte. Wenn ich jemanden vom Dorf sehen würde, würde ich sagen, dass ich ein bisschen in Cihanbeyli herumlaufen möchte. Gottseidank stieg niemand vom Dorf in den Minibus ein. Der Minibus hielt am Busbahnhof. Dort kaufte ich mir eine Fahrkarte und fuhr weiter nach Konya. Ich lief in Konya etwas herum und aß eine Kleinigkeit. Dann fragte ich mich durch und stieg

gegen Abend in einen Bus nach Istanbul. Ich träumte davon, dass ich nachts im Bus schlafen würde und morgens mir ein Ticket nach Deutschland kaufen würde. Als ich ein Ticket nach Istanbul kaufte, fragte mich niemand, wer ich sei und warum ich alleine verreise. Als ich dies bemerkte, wurde meine Hoffnung, es nach Deutschland zu schaffen, noch größer. Wir kamen morgens in Istanbul an.

Ich war schon mal mit meinem Vater in Istanbul gewesen, aber ich hatte kaum etwas gesehen. Schon der Busbahnhof verwirrte mich. Ich wusste, dass man ein Ticket von der türkischen Fluglinie THY kaufen musste, um nach Deutschland zu fliegen. Wo war nur das Büro von der THY? Die Menschen, die ich im Busbahnhof fragte, sagten mir: Fahr nach Taksim, frag dann wieder, sie werden es dir zeigen. Ich fragte mich durch und nachdem ich ein paar Mal Fahrkarten gekauft und mehrere Busse gewechselt hatte, kam ich endlich in Taksim an. Mir wurde schwindelig von der Menschenmenge und dem Lärm. Ich hatte Hunger. Ich sah, dass man Sesamkringel und Käse verkaufte. Ich kaufte beides und stillte meinen Hunger. Dann fand ich das Büro von der THY. Ich beobachtete zuerst aufmerksam die Leute. Sie zogen ein Stück Papier an einem Gerät und setzten sich dann auf die Stühle, um auf ihre Nummer zu warten. Ich tat dasselbe. Jedoch brauchte ich kaum zu warten. Eine der Beamtinnen gegenüber rief:

Komm mal her junger Mann, warum wartest du, was willst du?
Ich zeigte ihr sofort meinen deutschen Personalausweis.

Ich sagte: *Ich möchte wissen, wieviel ein Ticket nach Deutschland kostet.*

Und, hast du keine Eltern oder Bekannte?
Nein, antwortete ich. Als ich dann erklärte: *Ich habe Geld, ich werde alleine reisen,* fing die Dame an zu lachen. Sie zeigte mich den anderen Beamten: Ist er nicht süß? *Dieser junge Mann will alleine nach*

Deutschland, er habe Geld, woraufhin alle im Büro zu lachen anfingen. Ich war verärgert und hatte große Angst. Durfte ich etwa nicht alleine reisen? Ich lief knallrot an. Die Dame meinte:

Junger Mann, vielleicht machst du dir einen Spaß, aber wie du siehst, haben wir alle zu tun. Ein Junge in deinem Alter kann alleine kein Ticket kaufen und verreisen. Entweder deine Mutter, dein Vater oder ein anderer Erwachsener, der dich bringen wird, kann ein Ticket kaufen.

Auch wenn ich sagte: *Aber ich bin Deutscher, ich habe einen deutschen Personalausweis,* meinte die Dame: *Das ist egal, los geh jetzt, wir haben zu tun.*

Meine ganzen Träume waren hin. Es war für mich nicht mehr möglich, in das Dorf zurückzukehren und dort zu leben. Ich musste einen Weg finden, um nach Deutschland zu gehen, aber wie?

Ich lief in den Seitengassen von Taksim und den Nebengassen der Straße, von der ich später erfuhr, dass sie Beyoglu hieß. Sobald ich Hunger hatte, aß ich etwas, ich ging aber nicht in diese Restaurants rein, in deren Schaufenstern leckeres Essen ausgestellt war, weil ich nicht so viel Geld ausgeben wollte. Ich war müde. Dann sah ich Kinos. Ich kaufte mir eine Karte und ging in eines der Kinos rein. Ich war sehr müde und schlief ein. Der Film war schon zu Ende, jemand kam und weckte mich. Er bat mich, rauszugehen. Als ich rausging, war es dunkel. Ich hatte zwar viel Geld, aber konnte ich wohl in einem Hotel übernachten? Ich beschloss, mir eine Lüge auszudenken. Es gab sehr viele Hotels um Taksim. Ich wählte ein kleines Hotel aus, nach dem äußerem Anschein. Ich ging an die Rezeption, sagte dem Menschen dort, dass ich ein Zimmer haben wollte und mein Vater mich am nächsten Tag hier abholen würde. Sie schauten sich meinen Personalausweis an, nahmen das Geld im Voraus. Im Zimmer überlegte ich, was ich tun sollte. Mein Geld würde nicht ausreichen, um längere Zeit im Hotel zu leben. Ich wollte nicht ins Dorf zurück. Als ich aufwachte, sagte ich zu dem Mann an der Rezeption: *Ich komme gleich wieder, mein Vater soll*

warten, wenn er kommt. Und ging hinaus.

Fuat meinte: *Ich hatte dich vorher, als du mir deine Geschichte erzählt hattest, gefragt, wie es dazu kam, dass du unter die Klebstoff schnüffelnden Kinder geraten bist, obwohl du stark und fähig bist.*

Genau das wollte ich anfangen zu erzählen. Um meinen Hunger zu stillen, kaufte ich wieder draußen auf der Straße einen Sesamkringel mit Käse. Bevor ich noch anfing zu essen, kam ein Junge in meinem Alter auf mich zu. Er torkelte, war mit Lumpen bekleidet, seine Nasenspitze war purpurrot, und er schnüffelte an einem Tuch, das er in der Hand hatte:

Kaufe mir auch einen Sesamkringel, wenn du Geld hast, wenn nicht, gib' mir die Hälfte von deinem ab. Er tat mir sehr leid, ich kaufte sofort zwei Sesamkringel und zwei Stück Käse und gab sie ihm. Er aß sehr wenig davon und stopfte den Rest in seine Hosentaschen. Komm mit mir, sagte er. Ich hatte eh nichts zu tun, und so folgte ich ihm. Dann setzten wir uns auf eine Mauer irgendwo in einer Seitenstraße von Beyoglu. In der Nähe gab es Kinder, die so ähnlich wie er waren. Einige waren etwas älter als ich, aber es gab auch viel jüngere Kinder. Der Junge, dem ich die Sesamkringel gegeben hatte, reichte mir das Tuch und meinte: *Los, schnüffle mal dran.* Auch wenn ich sagte, dass ich nicht wolle, beharrten die anderen darauf: *Schnüffel dran, schnüffle dran!* Ich roch dran, merkte aber nichts Besonderes. Ein anderer zog eine kleine Flasche aus seiner Tasche und tränkte ein Tuch mit einem übel riechenden Zeug, sagte dann: *Hier, rieche hier dran, das kannst du behalten.* Diesmal roch ich einmal an diesem Tuch, ich sollte noch mal riechen. Je mehr ich daran schnüffelte, desto schwindeliger wurde mir. Ich wusste nicht, wie mir geschah, aber es gefiel mir.

Fuat Abi, du sagtest, dass ich ‚ein starker' Junge bin. Das ist richtig. Das stimmt zwar, aber stark sein ist etwas völlig anderes als allein zu sein. Ich denke, ich geriet unter diese Klebstoffjungs, weil ich in

dieser riesigen Stadt Istanbul nicht allein bleiben wollte. Sie liefen immer in Gruppen durch die Gegend. Keiner von ihnen hatte Geld. Sie bettelten die Menschen um Geld an. Eigentlich kann man das nicht Betteln nennen. Zwei Klebstoffabhängige näherten sich einer Person und baten um Geld. Entweder gaben sie ihnen Geld oder sie entfernten sich schleunigst von ihnen. Ich habe entdeckt, dass andere Menschen Angst vor diesen süchtigen Kindern hatten. Ich hatte auch angefangen, genau wie sie zu schnüffeln, aber ich passte genau auf. Ich tat eigentlich so, als ob ich schnüffelte. Ich hatte nämlich verstanden, dass, wenn ich wirklich anfange zu schnüffeln, ich nicht mehr davon loskommen würde.

Sie hatten eine Unterkunft in einem der heruntergekommenen Häuser unterhalb von Taksim. Nachts deckten sie sich mit dreckigen Decken zu und schliefen. Jene, die sehr high waren, erzählten schreckliche Geschichten. Besonders Jungs in meinem Alter, die zu viel geschnüffelt hatten und halb bewusstlos waren, wurden dann vergewaltigt. Um sich zu schützen, liefen sie in der Nacht in Gruppen umher und schliefen auch gemeinsam. Es gab auch ältere Schnüffler, aber mit ihnen wollten sie nichts zu tun haben. Denn diese zwangen die jüngeren Kinder, mit ihnen zu schlafen. Ich war sehr vorsichtig. Ich bewegte mich in der Gruppe, um nicht allein dazustehen. Dann fing ich an, alleine zu leben, indem ich so tat, als ob ich Klebstoff schnüffelte. Ich hatte auch ein kleines Messer. Wenn jemand mir zu nah kam, bedrohte ich ihn mit diesem Messer. In der Tat liefen alle weg, sobald sie das Messer sahen. Ein paar Tage lebte ich auf diese Weise.
Dann traf ich dich.

Çetin hatte wieder zu weinen begonnen. Fuat ging auf Çetin zu und umarmte ihn:

Komm, das reicht jetzt, außerdem gibt es nichts mehr zu erzählen. Den Rest kenne ich ja.
Du bist ein Held, wer weiß, wo ich jetzt wäre, wenn du nicht wärst.

Ist gut, hör auf zu weinen, du bringst mich auch zum Heulen, du. Lass uns ans Ufer gehen und uns ausruhen. Wir müssen Vorbereitungen für morgen treffen.

*

Als er nach Hause ging, bemerkte er den Geruch köstlicher Gerichte. Er hatte auch einen Bärenhunger. Das war nicht das erste Mal. Immer, wenn er mit auf das Meer fuhr, kam er hungrig wieder nach Hause und aß alles, was ihm die Großmutter vorsetzte. Heute war es anders, er roch Fleisch, Thymian, geschmorte Zwiebeln und Bulgur Reis. Und natürlich gab es, wie immer, Ayran, was nie fehlen durfte in diesem Haus. Çetin hatte sich im Dorf Deveci daran gewöhnt, rohe Zwiebeln zu Bulgur zu essen. Als er am Tisch nach Zwiebeln fragte, meinte die Großmutter auf Kurdisch:

Çetin, dieser Held, ist tatsächlich ein wahrer Kurde Merkt man das nicht daran, dass er zu Bulgur immer Zwiebeln will?
Sie brachte eine große Zwiebel. Berfin mochte dagegen keine Zwiebeln, sie sagte zu Çetin:

Çetin Abi, ich mag dich zwar sehr gerne, aber wenn du keine Zwiebel isst, mag ich dich noch mehr! Woraufhin alle zu lachen begannen.
Nach dem Essen setzte sich Berfin zu den Knien von Çetin: *Çetin Abi, komm, erzähl mir etwas von Deutschland.*

Warum interessiert dich dieses Land so sehr?

Großmutter erzählt immer, dass wir dort viele Verwandte haben. Auch zwei Onkel von mir wären dort. Ich habe sie ganz selten gesehen. Und weißt du, was Großmutter gesagt hat? ‚Wir sind jetzt sehr alt geworden, mein Lämmchen. Wenn du willst, schicken wir dich nach Deutschland'.
Çetin freute sich über das Gehörte. Ein klitzekleiner Hoffnungsschimmer wurde in ihm geweckt.

Er fing an, vor sich hinzuträumen. Vielleicht könnte er gemein-

sam mit Berfins Verwandten nach Deutschland. Er fragte den Großvater, in welcher Stadt Berfins Onkel lebten. Als er hörte, dass diese in Köln lebten, wuchs seine Hoffnung noch mehr. Trotzdem erzählte er dem Alten nichts davon.

Welchen Teil soll ich dir denn von Deutschland erzählen hübsche Berfin? Wenn du willst, stell Fragen und ich beantworte die Fragen, die dich interessieren, wenn ich kann.

Also gut. Werden in Deutschland auch die Dörfer von den Soldaten niedergebrannt?
Çetin war ratlos, er wusste nicht, was er antworten sollte. Oder meinte sie etwa diesen Hitler, über den ich selbst so wenig weiß? Aber es ist unmöglich, dass sie so etwas weiß.

Ich verstehe nicht, Berfin, wie kommst du darauf? Ich habe in Deutschland noch nie so etwas gehört.

Dann ist ja gut, dann wird das Dorf meiner Onkel in Deutschland nicht niedergebrannt, wie hier in der Türkei, oder?
Ähnliches hatte er auch ein paar Mal auf Türkisch und Kurdisch von Berfin, von der Großmutter gehört, aber er traute sich nicht danach zu fragen. Eines Tages hatte er mal Großvater gefragt, warum sie das Dorf verlassen haben und nach Istanbul gekommen sind. Sie waren am Ufer. Der alte Mann hatte seine Augen auf den Horizont gerichtet und schwieg einige Minuten lang. Dann atmete er tief durch und sagte ihm: Ach lass, kümmere dich nicht darum. Warum willst du das wissen? Beschäftige dich nicht mit solchen abscheulichen Dingen. Ab dem Tag hatte Çetin weder die Großmutter noch den Großvater gefragt, was in der Vergangenheit passiert ist. Aber von dem tiefen Seufzen des Großvaters hatte er verstanden, dass schmerzhafte schlimme Dinge passiert sein müssen.

Hab keine Angst, ich habe noch nie gehört, dass Soldaten in Deutschland

Dörfer niederbrennen. Wenn so etwas passiert wäre, hätte ich es auf jeden Fall gehört.
Gut, dann bring mir auch etwas Deutsch bei. Vielleicht kann ich das gebrauchen, wenn ich mal dorthin gehe. Sie fing an zu kichern. Für Çetin war dieses hübsche Mädchen ein Rätsel, denn obwohl sie keine Eltern hatte, schimmerte so selten Trauer in ihren Augen.

Gut, ab übermorgen werde ich dir jeden Tag Deutsch beibringen. Innerlich dachte er: Somit werde ich mein Deutsch auch nicht verlernen.
Im Geschäftsviertel kaufte er ein Deutsch-Lehrbuch und fing erst mal an, selbst zu lernen.

*

Die Bonito-Flut hielt weiter an. Sie warteten noch nicht einmal den Sonnenaufgang ab, um aufs Meer zu fahren. Wenig später war der Bosporus voll von Booten. Alle Fischer grüßten sich mit guter Laune wegen der Bonito-Flut und warfen ständig ihre Ruten ins Wasser. Auch Fuat und Çetin hatten heute Glück. Schon früh am Morgen war der Bottich fast voll. Fuat hatte das Boot fern von den anderen Fischern positioniert, damit ihre Angeln sich nicht verhakten. Çetin rief voller Freude:

Schau mal, Fuat Abi, ich habe hier einen bunten Fisch gefangen. Fuat saß mit dem Rücken zu Çetin. Als er sich umdrehte und den Fisch an der Angel von Çetin sah, rief er:

Fass diesen Fisch ja nicht an, er ist giftig. Aber es war zu spät. Çetin versuchte indessen, diesen roten und stacheligen Fisch von der Angel zu lösen. Zeitgleich mit Fuats Aufschrei nahm er sofort seine Hand weg. Es war bereits zu spät. Seine Hand, die von den Stacheln gestochen war, fing an zu brennen. Er feuerte den Motor an, der im Leerlauf war und lenkte Richtung Ufer. Çetin fing an zu weinen: *Meine Hand schmerzt.* Fuat meinte: *Das wird besser. Mach dir*

keine Sorgen, ich werde dich versorgen.

Noch bevor er das Boot festbinden konnte, lief er mit Çetin in den Armen aufs Land und setzte ihn hin, lief in die Teeküche, die in der Nähe war und kam mit einem Gefäß mit heißem Wasser wieder.

Halte jetzt ein bisschen durch, das Wasser ist heiß, wird dich aber nicht verbrennen, keine Angst.

Das Wasser war wirklich sehr heiß. Als Çetin seine Hand ins Wasser legte, rief er: Meine Hand brennt noch mehr.

Fuat sagte: *Sei geduldig.* Und erlaubte ihm nicht, die Hand hinauszunehmen. Nachdem er ihn gezwungen hatte, seine Hand eine Weile im heißen Wasser zu lassen, lief er mit Çetin in den Armen zum Gesundheitszentrum. Çetin weinte wegen seiner Hand, die zugleich brannte und schmerzte. Die Ärzte gaben ihm ein Schmerzmittel, schmierten eine Salbe auf die Hand und machten einen Verband um. *Gut, dass Sie die Hand ins heiße Wasser gesteckt haben, sonst würde sich das Gift des Fisches schnell verteilen. Er soll sich ein paar Tage ausruhen. Diese Tabletten soll er drei Mal am Tag nehmen, er wird schnell wieder gesund.*

Fuat wollte Çetin wieder tragen, woraufhin er protestierte: *Ich bin doch kein Kind, lasst uns laufen.*
Zuhause angekommen sah die Großmutter, dass Çetins Hand verbunden war und stimmte sofort ein Klagelied an: Mein schwarzäugiges Lämmchen hat niemanden. Als Berfin ihre weinerliche Stimme hörte, fing sie auch an zu weinen. Çetin war verärgert:

Was heult ihr rum? Ein giftiger Fisch hat mich verletzt. Meine Hand hat ein bisschen geschmerzt. Der Arzt meinte, das geht in ein paar Tagen vorbei.
Berfin ging auf Çetin zu und umarmte ihn: *Der Fisch war giftig? Dann werde ich keinen Fisch mehr essen!*

Mädel, ein Fisch unter tausenden war giftig, und dieser hat ausgerechnet mich gefunden.

Eigentlich bin ich daran schuld, sagte Fuat. Ich hätte ihm vom ersten Tag an, wo wir zum Fischen rausfuhren, von diesem Fisch erzählen müssen. Der kommt relativ selten vor. Çetin hatte heute Pech. Eigentlich gibt es den nicht gleichzeitig mit Bonitos. Ich verstehe auch nicht, warum er aufgetaucht ist. Vielleicht war er auf dem Grund und biss an der Angel an.

Fuat, mein Sohn, bring den Jungen nicht mehr zum Fischen.
Obwohl Großmutter Kurdisch gesprochen hatte, hatte Çetin sie sehr gut verstanden.

Er zwingt mich ja nicht, mitzukommen, Großmutter. Ich möchte selbst mitgehen. Was soll ich sonst zu Hause tun, wenn ich nicht zum Fischen fahre?
Die Diskussion dauerte lange an. Weder die Großmutter noch der Großvater konnten Çetin überzeugen. Am Ende wurden sie still und schauten vor sich hin. Die Großmutter ging in die Küche, um ihre Wundersuppe zu kochen, die jede Wunden heilt. Çetin half Berfin bei den Schularbeiten.

Nach ein paar Tagen gingen sie in aller Frühe fischen. Das Wetter war sonderbar. Es war zwar heiter, jedoch lag eine dünne Nebelschicht auf dem Meer. Nachdem sie etwa zwei Stunden geangelt hatten, geriet Fuat in Panik:

Wir müssen sofort zum Ufer. Sammle du die Ruten ein, je schneller wir ans Ufer kommen, desto besser. Çetin verstand nicht.

Warum, was ist denn passiert, Fuat Abi?
Schau dir mal das Wetter an!

Was soll mit dem Wetter sein? Der Himmel ist heiter, es gibt noch nicht mal einen Hauch von Wind. Ich verstehe gar nicht, warum du unruhig bist.

Çetin, mein Sohn, das wirst du mit der Zeit lernen. Ein Fischer beobachtet nicht nur den Himmel dort, wo er sich befindet. Man muss immer und überall den Horizont beobachten. Besonders, wenn das Wetter wie heute recht schwül ist, sollte man den Blick nicht vom Horizont wenden. Schau mal in Richtung Schwarzes Meer, was siehst du?

Über dem Meer befinden sich schmale schwarze Wolken.

Richtig, wenn es jetzt so windstill ist, dann kündigen diese schmalen Wolken den Sturm an. Wenn wir nicht das Ufer erreichen, wird es Wellen geben, die unser Boot wie eine Walnussschale schaukeln, und am Ufer müssen wir vielleicht das Boot sogar an Land holen.

Als sie am Ufer ankamen, hatten die Wellen schon Schaumkronen. Es gab noch keine großen Wellen. Am Ufer war die Hölle los. Sobald Fuat das Boot angebunden hatte, sprang er aufs Festland.

Vor den Hütten standen zwei Bagger. Alle Fischer hatten sich hier versammelt. Ganz vorne stand Ayse, die Freundin von Fuat, und schrie Zeter und Mordio:

Nur über unsere Leichen könnt ihr die Hütten abreißen.

Jeder redete durcheinander.

Derjenige, der euch diesen Befehl gegeben hat, soll kommen, wir wollen mit ihm reden.

Wie sollen wir fischen, wenn es diese Hütten nicht mehr gibt?

Wie sollen wir den Hunger unserer Kinder und Familie stillen, wenn Sie die Hütten abreißen und wir keine Fische mehr fangen können?

Fuat fragte: *Was ist los, warum wollen sie die Hütten abreißen?*

Ich weiß es nicht, der Chef von ihnen ist der dort, der vor einem der Bagger steht, geh hin und frag ihn.

Etwa 15 Ordnungsbeamte warteten vor den Baggern. Ganz vorne stand der große Chef mit dünnem Oberlippenbart und teuren Klamotten. Fuat beruhigte die anderen Fischer, ging zum Chef rüber und begann mit ihm zu sprechen.

Was ist los, Herr Yusuf, wir kennen uns doch seit Jahren. Sie kennen auch die anderen Fischer hier. Unser größtes Anliegen ist es, Geld zum Überleben zu verdienen. Diese Hütten stehen seit vielen Jahren hier. Niemand hatte etwas auszusetzen. Woher kommt denn nun die Entscheidung, dass sie abgerissen werden sollen?

Schau, Fuat, ich kenne euch alle seit vielen Jahren. Ich weiß auch, dass ihr niemandem etwas zu Leide tun würdet. Aber der Befehl kommt von oben. Ihr hättet Staatseigentum besetzt. Wenn ihr nur Materialien für die Fischerei in den Hütten hättet, wäre das noch harmlos.

Genau, aber was sollen wir denn sonst gemacht haben?

Es gibt eine Beschwerde, ihr würdet diese Hütten wie Restaurants benutzen und hier Fisch grillen, um sie an Touristen zu verkaufen.

Woher kommt denn dieses Gerücht? Einmal haben wir den Fisch, den deutsche Touristen gekauft haben, für sie gegrillt. Das ist alles. Wer hat sich denn beschwert? Etwa der Restaurantbesitzer Sükrü, der Bär?

Ich kann es nicht wissen, wer sich beschwert hat. Ich sagte doch, der Befehl kommt von oben, man hat uns befohlen „reißt ab". Wir sind auch nur Diener, die ihre Pflicht tun.

Berfin stand an einer Ecke und hörte zitternd zu. Als sie Çetin sah, kam sie zu ihm und umarmte ihn. Ihre großen Augen waren weit aufgerissen, und sie weinte.

Wer sind diese Leute, sind das Soldaten? Werden sie jetzt alle Häuser verbrennen?

Höre auf zu weinen, Berfin. Das sind keine Soldaten. Hab keine Angst, sie werden nichts verbrennen.

Aber Großmutter hat es doch erzählt. Als sie in unser Dorf kamen, haben sie zunächst gar nichts gemacht. Aber dann haben sie alle Menschen verprügelt und die Häuser angezündet.

Hab' keine Angst, Berfin, dies ist kein Dorf hier. Das ist das große Istanbul, hier passiert so etwas nicht.

Und wenn doch, und wenn sie doch unsere Häuser anzünden? Wirst du dann mit Fuat Abi in die Berge ziehen?

Was denn für Berge, Berfin, was erzählst du da?

Aber Großmutter hat doch erzählt, als Soldaten unser Dorf niedergebrannt hatten, sind meine Eltern in die Berge gezogen.

Ist gut, Berfin, hab' keine Angst, wir werden nirgends hinziehen. Komm, ich bring dich nach Hause.

Alle, die das Geschehen mitbekommen hatten, die Frauen und Kinder der Fischer, hatten sich versammelt.

Ständig buhten sie die Beamten des Ordnungsamts aus, schrien durcheinander und riefen, dass sie nicht erlauben würden, die Hütten abzureißen.

Der Chef unter den Beamten sprach die ganze Zeit mit seinem Funkgerät.

Mein Chef, das ganze Volk des Bezirks hat sich hier versammelt, ständig wird gerufen: ‚Wir werden unsere Hütten nicht abreißen lassen'. Sie sind sehr zahlreich, was sollen wir tun?

Sag ihnen, dass wir die Gendarmerie rufen, wenn sie weiterhin Widerstand leisten.

Fuat, mein Bruder, sag den Leuten, dass mein Chef gesagt hätte, dass wir die Gendarmerie rufen, wenn sie weiterhin Widerstand leisten.

Gut, ich werde alle zusammenrufen und mit ihnen sprechen.

Lange wurde diskutiert. Alle waren sich dessen bewusst, dass ein Widerstand gegen die Gendarmerie unmöglich war, und wenn sie

weiter beharrlich blieben, würde das ein schlimmes Ende nehmen.

Fuat ging erneut zu dem Leiter der Beamten, um ihm die Entscheidung mitzuteilen.

Alles klar, Herr Yusuf, wenn Sie die Hütten abreißen wollen, dann tun Sie das, aber wir haben in den Hütten wichtige Werkzeuge, die wir zum Fischen unbedingt benötigen. Gebt uns ein paar Tage, dann werden wir das Zubehör in Kisten packen und am Ufer deponieren.
Der Leiter der Beamten lächelte, nachdem er mit seinem Chef geredet hatte.

Gut, mein Chef hat das akzeptiert. Tut eure Sachen in eine kleine Kiste. Und er hat darauf bestanden, dass hier nie mehr illegal Tische und Stühle aufgestellt werden, dass hier nicht gegrillt und den Touristen verkauft wird.

Alles klar, das ist sowieso nur ein einziges Mal passiert. Aber wenn wir für uns grillen, laden wir Sie auch ein.

Ist ja gut, und noch etwas, reißt eure Hütten selbst ab, damit der Bagger eure Sachen nicht beschädigt.
Der Himmel wurde ganz schwarz. Der Sturm, dem Fuat entkommen konnte, hatte nun Kavak erreicht. Die Fischer, die wussten, dass riesige Wellen an Land schmettern würden, halfen sich gegenseitig, um die Boote an Land zu ziehen. Kurz danach fing ein starker Regen an, als täte es nicht regnen, sondern als würde eimerweise Wasser ausströmen. Innerhalb weniger Minuten leerte sich das Ufer, die Fischer, die Beamten flüchteten wie die Rebhuhnküken vom Nest.

Beide Seiten waren zufrieden, dass der Streit ohne Gewalt geschlichtet wurde. Eigentlich war der Beamte Yusuf auch einer der Leute, die bei den Fischern öfters Fisch und Brot aßen und sogar mit den Fischern gemeinsam tranken.

Ayse war mit dieser Abmachung überhaupt nicht zufrieden und wartete, ohne sich um den Regen zu kümmern, mit blitzenden Augen darauf, dass Fuat zu ihr herkam. Als Fuat dann zu ihr kam, wurde sie vielleicht zum ersten Mal ihm gegenüber barsch und warf mit bösen Wörtern um sich. Sie beschuldigte ihn, ein Weichei, Angsthase, leicht versöhnlich zu sein und sogar geldgierig.

Sie sagte: *Wir hätten Widerstand leisten müssen. Wenn wir Widerstand leisten, können sie gar nichts machen.*

Ja, gegen die Beamten könnten wir Widerstand leisten, aber was sollen wir tun, wenn die Gendarmerie eingreift? Dann würde es zu einem Blutbad kommen.

Wenn die Gendarmen sehen, dass ihr entschlossen seid, werden sie auch nichts machen können.

Sag sowas doch nicht, meine Rose. Wir leben in der Zeit der Soldaten. Siehst du nicht, was sie an anderen Orten anstellen, hast du nichts gehört? Komm, lasst uns nach Hause gehen, wir sind nass bis auf die Haut.

Als sie zu Hause waren, waren beide schweigsam wie ein Grab. Sie hatten weder Lust, sich zu lieben, noch miteinander zu sprechen. Nachdem sie ihre nassen Kleider gewechselt hatten, tranken sie in sich versunken ihren Tee.

Weißt du liebe Ayse, wenn das so weiter geht, wird auch irgendwann jemand verhindern, unsere Boote am Ufer zu halten. Glaub mir, zum ersten Mal in meinem Leben scheine ich mich vom Fischerdasein zu entfremden. Morgen werden wir unsere mit Liebe aufgebaute Hütte abreißen. Ich bin zutiefst verletzt.

Ayse trank ruhig ihren Tee, ihre Augen funkelten immer noch. Zum ersten Mal verspürte sie Ablehnung ihm gegenüber. Wenn sie nachdachte, gab sie ihm Recht. Sie dachte aber trotzdem, dass es eine Lösung gegeben hätte, hätten sie weiterhin Widerstand geleistet.

Çetin, der Berfin nach Hause gebracht hatte, beobachtete das Geschehen aus der Ferne. Als er erfuhr, dass die Hütten abgerissen werden sollten, war er sehr traurig. Er hatte nämlich nicht vor, ständig in der Wohnung von Berfin zu bleiben. Die Hütte war für ihn eine Art Zufluchtsort, wo er jederzeit schlafen konnte. Es war auch nicht möglich, bei Fuat zu Hause zu bleiben. Er hatte gesehen, dass Fuat mit Ayse zusammen nach Hause gegangen war. Er dachte: *Ich muss einen Weg finden, um nach Deutschland zu gehen.*
Am nächsten Tag rissen Fuat und Çetin die mit Mühe aufgebaute Hütte mit eigenen Händen nieder. Auch wenn Fuat verletzt und widerwillig war, gab es denn nichts, was er hätte tun können. Çetin war zum Heulen zumute, er kämpfte aber mit sich, um diese Gefühle zu verbergen.

Innerhalb von zwei Tagen hatten sie alle Hütten abgerissen. Einige Fischer, deren Wohnungen in der Nähe waren, hatten ihr Zubehör nach Hause gebracht. Aber jene, die wie Fuat weiter weg wohnten, hatten mit Blech ummantelte Holzkisten anfertigen lassen, um die Werkzeuge hineinzutun. Da sie auch den kleinen Podest abgebaut hatten, konnten sie nach dem Angeln auch nicht mehr gemeinsam Tee trinken.

Aber das Verbot reichte nur für ein paar Tage. Danach wurde wieder gegrillt und gemeinsam gegessen und getrunken. Früher kamen Ordnungsbeamte recht selten in diesen Stadtteil, aber nun kamen sie oft. Aber ihr Ziel war es nicht, Strafzettel zu verteilen oder zu kontrollieren, sondern sie kamen, um frischen Fisch zu genießen.

Es war ganz offensichtlich, dass die Beschwerde von dem Restaurantbesitzer ‚Sükrü der Bär' kam. Am Tag, an dem sie für die deutschen Touristen Fisch gegrillt hatten, kam er öfter zu ihnen und warnte sie: *Es ist nicht richtig, was ihr tut. Er war dafür bekannt, dass er ein neiderfüllter selbstsüchtiger Mensch war.*

Die Fischer hatten sich untereinander verständigt und beschlos-

sen, dem Restaurantbesitzer Sükrü keinen Fisch mehr zu verkaufen. Während die anderen paar Konkurrenten in der Frühe, sobald die Fischer vom Fangen zurückkamen, günstigen und frischen Fisch kaufen konnten, musste er auf dem Markt viel mehr Geld für den Fisch bezahlen.

*

Die Großmutter, die gehört hatte, was geschehen war, bedauerte die Sache zutiefst. Als Berfin und Çetin nicht zu Hause waren, schimpfte sie mit dem Großvater:

Sagtest du nicht, Istanbul ist friedlich, hier passiert nichts? Du hast unser Hab und Gut verkauft und hast uns mit unserem unschuldigen Enkel hierher gebracht. Da siehst du nun, auch hier wüten die Banditen nach Lust und Laune. Wer garantiert mir, dass sie uns morgen nicht angreifen werden? Wären wir doch trotz allem dort geblieben.

Welchen Ort meinst du mit ‚dort' Weib?

Was weiß ich, vielleicht Amed oder Mardin.

Du liest zwar keine Zeitung, aber schaust du denn gar kein Fernsehen? Siehst du nicht, dass dort ein Blutbad angerichtet wird, als wäre dort ständig ein Krieg.

Werden wir denn niemals ein Heim und Herd haben?

Wir haben auch ein Heim, aber wie du siehst, lassen sie uns nicht in Ruhe!

Wir sind eh am Ende unseres Weges. Ich mache mir Sorgen um Berfin. Und nun haben wir natürlich auch unseren Çetin.

Ich weiß, Weib, ich weiß, die einzige Lösung ist Deutschland.

Oh Mann, Çetin und Berfin können schon gehen, aber ich kann in

meinem Alter nicht in ein Land gehen, dessen Sprache ich nicht spreche und dessen Sitten ich nicht kenne. Wenn du dieserart Pläne hast, dann lass mich außen vor. Lass mich hier sterben, wenn es an der Zeit ist.

Als sie bemerkten, dass Berfin und Çetin gekommen waren, hörten sie auf zu diskutieren.

Berfin kauerte in einer Ecke. Selten sah sie so traurig und leidvoll aus, wie jetzt. Çetin hatte sie kaum so trauernd gesehen. Normalerweise war sie fröhlich, spielte, lachte und brachte auch die Menschen in ihrer Umgebung zum Lachen. Çetin konnte sich auf ihr Verhalten keinen Reim machen. Sie war sechs oder sieben Jahre alt und doch wusste sie nicht, wer oder wo ihre Eltern waren, und er wunderte sich deswegen immer über ihre Fröhlichkeit.

Es war offensichtlich, dass diese Abrissarbeiten sie stark beeinträchtigt hatten. Als Çetin zu ihr hinging und sich setzte, fing sie zu flüstern an.

Çetin Abi, du wolltest es mir doch erzählen.

Was denn?

Warum Dörfer niedergebrannt werden, warum meine Eltern in den Bergen sind?

Ich weiß es auch nicht.

Du wolltest doch Fuat Abi fragen.

Ich schwöre, ich habe ihn gefragt.

Und, was hat er gesagt?

Er meinte, ich sei zu jung und solle mich nicht um solche Dinge kümmern.

Gut dann frage ich in der Schule die Lehrer.

Mach' das auf gar keinen Fall, sprich ja nie über diese Dinge in der Schule. Sonst schimpft der Lehrer.

Ich habe Großmutter gefragt, warum die Dörfer niedergebrannt wurden und meine Eltern in den Bergen sind. Sie meinte, dies sei eine Frage der

Ehre. Kann ein Dorf eine Ehre haben und was ist das überhaupt, Ehre?
Ich weiß es nicht, Berfin. Wenn ich es wüsste, würde ich es dir erklären. Komm, ich les dir etwas vor, wenn du möchtest.
Nein will ich nicht. Alle Bücher, die ich lese, lügen auch. Gibt es denn einen Riesen in einer Lampe?
So sind halt Märchen. Dann komm, lasst uns Deutsch üben.

Eigentlich wollte Çetin selbst wissen, warum Dörfer niedergebrannt werden, Menschen in die Berge ziehen und warum gekämpft wird. Aber weder im Dorf noch hier wollte irgendjemand über die Vorfälle reden, die man im Fernsehen mitbekam. In der Dorfschule hatte er seinen Lieblingslehrer Ferhat einmal gefragt, woraufhin er ihm zu verstehen gab, dass man über diese Themen nicht in der Schule sprechen sollte. Aber auch außerhalb der Schule wollte er mit ihm nicht darüber reden.

Der Brief, der Çetins Leben von Grund auf ändern sollte
Großvater kam mit einem Umschlag, den er in der Hand hielt und damit wedelte, zu Çetin rüber. Lies mal diesen Brief, mein Lämmchen, und schau, von wem der ist.

Als Çetin den Stempel mit ‚Köln' auf dem Umschlag sah, wurde er plötzlich ganz aufgeregt.

Der Brief kommt aus Köln, Deutschland, Großvater.
Na, nun öffne ihn, der kommt bestimmt von Hasan. Lies mal, was er schreibt.
Çetin versuchte die unregelmäßige Handschrift zu lesen.

Hier steht: Wir grüßen euch alle. Uns geht es gut. Außerdem grüßen euch alle Bekannten, ganz besonders Zöhre und Aydin. Wir werden Anfang März mit dem Auto kommen. Zuerst kommen wir bei euch vorbei, dann

fahren wir weiter zu meinem Onkel nach Mersin, bleiben dort ein paar Tage, kommen dann auf dem Rückweg wieder bei euch vorbei, um ein paar Tage zu bleiben und anschließend nach Köln weiter zu fahren, steht hier weiter. Außerdem bringt er seine Frau Emine und die Kinder Ahmet und Gül mit, damit ihr sie auch sehen könnt. Hasan sagt weiter: Ich küsse die Hände der Großen und die Augen der Kleinen.

Und ganz unten steht noch etwas: Solltet ihr etwas brauchen, schreibt es mir, wir bringen es auf jeden Fall mit.

Das ist Hasan, der Sohn meines Onkels. Auf den ist Verlass. Er ist vor vielen Jahren nach Deutschland gezogen. Ich bin ihm dankbar, dass er sich immer wieder meldet.

Großmutter, die Zeuge dieser Unterhaltung wurde, fragte: Stimmt das, der Hasan kommt? Das ist gut, wir hatten die Kinder schon vermisst, wann kommen sie?

Er kommt Anfang März.

Als sie einen Tag später wieder beim Angeln waren, konnte Çetin an nichts anderes mehr als an diesen Brief denken. Wenn sie mit dem Auto kommen, könnten sie mich vielleicht als einen Bekannten mitnehmen. Geld und Pass habe ich ja. Bezüglich meines Vaters habe ich keine Hoffnung, aber wenn ich den Namen meiner Mutter der Polizei gebe, werden sie sie auf jeden Fall finden. Ob wir wohl über die Grenzen können? Na wenn ich einen deutschen Ausweis in der Tasche habe, könnte es klappen, träumte er und merkte gar nicht, dass mehrere Fische angebissen hatten.

Was ist los, Çetin, du bist wohl sehr in Gedanken versunken. Du hast noch nicht mal die Fische an deiner Rute bemerkt.

Mit dem Hinweis von Fuat Abi zog er sofort die Rute hoch und warf die Makrelen in den Bottich.

Warum bist so tief in Gedanken versunken, Çetin. Ist gestern etwas Wichtiges passiert bei Berfins?

Gestern kam ein Brief aus Deutschland von Berfins Onkel an. Sie werden Anfang März aus Deutschland zu Besuch kommen.

Und du fragst dich, wo du dann schlafen sollst? Ich bringe dich nur nicht zu uns nach Hause, weil Großmutter es nicht will. Aber du weißt, auch Schwester Ayse mag dich sehr gerne. Du kannst jederzeit bei uns bleiben.

Nein Abi, ich habe nicht darüber nachgedacht, wo ich schlafen soll.

Ja und was ist denn dann der Grund deiner Träumerei und Nachdenklichkeit?

Onkel Hasan kommt mit seiner Frau und den zwei Kindern mit dem Auto. Sie werden zuerst in Großmutters Haus bleiben, dann fahren sie weiter nach Mersin und fahren dann anschließend wieder zurück nach Köln.

Und…denkst du etwa daran, dass du auch mit ihnen mitfahren kannst? Warum nicht, Fuat Abi. Ich habe doch meinen deutschen Ausweis. Geld habe ich auch ein bisschen.

Denke nicht an das Geld. Klar hast du Geld. Dein Geld vom Fischen hat sich ja auch angesammelt. Erinnerst du dich an Hidir? Er kam doch einmal mit zum Angeln mit uns. Er arbeitet in einem Reisebüro. Er wird uns die Vorgehensweise erklären. Ich werde auch mit Großvater und Großmutter sprechen. Und wenn ihre Verwandten nichts dagegen haben, kannst du mit ihnen mitgehen.

Nach dieser Antwort von Fuat begann Çetins Herz zu klopfen. Einen Tag später meinte Fuat kurz vor der Ausfahrt zum Fischen:

Hidir meinte, wenn Erwachsene bei dir sind, wird es keine Probleme geben.

Das war eine große Freude für Çetin.

Das geht oder Fuat Abi, warum soll das nicht gehen? Wenn ich es schaffe mitzufahren, dann werde ich meine Mutter auf jeden Fall finden, bei meinem Vater bin ich unsicher. Dann werde ich das Gymnasium beenden,

dann studieren. Dich werde ich niemals vergessen. Mit meinem ersten verdienten Geld werde ich dich nach Deutschland einladen.

Çetin, du hast morgen Geburtstag. In deinem Ausweis steht dein Geburtsdatum, hast du nie nachgeschaut?

Meine Mutter hatte mich bei meinen Geburtstagen immer ins Phantasialand gebracht. Aber in der Türkei habe ich noch nie meinen Geburtstag gefeiert, ist mir auch nie in den Sinn gekommen.

Dann gibt es morgen kein Fischen, wir gehen zum Jahrmarkt. Was sagst du?

Gut, aber lass uns auch Berfin mitnehmen. Ich hatte ihr versprochen, ich würde sie zum Jahrmarkt mitnehmen.

Am nächsten Tag zogen sie in aller Frühe los. Nachdem sie ein paar Mal das Sammeltaxi gewechselt hatten, kamen sie vor dem Jahrmarkt an.

Als sie den Jahrmarkt betraten, war Berfin so erstaunt, dass sie immer wieder ihrer Verwunderung Ausdruck verlieh: *Ach du meine Güte, was ist denn das?* Auch Çetin war erstaunt über das, was er sah. Er hätte sich niemals gedacht, dass es in der Türkei solch einen großen Jahrmarkt geben würde.

Berfin mochte am liebsten das Karussell. Aber sie wollte nicht in den Zug, der auf Gleisen fast 100 km die Stunde fuhr und manchmal auch über Kopf.

Du hattest doch mal gefragt, was eine Achterbahn ist. Siehst du, das ist die Achterbahn. Als Çetin sagte, er wolle da rein, bekam Berfin Angst und flehte ihn an:

Bitte fahr nicht damit, Çetin Abi, siehst du denn nicht, dass er kopfüber fährt. Was machen wir denn, wenn du herunterfällst? Dann werde ich viel weinen.

Çetin stieg trotzdem in die Achterbahn ein, aber bereute es bald. Er hatte große Angst, versuchte sie aber nicht zu zeigen. Berfin

schaute von unten zu. Wenn die Bahn dann kopfüber fuhr, schrie sie, als sei sie selbst da drin.

An diesem Tag hatten sie sich köstlich amüsiert. Auch wenn sie nass wurden, Berfin wollte immer wieder auf die Wasserrutsche.

Als sie nach Hause fuhren, war es bereits dunkel. Berfin erzählte den Großeltern voller Aufregung von all den Dingen, die sie gesehen hatte, und während des Erzählens war es so, als erlebte sie alles von neuem. Manchmal lachte sie, manchmal brachte sie Laute des Schreckens hervor.

Fuat erzählte dem Großvater von dem Brief, über den Çetin geredet hatte, und drückte seinen Wunsch aus. Der Großvater meinte:

Hasan selbst hat auch viel gelitten. Wie viele seiner Verwandten musste er letztendlich nach Deutschland. Wenn es möglich ist, wird er Çetin mitnehmen, warum nicht?
Diese Worte erleichterten Fuat. Er wusste, dass Großmutter dagegen sein würde, aber es kam völlig unerwartet. Die Großmutter hatte ihn wie ihren eigenen Sohn ins Herz geschlossen, aber sie wusste auch, dass er hier keine Zukunft hatte und sein Leben gerettet sein würde, wenn er nach Deutschland ginge:

Das hat sich Çetin gut überlegt, ich werde Hasan überreden, dass sie zusammen gehen.
Nachdem Çetin die Meinung der Alten gehört hatte, war er sehr aufgedreht und musste ständig an Deutschland und an seine Mutter denken.

Fuat lernte erneut einen völlig anderen Çetin kennen. Zum Angeln kam er vor Fuat zum Boot und bereitete alles vor. Beim Fischen sprach er ununterbrochen und erzählte von Deutschland, Köln, seiner Mutter und seinen Freunden.

Wenn ich wirklich gehen kann, dann werde ich auf jeden Fall meine Mutter finden und werde weiter zur Schule gehen. Wenn es nötig ist, werde ich arbeiten. Ich kann zwar nicht fischen gehen, da es in Köln kein Meer gibt, aber ich kann andere Dinge machen.

Lassen sie in Deutschland denn auch Kinder arbeiten?

Du hast Recht, das erlauben sie nicht. Aber sie geben wenigstens Kindergeld. Denk jetzt nicht über solche Dinge nach, Fuat Abi. Ich finde schon einen Weg, satt zu werden. Ich habe im Dorf und auch hier sehr viel gelernt, ich bin davon überzeugt, dass das nicht umsonst sein wird.

Auch Berfin hatte bei den Gesprächen im Hause mitbekommen, dass Çetin nach Deutschland gehen wollte. Sie schaute ihn immer grollend an und sprach kein Wort mit ihm. Çetin merkte, dass sie sauer auf ihn war, wusste aber den Grund nicht. Als er sah, dass Berfin nicht mit ihm sprechen würde, setzte er sich zu ihr hin.

Was ist, sind wir zerstritten, warum sprichst du nicht mit mir?

"....."

Hör mal, wenn ich etwas Falsches gemacht habe, entschuldige ich mich dafür. Komm, lass uns Frieden schließen.

Du willst vielleicht nach Deutschland, ist das wahr?

Es ist noch nicht sicher... Wer hat es dir erzählt?

Niemand hat es mir erzählt, ich habe nur mitgehört, als Fuat Abi mit Großmutter sprach.

Meine schöne Berfin, du weißt, dass meine Mutter und mein Vater in Deutschland sind. Wenn ich es schaffe, werde ich sie finden.

Meine Eltern sind in den Bergen, wie soll ich sie finden?

Vielleicht kommen die auch nach Deutschland, dann schicken Großmutter und Großvater dich auch dorthin, und wir treffen uns dann alle dort.

Echt jetzt?

Warum nicht? Wenn ich gehe, wirst du auch kommen, klar?

In Ordnung, sagte Berfin. Sie hatte Çetin eigentlich kaum Glauben geschenkt. Sie ging an ihren Tisch und machte ihre Schularbeiten.

*

Endlich kamen die aus Deutschland erwarteten Gäste: die achtjährige Gül und der zehnjährige Ahmet, die ständig Deutsch miteinander sprachen und ab und zu miteinander stritten. Die Mutter der Kinder, Emine, war sofort in die Küche gegangen um der Großmutter beim Kochen zu helfen. Hasan ging zu seinem überfüllten Auto der Marke Ford und brachte Großmutter und Berfin Geschenke mit.

Als Berfin sah, dass Gül und Ahmet ununterbrochen Deutsch sprachen, machte sie ein langes Gesicht. Sie wollte mit ihnen spielen und sich mit ihnen unterhalten, verstand aber nicht deren Sprache. Der Großvater hatte Hasan über Çetin erzählt und ihn gefragt, ob er ihn nach Deutschland mitnehmen kann. Als Hasan erfuhr, dass Çetin einen deutschen Personalausweis hatte, hatte er keine Bedenken mehr.

Mit dem Ausweis wird es vermutlich keine Probleme geben, und wenn doch, dann bezahlen wir halt ein paar Mark.
Çetin war außer sich vor Freude, als er die Antwort von Onkel Hasan hörte. Der Großvater brachte Çetin zu den Kindern. Dass sie dann alle gemeinsam Deutsch sprachen, machte ihn glücklich. Er ging mit ihnen ans Ufer, zeigte ihnen das Boot und erzählte ihnen, wie sie angelten. Als die Kinder hörten, dass Çetin Fische fangen konnte, waren sie erstaunt und glaubten ihm nicht.

Berfin beobachtete sie aus der Ferne und war tieftraurig, dass sie nichts verstand und niemand mit ihr sprach. Wenn sie sich nicht schämen würde, würde sie heulen. Als Çetin sah, dass Berfin

zurückblieb, ging er sofort zu ihr hin.

Du bist jetzt wieder sauer auf uns, oder?

Klar bin ich sauer, niemand redet mit mir.

Aber die können nur Deutsch.

Können die kein Türkisch oder Kurdisch?

Nein, können sie nicht.

Aber du kannst mit ihnen sprechen.

Du hast Recht, komm mit, ich werde dir die Gespräche übersetzen, und deine Gespräche werde ich dann für sie übersetzen.

Dank Çetin schlossen sich die Kinder zusammen. Sie redeten Deutsch, Türkisch, Kurdisch und manchmal in der Körpersprache und spielten sogar miteinander. Nach einigen Stunden spielte Berfin mit Gül und Çetin mit Ahmet. Çetin fragte immer nach Deutschland, nach der Schule und nach Köln. Er versuchte zu erfahren, ob es grundlegende Veränderungen gab. Ahmet dagegen fragte nach dem Meer, dem Boot und dem Angeln.

Wenn wir Fuat fragen, meinst du, ich könnte mit auf das Boot?

Kannst du schwimmen?

Klar kann ich schwimmen, sagte Ahmet, Wir haben in der Schule Schwimmunterricht gehabt.

Gut, dann werde ich Fuat fragen. Morgen werden wir gegen Abend rausfahren, um mit Angelhaken Makrelen zu fangen, dann nehmen wir dich auch mit.

Ahmet war überglücklich. Am nächsten Tag war er von allem begeistert: von der Bootsfahrt, von den Fischen, die sie mit den Angelhaken gefangen hatten, den riesengroßen Schiffen, die am Bosporus entlang fuhren.

Er meinte: *Wenn unsere Eltern nach Mersin fahren, würde ich am liebs-*

ten hier bei euch bleiben, bis sie wieder zurückkommen, wenn ich darf. Aber wie sehr er auch bettelte, konnte er besonders die Mutter nicht überzeugen. Mutter Emine, die schon immer Angst vor dem Meer hatte, war eh sehr verärgert, als sie erfuhr, dass Ahmet auf dem Boot war und hatte ihm das nie wieder erlaubt.

Die glücklichen Tage, die alle Kinder miteinander verbracht hatten, waren nun zu Ende. Die Deutschländer blieben drei Tage und brachen dann nach Mersin auf. Sie versprachen, Çetin auf ihrem Rückweg mitzunehmen. Sie wollten zehn Tage in Mersin bleiben.

Çetin wusste nicht, wie er die zehn Tage verbringen sollte. Fuat meinte:

Çetin, wir haben beschlossen, morgen nach Istanbul zu fahren, um dir einige Sachen für Deutschland zu kaufen.
Ayse Abla möchte selbst mitkommen, um dir neue Kleidung auszusuchen.
Das wäre gut, Fuat Abi, aber ich möchte mit meinem Geld bezahlen.
Ist ja gut. Hatte ich dir nicht gesagt, du sollst dir um Geld keine Sorgen machen?
Abi, lasst uns Berfin auch mitnehmen, sie hat die Stadt nie gesehen, außerdem können wir ihr auch einiges kaufen.
Das ist eine gute Idee, ich werde mit ihrem Großvater reden.
Als sie sich am nächsten Tag mit dem Minibus auf den Weg machten, hätte Çetin Ayse Abla beinahe nicht wiedererkannt. Sie hatte ein sehr schönes Kleid an, hatte sich geschminkt und mit allerlei Schmuck behängt. Als sie merkte, dass Çetin sie voller Bewunderung ansah, fragte sie ihn:

Was ist los, Çetin, hast du mich nicht erkannt?
Doch, habe ich, Ayse Abla, aber du bist jetzt so schön.
Ayse lachte schallend und meinte: *Ich bin derselbe Mensch. Machen meine Kleider mich schöner?* Die Großmutter hatte Berfin auch sau-

bere Kleider angezogen und ihre Haare geflochten. Wie immer stellte Berfin ununterbrochen Fragen: Wo fahren wir hin, was werden wir tun? Ayse meinte nur: *Wirst du schon sehen, wenn wir ankommen.*

Nachdem sie ein paar Mal umgestiegen waren, kamen sie in Kadiköy an. Berfin blickte sehr aufmerksam um sich und staunte: *Meine Güte, wie schön, oh mein Gott wie voll ist es hier.* Çetin flüsterte Ayse zu: *Abla, lasst uns erst Berfin etwas kaufen.* Sie gingen zuerst in ein Bekleidungsgeschäft für Kinder.

Ayse meinte zu Berfin: *Komm, hübsche Berfin, wenn dir etwas gefällt, kaufen wir dir das.*

Aber ich habe doch kein Geld.

Çetin Abi möchte dir mit dem Geld, was er für die gefangenen Fische verdient hat, etwas kaufen.

Echt jetzt, Çetin Abi?

Echt, suche dir ein Kleid, eine Hose oder einen Pullover aus, was auch immer du willst

Berfin war sehr erfreut und wusste gar nicht, was sie wählen sollte, und lief im Laden umher. Als Ayse merkte, dass Berfin Schwierigkeiten hatte, sich etwas auszusuchen, half sie ihr. Sie entschieden sich für ein kunterbuntes Kleid mit Eichhörnchen und Vögeln und für einen bunten Rock. Ayse ließ Berfins altes Kleid einpacken und zog ihr das neue Kleid an. Berfin stellte sich vor den Spiegel und drückte ihre Verwunderung aus: *Du meine Güte, das ist aber schön!* Berfin kaufte sich noch bunte Stifte, Radiergummis und dekorierte Hefte. Ihre Mitschülerinnen hätten auch solche.

Nun war Çetin an der Reihe. Zuerst kauften sie einen kleinen Koffer. Dann kauften sie Unterwäsche, Hemden, Socken, ein paar Pullover, eine Hose und noch allerlei anderes. Çetin mischte sich kaum ein. Wie bei Berfin auch wählte Ayse selbst aus. Danach gin-

gen sie Hackbällchen essen, anschließend gingen sie in ein Café.

Sie waren erschöpft. Als Berfin die Schiffe sah, die nach Karaköy fuhren, fragte sie: *Fuat Abi, können wir nicht auch mal mit so einem Schiff fahren?* Daraufhin kauften sie sich sofort Fahrkarten und stiegen ein. Sie fuhren aber zurück, ohne in Karaköy auszusteigen. Es war schon spät geworden.

Berfin erzählte am Abend ihrem Großvater überwältigt davon, was sie an diesem Tag gegessen hatte, was sie alles gesehen hatte, aber ganz besonders vom Schiff und den Möwen, die nach den Krümeln von Sesamkringeln in der Luft geschnappt hatten.

Çetin konnte den Tag einfach nicht ausfüllen. Sie gingen fischen, wieder zurück putzte er das Boot und spazierte im Geschäftsviertel umher. Er besuchte Fuat und die Großmutter. Der Tag wollte nicht verstreichen. Im Traum sah er immer seine Mutter. Sie gingen zusammen in die Schule, wo sie ihn anmeldete. In der Klasse erzählte er seinen Freunden von der Türkei, vom Fischen. Sein Vater erschien nie in seinen Träumen, vielleicht wollte er seinen Vater auch nicht sehen.

Endlich kam Hasan mit seiner Familie. Sie würden zwei Tage in Istanbul verbringen, um danach wieder aufzubrechen und die große Reise anzutreten. In diesen zwei Tagen unternahmen sie viel mit den Kindern. Ahmet erkämpfte sich mühsam die Erlaubnis seiner Mutter und begleitete an beiden Tagen Çetin zum Fischen.

Für die Reise wurden Gebäck und Frikadellen vorbereitet. Weil es unterwegs teuer sein würde, hatten sie viele Getränke eingekauft. Da sie morgens in aller Frühe losfahren wollten, verabschiedete sich Çetin einen Tag vorher von all seinen Bekannten. Die Großmutter drückte Çetin, der ihre Hand geküsst hatte, an sich und weinte heimlich. Sie streichelte seinen Kopf, küsste ihn und murmelte Gebete vor sich hin. Der Großvater meinte:

Lass uns nicht ohne eine Nachricht von dir, schreib uns auf jeden Fall.
Und steckte ihm Geld in die Tasche. Auch wenn Çetin widersprach: Ich will kein Geld, ich habe genug. Großvater ließ sich nicht davon abbringen.
Der Abschied zwischen Fuat und Çetin war für beide besonders schwierig. Çetin umarmte seinen Abi ganz fest:

Mein liebster Abi, wer weiß, wo ich jetzt wäre, wenn du nicht wärst. Ich habe dich so lieb. Glaub mir, wenn ich keine Mutter hätte, würde ich hier bei dir bleiben und mich niemals von dir trennen.

Das ist alles dein Verdienst. Ich bin mir sicher, dass du auch in Deutschland erfolgreich sein wirst. Schreibe mir unbedingt, und wer weiß, vielleicht werden wir uns wieder treffen.
Seine Stimme zitterte. Çetin, der Fuat umarmte, zitterte am ganzen Leib. Er konnte sich nicht länger zusammenreißen und fing an, erbärmlich zu weinen. Ayse versuchte Çetin zu beruhigen, indem sie ihn umarmte und ihn streichelte.

Berfin beobachtete Çetin schon seit mehreren Tagen wie sein Schatten. Sie hatte mitbekommen, wie ihre Großmutter ihn umklammernd geweint hatte, wie Çetin, der Fuat umarmte, weinte. Berfin war tieftraurig, da sie wusste, dass sie völlig allein sein würde, wenn Çetin weg war. Als Çetin dann auf sie zu kam, sie umarmte, fing sie auch an zu weinen. Sie konnte nicht aufhören. Auch ihre Großmutter und ihr Großvater konnten sie nicht beruhigen. Letztendlich riss sie sich los und kauerte in einer Ecke des Hauses. Çetin war ratlos und kniete sich neben ihr nieder:

Meine schöne Berfin, schau, du hast in Deutschland auch Verwandte. Wer weiß, vielleicht treffen wir uns mal in Deutschland.
Berfin sprach schluchzend und abgehackt:

Ich will nicht, ich will hier alleine bleiben. Du lügst.

Habe ich dich je belogen? Komm, trockne deine Tränen und umarme deinen Abi.

Berfin umarmte Çetin und weinte immer noch.

Bevor sie aufbrachen, führte Hasan ein langes Gespräch mit Çetin. Er fragte ihn nach dem Namen seines Vaters, nach seiner Herkunft, nach dem Namen seiner Mutter und nach der Adresse ihrer Wohnung und lernte alle Einzelheiten auswendig. Dann drehte er sich zu seiner Frau und den Kindern um und sagte:

Vergesst den Namen Çetin. Sein richtiger Name ist Ali, ihr werdet ihn von nun an Ali nennen.

Ali, und du setz dich gemeinsam mit Ahmet und Gül nach hinten. Wenn die Grenzpolizisten etwas fragen, dann seid still, ich werde alles Weitere tun. Sprecht nur Deutsch miteinander, vor allem an den Grenzen, haben wir uns verstanden?

Ist gut, Papa, antworteten die Kinder.

Çetin rief: *Ok, wir werden sehr vorsichtig sein, Onkel Hasan.*

Çetin, sei insbesondere an der türkischen und bulgarischen Grenze vorsichtig. Wenn sie dich etwas auf Türkisch fragen, antworte niemals. Frag mich auf Deutsch: ‚Was sagt er, Onkel?'
Sie brachen bei der Morgendämmerung auf. Hasan wollte die bulgarische Grenze noch bei Tageslicht überqueren. Bis zur Grenze war nicht nur Çetin, sondern die restlichen Kinder und Mutter Emine sehr angespannt.

Als Hasan an der Grenze dem Beamten alle Pässe reichte, fragte dieser:

Gehören dir alle Kinder?

Nein, Herr Beamter, Ali ist der Sohn unseres Nachbarn Ibrahim.

Warum fährst du ihn?

Als seine Mutter plötzlich erkrankte, mussten sie eilig zurück fahren, Ali haben sie in meiner Obhut dagelassen.

Diesmal wandte sich der Beamte an Ali:

Ali, kannst du Türkisch?
Ali fragte Hasan auf Deutsch: *Was sagt er?*

Er fragt, ob du Türkisch kannst.
Herr Beamter, seine Mutter ist Deutsche, er kann kein Türkisch.
So geht es aber nicht, seine Mutter ist zwar Deutsche, aber er selbst ist Türke. Wenn er kein Ungläubiger werden möchte, sagt seinem Vater, er soll ihm Türkisch beibringen.
Als Çetin das Wort „Ungläubiger" erneut zu hören bekam, dachte er: *Wird mich dieses Wort denn ewig begleiten?*

Sie haben Recht, ich werde dies seinem Vater nahe legen, erwiderte Hasan und dachte bei sich: *Gut, dass er nicht gefragt hat, ob unsere Kinder Türkisch können.*
Der Beamte reichte ihm die Pässe und den Personalausweis von Çetin und meinte: *Eigentlich müsste der Vater von Ali eine Vollmacht ausstellen. Diesmal drücke ich ein Auge zu, nun fahrt schon.*

Danke, Herr Beamter, Gott möge Sie zum Ziel führen, sagte er und drückte aufs Gaspedal. Çetin war während des Gesprächs der Angstschweiß ausgebrochen. Als sich der Wagen in Bewegung setzte, atmete er erleichtert auf. Seine Freude hielt jedoch nicht lange, als sie an der bulgarischen Grenze ankamen.

Der bulgarische Grenzbeamte sah sich die Pässe an und sprach in gebrochenem Türkisch: *Wem gehört dieses Kind? Diesmal erklärte Hasan den bulgarischen Beamten voller Geduld sein Anliegen.*

Der Polizist war aber nicht zufrieden und meinte: *Das geht nicht, ist verboten.* Dann fragte er ihn: *Gibt es Zigaretten?* Hasan atmete tief durch und sagte: *Vor lauter Eile haben wir die vergessen, aber hier, du kannst selber welche kaufen.* Er drückte ihm den in seiner Handfläche zusammengeknüllten Geldschein in die Hand. Der Beamte nahm das Geld und murmelte etwas wie: *Los, fahrt weiter, aber das darf sich nicht wiederholen.*

Çetin, der in sich zusammengesackt saß, atmete tief durch und richtete sich wieder auf. Hasan rief: Glückwunsch, Ali, mein Junge, von hier an wird es an den anderen Grenzen keine Probleme geben. Falls es doch Probleme geben sollte, werden sie uns wohl nicht zurückschicken.

Dann stimmte er fröhlich ein kurdisches Lied an und drückte auf das Gaspedal. Auch Çetin, Gül und Ahmet wurden lebendiger. Sie saßen nicht mehr still rum, sondern redeten auf Deutsch fröhlich miteinander wie ein Wasserfall. Mutter Emine reichte den Kindern ständig Dinge zum Essen, die sie aus den Zutaten aus der Provianttasche zubereitete.

In der Tat kam es an den anderen Grenzen zu keinerlei Zwischenfällen. Hasan hielt gelegentlich an Autobahnraststätten an, parkte und schlief ein paar Stunden. Danach fuhr er weiter. Sie fuhren tagsüber durch Österreich. Hasan sagte: *Ich werde die Landstraßen nehmen. So könnt ihr dieses schöne Land ein wenig betrachten.*

Çetin betrachtete voller Bewunderung die Häuser am Rand der Straße. Nahezu auf jeder Fensterbank befanden sich Blumenkübel mit kunterbunten Blumen. Einige Blumen rankten sich bis zur Straße hinunter. Aus einigen Wohnungen ragten von den Balkonen oder Fenstern lange Stöcke, an deren Ende sich auch ein Blumenkübel befand. Çetin erinnerte sich an das Dorf, in dem er das erste Jahr, als er in die Türkei kam, gelebt hatte. Er sah weder im Garten noch in den Häusern irgendwelche Blumen. Auch seine Mutter kaufte jede Woche Blumen für die Wohnung. Er erinnerte sich bitter daran, wie sein Vater sagte: Musst du so viel Geld für diese Blumen ausgeben, sie werden doch eh nach ein paar Tagen verwelken!
Hasan hielt das Auto auf einem Parkplatz am Rande eines bildhübschen Dorfes an. Es parkten dort auch noch andere Autos. Vor der kleinen Hütte am Ende des Parkplatzes warteten mehrere Menschen in einer Schlange.

Kommt mal her, sagte Hasan. *Diese gegrillten Hähnchen in dieser kleinen Bude sind einzigartig lecker, weder in Deutschland noch in Österreich findet ihr solche Hähnchen.*

Die Grillkammer, wo die Hähnchen gegrillt wurden, war sehr groß. Zahlreiche Hähnchen drehten sich an den Spießen. Der Verkäufer meinte: *Sie müssen zehn Minuten warten.* Dann spritzte er aus einer Flasche, die er in der Hand hielt, eine Flüssigkeit auf die Hähnchen. So etwas hatte Çetin weder in Deutschland noch in Istanbul gesehen.Was spritzt er denn auf die Hähnchen, Onkel Hasan?

Ich weiß es auch nicht und habe andere gefragt. Sie meinten, es sei Rotwein, was er da spritzt. Deswegen sollen die Hähnchen so köstlich schmecken.

Die Kinder turnten herum. Aus dem Brunnen im Park lief eiskaltes sauberes Wasser. Sie löschten ihren Durst und füllten ihre leeren Flaschen aus dem Auto auf. Nach Meinung von Mutter Emine soll der Tee, der mit diesem Wasser gekocht wird, hervorragend schmecken. Sie setzten sich auf die Holzbänke und begannen, die Hähnchen zu essen. Hasan aß eine Zwiebel dazu, die er mit seiner Faust aufbrach. Andere Leute, die ihn beobachtet hatten, fragten: *Schmeckt das besser mit Zwiebeln?.* Woraufhin einige die Zwiebel, die Hasan ihnen anbot, annahmen und zu den Hähnchen aßen. Çetin mochte am liebsten die knusprigen Pommes. In Deutschland hatte seine Mutter ihm öfter Pommes gekauft, aber seitdem er in der Türkei war, hatte er keine mehr gegessen.

Nachdem sie die Hähnchen verzehrt hatten, brachen sie wieder auf. Çetin fragte ständig:

Onkel Hasan, wie viele Kilometer müssen wir noch fahren? Wann werden wir in Köln sein?

Als es am Abend dämmerte, überfuhren sie die deutsche Grenze. Hasan war sehr erschöpft, hielt am ersten Parkplatz an und begann zu schlafen. Außer Çetin schliefen alle im Auto. Wenn es nach Çetin ginge, würde er sich am liebsten selbst ans Steuer setzen und das Auto nach Köln fahren. Er musste ständig an seine Mutter denken.

Wer weiß, wie sehr sie sich Sorgen um mich gemacht hat. Hat mein Vater ihr wohl erzählt, dass er mich ins Dorf gebracht hat? Hat er wohl nicht. Wenn er es erzählt hätte, hätte meine Mutter einen Weg gefunden, um mich da rauszuholen. Oder hatte sich wohl mein Vater von meiner Mutter getrennt? Ich hoffe, sie haben sich getrennt. Es sind schon zwei Jahre her, er hatte seitdem nicht nur mich, sondern auch seine eigene Großmutter nicht angerufen. Oder… ach, ich werde jetzt nichts Schlimmes mehr denken. Sobald ich heute Abend in Köln angekommen bin, werde ich als erstes zu unserer Wohnung gehen und nach meiner Mutter fragen. Das Beste ist, ich steige jetzt aus dem Auto und schnappe ein bisschen frische Luft.

Draußen war es kühl geworden. Er dachte, wie unterschiedlich das Klima im Gegensatz zum Klima in der Türkei ist. An der geöffneten Bude weiter hinten kaufte er sich etwas zu trinken, setzte sich auf eine der Bänke im Park und begann zu trinken. Am liebsten würde er Onkel Hasan wecken und ihm sagen: *Los, lasst uns weiter fahren.*

Hasan wachte erst bei Tagesanbruch auf, auch Mutter Emine. Sie wuschen sich die Gesichter, aßen ein paar Brocken und fuhren weiter. Die Kinder schliefen immer noch. Hasan wurde müde. Vor lauter Angst, am Steuer einzuschlafen und einen Unfall zu machen, hielt er oft an und schlief zwischendurch für zwei Stunden, bevor er weiter fuhr. Çetin dachte: *Hätten wir doch keine Pause gemacht, dann wären wir doch in Köln, bevor es Abend wird, und ich würde dann nach Hause gehen, um nach meiner Mutter zu suchen.*

Sie kamen erst am Abend in Köln an, als es schon dunkel wurde.

Çetin sagte: *Onkel Hasan, können wir nicht zu uns nach Hause fahren und schauen?*

Warum diese Eile, Ali, mein Sohn? Du hast dich viele Jahre geduldet. Lass doch erst mal Morgen werden, lasst uns ausruhen. Mach dir keine Sorgen. Dann werden wir als erstes deine Mutter und deinen Vater suchen.

Die Wohnung von Hasan und seiner Familie war sehr sauber. Mutter Emine kochte sofort Tee und bereitete ein paar Kleinigkeiten zum Essen vor.

Gül und Ahmet ließen sich vor dem Fernseher nieder. Für Çetin wurde im Wohnzimmer ein Bett vorbereitet. Nach etwa zwei Stunden Fernsehen ging jeder in sein Zimmer, um zu schlafen. Çetin wälzte sich in seinem Bett herum und konnte nicht einschlafen. In seinem Kopf schwirrten Fragen und Ängste herum. *Was ist, wenn sie von der alten Wohnung weggezogen sind? Wie werden wir die neue Wohnung finden? Dann gehen wir zur Polizei und fragen nach ihnen. Sie sind bestimmt irgendwo angemeldet. Ob wohl mein Vater im selben Haus wohnt? Er wohnt bestimmt nicht dort. Wenn sie zusammen wären, hätte meine Mutter Druck auf ihn ausgeübt und irgendwie erfahren, wo ich bin.*

Manchmal schlief er ein, hatte Albträume und wachte auf, indem er im Bett aufschreckte. Er wälzte sich bis zum Morgen hin und her. Mutter Emine war früh aufgewacht, hatte eingekauft und schon den Tisch gedeckt. Çetin wachte mit dem Geruch von Brötchen auf, die er seit drei Jahren nicht gegessen hatte. Eine Weile später waren auch die restlichen Familienmitglieder auf. Hasan wusste, dass Çetin ungeduldig war und sagte: *Lasst uns ein paar Häppchen nehmen, dann fahren wir sofort zu deinem Zuhause. Kennst du die Adresse noch?*

Natürlich kenne ich die Adresse. Wir wohnten in Bilderstöckchen. Ich

kann mich sogar noch an die Hausnummer erinnern: 18. Ich werde dir den Weg beschreiben, Onkel Hasan.

Nach dem Frühstück setzten sie sich ins Auto und fuhren zu der früheren Wohnung von Çetin. Nach zwanzig Minuten kamen sie vor dem Haus an. Çetin sprang aus dem Auto und las die Namen auf den Klingelschildern. Aber es befand sich ein anderer Name auf der Klingel der Wohnung.

Onkel Hasan, unser Name steht nicht mehr auf der Klingel. Ich glaube, meine Mutter ist von hier weggezogen.

Klingel mal trotzdem, vielleicht wissen die dort eingezogenen Leute, wohin deine Mutter gezogen ist. Als er die Klingel drückte, rief eine Frau mit einem Kopftuch aus dem Fenster in türkischer Sprache: Wen suchen Sie?

Tantchen, wir suchen die deutsche Frau, die früher in dieser Wohnung lebte. Wissen Sie, wo sie hingezogen ist?

Ich weiß es nicht, mein Sohn. Als wir hier einzogen, stand die Wohnung leer.

Çetin konnte seine Tränen kaum zurückhalten. Gerade als sie sich umdrehten und zum Auto gehen wollten, öffnete sich die Haustür und es kam eine ältere Frau hinaus: *Ali, bist du es?* Çetin war außer sich vor Freude: *Ich bin es Frau Schmitz.*

Die weißhaarige Frau drückte Çetin fest an sich. *Wie viele Jahre sind es her, seitdem ich dich nicht gesehen habe. Wo hast du denn gesteckt?*

Ich war in der Türkei. Wissen Sie, wo meine Eltern sind?

Die Frau schwieg. Als seine Mutter hier noch lebte, mochte sie Ali ganz gerne und lud ihn öfter zu sich nach Hause ein, gab ihm zu essen und zu trinken und half ihm bei den Hausaufgaben. Sie war

wie eine zweite Mutter zu ihm. Sie hatte ihn sehr lieb und konnte sich nicht erklären, wie er plötzlich verschwinden konnte. Aber sie wusste aus den Erzählungen seiner Mutter, dass sein Vater ihn in die Türkei gebracht hatte. Sie wusste auch, dass sein Vater ständig nach Hause kam und seine Mutter bedrängte, so dass sie letztendlich psychisch am Ende war und in eine Klinik musste. Auch der Vater war dann verschwunden. Da sie Ali nicht belasten wollte, wollte sie nichts sagen. Sie dachte, dass er es schon selbst herausbekommen würde.

Dein Vater kam lange Zeit nicht mehr nach Hause, ich weiß nicht, wohin deine Mutter gezogen ist. Wenn du willst, kannst du solange bei mir bleiben, bis du sie gefunden hast.

Danke Frau Schmitz. Ich werde vorrübergehend bei Onkel Hasan bleiben. Ich werde meine Mutter suchen und finden. Dann gebe ich Ihnen auch Bescheid.

Çetin war sehr traurig. Hätte er sich nicht geschämt, wäre er in Tränen ausgebrochen. Auch Hasan bemerkte Çetins tiefe Trauer.

Wir sind hier in Deutschland, Ali, mein Sohn. Hier ist alles erfasst und registriert. Komm erst mal zu dir. Nach ein paar Tagen gehen wir zum Bezirksamt und zur Polizei. Wir werden deine Eltern auf jeden Fall ausfindig machen. Außerdem haben Großmutter und Großvater dich mir anvertraut. Du kannst solange bei uns bleiben, wie du willst. Unsere Wohnung ist groß genug. Auch Ahmet und Gül mögen dich gerne. Sowohl für Mutter Emine als auch für mich bist du wie unser eigenes Kind. Komm, sei nicht mehr traurig. Çetin sagte nur auf Deutsch und Türkisch: Danke. Wenn ich spreche, fange ich an zu weinen. Am besten schweige ich. Aber ich habe es satt, bei anderen Leuten Zuflucht zu suchen. Wir werden meine Mutter auf jeden Fall finden. Oder ist sie auch... Ich darf nicht an solch schlimme Dinge denken. Auch wenn es so kommen sollte, dann kann ich immer noch in einem Jugendheim bleiben und zur Schule gehen.

Çetin, der seine ganzen Hoffnungen verloren hatte, brach zusammen und war plötzlich um Jahre gealtert. Er wiederholte sich ständig: *Ich muss einen Weg finden und es schaffen, aufrecht zu bleiben. Eine kurze Zeit kann ich bei Onkel Hasan bleiben, aber wirklich nur für eine kurze Zeit. Da ich in diesem Land geboren wurde, werde ich einen Weg finden, alleine zu leben, auch wenn meinen Eltern etwas zugestoßen sein sollte.*

Ihm kamen die Augen von Frau Schmitz in den Sinn. *Früher hatte diese alte Frau mir immer in die Augen geschaut und gelächelt. Heute hatte sie keinmal gelächelt, sie wandte heute ihre Augen ab. Es ist unmöglich, dass sie nicht weiß, wo meine Mutter ist. Hätte ich bloß etwas beharrlicher gefragt. Ob nun gut oder schlecht, die Polizisten kennen bestimmt das Schicksal meiner Eltern.*

Onkel Hasan, es ist nicht nötig, ein paar Tage zu warten. Lasst uns auf jeden Fall morgen zur Polizei gehen und erfahren, was mit meinen Eltern ist.

Die Eile ist unnötig, aber ich weiß, wie sehr du dich sorgst. Ich habe noch ein paar Tage frei. Zusammen werden wir überall suchen.

Danke, Onkel Hasan, ich mache dir soviel Mühe.

Ach, nichts da, bei uns gibt es das nicht, dass etwas Anvertrautes veruntreut wird.

Als der Chef merkte, dass Petra nicht zur Arbeit kam, ging er zu ihr nah Hause und klingelte an ihrer Tür. Die Tür öffnete sich nicht. Die Nachbarin Frau Schmitz sagte: *Sie war betrunken, als sie gestern nach Hause kam. Dann ging sie nochmal raus und kam mit härteren alkoholischen Getränken wieder zurück.* Ich habe Angst, dass ihr etwas zugestoßen sein könnte. Dann riefen sie sofort die Polizei. Petra war in der Küche eingeschlafen. Sie war immer noch nicht bei

Bewusstsein. Die Polizisten riefen den Notruf an und fuhren sie ins Krankenhaus.

Als sie im Krankenhaus dann zu sich kam, begann sie zu zittern und zu schwitzen. Als die Ärzte mitbekamen, dass sie Alkohol wollte, überwiesen sie sie in eine psychiatrische Klinik.

Sie wurde in eine Klinik eingewiesen, wo es keine Patienten mit schwerwiegenden Erkrankungen gab. Die Ärzte, die ihren Zustand einschätzten, verlegten sie zunächst in eine geschlossene Abteilung und beobachteten sie durchgehend. Durch die Medikamente kam sie nach ein paar Tagen zu sich und hatte wieder etwas Kraft. Die Ärzte führten lange Gespräche mit ihr. Sie erklärten ihr, dass sie sie, wenn sie eine Therapie wolle, von der geschlossenen Abteilung in eine andere Abteilung mit weniger gefährlichen Patienten verlegen würden. Petra sagte sofort zu. Es begann eine monatelange Therapiephase.

Sie wiederholte sich immer wieder, dass sie vergessen wolle, aber sie erinnerte sich nicht einmal, was sie vergessen wollte. Die Patienten wurden behandelt, indem sie malten oder Figuren aus Ton formten. Petra malte Kinderbilder und formte Babys. Aber sie wusste weder, warum sie das machte, noch erinnerte sie sich an ihren Sohn Ali.

Çetin hatte großes Verlangen, sobald wie möglich wenigstens seine Mutter zu finden. Er konnte nachts wieder nicht schlafen und hatte die ganze Nacht Sehnsucht nach seiner Mutter. Ganz in der Frühe stand er auf. Alle schliefen noch. Wenn er sich getraut hätte, hätte er Onkel Hasan geweckt und ihm gesagt: *Komm, lasst uns losgehen.* Als Hasan nach einer Weile aufwachte und Çetin herumlaufen sah, sagte er: *Gut mein Sohn, wie ich sehe, gibt es keine Ruhe, bevor du*

nicht deine Mutter findest. Los, zieh dich an, wir gehen zuerst zur Polizei. Frühstücken tun wir hinterher.

Çetin war überglücklich: *Ich falle dir wirklich zur Last, Abi, aber wie du sagst, solange ich nichts über meine Mutter erfahre, kann ich wohl noch nicht einmal mehr richtig schlafen.*

Im Polizeipräsidium hatten sie ihr Anliegen zwar geschildert, die zuständigen Beamten zeigten jedoch kaum Interesse: *Geht zuerst zum Polizeipräsidium des letzten Wohnortes seiner Mutter. Nur die Beamten dort können Ihnen Informationen geben.*

Sofort fuhren sie zu einem Präsidium in der Nähe des alten Wohnorts. Aber es war recht schwierig, Informationen über Petra zu bekommen. Die Polizisten betrachteten Çetins Ausweis und verlangten nach einem Verwandten, da er noch minderjährig war. Hasan war zwar dort. Da er jedoch kein Verwandter war, wollten sie ihm keine Informationen geben. Letztendlich rieten sie ihnen, zum Bezirksrathaus zu gehen und teilten mit, dass das Sozialamt behilflich sein könnte. Das Rathaus war weit entfernt. Und überhaupt wussten sie nicht, zu welchem sie gehen sollten, es gab so viele. Die Beamten waren behilflich und gaben ihnen die Adresse eines Bezirksrathauses. In Wirklichkeit hatten die Polizisten, nach einem Blick in Çetins Personalausweis, Petra und ihren Mann ausfindig gemacht. Aber da sie wussten, dass der schon lange verstorbene Ibrahim in kriminelle Geschäfte verwickelt war, wollten sie Hasan keine Informationen geben, da sie dachten, dass er ein Bekannter seines Vaters sein könnte.

Es war recht schwierig, Auskünfte von der Stadt und vom Sozialamt zu bekommen. Sie wollten Çetin, obwohl er einen deutschen Ausweis hatte, keine Informationen geben, da er noch zu klein war. Endlich sagten sie ihre Unterstützung zu, wenn Hasan vom Notar eine Vollmacht ausstellen lassen würde.

Es war bereits Mittag geworden. Bis sie einen Notar fanden, bis sie eine Vollmacht ausstellen ließen und bis sie wieder im Bezirksrathaus waren, vergingen Stunden. Sie mussten am nächsten Tag weiter machen.

Çetin dachte: *Gottseidank habe ich Hasan Abi, was sollte ich sonst tun?* Hasan sah, dass Çetin wieder in Gedanken versunken war und sagte: *Nun sei nicht so betrübt. Solange wir hier sind, brauchst du dir keine Sorgen zu machen. Wir werden deine Mutter finden. Wenn du willst, kannst du immer bei uns bleiben. Dann haben wir eben zwei Söhne, wie schön. Morgen ist Freitag. Wenn wir es morgen wieder nicht schaffen, werde ich von der Arbeit ein paar Tage Urlaub nehmen. Mach dir keine Sorgen.*

Çetin mochte Hasan, so wie er Fuat Abi mochte, und umarmte ihn voller Liebe.

Danke, Abi, aber ich bin jetzt groß. Ich möchte meine Mutter finden und mein Leben selbst in die Hand nehmen. Hasan dachte an seinen eigenen Sohn und an andere Kinder im Alter von Çetin: *Wie reif haben ihn drei Jahre Erfahrung gemacht, ging es ihm durch den Kopf.*

Einen Tag später gingen sie in aller Frühe zum Bezirksrathaus. Man war sich unschlüssig darüber, welche Abteilung für dieses Thema zuständig war. Nach einem stundenlangen Hin und Her sah eine ältere Beamtin, dass Çetin nahe am Weinen war, und entschied sich, ihnen zu helfen. Die Beamtin prüfte die Sachlage, die Çetin ihr erläuterte, und nahm sie beide in ihr Zimmer und offenbarte: *Du wirst es eh erfahren, am besten, du erfährst es je früher desto besser. Ali, ich bin aufrichtig traurig, dir mitteilen zu müssen, dass dein Vater verstorben ist. Wie und wo, das wissen wir nicht. Nur die Kriminalpolizei kann dir in dieser Hinsicht Infos geben. Über deine Mutter wissen wir, dass sie etwa seit einem Jahr eine Therapie in einer psychiatrischen Klinik macht.*

Als Çetin erfuhr, dass seine Mutter lebte, war er erleichtert. Der Tod seines Vaters hatte ihn nicht erschüttert:

Und werde ich meine Mutter sehen können? Können Sie mir die Adresse der Klinik geben, wo sie ist?

Ich habe nicht die Befugnis dazu. Wenn Sie mir aber ein paar Stunden Zeit geben, werde ich es erfahren. Ich denke, dass die Klinik nichts dagegen haben wird, wenn du deine Mutter besuchst.

Sie gingen hinaus und begannen zu warten. Alle zehn Minuten sagte Çetin: *Komm, lasst uns nachfragen, vielleicht hat sie es jetzt erfahren.* Hasan war ratlos: *Çetin, mein Sohn, du kennst die Deutschen doch auch so gut. Wenn sie sagt, wir sollen ein bis zwei Stunden warten, dann müssen wir warten. Lasst uns diese Frau doch nicht verärgern. Wie du siehst, hilft sie uns aus freien Stücken. Am besten gehen wir in das Café gegenüber und trinken einen Tee.*

Als sie nach einer Stunde zurückkamen, klopfte Çetin voller Aufregung an der Tür: *Kommen Sie herein, ich habe auf Sie gewartet,* rief die ältere Beamtin mit schneeweißem Haar. *Deine Mutter befindet sich in einer Klinik in Köln. Man hat nichts dagegen, dass du sie besuchst, jedoch musst du unbedingt deinen Ausweis mitnehmen, wenn du sie besucht.*

Hasan und Çetin bedankten sich aus vollem Herzen und verließen das Gebäude. Unterwegs kaute Çetin ständig an seinen Nägeln. Diese Gewohnheit, die er schon seit längerem besaß, führte dazu, dass er besonders in der Türkei von seinem Lehrer gescholten wurde.

Als Hasan sah, wie Çetin angespannt versuchte, an seinen Nägeln zu kauen, meinte er: *Versuche dich zu beruhigen. Wenn deine Mutter dich so sieht, wird sie bekümmert sein. Und kau nicht an deinen Nägeln herum, du hast eh kaum Nägel, an denen du kauen könntest.*

Çetin schämte sich. Es war nicht leicht, bis sie in die Klinik durften und bis sie ihr Anliegen schildern konnten. Nach langer Mühe durften sie zu einem Arzt in sein Sprechzimmer. Der Arzt war ein väterlicher Typ mit grauen Haaren und langem Bart. Er nahm sich lange Zeit, um mit Hasan und Çetin zu sprechen:

Schau, mein Junge. Deine Mutter hatte eine schwere Depression. Wir hatten erfahren, dass sie ein Kind hatte Das bist also du. Obwohl deine Mutter im Unterbewusstsein weiß, dass sie ein Kind hat, möchte sie weder darüber reden, noch sich an diese Tage erinnern. Sie ist nun fast ein Jahr hier. Sollte sie sich an dich erinnern, wird sie ziemlich schnell wieder gesund werden. Aber sei dir dessen bewusst, sie wird sich am Anfang nicht an dich erinnern. Wenn du sie jedoch regelmäßig besuchst, wird sie sich mit unserer Unterstützung an dich erinnern. Sie ist sich bewusst, dass sie etwas vergessen hat, aber sie weiß nicht, was es ist. Ein Therapeutenkollege wird dabei sein, wenn du deine Mutter besuchst, und wird dich unterstützen. Herr Hasan sollte nicht bei den Besuchen dabei sein. Die Probleme mit ihrem Mann sind uns teilweise bekannt. Wenn sie wieder einen dunkelhäutigen Mann erblickt, könnte es sein, dass ihre früheren Probleme wieder an die Oberfläche kommen, am besten, du redest alleine mit deiner Mutter.

Im Zimmer, das Çetin betreten durfte, befand sich eine junge schöne Frau, die erklärte, die Therapeutin seiner Mutter zu sein:

Ali, mein Junge, wir lassen hier die Patienten malen oder Figuren aus Ton kneten, das entspannt sie. Deine Mutter hatte in diesen Sitzungen immer Kinderbilder gemalt oder versucht, Kinder aus Ton zu formen. Trotzdem hatte sie nie zugegeben, dass sie ein Kind hatte. Wenn sie dich sieht, wird sie wohl am Anfang nicht sofort akzeptieren, dass du ihr Sohn bist. Aber wenn wir geduldig sind und sie sich an dich erinnert, wird sie in Kürze gesund werden. Du musst wissen, dass dies dauern kann, vielleicht auch ein paar Monate. Wenn du ihr von den schönen gemeinsamen Momenten erzählst, wirst du ihr helfen, sich leichter an dich zu erinnern.

Gut, ich werde darauf achten, aber vielleicht erinnert sie sich auch sofort. Kann sie in dem Fall aus der Klinik raus?

Ich glaube nicht, dass dies der Fall sein wird. Aber auch wenn sie dich wiedererkennt, wird ihre Therapie noch fortgesetzt werden. Jetzt bringe ich deine Mutter rein. Versuche dich ruhig zu verhalten Das wichtigste ist, versuche, nicht zu weinen. Einverstanden?

Çetin stand auf und lief im Zimmer umher. Nach einer Weile betrat Petra den Raum zusammen mit ihrer Therapeutin. *Schau, Petra, endlich haben wir deinen Sohn gefunden und haben ihn zu dir gebracht. Komm, umarme ihn.*

Nachdem Çetin vernahm, was die Therapeutin gesagt hatte, ging er ruhig auf sie zu und umarmte sie. Petra zeigte keine Reaktion, sie war kalt wie Eis. Sie umarmte ihn nicht. Sie hatte abgenommen, und zwar sehr stark, und schaute Çetin mit leeren Augen an. Çetin bemerkte, dass sie nicht mehr so gepflegt war, wie sie es früher einmal war. Ihre Haare waren ganz kurz. Dabei hatte sie früher immer lange Haare gehabt. Sie hatte ihre Haare vor der Arbeit immer lange schonend gekämmt und zu einem Zopf geflochten und zusammengebunden. Auch ihr Gesicht war ganz bleich. Çetin zog sich wieder zurück, musterte seine Mutter und fragte: *Mama, erkennst du mich nicht wieder?*

Petra antwortete nicht, beobachtete ihn nur eindringlich. Auch wenn sie nicht krank wäre, hätte sie ihn kaum wieder erkannt. Als damals vor drei Jahren ihn sein Vater in das Dorf brachte, war er acht Jahre alt und sah viel jünger aus als andere Gleichaltrige. Er war ein kleiner Junge mit rabenschwarzen Haaren wie ein Igel und schneeweißer Haut gewesen. Nun war er dank der Tage, die er im Dorf verbracht hatte, und dank der Fischerei größer geworden und war jetzt ein Jugendlicher mit starken Muskeln an Beinen und Armen.

Auch seine Haut war dunkler geworden. Früher konnte er kein „R" aussprechen und hatte sogar ab und an gestottert. Nun sprach er klar und deutlich und wie ein selbstbewusster Jugendlicher.

Du hast mich früher immer liebkost als „Aldo", du betontest das „O" und riefst „Aldoo"! Erinnerst du dich?

Die Augen von Petra erhellten sich scheinbar, sie sprach zum ersten Mal:
Nein, ich erinnere mich nicht.

Die Therapeutin bemerkte, dass Petra sich ärgerte, und sah sich gezwungen einzuschreiten:
Gut, es reicht für heute. Ali, du wirst wieder kommen. Komm, lasst uns jetzt hinaus gehen.
Draußen warnte die Therapeutin Ali:
Wie du bemerkt hast, hat sie sowohl gesprochen als auch reagiert. Aber lasst uns nichts überstürzen. Erzähle deiner Mutter das nächste Mal von den schönen Momenten, die du mit ihr erlebt hast.

Das werde ich, denn wir haben sehr schöne Tage miteinander verbracht. Davon werde ich das nächste Mal ausführlich erzählen.

Vor lauter Aufregung wusste er draußen nicht, was er tun sollte. Heute hat sie mich nicht erkannt. Aber als wir uns verabschiedeten, schaute ich in ihre Augen. Sie schaute genauso, wie sie schaute, als sie mich noch liebte. Ich hoffe, sie wird sich an mich erinnern, wenn ich oft herkomme. Sie wird doch nach Hause kommen, wenn sie gesund ist, was meinst du Onkel Hasan? Dann werde ich zur Schule gehen.

Natürlich, mein Junge, du bist ein starker Junge. Ich bin überzeugt, dass du diese Schwierigkeiten besiegen wirst.

Wer weiß, wo ich mich herumtreiben würde, wenn ich euch nicht hätte.

Sobald ich zu Hause bin, werde ich Fuat Abi und Berfin einen Brief schreiben und Bescheid geben, dass ich meine Mutter gefunden habe.

Einerseits war er zwar glücklich, aber gleichzeitig auch unglücklich. Trotz allem war er dankbar, dass seine Mutter noch lebte.

Nach einiger Zeit wird sie sich an mich erinnern und bestimmt wieder nach Hause zurückkehren. Aber was soll ich bis dahin machen? Onkel Hasan und seine Familie gehören zu den guten Menschen, aber ich möchte nicht mehr anderen Menschen zur Last fallen, so will ich nicht mehr leben. Sobald es Morgen wird, werde ich zum Jugendamt gehen und um Hilfe bitten. Soweit ich weiß, gibt es Jugendheime, wo Menschen wie ich bleiben können, die keine anderen Angehörigen haben. Ich werde in einem dieser Heime wohnen und gleichzeitig zur Schule gehen. Den ganzen Weg nach Hause malte er sich seine Zukunft aus.

Gül und Ahmet warteten voller Ungeduld. Sie waren sehr neugierig, was mit Çetins Mutter war. Çetin erzählte ihnen, was geschehen war. Gül freute sich am meisten:

Sie wird auf jeden Fall wieder gesund, aber solange bleibst du bitte bei uns, ja?

Çetin begnügte sich mit einem kurzen „Danke". Dann schrieb er Fuat Abi und Berfin je einen Brief, in denen er die Situation seiner Mutter schilderte.

*

Nachdem Çetin und die anderen weg waren, schmollte Berfin rum und redete nur, wenn es nötig war. Als dann der Postbote den Brief brachte, öffnete sie ihn und versuchte, ihn zu lesen. Als sie dann erkannte, dass der Brief von Çetin kam, war sie überglücklich. Vor Freude hüpfte sie herum.

Ich wusste es. Ich wusste, dass Çetin Abi mich nicht vergessen würde. Schau, er hat auch seine Mutter gefunden. Gut, dass er gegangen ist, oder, Großmutter? Vielleicht wird er wieder kommen und wir werden ihn wiedersehen, nicht wahr, Großvater?

Als Großvater sah, wie glücklich Berfin war, freute er sich sehr.

Selbstverständlich wirst du ihn wieder sehen. Werde du erst einmal größer, dann finden wir schon eine Lösung.

Innerlich dachte der Großvater: *Es wäre das Beste, wenn wir dieses Mädel auch zu unseren Verwandten nach Deutschland schicken würden, wenn sie ein bisschen größer geworden ist.*

Berfin stopfte den Brief in ihre Tasche und sagte: *Ich gehe zu Fuat Abi, ich werde ihm auch Çetins Brief zeigen. Sie lief auf die Straße und begann zu rennen. Fuat war auch schon auf dem Weg zu ihnen. Als er sah, dass Berfin auf ihn zu rannte, hielt er an und umarmte sie.*

Wohin denn so schnell hübsches Mädchen?

Ich wollte zu dir Fuat Abi.

Und ich wollte auch zu dir; Çetin hat einen Brief geschrieben. Den wollte ich euch vorlesen.

Er hat mir auch einen Brief geschrieben. Ich wollte dir seinen Brief zeigen.

Dann setzten sie sich auf das gelbrote Boot und begannen, die Briefe zu lesen. Fuat Abi, dein Brief ist ja viel länger. Aber er erzählt dieselben Dinge"

Meine schöne Berfin, Çetin hat die Länge der Briefe unserem Alter entsprechend angepasst.

Haha, nun mach dich nicht lustig. Vermisst du Çetin Abi? Ich vermisse ihn unheimlich.

Und ob ich ihn vermisse!

Fuat Abi, schau dir doch mal dein Boot an, wie dreckig es ist. Wenn Çetin Abi hier wäre, wäre das Boot blitzblank.

Du bist doch hier. Hier hast du die Lappen und die Bürsten. Von nun an wirst du das Boot putzen.

Nein, ich werde nicht putzen.

Warum nicht? Du bist doch ein großes Mädchen, du gehst ja auch schon zur Schule.

Ich werde nicht putzen, weil du mich nie mitnimmst.

Putze mal, ich verspreche dir, dass ich dich mitnehmen werde.

Ich werde das Boot wunderbar sauber machen, aber du musst mich auch angeln lassen.

Gut, mach du nur sauber, dann fahren wir zum Fischen raus. Aber du darfst deiner Großmutter und dem Großvater nichts davon erzählen, versprochen?

Ich verspreche es dir. Du wirst sehen, wie sauber ich dein Boot mache.

Gut, ich habe zu tun, hier hast du die Lappen, die Bürsten und die Eimer. Aber pass ja auf, nicht dass du ins Wasser fällst.

Ich werde schon nicht ins Wasser fallen. Bin ich denn ein kleines Kind?

Als Fuat nach drei Stunden wiederkam, war Berfin schwitzend dabei, das Boot zu putzen. Großvater saß auf einem der Holzklötze und sah seiner Enkelin zu. Fuat hatte eine kleine Schwimmweste in der Hand. Egal, was er sagen würde, er wusste, dass Berfin darauf beharren würde mitzufahren. Deswegen hatte er eine geeignete Weste gefunden und sie mitgebracht. Als er den Großvater am

Ufer sitzen sah, fragte er sich: *Mal sehen, ob wir eine Erlaubnis bekommen.*

Großvater, ich habe Berfin versprochen, dass ich sie im Boot mitnehme.

Mein Lieber, wir sind für sie verantwortlich, Gott bewahre, was tun wir, wenn etwas passiert? Versuchen wir sie davon abzubringen.

Ich glaube nicht, dass sie sich überreden lässt. Sie wartet seit Monaten auf diesen Tag, wir können es ja versuchen.

Egal, was der Großvater sagte, sie war nicht davon abzubringen. Sie weinte, stampfte auf den Boden und überredete den alten Mann.

Wenn du willst, kannst du gerne mitkommen. Ich werde sowieso nicht weit rausfahren, werde etwa 10 Meter draußen das Boot festmachen. Hauptsache, Berfin bekommt ihren Willen.

Nein mein Sohn, danke. Wenn ich auf das Boot steige, dann habe ich Angst, und mir wird schlecht. Ich sitze hier und schaue euch zu.

Nachdem Fuat Berfin die Schwimmweste angelegt hatte, erklärte er ganz ausführlich alles noch einmal:

Du darfst niemals aufstehen, du darfst dich nicht hin und her wiegen. Du musst immer am selben Platz sitzen, verstanden?

Er wusste, dass sie keine Fische fangen konnte. Trotzdem gab er ihr eine Angelrute mit ein paar Haken dran, damit sie zufrieden war.

Diese Rute werden wir ins Wasser lassen, wenn wir draußen sind. Dann wirst du ein paar Mal an der Schnur ziehen und sie wieder runter lassen. Wenn ein Fisch anbeißt, wirst du fühlen, wie die Schnur schwerer wird. Dann ziehst du die Rute hoch. Und wenn Fische dran sind, dann verhalte dich ganz ruhig, ich werde dann die Fische abnehmen. Versprich mir, dass

du niemals aufstehen wirst, ja?

Ok, sagte Berfin. Sie war voller Aufregung.

Fuat löste das Boot von der Boje und ruderte zehn bis fünfzehn Meter raus, ohne den Motor anzulassen. Er hatte Berfin so weit weg gesetzt, dass er sie noch halten konnte.

Also, lass deine Rute ins Wasser.

Berfin schaute gebannt auf ihre Angelrute. Sie tat, was Fuat Abi ihr gesagt hatte, sie zog die Schnur fest und ließ sie wieder locker. Als sie dann merkte, dass die Schnur schwerer wurde schrie sie:

Ich glaube, ein Fisch hat angebissen. Abi, soll ich ziehen?

Na dann zieh hoch, entgegnete Fuat. An der Spitze der Rute hingen zwei Makrelen. Als Berfin die Fische sah, fing sie an zu kreischen:

Siehst du Großvater, ich habe Fische gefangen, und sogar zwei Stück!

Hätte Fuat Abi ihr nicht vorher gut zugeredet, wäre sie vor Freude gehüpft. Aber sie bewegte sich nicht. Fuat löste die Fische und sagte:

Toi toi toi, schon in den ersten fünf Minuten hast du deine ersten Fische gefangen.

Sie fischten noch etwa eine halbe Stunde. Berfin hatte Glück, denn es gab zurzeit viele Makrelen. Sie hatten insgesamt sieben Fische gefangen. Als sie das Ufer erreichten, hüpfte Berfin vor Freude.

Ich werde diese Fische Großmutter bringen. Sie sind so frisch, sie soll sie sofort braten, damit wir sie essen können.

Warte, du verrücktes Mädchen. Lasst uns ihr erst mal nichts sagen, sonst redet sie auf mich ein. Lasst uns ein bisschen warten und wir sagen ihr

es langsam. Gib mir die Fische, ich werde sagen, dass Fuat Abi sie mir gegeben hat.

Großvater, das geht nicht mit so wenigen Fischen, das macht man nicht. Ich werde noch ein paar von den frischen Fischen vor dem Ruder mitbringen, damit geht ihr dann nach Hause.

Als die Großmutter Berfin sah, merkte sie sofort, dass irgend etwas Freudiges vorgefallen war. In solchen Augenblicken sprach sie immer Kurdisch:

Was ist los Mädchen? Warum bist du so fröhlich? Beinahe hätte Berfin gesagt: *Ich habe die Hälfte dieser Fische gefangen.* Aber ihr fielen die Worte ihres Großvaters ein und sie sagte: *Ich freue mich über den Brief von Çetin Abi, freust du dich nicht? Er hat auch Fuat Abi einen Brief geschickt.*

Natürlich habe ich mich gefreut, mein blauäugiges Mädchen. Wie kann ich mich darüber nicht freuen? Dann wurde sie still und verschlossen und dachte kummervoll: *Was soll aus diesem schönen Mädchen werden unter zwei alten Menschen? Wäre gut, wenn Çetin nicht weg wäre. Wir müssen eine andere Lösung finden, aber wie?*

Am nächsten Tag war Fuat vom Fischen zurückgekommen und leerte gerade die Fische von der Wanne in einen Eimer. Es war offensichtlich, dass Berfin am Ufer auf die Rückkehr des Bootes gewartet hatte.

Sie sagte zu ihm: *Fuat Abi, ich kann das Boot wieder blitzblank putzen, geh du nur und ruhe dich aus.*

In Ordnung, aber heute wird nicht mehr geangelt und aufs Meer gefahren, einverstanden?

Gut, antwortete Berfin. *Wir angeln ein anderes Mal.*

Fuat erinnerte sich an die Worte seines Meisters Hasan, der Krähe: *‚Das Meer hat seinen Dämon. Wenn dieser erst mal in dich eingedrungen ist, dann kannst du tun, was du willst, du kannst ihn nicht loswerden'. Ich habe diesem armen Mädchen keinen Gefallen damit getan. Gleich am ersten Tag wurde sie angesteckt, mal sehen, ob wir das wieder gerade biegen können.* Aber wie schwer das sein würde oder gar unmöglich, sollte er erst einen Monat später erfahren.

Berfin wartete täglich am Ufer auf die Rückkehr von Fuat. Wenn er dann zurückkam, fing die Befragung an:

Welche Fische hast du heute gefangen? Wie viele hast du gefangen? Hast du schon einmal einen Schwertfisch gefangen?

Fuat beantwortete ihre Fragen voller Geduld. Berfin aber gab sich nicht nur mit den Antworten ihrer Fragen zufrieden. Sie wollte unbedingt die Fische in der Wanne sehen. Meistes sprang sie dann mit auf das Boot und half dabei, die Fische aus der Wanne in die Eimer zu tun, damit sie verkauft werden. Ihre anfängliche Angst, lebende Fische anzufassen, hatte sie auch schon besiegt. Ob klein oder groß, sie liebte es, die von Fuat gefangenen Fische mit den Händen zu fassen und in die Eimer zu legen.

Es war um sie geschehen. Einen Monat später sah Fuat, wie Berfin schon in der Morgendämmerung am Ufer saß und auf ihn wartete. Um Gottes Willen, sagte er zu sich selbst. *Um Gottes Willen! Sie ist erfüllt vom Dämon, von der Leidenschaft zum Meer, mal sehen, wie wir ihr das wieder austreiben!*

Guten Morgen liebe Berfin. Schau, die Sonne ist noch nicht mal richtig aufgegangen, was tust du so früh hier am Ufer?

Gar nichts, heute habe ich keine Schule. Ich wollte dir zuschauen, wie du fischen gehst. Außerdem nimmst du eines Tages mich...

Ich weiß genau, was du denkst, vergiss das. Wenn sie sehen, dass ich dich mit auf das Boot nehme, dann beschweren sie sich und ich darf dann nicht mehr fischen. Also, ab nach Hause mit dir. Wenn Großvater und Großmutter das sehen würden, würden sie nicht mehr mit mir sprechen. Daraufhin fing Berfin an zu weinen: *Aber Çetin hast du immer mitgenommen zum Fischen, ist er nicht auch ein Kind?*

Sei still, du hübsche Berfin. Was sollen die Leute sagen, die uns so sehen? Die würden sich fragen, wer denn ein Kind zum weinen bringt, so früh am Morgen. Ich flehe dich an, bitte geh' jetzt!

Meinetwegen, ich werde gehen. Aber du musst mir versprechen, dass du mich ein anderes Mal zum Fischen mitnimmst.

Fuat wusste nicht, was er sagen sollte. Wenn er es versprach, dann würde sie keine Ruhe geben, würde jeden Morgen hier auftauchen. Und wenn er kein Versprechen geben würde, dann würde sie sich nicht vom Fleck rühren und würde herumheulen und ein Chaos veranstalten.

Gut, sagte er. Ich werde dich einmal zum Fischen mitnehmen. Aber du musst mir versprechen, danach wirst du nie mehr danach fragen, einverstanden?

Ok, versprochen. Werde ich heute mitgehen?

Heute geht es nicht, ich werde dir einen Tag nennen, wo es reichlich Fische gibt. Und nun ab nach Hause.

Berfin ging Richtung nach Hause und erschrak, als sie ihre Groß-

mutter am Ufer sitzen sah. *Ob sie sie wohl gesucht hat? Wenn es so wäre, wäre sie zu uns rüber gekommen. Was tut sie da? Wie dem auch sei, ich gehe mal nach Hause, bevor sie mich entdeckt.*

Jeden Tag, an dem sie keine Schule hatte, fand sich Berfin in der Frühe am Boot. An einem Tag, wo das Wetter ruhig und das Meer ohne Wellen war: *Los, komm, aber vergiss nicht, was ich dir gesagt hatte. Du darfst deinen Platz nicht verlassen. Wenn ein Fisch an deiner Angel anbeißt, dann werde ich den Fisch vom Haken nehmen, hast du verstanden?*

Jaja, ok, sagte sie, war aber höchst aufgeregt. Diesmal bekam sie von Fuat eine Rute mit mehreren Angelhaken dran.

Er hatte ihr auch die Schwimmweste angelegt und sie direkt neben sich sitzen lassen. Sie fuhren nicht besonders weit hinaus aufs Meer. Ohne den Motor anzulassen waren sie 50 Meter rausgerudert und hatten ihre Angeln ins Wasser ausgeworfen. Kaum hatten sie die Ruten im Wasser, schon kamen die ersten Makrelen und bissen an.

Berfin fing erst drei, dann fünf, dann mehr als zehn Makrelen. Bevor sie die Rute hoch zog, rief sie:

Schau, noch eine hat angebissen, es sind jetzt drei!

Ist ja gut, schrei nicht so, du wirst die Fische verschrecken.

Hören mich denn die Fische unter Wasser?

Natürlich hören sie dich, sei still.

Berfin schwieg und konzentrierte sich ausschließlich auf ihre Angel.

Die Rute ist ganz schwer geworden, Fuat Abi, glaub mir, diesmal ist es keine Makrele.

Ok, überstürze jetzt nichts, zieh sie ganz langsam hoch.

Am Ende der Rute hing keine Makrele, sondern ein Seebarsch. Als Berfin den Seebarsch sah, vergaß sie jegliche Warnungen, stand auf und hüpfte hin und her, dabei schrie sie: *Juhu, ich habe einen riesigen Seebarsch gefangen.* Doch leider fing auch das Boot an, hin und her zu schaukeln. Fuat konnte Berfin nicht festhalten, und sie fiel ins Wasser. Fuat sprang sofort mit seiner Kleidung ins Wasser. Glücklicherweise hatte Berfin eine Schwimmweste an, so dass sie nicht untertauchte.

Bewege dich nicht, hab' keine Angst, ich werde dich jetzt ins Boot heben und nach Hause bringen.

Berfin hörte Fuat gar nicht, sie hatte zu viel Wasser geschluckt und war fast außer sich geraten. Früh am Morgen war das Wetter und das Meer ziemlich kalt. Berfin konnte kaum sprechen, sie zitterte am ganzen Leib. Ihre schönen hellblauen Augen waren weit ausgerissen und schauten Fuat Abi an. Fuat legte ihre Kleidung ab und umwickelte sie mit der Wolldecke, die er immer unter der Haube dabei hatte. Er ließ den Motor an und fuhr schnellstens zum Ufer. Noch bevor er das Boot angebunden hatte, rannte er in Richtung des Hauses des Großvaters. Der Großvater, der bemerkte, dass Berfin nicht zu Hause war, war dabei, zum Ufer zu laufen. Als er Fuat sah, wie er mit Berfin im Arm in Richtung des Hauses lief, bekam er einen Schrecken und rief auf Türkisch und Kurdisch durcheinander:

Lebt sie? Sag mir die Wahrheit, lebt sie? Berfin, deren Zähne immer noch klapperten rief: *Ich bin beim Spielen ins Wasser gefallen, Fuat Abi hat mich gerettet.* Woraufhin der Großvater sich beruhigte und dachte: *Was sollen wir jetzt unserer Alten sagen?*

Großmutter wartete vor der Tür, als hätte sie alles vorhergesehen.

Als sie Berfin splitternackt in der Decke sah, stimmte sie wieder ein Klagelied an. Sie riss sich nicht an den Haaren und schrie nicht herum, sie sang und wiegte sich im Rhythmus. Als sie sah, dass Berfin noch lebte und sogar auch sprach, beruhigte sie sich ein bisschen, zog sie an, nachdem sie sie trocken gerieben hatte. Nachdem sie Berfin angezogen und ins Bett gelegt hatte, entdeckte sie Fuat, der stand und von dem Wasser abtropfte Da sagte sie: *Fuat mein Sohn, du bist bestimmt auch erfroren, komm zieh dich aus und ziehe dir Kleidung vom Großvater an.*

Danke, Mütterchen, entgegnete er. *Ich werde schnell nach Hause laufen, mir etwas anziehen und wieder kommen.*

Als er zurück kam, roch es nach Minze und Thymian. Berfin döste abwesend vor sich hin. Er schaute nach, ob sie Fieber hatte.

Sollen wir einen Arzt rufen Mütterchen? Sie hat ein wenig Fieber.

Ist nicht nötig. Sie soll erst einmal den Tee trinken, den ich zubereitet habe. Wenn das Fieber immer noch nicht sinkt, dann rufen wir einen Arzt. Setz dich auch hin und trink von dem Tee, du hast dich bestimmt auch erkältet. Fuat setzte sich auf die Kante eines Stuhls und wartete, während er besorgt dachte: *Ob sie wohl fragen werden, wie Berfin ins Wasser gestürzt ist? Was soll ich nur sagen, wenn sie danach fragen?*

Die alte Frau fragte jedoch gar nichts.

Seitdem Çetin weggegangen ist, ist etwas mit dem Mädchen. Sie kann an nichts anderes mehr denken, als an dein Boot. Ich flehe dich an, sei bitte vorsichtig mein Sohn.

Während Fuat *Gut, ich werde vorsichtig sein* entgegnete, fiel ihm im selben Moment ein, dass er sein Boot nicht an der Boje festgemacht hatte.

Ich glaube, ich habe vergessen, das Boot festzumachen. Ich lauf mal eben hin und schau nach, sagte er und stürzte nach draußen.

Sobald Fuat weg war, versuchte sie ihren Ärger bei Großvater loszuwerden:

Lasst uns gehen, Mann, lasst uns fort von diesem uns unbekanntem Ort. Schau, dieses Meer, dieses unliebsame Meer, hätte uns beinahe unsere Berfin weggenommen. Lasst uns zurückkehren in unser Dorf.

Oh Weib, was für ein Dorf? Glaubst du, da steht noch ein Haus? Wohin sollen wir denn zurück?

Macht doch nichts, dann bauen wir halt ein Haus mit zwei Räumen.

Und, stell dir vor, wir bauen ein Häuschen, im Dorf lebt doch niemand mehr, wie sollen wir dort überleben? Sie haben sogar den Brunnen des Dorfes zerstört. Wir können dort nicht hin, aber was soll mit unserer Berfin werden?

Ich weiß, was dir durch den Kopf geht. Du meinst, wir sollen dieses Kindchen nach Deutschland zu den Verwandten schicken, damit sie wenigstens gerettet wird?

Das besprechen wir später, nun geh und schau nach dem Kindchen, ob ihr Fieber gesunken ist.

Ihr Fieber war tatsächlich gesunken. Sie wollte sogar aufstehen und weggehen. Ayse, die das Geschehene mitbekommen hatte, war zu ihnen gekommen:

Was meint ihr, sollen wir einen Arzt rufen?

Mir geht's gut, Ayse Abla, ich will keinen Arzt, rief Berfin. Als Ayse sah, dass Berfin kein Fieber mehr hatte, setzte sie sich an ihr Bett und

fing an, ihr eines ihrer Lieblingsmärchen zu erzählen.

Fuat war mittlerweile am Ufer angekommen und bemerkte, dass das Boot durch die Strömung weggetrieben worden war. *Ich hoffe, es kommt nicht in die Hände schlechter Menschen. Wenn die Küstenwache oder andere Fischerkollegen das Boot finden, würden sie es mir bringen oder an der Boje festmachen. Am besten, ich frage die Küstenwache.*

Fuat nahm sich ein Taxi und fuhr direkt zur Küstenwache. Da sah er sein Boot, das am Ufer festgebunden war, und atmete auf. Die Sicherheitsbeamten kannten ihn. Nachdem er ein paar Dokumente unterschrieben hatte, übergaben sie ihm sein Boot. Als er dann mit seinem Boot zurückfuhr dachte er: *Das ist noch mal gut gegangen. Gottseidank ist nichts Schlimmes passiert.* Außerdem wurde ihm plötzlich bewusst, wie sehr Çetin ihm ans Herz gewachsen war.

Er bewunderte seinen Mut, seine Willensstärke und noch mehr seine Erfahrung, trotz seines jungen Alters, sowie seine Zuversicht. *Vielleicht wollte ich auch, dass Berfin Çetins hinterlassene Lücke füllt, aber das war ein großer Fehler,* dachte Fuat. Er fühlte beinahe einen Widerwillen gegenüber dem Meer und der Fischerei. *Vielleicht kann ich mein Brot mit einer anderen Arbeit verdienen, um durchzukommen,* dachte er und ging rüber zu Berfin, nachdem er das Boot an der Boje festgebunden hatte.

Die Großmutter kochte in der Küche ihre wunderbar duftende berühmte Suppe. Berfin umarmte Fuat und meinte: *Ich habe Großmutter nicht erzählt, dass ich ins Meer gefallen bin, während ich gefischt habe, sag du es auch nicht, ok?*

Dabei wusste die Großmutter schon längst, was passiert war. Sie war sich aber sicher, dass Fuat Berfin nicht mehr zum Fischen mitnehmen würde, sollte sie statt herumzumeckern ruhig und gelassen bleiben.

Ayse war immer noch zu Hause. Aber sie sprach kein Wort mit

Fuat, schaute ihn nur wütend mit ihren funkelnden blauen Augen an. Als sie mitbekam, dass Fuat mit Berfin angeln war dachte sie ärgerlich: *Dieser Fuat wird diesem Kind auch den Meeresdämon einflößen.* Als sie dann erfuhr, dass sie ins Wasser gefallen war, steigerte sich ihre Wut. Ich werde schon mit ihm abrechnen, dachte sie sich und zog es vor, vorerst schweigsam zu sein.

Als Çetin noch in Deutschland zur Schule ging, kannte er einen Jungen in seiner Klasse, der keine Eltern mehr hatte und der im Jugendheim war. Er dachte: *Ich könnte auch in solch einem Heim bleiben und weiter zur Schule gehen. Onkel Hasan und seine Familie sind zwar sehr gute Menschen, aber ich möchte niemals so lange bei ihnen bleiben. Ich muss dringend einen Weg finden, um auf eigenen Füße zu stehen. Außerdem wird es meiner Mutter auf jeden Fall besser gehen, und sie wird irgendwann die Klinik verlassen. Dann mieten wir eine kleine Wohnung und ich kann dann vielleicht zur Schule gehen und gleichzeitig etwas tun, womit ich Geld verdienen kann.*

Onkel Hasan hatte begonnen zu arbeiten. Bis zum Schulanfang waren es noch zwei Wochen. Auch wenn Onkel Hasan darauf bestand, dass Çetin bei ihnen wohnt und sich vorgenommen hatte, Çetin an der Schule seiner Kinder anzumelden, lehnte Çetin ab. Nachdem Onkel Hasan zur Arbeit gefahren war, frühstückten sie gemeinsam. Çetin wollte sich erheben: *Ich muss noch zur Bezirksregierung.* Mutter Emine meinte: *Warum diese Eile, mein Sohn, du kannst mit Onkel Hasan gemeinsam dorthin gehen.*

Ist nicht nötig, Tante, ich kenne den Weg, ich werde mit der Straßenbahn hin und zurückfahren.
Çetin wusste nicht, an wen er sich wenden sollte in der Stadtverwaltung. Er dachte: *Ich frage mich halt durch.* Dann begann er im Erdgeschoss an der Information sein Anliegen zu schildern. Der Beamte erwiderte: *Mit so einem Problem bin ich noch nie konfrontiert*

worden. Nach kurzem Nachdenken sagte er: *Gehe am Besten zum Büro für Sozialhilfe im zweiten Stock, vielleicht können sie dir helfen.*

Im Büro für Sozialhilfe saß ein nörgeliger Beamter. Er schaute Çetin griesgrämig an, als glaube er seinen Worten nicht. Dann folgten Fragen über Fragen, die gar nicht mehr aufhören wollten: *Wann bist du in die Türkei gegangen? Warum habt ihr die verantwortlichen Behörden nicht informiert? Wo sind jetzt deine Eltern? Wo wohnst du jetzt? Wie zahlst du deinen Lebensunterhalt?* Der Mann stellte sehr viele Fragen. Çetin, der alle Fragen mit Geduld beantwortete, sah, dass der Mann gar nicht aufhören wollte, und fragte schließlich: *Könnten Sie mir bitte mitteilen, wie Sie mir helfen wollen und was ich tun muss?*

Der Mann, der ständig seinen Bart zu rupfen schien, hörte diesmal auf, Fragen zu stellen, und sagte ihm: *Gehe am besten zum Jugendamt, vielleicht können sie dir dort helfen.*

Daraufhin rief Çetin recht verärgert: *Wenn Sie mich sowieso zum Jugendamt schicken wollen, warum stellen Sie mir seit einer halben Stunde diese Fragen?*

Der in Wut geratene Mann schrie fast und rief Dinge wie: *Schau dir diesen kleinen Bengel an, was erlaubt er sich...*

Çetin wollte nicht mehr zuhören, verließ das Zimmer und zog die Tür etwas hart hinter sich zu.

Als der Mann das hörte, ging der Mann in den Flur und rief ihm etwas nach. *Dieser Mann wird mir noch Probleme bereiten, am besten ich haue ab, dachte Çetin und stieg in den Aufzug.*

Es war nicht schwer, sich zum Jugendamt durchzufragen. Aber als er gerade an der Tür klopfen wollte, fiel ihm die gutmütige ältere Dame ein, die ihm dabei geholfen hatte, seine Mutter zu finden. Er dachte: *Ich frage zuerst sie, vielleicht kann sie mir besser behilflich sein, sie ist ein guter Mensch.* Und klopfte an ihre Tür. Als die Dame namens Elisabeth, die trotz ihres Alters ein geblümtes Kleid trug und

immer lächelnd sprach, Çetin sah, sprach sie: *Komm herein, hast du deine Mutter finden können? Wie geht's ihr, hat sie dich erkannt?* Çetin erzählte dieser sympathischen Dame erst, was er in der Klinik erlebt hatte, und erzählte dann von seinem Problem.

Natürlich hast du ein Anrecht darauf, in einem Jugendheim zu bleiben. Aber wie du auch selbst weißt, muss man hier in Deutschland viele bürokratische Formalitäten erledigen. Es ist unmöglich, dich sofort morgen in einem Heim unterzubringen. Gib mir ein bisschen Zeit, ich werde mal nachforschen, was ich für dich am schnellsten machen kann und werde dir meine Ergebnisse mitteilen.

Soll ich mich an das Jugendamt wenden?

Mach am besten erst mal gar nichts, die würden dich nicht ernst nehmen. Ich werde zuerst recherchieren, was man tun muss. Gehe am besten jetzt nach Hause und komme morgen Nachmittag wieder. Ich denke, bis dahin werde ich herausfinden, was man tun muss.
Oh vielen Dank, erwiderte Çetin und verließ froh das Gebäude der Stadtverwaltung.

Als er nach Hause kam, spielten Ahmet und Gül vor dem Fernseher und sahen so aus, als stritten sie sich. Sie schrien sich ständig an. Çetin kannte diese Art Spiele nicht und wunderte sich, warum sie sich anschrien. Mutter Emine war in der Küche mit Kochen beschäftigt. Sie kochte zwar köstliche Speisen, heute wollte Çetin jedoch Schweinewurst und Pommes, wie in den guten alten Tagen. Als die Kinder Pause vom Spiel machten, sagte er zu ihnen: *Wenn eure Mutter erlaubt, würde ich euch gerne zu Bratwurst und Pommes einladen. Na gut, geht",* sagte Mutter Emine, aber kauft keine Wurst vom Schwein, sondern vom Rind. Sie wollte Çetin Geld geben, was ihr aber nicht gelang, da er das Geld ablehnte.

Ich habe noch das Geld, was ich in der Türkei verdient habe, heute will ich bezahlen, sagte er. Unterwegs redete Gül unaufhörlich. Çetin wunderte sich, da sie zuhause sonst sehr schweigsam war. Sie fragte

Çetin durchweg, was er früher gemacht habe, was er in Zukunft vorhabe.

Ahmet meinte, *dass du vielleicht ausziehst aus unserer Wohnung. Warum gehst du weg? Kannst du nicht bleiben? Dein Deutsch ist sehr gut, du könntest mir helfen. Außerdem mögen dich meine Eltern auch ziemlich gerne. Geh doch nicht...*

Çetin wusste nicht, was er diesem zwitschernden Mädchen antworten sollte. Hätte der Bruder Ahmet nicht eingegriffen, würden diese Fragen nicht aufhören.

Gül, nun sei doch mal still. Außerdem geht Ali ja noch nicht.

Natürlich gehe ich nicht sofort. Auch wenn ich gehen sollte, werde ich euch immer besuchen und dir bei deinen Hausaufgaben helfen, ok?.

Versprochen?

Ja versprochen. Schau, wir sind beim Pommes-Imbiss. Sag du mal, was du möchtest.

Ich möchte nur Pommes mit Ketchup.

Sie nahmen ihre Würstchen und Pommes entgegen, setzten sich auf die Bänke vor dem Imbiss und begannen zu essen. Als Gül eine Cola wollte, wendete Ahmet ein:

Ist das nicht unverschämt? Du weißt doch gar nicht, ob Ali Abi so viel Geld hat!

Warum soll das unverschämt sein? Er ist doch auch wie du mein Bruder.

Während die beiden Geschwister darüber stritten, ob das nun unverschämt war oder nicht, hatte Çetin schon drei Flaschen Cola gekauft und brachte sie an den Tisch.

Unterwegs dachte er ständig an den nächsten Tag, was wohl passieren würde. *Was mache ich, wenn sie mich ablehnen? Aber sie müssen mich annehmen, sie können doch nicht Kinder wie mich einfach auf die Straße setzen. Sie finden bestimmt eine Lösung.*

*

Elizabeth begrüßte Çetin mit einem Lächeln im Gesicht.

Komm mal her, Ali, mein Sohn. Ich habe mit dem Jugendamt gesprochen. Sie haben herausgefunden, dass dein Vater gestorben ist und deine Mutter in der Klinik liegt.

Und?

Und du hast ein Recht darauf, in eines der Jugendheime zu gehen. Morgen werden sie mir Bescheid geben, in welches du kannst. Çetin war so glücklich, dass er die Hand der Dame küssen wollte, wie er das aus der Türkei gewohnt war. Als die verwunderte Dame aber ihre Hand wegzog, erzählte ihr Çetin, dass man das so in der Türkei mache. Danach machte er sich hüpfend auf den Weg nach Hause. Zu Hause erzählte er Onkel Hasan, dass er in ein Jugendheim aufgenommen wurde und übermorgen gehen werde.

Mein Sohn, du bist uns doch keine Last, du kannst solange bleiben, wie du willst.

Danke, Onkel Hasan, aber ich möchte mein Leben selbst in die Hand nehmen. Ich werde euch oft besuchen. Ich glaube fest daran, dass es meiner Mutter besser gehen wird, ich werde mit ihr zusammen leben, wie früher.

Ich habe dafür Verständnis mein Sohn. Unsere Tür steht immer offen für dich, aber versprich mir, dass du kommen wirst, falls dir das dort nicht gefällt. Dann kannst du solange bleiben, wie du willst. Ich werde dich nicht ohne Taschengeld lassen. Sag mir ganz offen, wenn du Geld brauchst, alles klar?.

Alles klar, Onkel Hasan, vielen Dank. Im Moment habe ich noch Geld. Sie geben im Heim wohl auch Taschengeld.

Diese Nacht konnte er vor Aufregung nicht einschlafen. Onkel Hasan war in der Frühe zur Arbeit gegangen. Nach dem Frühstück erzählte er, dass er bald gehen werde.

Echt jetzt? Heute? fragte Gül und begann zu weinen. Egal, was er sagte, sie hörte nicht auf zu weinen. Dann stand sie auf und ging in ihr Zimmer. Mutter Emine meinte: *Warum diese Eile mein Sohn? Wir leben doch hier wie eine Familie.*

Tante Emine, vielen Dank. Ich weiß, ihr behandelt mich wie euer eigenes Kind, aber ich bin groß genug. Ich möchte auf meinen eigenen Füßen stehen. Ich glaube fest daran, dass meine Mutter in kurzer Zeit genesen wird, dann werden wir in unserer eigenen Wohnung leben. Ich werde euch oft besuchen und Gül bei den Hausaufgaben helfen. Wenn ihr erlaubt, würde ich jetzt zur Stadtverwaltung gehen. Ich werde meinen kleinen Koffer nehmen, den großen hole ich später ab.

Gül wischte sich die Tränen aus dem Gesicht und umarmte Çetin. Sie konnte kaum sprechen, da sie zitterte. Auch Ahmet umarmte Çetin:

Wenn du nicht kommst, dann komme ich. Wenn du willst, können wir zusammen zur Stadtverwaltung gehen.

Danke, Bruder Ahmet, aber das brauchst du nicht. Sobald ich ins Heim ziehe, werde ich euch besuchen kommen.

Elisabeth aus der Stadtverwaltung, der Engel, hatte alles organisiert.

Sie werden gleich kommen und dich abholen. Wenn du willst, kannst du im Flur warten.

Nach einer Weile kam ein 30jähriger Mann mit pechschwarzen Haaren, der sich Hamza nannte, um ihn abzuholen. Mit Hamzas Auto fuhren sie Richtung Heim.

Auf Deutsch fragte er: *In welcher Sprache sprichst du am sichersten, in Türkisch oder Deutsch?*

Wie Sie wollen, entgegnete Çetin, ich spreche beide Sprachen. Beinahe wollte er sagen, dass er auch kurdisch verstehe, ließ aber davon ab. Hamza war eine liebenswürdige Person. Er unterhielt

sich mit Çetin und versuchte, mehr über seine Vergangenheit zu erfahren. Je mehr er zuhörte, desto größer wurde seine Verwunderung, aber auch sein Respekt.

Das Heim, wohin wir fahren, ist ganz gut ausgestattet. Zusammen mit einem deutschen Kollegen werden wir euch helfen. Ich denke, das wird dir gefallen. Die meisten im Heim sind keine Deutschen. Ich bin mir sicher, dass du dich auch gut mit ihnen verstehen wirst und ihnen sogar mit der deutschen Sprache behilflich sein wirst.

Wie viele Personen leben denn im Heim, Hamza Abi?

Mit dir zusammen sind es dann zehn Kinder. Die sind fast alle so alt wie du. So, wir sind da, steige mal aus.

Sie hatten vor einem großen zweistöckigen Gebäude gehalten.

Komm, erst zeig ich dir das Heim. Die Kinder sind Ball spielen. In der Nähe gibt es ein kleines Fußballfeld, das wir auch nutzen dürfen. Dies ist der Gemeinschaftsraum, wo man sich gemeinsam aufhalten und Fernsehen schauen kann. Nebenan ist die Küche. Jeder hat ein eigenes Zimmer. Die meisten Zimmer befinden sich im oberen Stockwerk. Unten gibt es drei Zimmer. Du wirst in einem der oberen Zimmer schlafen. Während der Woche hilft eine Frau beim Kochen. An den Wochenenden könnt ihr selbst kochen, wenn ihr wollt. Der deutsche Staat gibt euch in der Woche 20 Euro als Taschengeld. Für Kleidung und Schuhe bekommt ihr ein paar Mal im Jahr Unterstützung.

Wo kommen denn die anderen Kinder her, Hamza Abi?

Aus Afghanistan, Afrika Syrien. Du wirst sie nach einer Zeit alle kennen lernen und ihre Lebensgeschichten erfahren. Übrigens, ich habe vergessen zu fragen. Deine Mutter ist Deutsche und dein Vater Türke. Bist du Moslem?

Çetin dachte:

Oh Gott, werde ich hier auch mit dem Thema „ungläubig" konfrontiert?.
Hamza Abi, glaub mir, ich weiß auch nicht, was ich bin. Im Dorf bei

meiner Großmutter haben sie mich mit Gewalt beschneiden lassen. Ich schätze mal, dass ich Moslem bin, aber ich habe keine Ahnung vom Tnema.

Ach mach dir nichts daraus. Die Kinder, die hier bleiben, sind alle Flüchtlinge und Moslems. Sie sind sehr empfindlich, wenn es um Schweinefleisch geht. Deswegen habe ich gefragt. Wir benutzen kein Schweinefleisch beim Kochen.

Aber ich liebe Schweinewürstchen.

Dann iss es draußen, wenn deine Freunde nicht dabei sind, sonst gibt es Ärger.

Sie waren im oberen Stock angekommen. Er zeigte Çetin sein Zimmer. Im Zimmer befand sich ein Bett, auf dem frische saubere Laken und eine Bettdecke zusammengefaltet lagen, außerdem ein kleiner Schrank für seine Kleider, ein Tisch und ein Stuhl.

Ali, im Flur befinden sich zwei Toiletten und ein Bad. Handtücher und Shampoo befinden sich in deinem Schrank. Wenn deine Kleider dreckig werden, dann legst du sie in den Wäschekorb im unteren Stockwerk. Die Dame, die für euch kocht, wäscht auch eure Wäsche. Ich höre Stimmen von unten. Einige Freunde sind schon da, du kannst sie kennen lernen. Außer einer Person sind alle sehr harmonisch miteinander. Es gibt einen Jungen, der aus Guinea kommt. Er sagt zwar, er ist 16, aber ich denke, er ist älter. In Afrika war er Kindersoldat. Er hat auch im Krieg gekämpft. Nimm dich vor ihm in Acht. Manchmal ist er angriffslustig. Am besten hältst du Distanz zu ihm. Mit den anderen machst du dich selbst bekannt.

Hamza Abi, wann machen wir die Anmeldung zur Schule? Und soll ich eigentlich mit dir Türkisch oder Deutsch sprechen?

Besser ist es, Deutsch zu sprechen. Wenn wir Türkisch sprechen, ist es nicht besonders nett, da die anderen nichts verstehen würden. Deine Schulangelegenheiten erledigen wir morgen. Du wirst ein Jahr in eine Förderschule gehen, damit sich dein Deutsch entwickelt. Nächstes Jahr

wirst du dann je nach Noten in eine geeignete fortführende Schule kommen.

Hamza Abi, aber ich bin doch Deutscher. Wie du bemerken kannst, kann ich doch schon gut Deutsch. Warum komme ich in eine Förderschule? Ich möchte so schnell wie möglich auf eine weiterführende Schule.

Ali, da kann ich nichts machen, die Gesetze sind so. Wenn es nach mir ginge, würde ich jemanden wie dich, dessen Deutsch so gut ist, direkt auf das Gymnasium stecken. In deiner freien Zeit kannst du deine Freunde hier im Deutschen unterstützen.

Çetin fühlte sich sehr enttäuscht.

Ich möchte so schnell wie möglich meine Schule beenden und meiner Mutter helfen. Nun werde ich ein Jahr für nichts und wieder nichts verlieren. Hamza sah, dass Çetin sehr missmutig war, und sagte: *Du brauchst gar nicht so traurig zu sein. Dein Deutsch wird sich noch weiter entwickeln. Außerdem wirst du auch andere Fächer haben. Das wird dir alles auf dem Gymnasium sehr zugute kommen.*

Im unteren Stock schauten die Ankömmlinge Fernsehen. Frau Fatma, die das Essen kochte, hatte angefangen, in der Küche zu arbeiten. Hamza:

Leute, macht mal den Fernseher aus, ich möchte euch jemand neues vorstellen.

Die Jungs, die den Fernseher ausschalteten, schauten aufmerksam zu Çetin.

Euer neuer Freund heißt Ali Schneider Polat. Wir haben ihm das Zimmer im oberen Geschoss gegeben. Wenn die Schulen wieder geöffnet haben, wird er mit euch zur Schule gehen. Nun stellt euch auch alle vor.

Abdi Fata, ich komme aus Guinea.

Mohemmt, ich bin Moslem und komme aus Afghanistan.

Hüsseyin, ich komme auch aus Afghanistan.

Die Jungs nannten ihre Namen wie Harom, Omer, Agir, Aram, Affan und Adam... die meisten kamen aus Syrien, einige aus Ländern in Afrika.

Hüsseyin, der aus Afghanistan kam und vorgab, Moslem zu sein, fragte in einem miserablen Deutsch:

Du Turko, bist du ungläubig oder Islam?

Während Çetin darüber nachdachte, dass dieses Wort „Ungläubiger" ihn schon wieder eingeholt hatte, und überlegte, was er sagen sollte, kam ihm Hamza zu Hilfe, er sprach die Wörter langsam aus:

Jungs, wie oft soll ich es euch noch sagen, das ist Deutschland. Hier befinden sich Jugendliche aus allen Religionen und Nationen. Benutzt keine Worte wie „Ungläubiger". Euer Freund wird es euch erzählen, seine Mutter ist Deutsche, sein Vater war Türke.

Mein Vater war Kurde, Hamza Abi. Als der Junge aus Syrien, Agir, dies hörte, sprach er ihn auf Kurdisch an:

Du sprichst Kurdisch?

Çetin hatte verstanden, antwortete jedoch auf Deutsch.

Sehr wenig, ein paar Wörter.

Wenn die Kennenlern-Prozedur vorbei ist, kommt alle zu Tisch, sagte Hamza.

Es gab Suppe, Reis und Bohneneintopf mit Fleisch. Alles hatte sehr gut geschmeckt. Çetin sagte zu Frau Fatma auf Türkisch: *Das*

Essen war köstlich, vielen Dank.

Guten Appetit, mein Sohn. Bisher hat sich niemand hier für das Essen bedankt. Du bist Türke, oder?

Ich bin Deutscher, aber da ich in der Türkei zur Schule gegangen bin, kann ich auch Türkisch.

Nach dem Essen waren einige Jungs rausgegangen, andere hingegen saßen vor dem Fernseher. Çetin ging hoch in sein Zimmer und wollte seinen kleinen Koffer ausräumen und einsortieren. Er bat um Erlaubnis und verließ die anderen. Er lag auf dem Bett und dachte nach.

Warum passiert mir das immer? Warum fühle ich mich immer einsam, wenn ich mit Gleichaltrigen zusammen bin? Auch im Dorf war das so. Obwohl wir in der Schule alle zusammen waren, fühlte ich mich mutterseelenallein. Auch in der kurzen gemeinsamen Zeit mit den Klebstoffkindern fühlte ich mich allein. Was soll ich nur in diesem Haus? Wir haben so wenig Gemeinsamkeiten! Scheinbar werden wir zwar zusammen sein, trotzdem werde ich immer allein sein. Bei Fuat Abi, Ayse Abla oder im Haus von Berfin fühlte ich mich nie allein. Aber dort für immer zu bleiben, wäre für mich unmöglich. Ich muss diese Förderschule beenden und so bald wie möglich auf dem Gymnasium anfangen. Nur dort kann ich von der Einsamkeit entkommen. Wie schön waren die Tage mit meiner Mutter, als ich noch zur Grundschule ging. Ich hatte Freunde, wir besuchten uns gegenseitig. Ich fühlte mich nie allein. Meine Mutter wird auf jeden Fall wieder gesund werden, wir werden wieder zusammen sein, und ich werde wieder Freunde haben.

Çetin schlief tief und fest ein, er träumte sogar auch schön. Als er aufstand, trafen die anderen Kinder unten Vorbereitungen für das Frühstück. Während des Frühstücks meinte der Junge namens Abdi Fato aus Guinea: *Keine Mutter, kein Vater, auch keine Heimat. Wir hier. Du Deutscher, warum du bist hier?*

Abdi, der in einem gebrochenen Deutsch sprach, sah Çetin böse an.

Deine Mutter Deutsch, warum du nicht bleiben mit Mutter? Wo Vater? Çetin war entschlossen, sich Mühe zu geben, sich nicht gleich am ersten Tag zu streiten und sagte: *Vater ist gestorben, Mutter ist krank, ich habe niemanden, deswegen bin ich hier.*

Weißt du, was ist Kindersoldat?

Nein, weiß ich nicht.

In Afrika gibt es viele. Ich auch war Kindersoldat. Habe gekämpft, boom boom.

Eigentlich ist dieses Kind kein Kind mehr, er will mir nur Angst machen gleich am ersten Tag, am besten, ich bleibe fern von ihm, dachte Çetin und sagte: *Ah wirklich?* und wandte sich wieder seinem Frühstück zu. Abdi frühstückte und erzählte gleichzeitig unverständliche Geschichten. Hüsseyin, der seinen Namen mit einem scharfen betonten ‚s' aussprach, breitete nach dem Frühstück in einer Ecke seinen Gebetsteppich aus und sprach gleichzeitig Çetin an: *Ali, du sagst, du bist Moslem, komm, lasst uns zusammen beten.*

Ich habe zu tun und muss weg, entgegnete Çetin und spazierte zum naheliegenden Wald. Unterwegs grübelte er: *Ich habe so wenig Gemeinsamkeiten mit diesen jungen Männern, ich muss vorsichtig sein. Ich muss mich körperlich und seelisch stärken, nur dann werde ich Ruhe haben.*

Ich muss sofort morgen anfangen, Sport zu machen und mich darauf vorbereiten, um sobald wie möglich mit der Schule anzufangen. Ich werde es auf jeden Fall schaffen, und meiner Mutter wird es gut gehen. Wir werden wieder zusammen sein. Bis hierhin habe ich es geschafft, ich muss jetzt geduldig sein, und zwar sehr geduldig.

Als er nach einem langen Spaziergang wieder ins Heim zurückkehrte, sah er Onkel Hasan und Ahmet dort warten. Sie hatten seinen großen Koffer mitgebracht.

Onkel Hasan meinte zu ihm: *Ich habe von einem Verantwortlichen hier die Erlaubnis erhalten. Du bleibst heute bei uns, los, mach dich fertig.*

Unterwegs erzählte Çetin vom Heim, indem er die positiven Seiten hervorhob. Er berichtete nichts von den anderen Kindern, die von Anfang an einen schlechten Eindruck bei ihm hinterlassen hatten. Mutter Emine erwartete sie mit einem Lieblingsmahl der Kinder, mit Frikadellen und selbstgemachten Pommes. Nach dem Essen wollte Ahmet immer wieder alles erzählt bekommen, ganz besonders war er neugierig auf das Heim.

Çetin dachte daran, auf dem Weg zu seiner Mutter die Legosteine zu kaufen, die er haben wollte. Da er in der Wohnung einige Legosteine entdeckte, fragte er Ahmet: *Kennst du einen Laden, der gebrauchte Legosteine verkauft?*

Ali, was willst du mit Legos? Mit denen haben wir gespielt, als wir noch sehr klein waren. Guck mal, jetzt spielt jeder Computerspiele.

Ich möchte klein sein und die Spiele spielen, die ich gespielt habe, als ich klein war. Ahmet verstand den Witz von Çetin nicht. Als Çetin dann erzählte, was die Psychologen sagten, meinte er: *Ach so, das ist etwas anderes. Du kannst die Legos von mir nehmen. Zwei Straßen weiter gibt es einen Laden, der gebrauchte Spielsachen verkauft. Lasst uns dort schauen.*

Erst wählte Çetin einige Legos von Ahmet, die er gebrauchen konnte. Dann machten sie sich auf den Weg zum Gebrauchtwarenhändler. Dort fanden sie alles, was sie suchten. Einen kleinen Motor, der mit Batterien funktionierte, Räder, Steine... Als sie zu Hause ankamen, baute Çetin sofort eine Windmühle. Die Flügel waren von hinten

mittels einer kleinen Spindel mit dem Motor verbunden. Als er fertig war, drehten sich die Flügel der Windmühle.

Gül beobachtete Çetin und sein Werk voller Bewunderung: *Çetin Abi, darf ich das auch machen?*

Klar, komm und setz dich zu mir.

Sie spielten stundenlang mit Legos. Ahmet langweilte sich und setzte sich vor den Fernseher.

*

Çetins Besuch hatte Petra kaum beeindruckt. Ihre größte Angst waren Männer, besonders dunkelhäutige Männer mit Schnurrbärten. Wenn sie solche sah, dann verkroch sie sich in ihr Zimmer und schloss ihre Türe von innen ab. Die Psychologen hatten in Dutzenden Einzel- und Gruppentherapiesitzungen versucht, ihre Vergangenheit aufzuarbeiten, was ihnen jedoch nicht gelungen war. Sobald irgendein Gespräch bezüglich ihrer Vergangenheit begann, verschloss sie sich in einen unsichtbaren Panzer, stockte und zog es vor, nicht mehr zu sprechen. Ein wichtiger Teil der Therapie in der Klinik war das Malen und Gestalten von Skulpturen, wobei sie dann immer das Thema eines kleinen Kindes wählte. Die Pflegerinnen hatten sie tagelang vergeblich beobachtet, in der Hoffnung auf eine Veränderung.

Aber es gab keinen Unterschied, bis auf ein kurzes Schimmern in ihren Augen am ersten Tag. Einer der Psychologen fragte Çetin, als er gehen wollte: *Was habt ihr mit deiner Mutter am meisten gespielt, als du noch klein warst?*

Çetin antwortete, ohne lange nachzudenken: *Ich mochte liebend gern Lego spielen. Meine Mutter spielte mit mir stundenlang mit Legos, wie ein kleines Kind.*

Wenn du dich daran erinnern kannst, was es für Legos waren, dann bring diese das nächste Mal auf jeden Fall mit.

Ja gut, das werde ich mitbringen. Wir mochten am liebsten Häuser bauen und so eine Windmühle mit drehenden Flügeln, die mochte meine Mutter sehr.

Wenn du das nächste Mal kommst, versuche, mit ihr mit diesen Steinen eure alten Spiele zu spielen.

Gut, ich werde sie sicher mitbringen.

Eine Woche lang hatte er seine Mutter nicht besucht. Die Psychologen hatten davon abgeraten, sie in kurzen Abständen zu besuchen, da dies nicht förderlich sei. Diese Woche hatte Çetin schwer durchgehalten. Er kam in die Klinik mit einer Kiste mit Legos und einem kleinen Blumentopf mit violetten Veilchen, die seine Mutter so liebte. Die Psychologin, die seine Mutter betreute, sagte zu ihm: *Lass dir Zeit. Ich werde nicht dabei sein. Ich werde ihr mitteilen, dass du da bist, und das Zimmer verlassen. Ich werde die Reaktion deiner Mutter durch den Türspalt beobachten.*

Dann sagte sie: *Petra, Ihr Sohn ist gekommen, um Sie zu sehen.* Und verließ den Raum. Çetin legte die Sachen, die er in der Hand hielt, auf dem Nachttisch neben dem Bett ab.

Als ich klein war, mochtest du diese violetten Veilchen sehr. Schau, ich habe welche mitgebracht.

Petra schaute die Veilchen an, während sich in ihrem Gesicht ein unscheinbares Lächeln bemerkbar machte. Diese Frau, die eigentlich fast nie sprach, sagte: Danke. Die Psychologin, die das Geschehen durch den Türspalt beobachtete, merkte sofort, dass dieser Dank nicht nur eine kleine Floskel war. Petra hatte seit ihrem Aufenthalt in der Klinik vielleicht zum ersten Mal von Herzen „Danke" gesagt und dabei sogar gelächelt.

Çetin setzte sich auf den Boden und nahm die Legosteine aus dem Karton heraus: *Ich werde jetzt mit diesen Legosteinen eine Windmühle bauen. Möchtest du mir dabei helfen?*

Petra hatte noch den Blumentopf mit den Veilchen in der Hand und beharrte darauf, ihm weiter zuzusehen. Çetin machte absichtlich Fehler. Petra, die zu Beginn nur zugesehen hatte, bemerkte, dass Çetin den Motor der Windmühle an einer falschen Stelle befestigte und rief: *Falsch. Das ist falsch.* Diesmal wollte Çetin den Motor an einer anderen Stelle festmachen. Jedoch konnte der Motor nicht mit den Flügeln Schritt halten. Er machte dies absichtlich so und erwartete, dass Petra eingriff. Die Psychologin, die sie durch den Türspalt weiter beobachtete, machte Gesten, dass er weiter machen solle.

Als Çetin wieder ein paar Mal Fehler machte, hockte sich Petra zu ihm nieder, befestigte den Motor an der richtigen Stelle, richtete sich auf und beobachtete ihn weiter.

Çetin vervollständigte daraufhin schnellstens die Windmühle und drückte auf den Schalter des Motors. Die Flügel begannen sich zu drehen. Petra begann zu klatschen, mit einem innigen Lächeln auf den Lippen und rief: *Bravo, gut gemacht.* Petra stellte die Windmühle, deren Flügel sich drehten, auf den Tisch und beobachtete sie weiterhin.

Die Psychologin trat ein und durchforschte aufmerksam Petras Gesicht. Sie hatte sie während ihres Aufenthaltes in der Klinik noch niemals so gesehen. Zum ersten Mal erhellte sich ihr Gesicht mit einem innigen Lächeln. *Petra, können Sie sich an Ihren Sohn Ali erinnern?*

Die Frau schaute ihn gründlich an und schüttelte verneinend ihren Kopf.

Und dieses Spielzeug? Hatten Sie damit nicht früher mit Ihrem Sohn gespielt?

Petra begann auf einmal zu reden: *Doch, mein Sohn war winzig klein, er legte sich auf meine Brust und schlief ein.*

Schau genau hin, dieses Kind ist dein Sohn, der sich auf deine Brust legte.

Petra schrie: *Nein, nein!* und gab seltsame Laute von sich. Dann wurde sie schweigsam, kauerte in einer Ecke ihres Bettes und schaute voller Angst in ihre Umgebung. Sie wiederholte ständig: *Er war so winzig klein, mein Sohn.* Die Psychologin deutete Çetin, aus dem Zimmer zu gehen:

Mach dir nichts draus, dass sie schreit. Das ist ein gutes Zeichen. Auch wenn sie sich nicht an dich erinnert hat, hat sie sich doch an das Spielzeug erinnert. Bleibe erst einmal ein paar Wochen fern. Wir werden die Entwicklungen intensiv beobachten. Dann werden wir dir alles erzählen.

Çetin wusste nicht genau, ob er sich über die Worte der Psychologin freuen oder traurig sein sollte. Trotz allem freute er sich, dass seine Mutter eine, wenn auch kleine, Verbindung zur Vergangenheit aufbauen konnte.

Sie wird mich gewiss irgendwann wiedererkennen. Wer weiß, was der Mann, der sich mein Vater nannte, ihr alles angetan hat, nachdem er mich ins Dorf gebracht hatte. Meine Mutter musste wohl mit gewaltigen Ängsten gelebt haben.

Als er ins Heim zurückkehrte, war es schon fast Abend. Es wurde noch nicht gegessen. Abdi, der erzählt hatte, dass er Kindssoldat war, schmiegte sich an ihn und fragte flüsternd: Hast du Geld?

Was geht dich das an, verzieh dich! schrie Çetin. Abdi stand ihm immer noch gegenüber und drohte: *Her damit, wenn kein Geld, dann Schläge.*

Bevor er jedoch noch weitersprechen konnte, schnellte Çetin in die Höhe und ballte seine Hände zur Faust: *Na los, dann komm.*

Abdi hatte mit dieser Reaktion von Çetin, der weitaus kleiner war als er, nicht gerechnet. Er wusste nicht, was er machen sollte. Hamza, der den Lärm gehört hatte, kam Gott sei dank rein und fragte, was los sei. Da Çetin wusste, dass Erwachsene keine Verräter mochten, blieb er still. Aber eines der Kinder erzählte, was Abdi gesagt hatte, und fügte hinzu: *Sie wissen ja, Herr Hamza, dass dies nicht das erste Mal ist.* Abdi schaute das Kind böse an. Hamza sprach laut und langsam: *Das ist das letzte Mal, Abdi, hast du mich verstanden? Wenn noch einmal so etwas passiert, dann fliegst du hier raus!*

Und er wiederholte ein paar Mal: *Verstanden, capito??* Abdi gab keinen Ton von sich. Diesmal schrie Hamza: *Hast du das verstanden? Antworte mir!* Abdi antwortete diesmal: *Ja, verstanden. Und verließ das Haus.*

Ali, ich hatte schon erwähnt, dass dieser Jugendliche aggressiv ist. Wenn er noch einmal so etwas machen sollte, dann kommst du sofort zu uns und teilst uns das mit. Mache nichts auf eigene Faust, ist das klar?

Gut, Hamza Abi, ich werde vorsichtig sein.

Ich weiß gar nicht, wie ich mit einigen von den Jungs klar kommen soll. Der eine will Geld, der andere will, dass ich mit ihm bete, grübelte Çetin. Er zog sich in sein Zimmer zurück und begann ein Buch zu lesen, welches er in der kleinen Bibliothek in der unteren Etage gefunden hatte. Wenn nur die Schule schnell beginnen würde, dann würde ich die seltsamen Kinder noch seltener sehen, waren seine Überlegungen, als er wieder einschlief.

Einen Tag später gingen sie gemeinsam mit Hamza zur Schule und meldeten ihn an. Nach zehn Tagen sollte die Schule beginnen. Çetin kehrte wieder zum Heim zurück mit den Gedanken: *Mal schauen, was mich hier in dieser Schule alles erwartet.*

*

Für die Leute im Kavak war die Trennung von Çetin sehr schwer. Besonders für Berfin, hatte sie doch in der Schule noch keine Freundschaften geschlossen. Sie machte ihre Schularbeiten, spazierte eine Weile an der Uferpromenade, kam dann anschließend wieder nach Hause, um sich still in ihr Zimmer zu verkriechen. Sie träumte immer von früher: *Wäre Çetin Abi jetzt hier, hätten wir zusammen Deutsch geübt. Dann würden wir ans Ufer gehen. Er würde für mich von der Rinde der großen Tannenbaumstumpfen ein Segelboot schnitzen. Sein erstes Segelboot zu schnitzen hatte Tage gedauert. Mit seinem Taschenmesser höhlte er die Rinde aus und schnitzte ein Boot, wo man sogar die Sitzplätze sehen konnte. Zum Schluss bohrte er zwei Löcher, in die er zwei Stäbe reinsteckte und an die er dann ein Segel spannte. Leider konnte ich nur zwei Tage mit dem Segelboot spielen. Als ich es im Meer schwimmen ließ, entglitt mir die Schnur aus der Hand, und mein schönes Boot verschwand im Bosporus. Aber er hatte sofort noch eins geschnitzt. Auch das habe ich verloren. Aber Çetin Abi war nie böse und hatte mir immer wieder neue Boote gemacht.*

Nicht nur für Berfin, sondern auch für die Großmutter, für den Großvater, Fuat, Ayse und sogar für die Fischer im Kavak bedeutete Çetins Weggang ein großer Verlust. Die Großmutter ging auch nicht mehr zum Einkaufen in die Stadt, um für Çetin seine Lieblingsspeisen zu kochen. Sie kehrte zu ihren alten Tagen zurück und wurde wieder schweigsam. Auch Fuat, mit dem es der Großvater sehr mochte, sich zu unterhalten oder Backgammon zu spielen, kam nicht mehr so oft in ihr Haus. Als Çetin noch beim Großvater lebte, war er jedoch oft vorbeigekommen, mit Paketen voller Lebensmittel und kleinen Geschenken für Berfin, und hatte alle erfreut. Auch wenn Fuat noch den „Meeresdämonen" in sich fühlte, hatte sich doch eine Kluft zwischen ihm und dem Meer, der

Fischerei gebildet, nachdem Çetin fortgegangen war und Berfin ins Wasser gefallen war.

Er hatte begonnen, oft darüber nachzudenken, ob es wohl eine andere Arbeit gibt, mit der er sein Brot verdienen kann. Sogar Ayse begann darüber nachzudenken, was sie machen konnte, um nicht immer zwischen Meer, Fisch und Boot festzusitzen. Schließlich entschloss sie sich, eine Friseurlehre zu machen und setzte diesen Entschluss auch gleich in die Tat um.

Großmutter dachte Tag und Nacht über die Zukunft von Berfin nach. Es war offensichtlich, dass dieses Kind hier in der Türkei und in Istanbul ersticken würde. In der Schule hatten die Probleme schon begonnen. Auf die Frage des Lehrers: Wo sind deine Eltern? hatte sie ohne groß darüber nachzudenken geantwortet: In den Bergen. Die Lehrerin Ülkü war sehr verblüfft und dachte: Gott sei Dank war sonst niemand dabei. Die Lehrerin, die Berfin sehr mochte und sie wegen ihrer Einsamkeit und ihrer Ausweglosigkeit bemitleidete, nahm sie zur Seite und ermahnte sie:

Du hast es mir zwar gesagt, aber bitte sag niemanden, dass deine Eltern in den Bergen sind, klar?

Berfin wollte es einfach nicht verstehen: *Aber warum denn, liebe Lehrerin, ist es schlimm, in den Bergen zu sein? Unsere ganzen Verwandten, Großmutter und Großvater, alle lieben sie sehr. Sie sagen ‚wenn sie nicht in den Bergen wären, könnten wir nicht sagen, dass wir Kurden sind. Ist es denn schlimm zu sagen, dass wir Kurden sind?* Sie öffnete sich der geliebten Lehrerin und stellte Fragen über Fragen, ohne eine Pause zu machen.

Du bist zu klein, das zu verstehen. Du bist eine sehr gute und ehrliche Schülerin, lasst uns diese Dinge später besprechen, wachse erst mal ein bisschen, gut?
Immer dasselbe...

Berfin hatte angefangen zu weinen. Schluchzend fragte sie weiter: *Egal wen ich frage, ob ich Fuat Abi, Çetin Abi oder sogar meine Großmutter frage, alle sagen sie ‚später'. Warum? Warum nicht jetzt, liebe Lehrerin, warum denn später?*

Die Lehrerin befeuchtete ihr Taschentuch mit dem Wasser in der Karaffe und sagte: *Komm, wisch dein Gesicht ab. Wenn sie dich so sehen, werden sie wieder Fragen stellen. Ich verspreche es dir, ich werde dir später alles erklären. Versprochen? Schwör auf den Koran.*

Die Lehrerin musste lachen und innerlich dachte sie: *Ich mag dieses hübsche naive Mädchen.*

Ich schwöre auf den Koran. Und nun geh nach Hause.

Berfin ging nach der Schule nach Hause, aber sie ging nicht mehr wie früher, hüpfend mit hin und her schaukelnden Zöpfen. Sie lief mit gesenktem Kopf, darauf achtend, dass niemand ihre heimlichen Tränen und ihre Trauer sehen konnte.

Ülkü, die Lehrerin, war noch sehr jung. Nachdem sie ihre Ausbildung absolviert hatte, hatte sie drei Jahre in Siirt gearbeitet. Als ein junges Mädchen, deren Augen nicht blind und Ohren nicht taub waren, konnte sie sehr wohl verstehen, wie die Lage war. Sie hatte sehr gut verstanden, warum diese blutjungen Menschen in die Berge gingen. Auch wenn sich diese Berge innerhalb der türkischen Grenzen befanden, war dies doch eine andere Welt. Auf der Straße, in den Läden, wo sie einkaufte, bei den Gesprächen mit den Eltern ihrer Schüler, hatte sie schnell verstanden: Auch wenn sie es nicht offen aussprachen, keiner von ihnen mochte den Staat, die hier stationierten Soldaten, die diesen Staat vertraten oder die Polizei. Nicht nur gegen diese hatte man eine große Abneigung, sondern auch gegenüber Richtern, den Staatsanwälten und vielen Beamten.

Diese Menschen waren voller Schmerz, sehr tief war ihr Schmerz, vor allem der Schmerz der Mütter. Die meisten ihrer Angehörigen oder Kinder waren entweder gestorben oder in Gefängnissen. Wie sollten sie diesen Staat lieben?

Drei Jahre lang hatte sie alles gegeben, den Kindern in der Schule zu helfen. Gleichzeitig, um sich zu schützen, handelte sie so, dass sie ihre Gedanken nicht offenbarte, da sie Angst hatte, denunziert zu werden. Ihr war durchaus bewusst, dass dieses Verhalten verräterisch war und versuchte sich zu trösten mit dem Gedanken: Es gibt keine andere Wahl.

Sie hatte sich in den Eigentümer des einzigen Buchladens der Stadt, in Ferda verliebt. Ferda hatte sich auch in sie verliebt. Auch diese Liebe mussten sie geheim halten, und zwar ungemein geheim. Wie oft kam er in Untersuchungshaft, indem entweder Bücher, die er verkauft hatte oder Jugendliche, die in seinem Laden eingekauft hatten, als Vorwand genannt wurden. Ferda war ein intellektueller Mensch, dessen Augen voller Glanz waren. Er studierte Innenarchitektur. Er konnte jedoch keinen Abschluss erlangen. Er wurde mehrmals wegen gegenstandslosen nichtigen Gründen festgenommen und gefoltert. Als ihm dann einleuchtete, dass die Lage aussichtslos war, hatte er entschieden, wenigstens unter seinen Landsleuten zu sein und eröffnete einen Buchladen in Siirt.

Sie trafen sich, als seien sie Mitglieder einer illegalen Organisation. Selbstverständlich fanden diese Treffen außerhalb von Siirt in anderen Städten statt. Beide waren sich bewusst, dass es unmöglich war, dass diese Beziehung mit einer Heirat enden würde, und begnügten sich damit, den Augenblick zu genießen. Als Ülkü nach Istanbul versetzt wurde, war Ferda gerade wieder inhaftiert, was so oft geschah, dass er deren Anzahl selbst vergessen hatte. Sie trennten sich, ohne sich zu verabschieden oder sich zu küssen.

Auch wenn diese Trennung schwer war, Ferda hatte darauf bestanden. Ülkü hatte erfahren, dass Ferda nach Kandil gegangen war, als er aus dem Gefängnis heraus kam.

Sie dachte: *Auch das ist mir recht, wenigstens lebt er noch.*

An dem Abend des Tages, als sie mit Berfin in der Schule gesprochen hatte, ging die Lehrerin Ülkü, nachdem alle weg waren, zu Berfin und klingelte an der Tür. Großvater machte die Tür auf und rief: *Oh, herzlich willkommen, liebe Lehrerin! Berfin, schau, deine Lehrerin ist da, komm schnell und küsse ihre Hand. Ülkü ließ sich ihre Hand nicht küssen, eine Umarmung reichte ihr. Die Großmutter jedoch war misstrauisch gegenüber diesem späten Besuch. Sie beharrte aber darauf, dass sie mitaß. Ich habe keinen Hunger, aber ich trinke gerne einen Tee.*

Großmutter bereitete Tee vor. Dann sagte sie: Komm her, Berfin, lasst uns reden. Dann erzählte sie von dem Gespräch in der Schule und sprach das Thema „Berg" an.

Ich habe sie ernsthaft ermahnt, aber bitte redet auch ihr mit ihr. Sie darf nicht in aller Öffentlichkeit erzählen, dass ihre Eltern in den Bergen sind. Sie wissen, ich habe in Ihrer Region als Lehrerin gearbeitet. Ich weiß, was dort passiert. Aber in dieser Schule gibt es außer mir auch andere Lehrer. Wenn ihnen das zu Ohren kommt, könnten sie sie sehr schlecht behandeln. Sie muss vorsichtig sein. Ist das klar, Berfin?

Ja, Frau Lehrerin, entgegnete sie. Aber sie wusste immer noch nicht, warum sie das verschweigen sollte. Denn ihre Verwandten und Bekannten waren nicht böse, dass ihre Eltern in den Bergen waren, sondern ganz im Gegenteil, sie waren sogar stolz darauf und hatten noch mehr Zuneigung Berfin gegenüber.

Nachdem die Kaffee- und Teerunde zu Ende war, schickten sie Berfin auf ihr Zimmer und redeten lange über die Stadt Siirt, wo

Großmutter und Großvater aus einem der Dörfer herkamen, die in Schutt und Asche gelegt worden waren. Nachdem die Lehrerin das Haus verlassen hatte und Berfin eingeschlafen war, fingen der Großvater und die Großmutter an, flüsternd zu diskutieren.

Die Großmutter meinte: *Ach, Mann, so kann es nicht weiter gehen, hier gibt es keine Ruhe.*

Wir haben den Zug verpasst, aber was kann das unschuldige kleine Nesthäkchen dafür? Wenn du mich fragst, wir sollten Berfin auch nach Deutschland schicken. Dort hat sie viele Bekannte, Onkel mütterlicher und väterlicherseits. Vielleicht wird sie es am Anfang schwer haben, aber nachdem sie dann die Sprache und die Kultur kennen gelernt hat, wird es, davon bin ich überzeugt, viel besser als hier sein. Du siehst ja, wenn es so weiter geht, wird sie in der Schule Ärger bekommen.

Du hast Recht, antwortete der Großvater. *Du hast zwar Recht, aber glaubst du, sie wird das akzeptieren? Und wenn sie zustimmt, werden wir einen Weg finden?*

Das werden wir schon, mach dir keine Sorgen, nicht wir werden einen Weg finden, sondern die in Deutschland. Bisher wurden Dutzende von Kindern dorthin geschickt, man hat immer eine Lösung gefunden. Später kehren wir dann in unser Dorf zurück. Ich möchte nicht hier sterben.

Ja aber wie sollen wir dort auskommen? Wir haben kein Hab und Gut mehr.

Du, Mann, du hast immer Angst gehabt, aber wie du siehst, kann Angst nicht vor dem Tod bewahren. Wir bauen ein Heim mit einem Zimmer, einem Dach über dem Kopf. Eine Kuh, zwei Schafe...

Ja und was werden die Soldaten dazu sagen?

Das werden wir schon sehen, wenn wir da sind. Lass diese Vorwände, wir müssen so schnell wie möglich, morgen, mit Berfin sprechen.

Entgegen ihren Befürchtungen konnten sie Berfin recht leicht überzeugen. Besonders als sie sagten: *Vielleicht kannst du bei Çetin Abi sein,* da hatte sie sofort zugestimmt. Von hier ab war alles einfacher. Sie kontaktierten ihre Verwandten in Köln und Nürnberg und schilderten die Situation. Diese hatten sich bereits an die Gerichte gewandt, um Berfin in ihr Familienstammbuch eintragen zu lassen. Es war nicht leicht, aber nach ein paar Monaten waren die Formalitäten erledigt und Berfin wurde in das Familienstammbuch einer bekannten Familie aus Nürnberg eingetragen und kam nach Deutschland.

*

Als der Großvater und die Großmutter in ihr niedergebranntes Dorf zurückkehrten, trafen sie dort ein anderes älteres Ehepaar, welches auch zurückgekehrt war. Mit Hilfe ihrer Verwandten in Lice reparierten sie einen Teil ihres alten Hauses, bauten auch einen kleinen Stall und kauften zwei Schafe und eine Kuh.

Von ihrem alten Dorf war kaum noch etwas übrig geblieben. Vor fünf Jahren war dies ein hübsches kleines Dorf gewesen. Das Umland strotzte vor Grün, die umliegenden Berge zierten viele verschiedene Baumarten. Aus dem Bach des Dorfes floss eiskaltes Wasser das ganze Jahr lang, der Lärm spielender Kinder vermischte sich mit dem Mähen der Schafe. Nun war das Dorf eine einzige Ruine.

Es gab kein einziges Haus, von dem nicht mindestens ein paar Wände niedergerissen worden waren. In den ersten Tagen stand die Großmutter recht früh auf und spazierte durch das Dorf, in der Hoffnung, die alten Farben und Gerüche wiederzufinden. Noch mehr als die zertrümmerten Häuser taten ihr die alten Bäume leid, deren Stämme vom Feuer noch rabenschwarz waren.

Es gab durchaus auch Vorfälle, die sie hoffnungsvoll in die Zukunft blicken ließen. Obwohl der Wald niedergebrannt worden war, begann sich dort langsam wieder Grünes zu regen, aus Trotz gegen die Naturschänder. Auch wenn es wenig war, der Bach im Dorf begann zu fließen. Als dann die kaputten Kanalrohre, die das Wasser sammelten und in das Dorf zuleiteten, ausgetauscht wurden, kam auch mehr Wasser. Die älteren Männer von den zwei bis drei Familien, die ins Dorf zurückgekehrt waren, hockten sich nebeneinander an Wänden, ihre Gesichter der Sonne zugewandt, und unterhielten sich, wie sie es früher getan hatten. Leider war ihre Unterhaltung nicht so fröhlich wie früher.

Oft gingen ihnen die Worte aus, und so hockten sie schweigsam beieinander. Die Frauen dagegen, insbesondere die Großmutter, arbeiteten ununterbrochen. Von Sonnenaufgang bis Sonnenuntergang gab es immer etwas zu tun. Die aktiven verantwortlichen Behörden, die mitbekommen hatten, dass es einige Rückkehrer gab, standen bald vor der Tür:

Von wem haben Sie die Erlaubnis erhalten, in dieses Haus zu ziehen?

Die Großmutter hatte die Tür geöffnet. Sie hatte zwar verstanden, was der Hauptmann ihr gesagt hatte, zog es aber vor, nicht auf Türkisch zu antworten. Auf Kurdisch rief sie nach ihrem Mann:

Komm mal her, Mann, hör dir mal an, was dieser Mann hier sagt.

Der Großvater versuchte, seiner Stimme einen möglichst sanften Tonfall zu geben:

Ja, bitte Herr Kommandant!

Der Hauptmann wiederholte das, was er bereits der Großmutter gesagt hatte.

Dieses Haus gehört uns, Herr Kommandant. Wir haben es von unseren Großeltern geerbt. Als die Dörfer niedergebrannt wurden, mussten wir weg. Es war aber unmöglich, woanders zu leben. Deswegen kamen wir zurück, reparierten das Haus ein bisschen und zogen ein. Wir haben eine Kuh und zwei Schafe. Mit der Unterstützung von Verwandten und der Hilfe von Gott werden wir durchkommen, mein Sohn.

Zuerst einmal muss ich klarstellen, vor vielen Jahren wurde euer Dorf niedergebrannt, aber von wem?

Der Großvater verstand, dass er so tun musste, als wüsste er nicht, von wem.

Wer hat es niedergebrannt Herr Kommandant?

Wer sollte es schon niedergebrannt haben? Natürlich die Terroristen. Wie dem auch sei, hört mir gut zu. Wenn ihr schon keinen Ort habt, wo ihr sonst hingehen könnt, dann bleibt vorerst hier. Wenn ich aber höre, dass ihr den Terroristen helft, noch die kleinste Unterstützung leistet, oder wenn ich höre, dass Terroristen ins Dorf kommen, dann kenne ich kein Pardon. Egal wie alt du bist, du kommst direkt in das Gefängnis. Merk dir das. Und noch etwas: Wenn ihr sie hier seht, dann geht gleich zum nächsten Revier und denunziert sie. Verstanden?

Verstanden, Herr Kommandant. Wir sind beide nicht mehr die Jüngsten. Was sollen wir schon zu tun haben mit Terroristen.

Väterchen, wir wissen alles. Ich erlaube es euch nur, weil ihr so alt seid. Also, wir gehen jetzt.

Herr Kommandant, Sie sind so einen weiten Weg hergekommen, trinken Sie doch wenigstens einen Kaffee.

Wir haben keine Zeit, Väterchen, ein anderes Mal. Wir werden eh oft vorbeikommen.

Als der Hauptmann die armselige Situation der beiden Alten sah, nutzte er seine Eigeninitiative und erlaubte ihnen, im eigenen Haus zu bleiben. Er wusste, dass ihre Kinder in den Bergen sind. Als er das Dorf verließ, dachte er: *Hoffentlich bekomme ich deswegen keinen Ärger.*

*

Çetin hatte es sich zur Gewohnheit gemacht, jeden Morgen nach dem Frühstück in den naheliegenden Wald zu gehen, zuerst zu joggen und anschließend Fitnessübungen zu machen. Während er lief, fühlte er, wie ihn jemand in den Rücken stieß und drehte sich um. Kaum hatte er sich umgedreht, bekam er einen Fausthieb und fiel auf den Boden. Abdi war es, der ihn schlug. In schlechtem Deutsch sagte er: Du Geld haben und mir geben Und rannte schnell weg.

Çetin lief sofort zum Heim zurück. Kaum sah er in den Spiegel, bemerkte er die Verfärbungen im Gesicht. Am Nachmittag wollten Onkel Hasan und Ahmet kommen. Seine Schmerzen waren ihm egal. Er dachte darüber nach, was er ihnen sagen sollte. Während er sein Gesicht im Spiegel betrachtete, kam eine Weile später Hamza dazu und stellte sich hinter seinen Rücken:

Was ist los, Ali? Wenn du willst, können wir einen Arzt rufen. Die blauen Flecken in deinem Gesicht sehen nicht besonders gut aus.

Beim Joggen im Wald bin ich hingefallen, Hamza Abi. Wenn ich eine Kompresse aus Eis mache, wird es im Nu besser.

Das sieht nicht danach aus, als wärst du hingefallen. Oder hat der Halunke Abdi dich angegriffen?

Nein, Abi, ich bin selbst hingefallen.

Onkel Hasan und Ahmet, die am Nachmittag kamen, glaubten

ihm auch nicht so recht.

Oder hat das eines der anderen Kinder gemacht? Sag' die Wahrheit, denn wenn es wahr ist, dann wird es seine Strafe bekommen.

Çetin verneinte beharrlich.

Nein, Onkel Hasan, beim Joggen im Wald bin ich gestolpert und hingefallen.

Es war Wochenende. Er blieb zwei Tage bei seinem Onkel. Dank der Behandlungen seiner Tante waren die Schwellungen in seinem Gesicht fast verschwunden.

Als er im Heim ankam, fragte Abdi, so dass es alle hören konnten:

Oh, dein Gesicht ganz schlecht, was passiert?

Als er antwortete, *nichts, ich bin gefallen,* lächelte Abdi gemein:

Gute Besserung, vorsichtig sein!

Ein paar Tage später lauerte Çetin Abdi eines Abends in einer einsamen Ecke, wo sie niemand beobachten konnte, auf und verhaute ihn. Abdi, der so etwas nie erwartet hatte, war erschüttert. Da er niemals erwartet hatte, dass Çetin so stark ist, konnte er noch nicht mal seine Hand rühren. Çetin wusste aus eigener Erfahrung aus Istanbul und aus dem Dorf zu gut, dass Gewalt die einzige Sprache ist, die diese Kinder verstehen, obwohl er Gewalt hasste.

Abends im Heim hatte Hamza, der Abdis Gesicht sah, sofort verstanden, was passiert war:

Was ist, Abdi, bist du auch so hingefallen wie Ali und hast dein Gesicht verletzt?

Die anderen Kinder lachten. Alle konnten sich denken, was passiert war, und freuten sich innerlich. Abdi sagte kein Wort, schloss

sich in sein Zimmer ein und sprach nur mit jemandem, wenn es notwendig war. Außer Abdi waren alle anderen Kinder im Heim recht vernünftig. Sie wollten so schnell wie möglich Deutsch lernen, ihre Schule beenden und einen Beruf erlernen. Die meisten träumten natürlich von ihren Herkunftsländern, die sie verlassen hatten, und von ihren Familien. Einige konnten sogar den Kontakt zu ihren Familien halten. Sie telefonierten oft mit ihren Familien, die sich in der Türkei oder in Griechenland aufhielten.

Es waren die Tage, als der Ministerpräsident der Türkei bekannt machte, dass Kobane jeden Augenblick fallen könnte. Das einzige Thema der aus Syrien auf abenteuerliche Weise geflüchteten kurdischen Jungs waren Rojava und Kobane.

Agir war einer der vernünftigen Kinder im Heim. Er war seit eineinhalb Jahren in Deutschland. Er hatte relativ schnell Deutsch gelernt und ging auch auf eine weiterführende Schule. Er interessierte sich am meisten für die Syrien Frage. Da Hamza wusste, wie interessiert die Kinder waren, brachte er in diesen Tagen deutsche Zeitungen und Magazine wie den Stern mit, die diese Themen als Schlagzeilen hatten.

Agir war auch eines der Kinder im Heim, die Çetin am meisten mochte. In diesen Tagen der flammenden Debatten sprachen die Kinder aus Syrien kurdisch oder arabisch. Çetin wollte verstehen, aber sein Kurdisch reichte dazu nicht aus. Agir fragte Çetin:

Du bist doch auch teilweise Kurdisch. Willst du Kurdisch lernen?

Ja, natürlich würde ich das gerne, aber wie soll das gehen? fragte Çetin.

In Deutschland haben die Kurden in jeder Stadt einen Verein. Auch in Köln gibt es einen Verein. Ich gehe manchmal dorthin. Dort geben sie auch Kurdisch-Unterricht. Wenn du willst, kann ich dich da mal mitnehmen.

Ohne Zeit zu verlieren, gingen sie gleich am nächsten Tag dorthin. Die Leute im Verein empfingen Çetin mit großer Herzlichkeit. Sie hatten ihm zugesichert, dass sie ihm bei allen möglichen Problemen helfen werden, er solle alles offen ansprechen. Als Çetin dann offenbarte, dass er Kurdisch lernen wollte, zeigten sie noch größeres Interesse, sie schrieben ihn in den jedem zugänglichen öffentlichen Kurs ein und versprachen ihm auch parallel Privatunterricht zu geben. Schon am nächsten Tag begann er mit dem Kurs.

Agir meinte: *Sie kümmern sich hier großartig um uns, aber ich fühle mich nicht besonders entspannt. Ich möchte nach Syrien, nach Kobane. Dort gibt es viel zu tun. Hier leben wir wie die Parasiten. Die großen Brüder im Verein meinten, dass sie mir helfen werden hinzufahren.*

Ist ja alles schön und gut, aber wie willst du denn hin? Wird das nicht schwierig?

Die großen Brüder im Verein meinten, sie würden alles organisieren, und ich solle mir keine Gedanken machen. Ich vertraue ihnen.

Gib' mir Bescheid, wenn du etwas brauchst. Genier dich nicht, ich werde alles tun, was in meiner Macht steht.

Danke, ich brauche nichts. Die großen Brüder im Verein meinten, ich solle meine Sachen in einen kleinen Koffer packen, das wäre alles.

Agir, ich habe Geld gespart. Ich könnte dir drei bis vierhundert Euro geben.

Ich habe auch etwas Geld, aber sie meinten, dass ich kein Geld brauche.

Auch wenn Çetin darauf bestand, konnte er Agir nicht dazu bewegen, sein Geldangebot anzunehmen. Nach zwei Wochen kam Agir zu Çetin und erzählte ihm, dass er am nächsten Tag verreise und gekommen sei, um sich zu verabschieden. Er solle

aber niemandem etwas sagen. Zwei Tage später verschwand er tatsächlich. Vielleicht wusste Hamza auch Bescheid. Damit die Verantwortlichen keine Probleme machen konnten, informierte er erst nach zwei Tagen die Behörden, dass Agir nicht in das Heim zurückgekommen sei.

*

Wie jeden Tag war er auch heute vor dem Frühstück etwas joggen, dann machte er einen Spaziergang im Wald. Ihn beschäftigte eine ihm bisher unbekannte Frage. Er hatte sich, weder als er noch bei seiner Mutter wohnte, noch als er bei seiner Großmutter im Dorf war und auch nicht, als er bei Fuat war, diese Frage gestellt: „Wer bin ich?" Aber seitdem er in diesem Jugendheim war, stellte er sich oft diese Frage. Er fragte sich das, weil jedes Kind im Heim eine Identität hatte. Einige sagten, dass sie Afghane seien. Andere sagten nur, dass sie Moslem, aber gleichzeitig auch Kurde seien. Çetin, der sich jeden Tag mit ihnen unterhielt, stellte sich notgedrungen die Frage, wer denn er selbst sei.

Das Beste ist, ich spreche mit Hamza, dachte er, um sich nicht noch weiter mit der Frage auseinanderzusetzen.

Er mochte diesen Wald, in dem er jeden Morgen spazieren ging. Wenn er die grünen Bäume, den Bach mit dem klaren Wasser, die Enten und die Wiesen betrachtete, dachte er an das Dorf.

Er dachte an das Dorf, das außer ein paar Dutzend Bäumen nichts Grünes zu bieten hatte, nur braune Erde überall, im Sommer immer staubig und im Winter voller Schlamm.

Warum ist das so, fragte er sich. Ist das so anders, weil es in Deutschland so viel regnete?

Aber Regen kann doch nicht der einzige Grund sein. Sogar dieser Pfad mitten im Wald ist sauber, man sieht weder Staub noch Schlamm. Ich kehre am besten sofort ins Heim zurück und spreche mit Hamza Abi.

Das Frühstück im Heim war schon vorbei. Hamza hatte die Gruppe um sich versammelt und erzählte ihnen etwas über Deutschland. Çetin meinte:

Können wir nachher sprechen, wenn du Zeit hast, Abi?

Meine Arbeit ist schon längst getan, Ali, deine Freunde wollten gerade raus. Komm und setze dich zu mir, lasst uns reden.

Nachdem die anderen weggegangen waren, stellte er die Fragen, die ihn beschäftigten:

Hamza Abi, wer bin ich?

Was soll diese Frage, Ali?

Also bin ich Deutscher? Bin ich Türke, bin ich Kurde, bin ich Moslem oder Christ?

Ali, schau, wenn wir deine Papiere betrachten, bist du Deutscher. Meiner Meinung nach ist es nicht von Bedeutung, was auf den Papieren steht. Du bist derjenige, als der du dich fühlst. Wenn du dich wie ein Deutscher fühlst, dann bist du Deutscher, wenn du dich als Christ fühlst, dann bist du Christ.

Ich fühle mich wie ein Deutscher. Mein Vater war Kurde, aber er ist gestorben. Meine Mutter ist Deutsche. Aber muss ich Christ oder Moslem sein?

Natürlich nicht, wir sind hier in Deutschland. Du kannst sagen „Ich bin religionslos". Das ist alles, niemand kann sich einmischen.

Ok, wenn ich Deutscher bin, Hamza Abi, warum bin ich dann hier? Ich bin kein Asylant. Ich bin hier in diesem Land geboren. In die Türkei ging ich gegen meinen eigenen Willen. Mein Vater hat mich gezwungen. Warum muss ich hier bleiben?

Du hast Recht Ali, ich denke auch darüber nach. Aber ich verspreche es dir, ich werde möglichst bald zum Jugendamt gehen und deine Situation besprechen.

Wenn du mich fragst, solltest du eigentlich nicht hier bleiben. Wer weiß, vielleicht haben sie einen Fehler gemacht.

Danke Abi, es wäre gut, wenn wir eine Lösung finden, bevor die Schule beginnt.

*

Als Çetin wieder das Heim verließ, um seinen morgendlichen Sport zu betreiben, sah er, dass einige Kinder besonders samstags und sonntags Zeitungen in Briefkästen einwarfen. Statt so nichts tuend herumzusitzen könnte ich auch Zeitungen austragen und etwas Geld verdienen. Vielleicht kann meine Mutter das auch gebrauchen.

Er näherte sich einem Kind, das gerade Zeitungen in die Briefkästen steckte, und fragte :

Ich würde auch gerne Zeitungen austragen. Wo bekommst du sie her?

Aus der Druckerei, aber du kannst das nicht, wenn du kein Fahrrad hast.

Çetin fiel ein, dass vor dem Heim drei Fahrräder standen und alle, die wollten, damit fahren durften.

Ich habe ein Fahrrad. Gibt mir die Adresse. Dann fahr ich sofort hin und hole Zeitungen.

Aber sie würden dir alleine keine Zeitungen aushändigen. Ein Erziehungsberechtigter muss dabei sein. Das Geld geben sie dann dieser Person.

Ist ok, dann gehe ich mit meinem Erziehungsberechtigten hin. Gib mir bitte die Adresse.

Das Kind, das Zeitungen verteilte, reichte ihm eine der Zeitungen:

Die Adresse steht oben drauf, es gibt auch eine Telefonnummer.

Dankeschön.

Ob Hamza Abi wohl mit mir hingeht? Am besten ich frage ihn selber.

Nach dem Jogging kehrte er ins Heim zurück und freute sich, als er sah, dass Hamza noch da war. Er erzählte ihm von seinem Wunsch, Zeitungen austragen zu wollen.

Ich kann dich begleiten, aber was willst du mit dem Geld? Hier brauchst du keins, hier werden deine Kosten übernommen, Taschengeld gibt es auch.

Ich weiß, Abi, aber ich möchte sparen. Wir werden Geld brauchen, wenn meine Mutter aus der Klinik kommt.

Wie du willst. Dann fahren wir am Freitag mit meinem Auto gemeinsam dorthin.

Çetin war überglücklich.

Danke, Hamza Abi, recht vielen Dank!

Und was machst du, wenn die Schule anfängt?

Dann werde ich weiter machen, es wird ja eh nur sonntags ausgetragen.

Hamza hatte sein Wort gehalten. Am Freitag fuhr er mit Çetin zu der Stelle, wo die Zeitungen gelagert wurden. Die Vertriebsfirma machte keine Probleme. Sie meinten, dass Çetin nur die Häuser der Nicodem-Straße übernehmen solle, dass jede Adresse nur eine Zeitung erhalten solle und dass er keine Zeitungspakete abstellen solle. Voller Freude packte er die Zeitungen ins Auto. Das Geld würde er nach einer Probezeit bekommen. Das meinte Hamza Abi.

Am Sonntag verteilte er voller Aufregung die Zeitungen. Er hatte ein Körbchen an dem Gepäckträger des Fahrrads befestigt und die Zeitungen hineingesteckt. Die Arbeit war zwar leicht, dauerte aber ziemlich lange. Die Nicodem-Straße war höchstens dreihundert Meter lang, aber die Verteilung der Zeitungen dauerte vier Stunden. Nach verrichteter Arbeit ging er wieder ins Heim zurück. Er war hungrig wie ein Wolf. Seine Mitbewohner hatten sein Essen zur Seite gestellt. Als er mit dem Essen fertig war, kam Hamza zurück. Er sah zufrieden aus.

Am Freitag bin ich wegen dir zum Jugendamt gefahren. Ich habe ihnen deine Situation geschildert. Sie wussten auch nicht, wie so ein Fehler passieren konnte. Sie meinten, dass sie für dich einen Platz in einem der Heime für deutsche Kinder, deren Eltern sich nicht um ihre Kinder kümmern können, finden werden.

Sag bloß, Hamza Abi, ein neues Leben beginnt!

So sieht es aus, vielleicht ist das wirklich besser für dich.

*

Gemeinsam fuhren sie in das Jugendheim, dessen Adresse Hamza bekommen hatte. Dieses Heim war zweistöckig und lag noch näher am Stadtzentrum. Es hatte einen großen Garten, im Hof

befanden sich ein Basketball und ein Volleyballfeld. Der Leiter war ein sympathischer Mann. Aufmerksam studierte er die Unterlagen des Jugendamtes und seinen Ausweis. Während er die Unterlagen begutachtete, sprach er immer wieder zu sich selbst: *Interessant, interessant.*

Dann begann er eine lange Erklärung über die Besonderheiten des Heims, welche Rechte er hatte. Jedes zweite Wort lautete „Regel".

Wenn du dich an die Regeln hältst, dann wirst du es hier gut haben. Wenn du dich nicht an die Regeln hältst, dann müssen wir dich in ein Heim schicken, wo die Regeln strenger sind. Aber wie ich sehe, siehst du nach einem braven Jungen aus. Lass dich von den anderen nicht mitreißen. Wenn du dich hier wohl fühlen möchtest, vergiss das nicht.

Hamza berichtete dem Leiter, dessen Name Peter Eisen war, ausführlich und positiv über Çetin.

Nun nehme deinen Koffer, ich werde dir dein Zimmer zeigen. Dein Mitbewohner Emil ist auch ein fleißiger braver Junge und ich hoffe, ihr versteht euch gut.

Das Zimmer, das Çetin zugeteilt wurde, lag im zweiten Stock. Sein Zimmernachbar war nicht da. Das Zimmer war ein bequemes Zimmer mit zwei Betten, zwei Schreibtischen, einem Kleiderschrank und einem Waschbecken, mit Fenstern mit Blick auf den Park.

Während Çetin seine Kleidung in den Schrank legte, dachte er:

Der wievielte Neuanfang ist das seit den letzten drei, vier Jahren? Mal schauen, was mich hier in diesem Heim erwartet.

Nachdem er sich auf sein Bett gelegt hatte, schlief er versunken in seine Träume ein. Als er merkte, dass die Tür aufging, richtete er sich im Bett auf. Es war sein Zimmernachbar Emil, der hereinkam. Er war etwas kleiner als er und fiel wegen seinen smaragdgrünen Augen sofort auf. Lächelnd kam er auf Çetin zu und gab ihm die Hand:

Ich heiße Emil. Mein Betreuer meinte, du heißt Ali. Herzlich willkommen hier bei uns.

Danke, ich hoffe, wir werden hier in diesem Zimmer eine schöne Zeit zusammen haben, sagte Çetin.

Er fand ihn auf den ersten Blick sympathisch. Seine Stimme und seine Blicke voller Zuneigung hatten Çetin beeindruckt. Er dachte sogar: *Oder hat sich mein Glück gewendet?* Sie setzten sich auf das Bett und erzählten sich ihre Lebensgeschichten. Je mehr Çetin erzählte, desto größer wurden Emils grüne Augen, und er hörte Çetin voller Verwunderung zu. Ab und zu unterbrach er ihn und stellte Fragen.

Emil hörte den Erzählungen von Çetin zu, die er zusammengefasst geschildert hatte, und entgegnete:

Weißt du was, Ali? Ich dachte immer, dass kein Kind so gelitten hat wie ich. Aber nachdem ich deine Geschichte gehört habe, habe ich gemerkt, dass das im Gegensatz zu dir keine Bedeutung hat. Ich würde gerne mehr erfahren über die Klebstoff schnüffelnden Kinder und die Fischerei.

Selbstverständlich erzähle ich dir später mehr, Emil. Wir werden eh viel Zeit haben. Aber nun würde ich gerne deine Geschichte hören.

Eigentlich gibt es nicht viel zu erzählen, Ali. Mein Vater und auch

meine Mutter waren schon immer arbeitslos, soweit ich mich erinnern kann. Zu Hause gab es meistens noch nicht einmal Brot zu essen. Aber Bier und Wodka gab es jede Menge und immer Streit, soweit ich mich erinnern kann. Der größte Streit war aus dem Grund, dass es zu Hause keinen Alkohol mehr gab. Meine Mutter rief: ‚Warum hast du den Wodka ausgetrunken?' Mein Vater schrie: ‚Und du hast mein Bier ausgesoffen'. Manchmal reichte das gegenseitige Anschreien nicht, dann wurden sie auch handgreiflich. An einem dieser Tage, als sie handgreiflich wurden, riefen die Nachbarn die Polizei, da auch Scheiben klirrten. Die Polizisten, die den Zustand der Wohnung betrachteten, informierten gleich das Jugendamt. Und die kamen, um mich abzuholen, und brachten mich hierher. Ich bin seit einem Jahr hier. Ich bin zufrieden. Meine Eltern haben auch nicht nach mir gefragt. So sieht es bei mir aus. Hier kann ich auch Schularbeiten machen. Zu Hause war dies unmöglich, deswegen bin ich in der Schule auch einmal sitzen geblieben.

Çetin war sehr betrübt. Er sprach wie ein erwachsener Mensch: *Sei nicht traurig, Emil. Von jetzt an sind wir wie zwei Brüder und machen gemeinsam Hausaufgaben.*

Beide schliefen sie in dieser Nacht zufrieden und erfüllt ein.

*

Jeden Monat und manchmal sogar alle zehn Tage kam ein Brief von Fuat Abi an. Jedes Mal hatte der Briefumschlag den Stempel und die Marke eines anderen Landes oder einer anderen Stadt. Manche kamen aus Singapur, manche aus Indien oder dem Iran.

Nachdem die Fischerhütten abgerissen worden waren, hatten sich Fuat und Ayse gestritten und sich dann entschieden, sich zu trennen. Nachdem Çetin und Berfin auch fortgegangen waren, hatte Fuat keine so große Leidenschaft mehr für das Fischen.

Immer öfter kam es vor, dass er nicht aufs Meer fuhr zum Angeln. Er hatte es mit Gelegenheitsarbeiten versucht, konnte aber keine Arbeit länger durchhalten. Sein innerlicher „Meeresdämon" wollte aber einfach nicht verschwinden. Dann suchte er eine Arbeit, die zwar nicht mit Fischen zu tun hatte, wo er aber trotzdem auf dem Meer sein konnte.

Sükrü, mit dem er gemeinsam vor vielen Jahren auf der Straße Klebstoff geschnüffelt hatte, wurde später Seemann und begann auf Schiffen zu arbeiten. Immer wenn er nach Istanbul kam, suchte er Fuat auf. Sie tranken ein paar Gläser und erzählten sich von alten Tagen. An einem der Tage, an denen Fuat sehr bedrückt war und nicht mehr weiter wusste, wurde Sükrü sein Retter. Fuat, der schon etwas angetrunken war, meinte:

Ich habe es satt, Bruder Sükrü, ein klitzekleines Boot, jedes Mal die Sorge, ob ich Fische fangen werde oder nicht, wie viele ich fangen werde. Was mache ich, wenn ich keine fange? Ich schlage mich immer gerade so durch, um mein Brot zu verdienen, aber es ist nicht nur das Brot oder der Fisch. Ach, dieses Meer, das hat es mir angetan, als hätte ich einen Dämonen in mir. Ich werde verrückt, wenn ich das Meer nicht sehe oder nicht auf das Meer rausfahren kann.

Und wie ich das kenne, Bruder Fuat! Diesen Dämon habe ich auch in mir. Und was für einen Dämon. Glaub' mir, wenn ich einen Monat vom Meer entfernt bin, werde ich verrückt. Dieser Dämon ist es, der mich weit hinaus auf die Weltmeere gebracht hat. Glaube mir, ich weiß nicht, was ich machen soll, wenn ich zehn Tage an Land bin. Ich kann des Nachts nicht schlafen, ich habe unbeschreibliche Sehnsucht nach meiner schmalen Koje auf dem Schiff, nach dem Sprudeln des Meeres und dem Wiegen meines quietschenden Bettes.

Was meinst du, soll ich mich als Matrose auf einem Schiff melden?

Warum nicht, wenn du dich so verbunden mit dem Meer fühlst?

Glaub mir, dieser Bosporus oder sogar das Schwarze Meer, auf das ich alle paar Jahre mal mit dem Motorboot rausfahre und Gas gebe, fühlt sich für mich eng an. Ich sehne mich nach den Schiffen, die durch den Bosporus durchfahren. Manchmal fühle ich mich wie in einem dieser Schiffe und träume davon, fremde Ozeane zu erschließen.

Fuat, wenn das dein großer Wunsch ist, dann organisieren wir dir ein Seemanns Zertifikat und dann fängst du als Matrose auf einem Schiff an.

Glaubst du, das würde klappen?

Na klar klappt das. Einen besseren als dich können die gar nicht finden. Ich kann dir zwar einen Job auf einem Schiff vermitteln, aber wenn du keine Ahnung von Schiffsmechanik hast, dann wird es schwer sein, am Anfang als Matrose zu arbeiten.

Was soll's Sükrü, du kennst mich ja, Ich habe im Leben immer die schwierigen Sachen ausgewählt.

Na dann mal Prost. Ich bin noch ein paar Tage hier und werde dir helfen.

Ja, dann zum Wohl, nun trinken wir nicht mehr auf den Meeresdämon, sondern auf den Dämon des Ozeans!

Mit Hilfe von Sükrü füllte Fuat die nötigen Papiere aus und stellte den Antrag auf einen Seeleute-Ausweis. Nach einem 14tägigen Kurs und dem Ausweis in der Tasche bewarb er sich bei einer Firma, die Sükrü ihm empfohlen hatte. Die Antwort ließ nicht lange auf sich warten. Nach einem Monat konnte er auf einem Schlepper aus Singapur, der Istanbul passierte, als Matrose anheuern. Er schrieb

sich in einen Englischkurs ein und versuchte, bis dahin Englisch zu lernen.

Firmenvertreter hatten seine Papiere zum Schlepper gebracht, der bei Yenikapi ankerte. Gemeinsam betraten sie das Schiff. Er wurde mit dem zweiten Kapitän bekannt gemacht und bekam eine Kajüte zugeteilt. Ihm wurde mitgeteilt, dass sie in zwei Tagen starten würden und der erste Hafen Marseille sein würde.

Fuat legte seinen Koffer in der klitzekleinen Kajüte ab. Ein dunkelhäutiger stämmiger Matrose, der gleichzeitig sein Zimmernachbar war, führte ihn auf dem Schiff herum. Er erklärte ihm mit Handzeichen und einigen englischen Begriffen, wo er was zu tun hatte. Soweit Fuat verstanden hatte, würde er zu Anfang mit diesem Mann zusammenarbeiten.
Fuat dachte: *Gut, dass wir zusammenarbeiten werden, sonst würde ich mich auf diesem großen Schiff verlaufen.*

Als sie in die kleine Koje zurückkamen, fragte der dunkelhäutige Mann Fuat:

You name?

Fuat musste seinen Namen ein paar Mal wiederholen: *Fuat, Fuat.* Nach ein paar Versuchen wie Fiya, Fuya konnte sein Zimmergenosse endlich seinen Namen aussprechen.

Als Fuat dann Okay sagte, musste er schallend lachen.

My name Tommy. Dann wiederholten sie ein paar Mal Tommy, Fuat und drückten sich gegenseitig ihre Hände.

Tommy konnte leicht klarmachen, dass er aus dem Senegal stammte. Fuat fühlte sich zu Tommy, der inbrünstig lachen konn-

te, hingezogen und dachte: *Ich habe großes Glück, dass ich so einen Zimmergenossen habe.*

Einen Tag später begann das Schiff abzulegen. Es machte dabei solch einen Lärm, dass Fuat befürchtete, dass das Schiff zertrümmert wurde. Als dann das Schiff auslief, fühlte Fuat ein ständiges Rollen und Schaukeln und hörte den Lärm der Motoren, die von überall zu hören waren und dachte: Ich war so oft auf dem Meer. Anscheinend unterscheidet sich das Schiff von unseren Booten und Motoren. Toi toi toi, mal schauen, ob ich mich daran gewöhnen werde!

Nach einer Weile kam ein Mann zu ihnen, von dem Fuat aufgrund seiner Abzeichen an den Schultern vermutete, dass er einer der Offiziere war, wenn auch nicht gerade der Kapitän. Er sprach auf Tommy ein, indem er mit den Armen fuchtelte und zwischendurch auf Englisch sprach und immer wieder auf Fuat zeigte. Als der Mann weg war, sagte Tommy: *Come Fuat.* Und begann vor ihm zu gehen. Sie hatten je einen Eimer und einige Dinge zum Saubermachen wie Bürste, Lappen usw. dabei. Sie betraten einen schmalen Aufzug und fuhren runter. Dann stiegen sie eine Eisentreppe immer weiter nach unten. Manchmal liefen sie auf einer Ebene, dann wieder ging es weiter nach unten. Fuat wunderte sich, wie tief der untere Teil eines Schiffes sein konnte. Dann öffneten sie eine Luke, die so breit war, dass ein Mensch hindurch passte, und gingen wieder ein paar Stufen hinunter. Tommy machte ihm ein Zeichen und deutete ihm, das Öl auf dem Boden aufzuwischen. Inmitten des Motorenlärms, der abgestandenen Luft und ekelhaften Gerüchen dachte er sich:

Da hast du deinen Meeresdämonen. Wenn es immer so weiter geht, komme ich noch in Teufels Küche. Und er begann zu putzen. Drei Stunden brauchten sie, bis alles sauber war. Als sie denselben Weg wieder zurück gegangen waren, wollte Fuat, statt in seine Kajüte

zu gehen, lieber an Deck, um frische Luft zu tanken. Er sog die salzige Meeresluft ein und dachte hoffnungsvoll:

Nicht das Handtuch werfen, sie werden dich wohl nicht immer solche schändliche Arbeit machen lassen.

Obwohl er nur seit wenigen Stunden hier war, hatte er Sehnsucht nach seinem kleinen Boot und nach Anadolu Kavagi...

Tagelang musste er Putzarbeiten verrichten. Es gab keinen Fleck auf dem Schiff, auf dem er nicht gewesen war. Als er eines Tages im Maschinenraum war, wo die Motoren voller Lärm liefen, näherte sich ihm eine Person und rief:

Bist du Türke?

Als er die bejahende Antwort erhielt, fragte er:

Hast du etwas mit Maschinen zu tun gehabt?

Er antwortete: *Ich hatte ein Fischerboot. Mit so einem Motor kenne ich mich aus.*

Unsere Dieselmotoren sind viel größer. Ich arbeite als Maschinist. Wenn du möchtest, kann ich dich zu mir als Schmierer nehmen. Ich habe es satt mit diesen Ungläubigen, deren Sprache ich nicht verstehe, zu arbeiten.

Wenn die Kapitäne das erlauben, würde ich es selbstverständlich gerne machen.

Mach dir da mal keine Sorgen, das ist meine Aufgabe, mit denen zu sprechen.

Nach einem Tag begann Fuat, als Schmierer im Maschinenraum zu arbeiten. Er lernte das Handwerk schnell, und der Maschinist war sehr zufrieden mit ihm. Die Motoren waren sehr laut, trotzdem

war diese Arbeit besser als die Putzarbeit. Darüber hinaus dauerte diese Arbeit nicht so lange, und er konnte öfters an Deck, um frische Meeresluft zu atmen.

*

Sobald Berfin in Nürnberg angekommen war, versuchte sie, Çetin zu finden. Hasans Onkel in Köln hatten Çetin die Telefonnummer der Wohnung gegeben, in der Berfin untergekommen war und rieten ihm, dort anzurufen. Als Berfin die Stimme von Çetin am Telefon hörte, fing sie vor lauter Aufregung zu weinen an. Die Verwandten, bei denen sie wohnte, waren verwundert. Nachdem sie aufgelegt hatte, beharrte sie:

Bringt mich bitte zu Çetin Abi, ich habe ihn so vermisst.

Onkel Erdal, bei dem sie wohnte, versprach ihr:

Köln ist sehr weit weg, aber wir werden dich bei der ersten Gelegenheit hinbringen.

Das kurdische vaterlandsliebende Paar in Nürnberg hatte die Namen der Eltern von Berfin, die in den Bergen waren, schon oft gehört. Sie hatten sich sehr gefreut, dass Berfin zu ihnen nach Nürnberg gekommen war. Jeder wollte Berfin bei sich zu Hause beherbergen, viele kauften ihr Geschenke, führten sie herum und zeigten großes Interesse an ihr.

Berfin war verwirrt. Çetin Abi hatte ihr am Telefon geraten:

Lern so schnell wie möglich Deutsch, verliere keine Zeit!

Onkel Erdal sagte ihr, dass sie bald zur Schule gehen würde und dort Deutsch lernen würde. Er meinte:

Die Schulen beginnen erst in anderthalb Monaten. Sei also geduldig. Schau, jeder will dich beherbergen. Fahr' erst mal ein bisschen herum und lerne Deutschland kennen.

Leute, die sie beherbergen wollten, führten sie an der Hand in Einkaufszentren und fragten sie, ob sie etwas wolle. Auch wenn sie nichts wollte, kauften sie ihr Kleidung und Geschenke. Berfin fühlte sich aufgrund dieser großen Aufmerksamkeit sehr erdrückt. Die Kinder in den Wohnungen, die sie besuchte, sprachen entweder Kurdisch oder Deutsch, wovon sie nicht allzu viel verstand. Das machte Berfin wütend, so dass sie immer stiller wurde und nicht sprechen wollte.

Egal, wie viel Aufmerksamkeit sie bekam, der Schmerz, ohne Vater und Mutter zu sein, wurde immer intensiver.

Als ihre Mutter und ihr Vater sie damals zur Großmutter brachten und weg gingen, hatte sie nicht viel mitbekommen. Sie sah ihre Eltern sowieso recht selten. Als sie nun aber andere Familien besuchte und bei ihnen übernachtete, konnte sie sehr gut nachvollziehen, wie wichtig eine Mutter und ein Vater sein konnten. Sie konnte niemals das Bett mit ihrer Mutter teilen oder mit ihrem Vater herumbalgen.

Das Paar, bei dem sie in der Wohnung wohnte, Erdal Abi und Frau Hatice, hatte keine Kinder. Sie wollten Berfin wie ihr eigenes Kind behandeln. Berfin dagegen konnte die Wärme einer richtigen Mutter oder eines Vaters bei diesen guten Menschen nicht fühlen, was dazu führte, dass ihr kleines Herz noch verletzbarer wurde. Je älter sie wurde und lernte, ihre Umgebung besser zu beobachten, begann sie bewusster zu verstehen, was es bedeutet, keine Mutter oder keinen Vater zu haben.

Viele kurdische Familien luden sie zu sich nach Hause ein und beharrten darauf, dass sie ein paar Tage bei ihnen blieb. In den

Wohnungen, in denen sie zu Gast war, beobachtete sie besonders die Beziehungen der Mütter zu ihren Kindern. Die Mütter schimpften manchmal mit ihren Kindern, manchmal liebkosten sie sie oder befahlen ihnen: *Mach dies, mach das, hilf mir!*

Dabei schimpfte niemand mit ihr oder wollte ihre Hilfe. In diesen Augenblicken wurde sie sich bewusst, was es bedeutet, mutterlos zu sein, und sie verschloss sich vor der Außenwelt und war tieftraurig. Gleichzeitig wollte sie nicht zeigen, wie traurig sie war, damit niemand fragte: *Warum bist du so traurig?*

Sie wusste sehr wohl, dass sie ihre Eltern nie mehr wieder sehen würde. Keine dieser „Berggeschichten", denen sie von Bekannten lauschte, endete mit einer Rückkehr.

Bevor sie nach Deutschland kam, lebte Berfin immer nur für den Augenblick. Nun fühlte sie, dass sie sich rasch veränderte. Bevor sie nach Deutschland gekommen war, hatte sie sich nie gefragt: *Was wird passieren? Was werde ich machen? Wer bin ich?*

In ihrer sich verändernden Welt hatte sie gespielt und ihre Kindheit erlebt. Nun wurde sie immer verschlossener und war in Gedanken versunken. Und die Menschen in ihrer Umgebung dachten, dass sie einen Fehler gemacht hätten, und schenkten ihr noch mehr Aufmerksamkeit. Berfin wurde aufgrund dieser Aufmerksamkeit noch verschlossener. Sie dachte:

Warum bin ich in Nürnberg? Wäre ich doch bloß auch in Köln. Da wäre ich wenigstens bei Çetin Abi.

Nur wenn sie mit Çetin zusammen war, fühlte sie sich nicht einsam. Sie fühlte sich nicht einsam, weil Çetin wie ein Bruder immer bei ihr war und ihre Gefühle sehr gut verstand.

*

Çetins Hoffnung, mit seiner Mutter zusammen zu sein, dass sie aus der Klinik entlassen wird und sie sich zusammen eine Wohnung mieten, wurde immer weniger. Aufgrund des Abratens der Betreuer in der Klinik besuchte er sie noch seltener. Er ging alle 14 Tage in die Klinik. Aber seine Mutter hatte kein Interesse. Sie zeigte noch nicht einmal so viel Interesse wie in den ersten Tagen, als er die Lego-Spielsachen hingebracht hatte. Er versuchte sich daran zu erinnern, was seine Mutter mochte. Ihm fiel die Schweizer Schokolade ein, die sie ein paar Mal zusammen gekauft hatten. Er kaufte eine große Packung von dieser Schokolade und brachte sie ihr, aber das war vergeblich. Seine Mutter bedankte sich noch nicht einmal. Egal was er tat, es gelang ihm nicht, ihren Panzer zu durchbrechen.

Ihre Blicke waren kalt wie Eis. Seine Mutter nahm wahr, dass Çetin, wenn er kam, jede ihrer Bewegungen beobachtete. Sobald sie dann merkte, dass er sie beobachtete, begann sie, sich zu fürchten und zu zittern, was Çetin noch trauriger machte. Die betreuenden Ärzte in der Klinik behandelten ihn nicht mehr so gut wie vorher. Als er das letzte Mal dort war, rief ihn die sonst immer nett schauende und hilfreiche Ärztin in ihr Zimmer und sprach lange mit Çetin :

Wie du siehst, zeigt deine Mutter keine Reaktion mehr, wenn du kommst. Nicht nur das. Sie fürchtet sich sogar ein bisschen, auch wenn sie dies nicht so offensichtlich zeigt. Deswegen würde ich dir raten, dass du nicht mehr so oft kommst. Bleibe mal ein bis zwei Monate fern. Sollte es eine Entwicklung geben, dann geben wir dir Bescheid. Dann kannst du kommen.

Auch wenn das ihn tief traurig machte, wusste Çetin, dass er keine andere Möglichkeit hatte. Nachdem er Monate lang gewartet hatte und keine Nachricht von der Klinik erhalten hatte, ging er

hin, weil er es nicht ertragen konnte. Man erlaubte ihm, seine Mutter zu sehen. Aber seine Mutter zeigte keinen Hauch einer Reaktion. Sie schaute die von ihm mitgebrachten Geschenke und die Schokolade nur an, öffnete das Paket aber nicht, um sie zu essen. Seine Besuche wurden seltener, er besuchte sie nun nur noch alle paar Monate.

*

Er verlor seine Hoffnung, dass seine Mutter gesund würde, und begann nachzudenken: *Es steht jetzt fest, dass ich meinen Weg alleine weiter gehen muss.*

Er verwarf seine Pläne für die Zukunft, wie Geld zu sparen und Zeitungen auszutragen.

Er dachte: *Ich muss jetzt gut lernen und so schnell wie möglich die Schule beenden und einen Beruf erlernen.*

Endlich kam der Tag, an dem die Schulen öffneten. Mutter Emine hatte ihm zuvor saubere Kleidung vorbereitet. Er zog sich an und fuhr mit den Formularen vom Jugendamt mit der Straßenbahn zur Schule, deren Weg er vorher herausgefunden hatte. Leider ging Emil nicht in dieselbe Schule. Er dachte: *Wäre er doch auf derselben Schule, dann würde ich wenigstens nicht allein sein.*

In der Schule angekommen, brachte er in Erfahrung, mit wem er sprechen musste, und klopfte an der Tür des Rektors. Dieser schaute Çetin, der mit einer Akte vor ihm stand, erstaunt an. Mit Händen und Füßen fragte er ihn, ob er keine Eltern hätte. Daraufhin erwiderte Çetin:

Herr Rektor, ich kann Deutsch, Sie können Deutsch mit mir sprechen.

Daraufhin steigerte sich dessen Verwunderung.

Wenn du so gut Deutsch kannst, warum willst du denn in die Vorbereitungsklasse?

Ich weiß es nicht, mein Herr, das Jugendamt hat mir das so geraten.

Der Rektor schaute auf die Formulare, die Çetin vor ihm auf den Tisch gelegt hat und sprach Worte wie *hm, hmm.*

Ali, mein Sohn du kannst zwar Deutsch, aber so sind die Gesetze. Leider musst du in die Vorbereitungsklasse. Normalerweise müsstest du, damit du dich integrierst, zwei Jahre in dieser Klasse sein, aber wenn du schnell lernst, kannst du nach sechs Monaten in eine normale Klasse gehen.

Herr Rektor, ich verstehe das nicht. Wieso muss ich in die Vorbereitungsklasse? Ich bin Deutscher und spreche Deutsch.

Leider können wir da nichts machen. Wir müssen uns an die Regeln halten. Nun komm, ich zeige dir die Klasse, wo du hinmusst.

In der Klasse waren außer Çetin noch zehn Kinder in seinem Alter. Drei davon waren Mädchen. Der Rektor nahm den Lehrer zur Seite und sprach mit ihm. Der Lehrer war von kleiner Statur, hatte eine Brille, einen langen schneeweißen Bart und weiße Haare. Er hatte eine zerknitterte Cordweste an. Während er mit dem Rektor sprach, schaute er hin und wieder zu Çetin herüber. Als der Rektor das Klassenzimmer verließ, sprach er auf Türkisch:

Liebe Freunde, das ist unser neuer Schüler, der Ali.

Danach wiederholte er den Satz auf Deutsch. Çetin war erneut voller Verwunderung. Der Lehrer, der sich als Yalcin vorstellte, erklärte teils auf Türkisch, teils auf Deutsch, was sie in dieser Klasse lernen würden. Soweit Çetin beurteilen konnte, kamen die meisten Schüler aus der Türkei. Zwei kamen aus dem Irak und einer aus China.

Ich bin der Klassenlehrer, ich werde euch Erdkunde und Englisch beibringen. Wir haben auch andere Lehrer, diese werden Sport, Deutsch und Kunst unterrichten. Manche Fächer dauern eine Stunde, andere zwei Stunden.

Çetin hörte dem Lehrer aufmerksam zu. In der ersten Stunde machten sie nicht besonders viel. Alle Schüler stellten sich kurz vor. Die beiden Kinder aus dem Irak und das Kind aus China hatten große Schwierigkeiten, sich auszudrücken. Aber dank der Unterstützung des weißhaarigen Lehrers und der Zeichensprache konnten sie sich einigermaßen mitteilen. Als Çetin an der Reihe war, fragte er:

Soll ich auf Deutsch erzählen oder auf Türkisch, Herr Lehrer?

Der Lehrer erwiderte:

Erzähle sowohl auf Türkisch als auch auf Deutsch.

Die anderen Kinder hörten Çetin voller Verwunderung zu. Çetin fasste sich kurz. Er sagte nur, dass sein Vater gestorben sei, seine Mutter in der Klinik liege und er im Heim wohne.

In der Pause ging außer Çetin niemand in den Schulhof. Çetin lief voller Neugier auf den Schulhof und schaute den Kindern zu, die mit dem Ball spielten. Einer von ihnen näherte sich ihm und murmelte etwas in einem komischen Deutsch wie:

Du Türko, du neu?

Çetin ärgerte sich über diese Hand und Fußbewegungen und das merkwürdige Deutsch. Auf Deutsch entgegnete er:

Ich bin Deutscher, du kannst Deutsch mit mir sprechen.

Das Kind, das ihn angesprochen hatte, schien erstaunt:

Weil du so pechschwarze Haare hast... und wie heißt du?

Ich heiße Ali, und du?

Ich heiße Zeki. Aber ich verstehe das nicht. Du heißt Ali und sagst, du bist Deutscher. Kannst du denn Türkisch?

Çetin beantwortete diese Frage etwas gereizt auf Türkisch:

Ja, ich kann gut Türkisch.

Wie geht das denn? Bist du nun ein Ungläubiger oder ein Moslem?

Auch hier schon wieder Ungläubiger, Moslem! Dem wird die Frage folgen, ob ich beschnitten oder unbeschnitten bin.

Çetin sagte nur: *Ich bin Deutscher und kehrte in sein Klassenzimmer zurück.*

In der Klasse hatte der Lehrer Yalcin mit dem Englischunterricht begonnen. Als spielte er, verteilte er an die Kinder Zettel mit Wörtern und bat sie, diese Wörter vorzulesen. Auf den Zetteln standen Wörter wie „ich, du, er, sie, es, wir ihr". Als der Unterricht zu Ende war, zeigten sie auf sich und wiederholten die Wörter. Çetin hatte den Lehrer Yalcin lieb gewonnen. Er war nie böse, ganz im Gegenteil, er lachte viel. Er klatschte, wenn ein Kind etwas Richtiges gesagt hatte und bat auch die anderen Kinder, zu klatschen.

Nach dem Unterricht rief er Çetin zu sich und fragte:

Wo wirst du jetzt hingehen?

Ich werde erst mal meinen Hunger stillen und gehe dann zurück zum Heim, mein Lehrer, antwortete Çetin voller Respekt.

Ich werde meinen Hunger im türkischen Restaurant in der Nähe stillen. Wenn du willst, können wir zusammen dorthin. Dann können wir uns

sowohl ausgiebig unterhalten als auch satt werden. Was sagst du dazu?

Çetin war erstaunt. Wie im Film zogen die Erinnerungen an die Tage, die er in den Straßen Istanbuls verbracht hatte, vorbei.

Dort endeten diese Art Vorschläge immer mit miesen Forderungen. Er wusste nicht, was er sagen sollte, war zurückhaltend, wollte aber diesen Lehrer, den er auf Anhieb sehr sympathisch fand, nicht verletzen. Er sprach die erste Lüge aus, die ihm einfiel:

Dankeschön, Herr Lehrer, aber mein Geld reicht für das Restaurant nicht aus.

Der Lehrer Yalcin verstand, dass Çetin nicht wollte, aber er wusste auch, dass Geld nicht der Grund war.

Gut, dann isst du halt so viel, wie du Geld hast. Wenn's nicht reicht, dann leihe ich dir was, okay?

Çetin blieb nichts anderes übrig als zu sagen: *Ist in Ordnung, Herr Lehrer.*

Gut dann gehen wir dorthin. Aber wenn der Unterricht in der Schule zu Ende ist, bin ich nicht mehr dein Lehrer, sondern dein Freund. Statt mich „Herr Lehrer" zu nennen, nenn mich lieber „Yalcin Abi", das ist besser.

Über diesen Vorschlag freute sich Çetin.

Gut, Yalcin Abi, aber mein Essensgeld bezahle ich selber, okay?

Einverstanden. Aber lasst uns lieber etwas weiter weg von der Schule mit meinem Auto hinfahren. In den Restaurants und Buden hier haben wir vor unseren Schülern keine Ruhe.

In dem Restaurant, das sie betraten, gab es nicht so viele Gäste. Sie setzten sich in eine Ecke und bestellten ihr Essen.

So, Ali...ich möchte dich näher kennenlernen. Deswegen wollte ich mich mit dir unterhalten.

Ich habe nicht viel zu erzählen, Yalcin Abi. Wie es in den Dokumenten steht, ist meine Mutter krank, mein Vater ist gestorben und ich wohne im Heim.

Ist das alles? Wenn du willst, erzähle ich dir zuerst meine Geschichte.

Çetin aß ruhig sein bestelltes Döner Dürüm.

Wie Sie wollen.

Ich bin ein Geflüchteter, fing Lehrer Yalcin an zu erzählen. Çetin war erstaunt, ängstigte sich aber auch ein wenig. Als er dann weiter zuhörte, was der Lehrer ihm erzählte, war er beruhigt.

Wenn ich nicht geflüchtet und nach Deutschland gekommen wäre, wäre ich im Gefängnisgelandet, führte er weiter aus.

Er erzählte, dass seine Familie reich war, er auf ein Kollege ging, sehr gut Englisch konnte, dass er, während er im TRT arbeitete, seinen Job verlor wegen dem Militärputsch am 12. September, dass er nach Deutschland gekommen sei, um nicht festgenommen zu werden.

Als Çetin noch im Dorf war, hatte er viel über den 12. September gehört und war bekümmert über die Erzählungen seines Lehrers.

So, nun bist du dran. Es ist offensichtlich, dass deine Geschichte lang ist. Wenn du willst, brauchst du auch nicht alles heute zu erzählen.

Çetin wollte seinen Lehrer, den er auf Anhieb mochte, nicht verletzen. Er begann seine Geschichte zu erzählen, ohne sie zu verkürzen. Ab und zu unterbrach Yalcin Çetin und musste ein paar Fragen stellen:

Ich habe das jetzt nicht richtig verstanden. War dein Vater Kurde oder Türke?

Als ich noch in Deutschland war, wusste ich es nicht, Yalcin Abi. Als er mich aber ins Dorf brachte, habe ich erfahren, dass er Kurde ist. Er selbst hatte nie erzählt, dass er Kurde ist. Als meine Großmutter Kurdisch sprach, habe ich erfahren, dass wir Kurden sind. Ich kenne meinen Vater sehr wenig, aber eins weiß ich sehr gut: Er war ein Mensch, den niemand mochte. Im Dorf waren sie alle sauer auf ihn. Auch meine Mutter mochte ihn nicht, bevor er mich ins Dorf brachte; sie hatte sogar Angst vor ihm.

Çetin wurde stiller und seine Augen feucht. Der Lehrer Yalcin wollte ihn nicht länger reden lassen.

Schau, Çetin, wenn du willst, machen wir für heute Schluss. Später möchte ich deine ganze Geschichte erfahren. Soweit ich verstanden habe, bist du zwar 13, hast aber mehr erlebt als ich.

Ich verstehe nicht.

Ach lass... Hör mir gut zu. Alle anderen Kinder haben Eltern und Geschwister. Das soll dich nicht beeinflussen. Ab heute werde ich nämlich dein Bruder, dein Abi sein, hast du verstanden? Du kannst mir all deine Sorgen anvertrauen, wir finden gemeinsam eine Lösung. Andererseits kannst du deinen Mitschülern sehr helfen. Besonders denjenigen, die gerade aus der Türkei gekommen sind. Du kannst ihnen alles auf Türkisch erklären, wenn sie etwas nicht verstanden haben. Ich werde deine Situation auch den anderen Lehrern erklären. Diese werden auch deine Hilfe benötigen. Es hat keinen Sinn, dass du lange in der Vorbereitungsklasse bleibst. Ich denke, du wirst spätestens in sechs Monaten in eine Schule gehen, so wie du möchtest. Ali, wenn du willst, können wir deine Mutter einmal gemeinsam besuchen. Vielleicht nützt es, wenn ich mit ihr rede.

Vielen Dank, Yalcin Abi....

Çetin begann zu lächeln. Lehrer Yalcin war ein bisschen beleidigt, da Çetin lächelte:

Was gibt es denn da zu lachen? Ich versuche nur, dir zu helfen.

Tut mir Leid, Yalcin Abi. Ich dachte daran, was wohl meine Mutter machen würde, wenn sie dich so sehen würde. Deswegen musste ich lachen. Meine Mutter hat Angst vor Männern. In letzter Zeit hatte sie sogar Angst vor mir.

Diesmal fing Lehrer Yalcin an zu lachen: *Was willst du damit sagen, „wenn sie dich so sieht"? Wenn du willst, kann ich meine Haare und den Bart schneiden und so zu ihr hingehen.*

Ist nicht nötig Herr Lehrer. Entschuldigung, Yalcin Abi, aber meine Mutter hat wirklich Angst, wenn sie Männer sieht. Die Ärzte wollten sogar, dass ich sie eine Zeit lang nicht besuche. Aber trotzdem vielen Dank.

Gut, dann stehen wir jetzt auf. Heute bezahle ich, du kannst ein anderes Mal bezahlen.

Lehrer Yalcin brachte Çetin in das Jugendheim. Dann ging er zum Heimleiter und blieb lange bei ihm. Çetin war sich sicher, dass sie über ihn redeten.

Er war sehr glücklich. Er hatte verstanden, dass er Lehrer Yalcin vertrauen konnte und alle möglichen Probleme lösen konnte.

Er ging in sein Zimmer und legte sich auf sein Bett. Emil war noch nicht da. Er war aufgeregt und fröhlich. Nach Fuat Abi war auch Lehrer Yalcin sein Abi. Er wollte von seinem ganzen bisherigen Leben erzählen, ohne etwas zu verheimlichen. Als Emil kam, wollte er den tief schlafenden Çetin nicht stören, stellte seine Bücher ab und ging raus, um Basketball zu spielen.

Am nächsten Tag war Samstag. Çetin wollte zum kurdischen Verein, um weiter Kurdisch zu lernen. Zum einen behandelten

die Menschen dort ihn sehr gut, zum anderen dachte er, dass es nützlich wäre, eine weitere Sprache zu lernen.

Als er im Verein ankam, herrschte dort Hochbetrieb. Jeder war mit etwas beschäftigt. Auf dem Boden lag ein langes Stück Stoff, worauf stand: „Nieder mit..." Sie schrieben weiter. Kemal Abi, der Student, der ihm Unterricht gab, rief:

Ali, heute haben wir keine Zeit, Unterricht zu machen. Morgen ist eine große Demo, wir müssen uns darauf vorbereiten.

Gut dann helfe ich eben mit.

Das ist gut, was könntest du denn machen?

Ich verstehe etwas von Farbe, ich hatte in der Türkei ein Boot angemalt. Wenn du willst, kann ich dieses Transparent beschriften, wenn ihr mir sagt, was da stehen soll. Schau, eure Schrift ist ein bisschen krumm und schief.

Wirklich? Ja dann schnapp dir die Pinsel! Was du schreiben sollst, steht auf diesem Zettel hier.

Sorgfältig begann Çetin, die auf dem von Kemal überreichten Zettel stehenden Wörter auf das Tuch zu übertragen. Nebenbei machte er sich Gedanken. Wer mögen die sein, die „Verfluchten"? Warum wurde diese Demo gemacht? Er hatte niemanden gefragt, aber als er den Rest las, wusste er, gegen wen diese Demo stattfand. Er arbeitete bis in den Abend und schrieb das schönste Transparent.

Jedem gefiel Çetins Schrift. Nach getaner Arbeit aß er von dem Bohneneintopf mit Fleisch, den die Frauen aus dem Verein gekocht hatten. Zahlreiche Familien luden Çetin beharrlich zu sich ein, aber er lehnte ab. Jedes Mal, wenn er in andere Häuser ging, war ihm seine Einsamkeit und Verlassenheit noch bewusster als sonst.

Als er im Heim ankam, legte er sich auf das Bett und begann nachzudenken: *Es reicht auch nicht, wenn man eine Mutter und einen Vater hat. Schau dir Emil an, er hat beides, aber er wohnt nicht zu Hause, er fühlt sich hier glücklich. Außerdem bin ich nicht alleine, ich habe Fuat Abi und hier meinen geliebten Lehrer Yalcin Abi. Ich bin mir sicher, dass er mich viel unterstützen wird.*

Am nächsten Tag ging er nicht mit zur Demo. Nicht weil er Angst hatte, sondern ein bisschen wegen seiner Einsamkeit, und außerdem verstand er den Sinn der Demo nicht ganz. Am Nachmittag kam Lehrer Yalcin zum Jugendheim:

Ali, ich gehe Basketball spielen. Komm mit, wenn du Lust hast.

Aber ich weiß doch nicht, wie man Basketball spielt, Yalcin Abi.

Ist doch egal, ich bringe es dir bei.

Tufan und Ersin, von denen Lehrer Yalcin behauptete, sie seien seine Schüler, warteten bereits im Auto. Bis zum Abend spielten sie auf einem Feld unter freiem Himmel Basketball. Auch wenn er voller Schweiß war, machte es Çetin sehr viel Spaß. Als sie zurück im Heim waren, sagte Lehrer Yalcin:

Schau, im Hof von eurem Heim gibt es auch ein Basketballnetz. Nimm diesen Ball, dann kannst du in deiner freien Zeit mit deinen Freunden spielen. Es war ein nagelneuer Ball. Çetin wusste, dass der Lehrer diesen Ball für ihn gekauft hatte und freute sich sehr darüber. Zuerst wollte er das Geschenk nicht annehmen, aber als der Lehrer dann darauf bestand, bedankte er sich mehrmals und nahm den Ball gerne an.

Emil und die vielen anderen Jugendlichen, die im Heim wohnten, hatten großen Spaß am Basketball spielen. Sie spielten oft gemeinsam. An den Wochenenden kam immer Lehrer Yalcin zum

Spielen. Obwohl Lehrer Yalcin klein war, war er sehr gelenkig und bekam bei jedem Spiel die meisten Punkte.

Als er am Montag in die Schule ging, erfuhr er, dass die ersten beiden Stunden Deutsch waren. Die Lehrerin war eine junge, lange, schlanke Dame mit strohblonden Haaren und einer Brille. Nachdem sie zuerst alle Namen erfahren hatte, stellte sie ein paar Fragen auf Deutsch, um zu prüfen, wie weit die Kinder Deutsch konnten. Die meisten Kinder konnten die Fragen nicht verstehen, geschweige denn überhaupt beantworten. Als Çetin an der Reihe war, war sie nicht wenig erstaunt. Çetin beantwortete alle Fragen der Lehrerin ziemlich ausführlich und in einem perfekten Deutsch.

Ali, ich verstehe nicht, warum man dich in diese Klasse geschickt hat? Wie ich sehe, kannst du gut Deutsch. Woher kommst du?

Ich komme von nirgendwo her, Frau Lehrerin, ich bin Deutscher.

Warum kommst du dann in diese Vorbereitungsklasse?

Das weiß ich auch nicht.

Gut, sprechen wir später darüber. Kannst du auch Türkisch?

Ja, kann ich, Frau Lehrerin. Ich habe in der Türkei die Grundschule absolviert.

Ich werde nachfragen, warum sie dich in diese Klasse gesteckt haben, aber ich wäre dankbar, wenn du mir behilflich sein könntest, solange du in dieser Klasse bist.

Wie ich sehe, kommen mehr als die Hälfte der Schüler aus der Türkei.

Ich helfe gerne, Frau Lehrerin.

Çctin war nun in der Klasse wie ein zweiter Lehrer. Die Schüler fragten mehr ihn, wenn sie etwas nicht verstanden hatten, als die

Lehrer. Çetin versuchte gerne, ihnen weiterzuhelfen. Schon bald fiel ihm auf, dass ein Teil der Schüler auch ein schlechtes Türkisch sprach. Er hatte bemerkt, dass einige von ihnen Kurden waren, aber sie wollten dies nicht zugeben. Außer einem Schüler bestanden alle darauf, Türken zu sein. Ein Schüler namens Rifat, der jeden von oben herab betrachtete und so oft wie möglich seine Kraft zur Schau stellte, wurde unverzüglich, wie erwartet, Çetin zum Ärger. Während andere Kinder offenherzig immer Çetin um Rat fragten, wenn sie nicht mehr weiter wussten, tat Rifat nichts dergleichen. Er machte keinen Hehl daraus, dass er eifersüchtig war. Immer widersprach er ihm und versuchte, seine Fehler zu finden. Während die anderen Schüler sich mehr an Çetin hielten und ihm vertrauten, suchte Rifat nach einem Weg, ihn bloßzustellen. Letztendlich fand er einen Weg. Eines Tages, als sich alle Schüler in der Klasse befanden, fing er an, laut zu sprechen:

Ali, du sagst doch immer, dass du Deutscher bist.

Ja, so ist es, warum?

Bist du denn ein Ungläubiger oder ein Moslem?

Çetin hatte schon immer dieses Wort „Ungläubiger" gehasst. Er schnaubte vor Wut, während er dachte: Dieses abscheuliche Wort hat mich hier auch gefunden.

Was interessiert es dich, was ich bin, das kann dir doch egal sein.

Du bist ein Ungläubiger, aber du willst es nicht zugeben. Bin sicher, du bist noch nicht einmal beschnitten.

Çetin fühlte sich gezwungen, sich zu verteidigen. Wenn's um Beschneidung geht, klar bin ich beschnitten, aber was geht dich das an? Rifat lachte ihn aus:

Du lügst, mach die Hose auf und zeig es uns.

In der Klasse befanden sich auch Mädchen. Alle umzingelten die beiden und waren gespannt, wie dieses Gespräch enden würde. Çetin war außer sich vor Wut darüber, dass Rifat vor seinen Mitschülerinnen diese Dinge gesagt hatte. Plötzlich stieß er Rifat auf den Boden und begann, auf ihn einzuprügeln.

Rifat war geschockt. Obwohl er sonst bei jeder Gelegenheit seine Kräfte zeigte, hielt er diesmal nur seine Hände vors Gesicht und versuchte, sich zu schützen, da er dies von Çetin nicht erwartet hatte.

Als Lehrer Yalcin in die Klasse kam, gingen alle schnell auseinander. Çetin erhob sich von Rifat. Voller Zorn zitterte er am ganzen Körper. Lehrer Yalcin, der Çetin als ruhiges und kluges Kind kannte, war am meisten fassungslos.

Ich werde nach dem Unterricht mit dir sprechen, Ali. Nun setzt euch alle auf die Plätze.

Der Lehrer setzte seinen Unterricht ganz ruhig fort, als wäre nichts geschehen. Nach dem Unterricht packten die Kinder ihre Taschen und verließen das Klassenzimmer. Çetin saß jedoch noch mit gesenktem Kopf an seinem Platz.

Du weißt auch, dass wir sprechen müssen. Aber nicht hier, komm, wir gehen wieder in das Restaurant vom letzten Mal, wo wir zusammen gegessen hatten. Dort können wir etwas essen und miteinander sprechen.

Çetin gab keinen Ton von sich.

Hast du verstanden, was ich gesagt habe? Los, pack deine Sachen zusammen. Wir machen uns auf den Weg.

Çetin packte seine Bücher und seine Hefte in seine Tasche und folgte seinen Lehrer. Im Auto stellte sein Lehrer keine Fragen.

Çetin war sehr betrübt. Am meisten machte es ihm zu schaffen, dass er wegen diesem Streit die Zuneigung seines Lehrers verlieren könnte. Nachdem sie im Restaurant ihre Bestellungen aufgegeben hatten, sagte Lehrer Yalcin:

So, Ali, nun erzähl mal. Was war denn der Grund für euren Streit?

Ich hätte nie gedacht, dass du mal Gewalt anwenden würdest, vor allem nicht gegenüber deinen Klassenkameraden. Offen gesagt, du hast mich enttäuscht. Den Grund möchte ich trotzdem von dir hören.

Çetin erzählte mit einer weinerlichen Stimme, was Rifat gesagt hatte, auch das, was er über die Beschneidung gesagt hatte.

Gut, Ali, ich verstehe deine Wut. Aber ehrlich gesagt, ich kann nicht verzeihen, dass du Gewalt angewendet hast. Es gibt auch andere Wege, Probleme zu lösen.

Yalcin Abi, klar könnte ich zu Ihnen oder zu einem anderen Lehrer gehen und mich beschweren. Aber das würde Rifats Aggression nicht mindern, ganz im Gegenteil. Er würde mich bei den Mitschülern als Petzer darstellen und würde mich weiterhin angreifen. Ich habe schon oft solche Kinder sowohl in der Türkei als auch in Deutschland getroffen. Die verstehen nur die Sprache der Gewalt. Aber mache dir keine Sorgen, ich werde dies nicht wiederholen. Und du wirst sehen, dass dies auch nicht nötig ist.

Lehrer Yalcin zog es vor, daraufhin keinen Kommentar abzugeben.

Er dachte nur: *Ich muss dieses Kind besser kennen lernen. Wer weiß, was er alles erleben musste und warum er so selbstbewusst reden kann.*

Gut, wenn du fertig gegessen hast, können wir da weitermachen, wo wir das letzte Mal stehen geblieben sind.

In Ordnung, aber, wie sagt man doch so schön: Wenn ich dir mein Leben

erzähle, dann wird es ein Roman. Ich höre auf, wenn es dich langweilt.

Çetin erzählte alles sehr ausführlich, wie er zu den Leuten ins türkische Dorf gebracht worden war, was er im Dorf erlebt hatte, bis er schließlich ausriss. Plötzlich hörte er auf zu erzählen und überlegte, ob er über die Abenteuer auf der Straße mit den Klebstoff schnüffelnden Kindern erzählen sollte. Der Lehrer kam ihm zu Hilfe.

Ist gut, Ali. Den Rest erzählst du ein anderes Mal, du bist jetzt bestimmt erschöpft. Ich möchte nur, dass du eine Sache für mich erledigst. Entschuldige dich morgen in der Klasse bei Rifat, wenn alle Mitschüler dabei sind.

Aber Yalcin Abi.... wollte Çetin widersprechen:

Schau, Ali. Seinen Stolz beiseite zu schieben und sich zu entschuldigen können nicht viele Menschen. Nur die selbstbewussten können sich ohne Scham entschuldigen. Haben wir uns verstanden?

Berfin, die fast täglich Çetin anrief, setzte Onkel Fehmi, bei dem sie wohnte, unter Druck und fragte ständig: *Wann fahren wir dorthin?*

Endlich offenbarte ihr Onkel Fehmi die gute Nachricht:

Mach dich bereit, Berfin. Dieses Wochenende fahren wir nach Köln.

Berfin war sehr glücklich darüber und umarmte Onkel Fehmi ganz innig und bedankte sich.

Es waren noch zwei Tage bis zum Wochenende. Sie wollte Çetin Abi sofort anrufen und ihm diese gute Nachricht übermitteln. Nachdem sie ein paar Mal angerufen hatte, erreichte sie ihn im

Heim und erzählte ihm, dass sie am Samstag kommen werden. Çetin war sehr erfreut, dass er sie wiedersehen würde. Zwei Tage lang konnte Berfin vor Aufregung nicht schlafen.

Sie wollten sich in der Wohnung von Onkel Hasan treffen. Frau Emine hatte wieder köstliche Speisen zubereitet. Gül und Ahmet waren mit ihrem Vater einkaufen und hatten Geschenke gekauft. Çetin hatte sich in den letzten Tagen angestrengt, um das Boot, das er seit Monaten für sie schnitzte, fertig zu stellen. Er hatte nun die Segel gespannt und das Boot gelbrot angemalt, um es so weit wie möglich an das Boot von Fuat Abi anzupassen.

Fehmi kannte die Familie sehr gut. Sie besuchten sich gegenseitig sehr oft. Als sich die Tür öffnete, wartete Berfin ganz still hinter Onkel Fehmi. Als sie eintraten, konnte sie sich nicht mehr halten, brach in Tränen aus und umarmte Çetin. Sie zitterte am ganzen Leib. Hätte Çetin sich nicht beherrscht, hätte er auch geweint. Endlich konnte Berfin sich beruhigen. Nun konnte sie alles erzählen, worüber sie schon seit Tagen nachgedacht hatte.

Çetin Abi, ich bin verletzt. Ich bin verletzt und sauer auf dich.

Çetin war verwundert:

Warum denn, was ist passiert? Du weißt, dass ich dich sehr mag. Warum bist du böse auf mich?

Du hast mich mutterseelenallein gelassen. Ich hatte mir so sehr gewünscht, dass ich, wenn ich komme, in derselben Stadt, im selben Stadtteil, vielleicht in derselben Wohnung bei dir wohnen kann. Aber nun trennen uns mehrere hundert Kilometer.

Warum sagst du so etwas? Ich höre ziemlich oft von den Neuigkeiten über dich. Die Familie Fehmis liebt dich wie ihr eigenes Kind. Ich habe gehört, dass sich in Nürnberg alle darum reißen, dich zu beherbergen.

Berfin hatte wieder zu weinen angefangen. Sie konnte kaum sprechen. Als sie sich ein bisschen beruhigt hatte, sagte sie:

Ist doch klar. Du hast jetzt deine Mutter gefunden, nicht wahr? Ich selbst habe keine Mutter. Besser gesagt, ich habe zwar eine, aber gleichzeitig auch keine.

Sie weinte wieder. Çetin wusste nicht, was er machen oder sagen sollte.

Schau, hübsche Berfin. Ich habe auch eine Mutter, besser gesagt, ich habe sie aber auch nicht.

Die anderen Anwesenden in der Wohnung hatten sich zurückgezogen, um die Beiden nicht zu stören. Als Çetin dann den Zustand seiner Mutter schilderte, weinte Berfin, diesmal wegen seiner Mutter. Sobald sie sich beruhigt hatte, fing sie an zu sprechen:

Wir hatten so ein schönes Leben in Kavak. Warum sind wir nach Deutschland gekommen?

Sag nicht so etwas. Ist Deutschland denn nicht ein sehr schönes Land? Guck, wenn du Deutsch lernst, wirst du es hier mögen.

Ich mag es nicht, werde es auch nicht mögen. Wenn du willst, kannst du es hier mögen. Kavak war so schön. Ihr hattet mit Fuat Abi immer geangelt und ich konnte ab und zu mit auf das Boot. Ich kannte jeden und konnte mit jedem sprechen. Außerdem war meine Lehrerin sehr nett. Großmutter hatte zwar manchmal mit mir geschimpft, aber es machte mir nichts aus. Nun vermisse ich am meisten ihr Schimpfen. Hier schimpft niemand mit mir. Jeder erzählt, dass er mich mag. Aber ich bin jetzt groß und verstehe, dass alle eigentlich meine Eltern lieben, die in den Bergen sind.

Berfin redete wie ein Wasserfall. Çetin dachte gleichzeitig:

Dieses Mädchen ist nicht mehr dasselbe Mädchen, das ich vor fünf

Monaten kannte. Sie ist nicht mehr wiederzuerkennen. Berfins grüne Augen leuchteten, und sie hatte sich ihre geflochtenen Haare nicht schneiden lassen. Als sie bemerkte, dass Çetin ihre Haare betrachtete, meinte sie:

Ich werde auch meine Haare abschneiden lassen, denn jeder guckt auf meine Haare. Sie streicheln meinen Kopf und meinen: ‚Hast du schöne Haare'. Das nervt mich. Außerdem hat niemand so lange Haare wie ich. Ich will auch nicht, dass in der Schule jeder auf meine Haare schaut.

Çetin wusste nicht, was er der wie ein Wasserfall redenden Berfin antworten sollte. Plötzlich fiel ihm das Boot ein, dass er Berfin geschnitzt hatte. Er reichte ihr das Boot, was er in Papier gewickelt hatte.

Mal sehen, ob dir das gefällt.

Berfin zerriss das Papier in Windeseile, und als sie das Boot erkannte, umarmte sie Çetin.

Vielen Dank, hast du das etwa gemacht? Dann hast du das auch noch gelb und rot angemalt. Es sieht genauso aus wie das Boot von Fuat Abi. Du hattest mir in Kavak auch immer Boote geschnitzt.

Sie versank in Gedanken, das Boot in der Hand.

Çetin Abi, das Boot ist sehr schön. Aber wo soll ich das in Deutschland schwimmen lassen? Hier ist alles verboten.

Hübsche Berfin, du bist wohl heute mit dem linken Fuß aufgestanden. Du widersprichst allem und schimpfst. Wir können in Deutschland dieses Boot schwimmen lassen. Es gibt Seen rund um Köln. Wir sagen Onkel Emin Bescheid, und er wird uns hinfahren.

Danke, Çetin Abi, aber das muss nicht sein. Ich werde, wenn ich wieder zurück bin, nachfragen, ob es in Nürnberg einen See gibt. Bestimmt gibt

es einen See. Dann werde ich es dort schwimmen lassen.

Berfin, wie es aussieht, werden wir nicht zum Zug kommen. Du hast ja nur Augen für deinen Çetin Abi. Schau mal, sowohl ich als auch Gül wollen dir unsere Geschenke überreichen, Schluss jetzt, sagte Ahmet.

Berfin wurde verlegen.

Tut mir leid, ich war sauer auf Çetin Abi, deswegen...

Berfin begutachtete die für sie gekauften Kleider, die bunten Stifte und Radiergummis, umarmte Ahmet und Gül und bedankte sich. Hasan schlug vor, mit den Kindern raus zu gehen, aber Berfin wollte nicht.

Lasst uns später gehen, Onkel Hasan. Ich möchte jetzt gerne mit meinen Freunden sprechen.

Ab jetzt wirst du, auch wenn du wieder in Nürnberg bist, immer mit deinen Freunden sprechen können. Hier, nimm das Handy. Das gehört jetzt dir. Los, probiere es aus.

Er überreichte ihr ein Mobiltelefon.

Wird das jetzt immer mir gehören, echt jetzt?

Das Telefon gehört dir, hübsche Berfin, natürlich wird es bei dir bleiben.

Çetin Abi, hast du auch ein Telefon?

Natürlich, ich habe es neu gekauft. Ich gebe dir jetzt meine Nummer und werde deine auch abspeichern. Aber wir dürfen nicht so lange reden, da es teuer ist.

Çetin hatte noch das Geld, was er aus der Türkei mitgebracht hatte. An den Samstagen und Sonntagen trug er weiterhin ein paar Stunden Zeitungen aus und sparte sein ganzes Geld, gab es nicht aus, wenn es nicht zwingend erforderlich war. Er hatte gelernt, wie

wichtig es war, Geld zu haben, wenn schwierige Zeiten kamen.

Berfin rief mit ihrem Mobiltelefon Çetin an, so, wie man es ihr gezeigt hatte, und freute sich sehr, dass Çetin sofort antwortete.

Oh, wie schön Onkel Hasan, vielen Dank. Çetin Abi, ich kann dich doch jederzeit anrufen, oder?

Nicht jederzeit, ich schalte das Handy ab, wenn ich im Klassenzimmer bin. Aber an den Wochenenden und abends wird es angeschaltet sein. Aber du lässt es eh nur klingeln und legst dann auf. Ja, ich rufe dich zurück.

Zwei Tage lang hatten die Kinder eine schöne Zeit verbracht. Alle Erwachsenen und die Kinder gingen am nächsten Tag gemeinsam in den Zoo. Noch mehr als die Kinder freute sich Frau Emine, die, obwohl sie seit vielen Jahren in Köln lebte, den Zoo nicht kannte. Bevor sie losgingen, bettelte Berfin Çetin an:

Lasst uns doch bitte auch Fuat Abi finden, ich habe ihn so vermisst. Lasst uns wenigstens telefonieren.

OK, entgegnete er. Ich werde auf jeden Fall einen Weg finden und ihn erreichen. Sobald ich ihn gefunden habe, werde ich dir auch seine Telefonnummer geben.

Berfin versuchte, nicht zu weinen, während sie ins Auto stiegen.

*

An den darauffolgenden Tagen überlegte Çetin, wie er Fuat Abi erreichen könnte. Letztendlich fand er die Lösung mit Lehrer Yalcin.

Sobald er ihn getroffen hatte, erzählte er ihm, dass er gerne Fuat

Abi finden wollte. Lehrer Yalcin notierte sich auch den Nachnamen von Fuat und meinte: *Ich werde ihn finden,*

Çetin war erleichtert. In der Tat kam er nach zwei Tagen mit der Telefonnummer von Fuat zurück.

Hier hast du die Telefonnummer von Fuat. Du wirst ihn aber nicht bei jedem Anruf erreichen können. Während er arbeitet, darf er nicht telefonieren. Du kannst ihn dann erwischen, wenn du zu verschiedenen Tageszeiten anrufst.

Çetin war sehr glücklich darüber.

Danke, mein Lehrer, du kannst dir gar nicht vorstellen, wie glücklich du mich gemacht hast.

Er wollte seine Hand küssen.

Hand küssen geht nicht, hab' ich dir das nicht schon mal gesagt? Komm, lasst uns umarmen.

Lehrer Yalcin, wer weiß, wo sich Fuat Abi auf der Welt befindet. Wie hast du denn die Nummer herausgefunden?

Lass das mal mein Geheimnis sein, eins kann ich dir sagen, es war nicht so schwer.

Çetin hatte mehrmals versucht, Fuat zu erreichen, aber er erwischte ihn einfach nicht. Hatte Lehrer Yalcin wohl einen Fehler gemacht? Nach ein paar Tagen klingelte sein Telefon, als er gerade im Bett war.

Çetin, hallo, ich bin's, Fuat Abi. Ich sah, dass ein paar Mal aus Deutschland angerufen worden war und dachte mir, dass du das bestimmt bist. Ich freue mich, dich gefunden zu haben. Ich werde ab jetzt öfter anrufen. Ich bin gerade in der Nähe von Portugal. Wie geht es Berfin?

Çetin war sehr aufgeregt und konnte kaum sprechen. Er gab ihm die Nummer von Berfin. Ständig wiederholte er: Wie schön, deine Stimme zu hören. Etwas anderes fiel ihm nicht ein.

Als Berfin das Telefon abnahm und die Stimme von Fuat hörte, die sagte:

Ich bin es, Fuat Abi, Berfin bist du dran?

Wusste sie nicht, was sie machen oder sagen sollte und stellte Fragen über Fragen, wie es ihr gerade einfiel.

Echt jetzt? Wo bist du? Was machst du?

Fuat erzählte kurz, wo er sich gerade befand und von dem Schiff, auf dem er arbeitete.

Als sie dann erfuhr, dass das Schiff sehr groß ist und dort viele Menschen arbeiteten, fragte sie aufgeregt:

Fangt ihr viele Fische,? Wo verkauft ihr dann die vielen Fische?

Auch wenn Fuat erzählte, dass er diesmal keine Fische fing, hatte Berfin nicht ganz verstanden, was Fuat Abi nun macht.

Erinnerst du dich an die riesigen Schiffe, die in Kavak durch den Bosporus fuhren?

Na, klar erinnere ich mich an sie, dann fährst du bestimmt ganz in die Ferne.

So ist es, wir fahren in ferne Länder. Vielleicht kommen wir auch nach Deutschland. In dem Fall werde ich dich und Çetin auf jeden Fall anrufen, dann treffen wir uns, okay?

Echt? Und wann?

Wir transportieren Fracht. Der Kapitän hatte mitgeteilt, dass wir auch nach Deutschland fahren würden. Ich weiß aber nicht das Datum. Ich werde dich anrufen und Bescheid geben.

Nachdem Berfin aufgelegt hatte, war sie sehr aufgedreht. Sie wollte sofort Çetin anrufen und ihm erzählen, was sie und Fuat besprochen hatten. Aber Çetin nahm nicht ab. Sie erinnerte sich, dass er wohl im Unterricht sein musste, und entschied sich, bis zum Abend zu warten.

*

Çetin war in der Klasse bei den meisten Mitschülern beliebt. Jeder fragte Çetin, wenn sie etwas nicht wussten. Auch die Lehrer mochten Çetin, weil er sie unterstützte, wie ein zweiter Lehrer. Sowohl Çetin, als auch seine Lehrer warteten auf das Verstreichen der sechs Monate. Wenn nämlich sechs Monate vorbei wären, dann könnte Çetin auf eine normale Schule gehen.

Er traf sich oft mit Lehrer Yalcin, sie spielten manchmal Basketball oder gingen ins Schwimmbad. Im Schwimmbad hatte Çetin besonders viel Spaß mit Lehrer Yalcin, denn Lehrer Yalcin machte viel Quatsch. Zum Beispiel bestieg er das höchste Springbrett, machte einen Handstand, um sich dann ins Wasser plumpsen zu lassen. Jeder schaute dieser Show des weißhaarigen alten Mannes verwundert zu. Als er dies ein paar Mal hintereinander tat, klatschten einige Leute, die aufgehört hatten, zu schwimmen. Später riefen sie ‚Nochmal, nochmal' und motivierten ihn. Er grüßte dann die jubelnde Menge, schlug deren Wunsch nicht aus und sprang aber und abermals ins Wasser.

Über einen Monat war es schon her, seitdem er seine Mutter nicht besucht hatte. Obwohl ihre Betreuer geäußert hatten, er solle die Besuche unterlassen, besuchte er sie dennoch. Die Psychologin,

die sich um seine Mutter kümmerte, sagte jedoch:

Ali, mein Sohn, ich hatte dir gesagt, dass du deine Mutter eine Weile nicht sehen solltest. Es wäre gut, wenn du heute nicht zu ihr gehst. Ich weiß nicht warum, aber seitdem du weggegangen bist, geht es ihr schlechter. Schau sie aus der Ferne an, aber gehe nicht zu ihr rein.

Çetin war sehr traurig darüber.

Was meinen Sie, warum sie sich so verhält,? Als ich zum ersten Mal bei ihr war, hatten Sie mir gesagt, dass es helfen würde, wenn sie mich sieht.

Wir wissen es auch nicht, aber eines ist sicher: Es gibt etwas in ihrem Unterbewussten, was wir nicht lösen können.

Çetin betrachtete seine Mutter durch die Glasscheibe und war erstaunt, als er sah, dass sie nicht mehr so war, wie er sie zum ersten Mal vor ein paar Monaten erlebt hatte. Sie war abgemagert, ihre Haare waren grauer geworden.

Çetin, der seine Mutter jetzt in diesem Zustand sah, dachte:

Ist es wohl eine Illusion zu denken, dass sie gesund wird und wir zusammen in einer Wohnung wohnen?

Er verließ die Klinik mit gesenktem Kopf. Unterwegs musste er unentwegt nachdenken:

Wer weiß, vielleicht werde ich von nun an mein weiteres Leben alleine, ohne meine Mutter verbringen. Seit dem Tag, an dem ich in die Türkei ging bis heute, gab es immer Leute um mich herum, und trotzdem fühlte ich mich alleine. Auch heute gibt es zahlreiche Menschen um mich herum. Ich bin trotzdem alleine, langsam muß ich mich daran gewöhnen.

Von diesem Tag an hatte Çetin sich entschieden, jeden Tag auszufüllen. Er ging zum Verein, lernte Kurdisch und knüpfte dort

neue Freundschaften. Zu jeder Gelegenheit trug er Zeitungen aus, joggte im nahegelegenen Park und bemühte sich, oft mit Lehrer Yalcin zusammen zu sein. Berfin rief ihn regelmäßig ein paar Mal die Woche an. Mit Fuat Abi sprach er auch, auch wenn es nicht so oft war.

*

Sechs Monate waren nun vergangen. Die Lehrer in der Vorbereitungsklasse hatten gemeinsam entschieden, dass er nun in eine weiterführende Schule gehen konnte. Es war nicht schwer für ihn, sich an die neue Schule und seine neue Klasse anzupassen. Er war gut in den Fächern, aber auch hier konnte er nicht seiner Einsamkeit entkommen.

Die bedeutendste Änderung in seinem soliden Leben war die Ankunft von Fuat Abi in Hamburg. Fuat Abi hatte für Berfin und Ali Zugtickets und eine Unterkunft in einem Hotel organisiert. Da sie zwei Tage lang zusammen sein würden, waren sowohl Çetin als auch Berfin sehr glücklich. Berfin war nach Köln gekommen, dann fuhren sie gemeinsam mit dem Zug nach Hamburg. Zwei Tage liefen sie in Hamburg durch die Stadt und aßen köstliche Speisen. Fuat Abi sprach ein wenig Englisch. Çetins Bewunderung für Fuat wurde immer größer, je mehr er ihn beobachtete und ihm zuhörte. Seine ohnehin gebräunte Haut war noch dunkler geworden. Er hatte so viel zu erzählen! Ununterbrochen redete er von den Ländern, die er bereist hatte, von den vielen verschiedenen Menschen und vom Schiff.

Auch Çetin hatte viel zu erzählen. Er berichtete zügig und schnell von seinen Erlebnissen, wie ein Blitz. Fuat hörte Çetin aufmerksam zu und wunderte sich, dass er kein Wort über seine Mutter verlor. Ohne dass er ihn fragen musste, schilderte Çetin die Lage seiner Mutter und dass es kaum Hoffnung auf ein gemeinsames Leben

gab. Fuat war betrübt darüber und wusste nicht, was er sagen sollte. Verwirrt sagte er: *Sei nicht traurig. Schau, du hast mich, du hast Yalcin Abi, und du hast Berfin.*

Berfin mischte sich kaum ein und beobachtete nur die Umgebung. Am meisten wunderte sie sich über die Dinge, die sie sah, als sie mit dem Schiff eine Hafenrundfahrt im Hamburger Hafen machten. Alles musste sie von Fuat Abi wissen.

Fuat fragte sie: *Und, hübsche Berfin, warum erzählst du nichts? Was hast du gemacht? Erzähle ein bisschen.*

Berfin redete daraufhin wie ein Wasserfall:

Was soll ich schon erzählen, Fuat Abi, jeder mag dieses Land und jeder mag auch mich, aber ich mag es hier nicht mehr und auch nicht diejenigen, die mich mögen.

Çetin konnte sich die Frage nicht verkneifen: *Und mich auch nicht?*

Dich mag ich natürlich! Du bist aber auch ziemlich weit weg. Warum sind wir denn hier her gekommen? Das verstehe ich nicht. Istanbul war so schön. Meine Lehrerin war so nett, ich hatte euch, Großmutter, Großvater...

Sie fing an zu weinen. Egal, was sie ihr sagten, sie hörte nicht auf.

Fuat machte Çetin ein Zeichen, dass sie sie weinen lassen sollten.

Als Fuat sie umarmte, umarmte Berfin ihn auch ganz fest. Einen Moment später beruhigte sie sich. Aber in den folgenden zwei Tagen redete sie sehr wenig. Die Abstecher nach Hamburg wurden für die drei zur Gewohnheit.

Fuat kam manchmal alle sechs Monate, manchmal einmal im Jahr nach Hamburg, und sie trafen sich dann für zwei bis drei Tage.

*

Als das Telefon klingelte, verstand Çetin zuerst nicht, wer dran war. Es war die Psychologin seiner Mutter aus der Klinik.

Çetin, mein Sohn, kannst du heute zu deiner Mutter kommen, wenn du Zeit hast?

Çetin wunderte sich über den Anruf der Psychologin seiner Mutter, war aufgeregt, aber auch sehr besorgt, denn die Stimme hörte sich merkwürdig an.

Ich fahre sofort los, sagte er.

Als er in der Klinik ankam, begrüßte die Psychologin ihn gleich am Eingang.

Deiner Mutter geht es nicht gut, ich wollte, dass du sie siehst.

Seine Mutter lag unbeweglich im Bett und starrte an die Decke. Als Çetin zu ihr hinging, zeigte sie keine Reaktion. Als er sie fragte: *Mama, wie geht es dir?* sagte sie nichts, so als ob sie die Frage nicht gehört hätte. Ihr Gesicht war auch kreidebleich.

Çetin musste sich zusammenreißen, um nicht in Tränen auszubrechen. Er hatte verstanden, dass seine Mutter sehr krank war, und konnte sich nicht zurückhalten, zu fragen:

Ist sie sehr krank? Wird sie schnell gesund?
Die Psychologin sagte nur: *Ich hoffe.*

Çetin merkte, dass seine Mutter schwer krank war. Mit den Tränen kämpfend verließ er das Krankenhaus. Nach ein paar Tagen rief dieselbe Psychologin erneut an.

Ali, kannst du kommen?

Çetin hörte etwas Ungewöhnliches in ihrer Stimme und sagte: *Ich komme sofort.*

An der Zimmertür seiner Mutter stand ein Stuhl. Die Tür war geöffnet. Die Psychologin erlaubte ihm nicht, einzutreten. Seine Mutter lag bewegungslos in ihrem Bett.

Wenn du unbedingt möchtest, kannst du zu ihr rein. Leider muss ich dir mitteilen, dass sie gestorben ist.

Çetin wusste nicht, was er machen sollte. Er hatte das letzte Mal schon gesehen, dass es ihr sehr schlecht ging, trotzdem hatte er ihren Tod nicht erwartet.

Kann ich zu ihr rein?

Natürlich kannst du rein. Es wäre aber gut, wenn du sie nicht berührst.

Çetin ging zum Bett seiner Mutter und zwang sich, sie nicht zu umarmen. Er wollte weinen, konnte es aber nicht. Er war wie versteinert.

Einen Moment dachte er: *Ist diese magere Frau mit dem bleichen Gesicht und den schneeweißen Haaren wirklich meine Mutter?*

Eine der Mitarbeiterinnen kam zu ihm und fragte: *Ali, können wir mal miteinander reden? Komm mit in mein Zimmer.*

Çetin folgte der Frau ganz still. Als sie in das Zimmer traten, fing die Frau an, mit Çetin zu reden, der unentwegt auf den Boden starrte. Vor ihnen stand eine Art großer Schuhkarton.

Ali, mein Kind, wir wissen, dass es für dich eine schwierige Situation ist. Wir werden die Beerdigung organisieren. Aber wenn du willst, kannst du und deine Nahestehenden natürlich kommen. Auf diesem Zettel steht, wie und wo die Beerdigung stattfindet. Und diese Schachtel hat deine Mutter

uns anvertraut, damit wir sie dir geben. Auf dieser steht dein Name, den sie ganz fest mit Tesafilm angebracht hat. Bitte öffne sie hier, denn ich muss dokumentieren, was sich in der Schachtel befindet und dass ich sie dir übergeben habe.

Er sagte: *Vielen Dank für alles. Ich werde mit einigen Bekannten zur Beerdigung kommen.*

Im Karton, den Çetin öffnete, befanden sich viele Fotos. Auf allen war er mit seiner Mutter abgebildet. Çetin konnte seine Tränen nicht mehr zurückhalten. Dann fand er einen großen Briefumschlag. Çetin öffnete diesen Umschlag und war erstaunt. In diesem befanden sich viele Geldscheine und Schmuck, wie Ringe und Armreifen.

Meine arme Mutter, sie hat in der Hoffnung, wieder mit mir zusammen zu kommen, dieses Geld gespart

dachte er und begann laut zu schluchzen.

Die Mitarbeiterin wartete, bis er sich beruhigt hatte, überreichte ihm ein paar leere Blätter und sagte:

Ali, mein Kind, ich weiß, du bist tief traurig. Aber bitte schreibe hier auf, dass ich dir den Karton übergeben habe und was sich alles in ihr befand.

Soll ich auch schreiben, wie viel Geld da drin war?

Bitte schreibe alles auf, was hier drin ist.

Çetin schrieb alles auf, die Fotos, den Schmuck. Wie viel Geld im Karton war, hatte er noch nicht nachgezählt. Es waren genau 3.800 Euro. Nachdem er alles einzeln aufgelistet hatte, unterschrieb er den Zettel und übergab ihn der Dame.

Als er im Heim ankam, wollte er Berfin anrufen. Aber bevor er sie anrief, rief Berfin ihn an, sie weinte am Telefon.

Çetin dachte: *Hat sie erfahren, dass meine Mutter gestorben ist?... und wartete verwundert darauf, bis sie zu sprechen begann.*

Berfin sprach mit kurzen abgehackten Sätzen:

Çetin Abi, meine Mutter ist in den Bergen gestorben. Am Wochenende wollen sie im Verein eine Andacht für sie halten. Sie haben auch ein ganz großes Bild gemalt. Sie wollen, dass ich auch komme. Ich kann mich nicht mehr an meine Mutter erinnern. Laut meiner Großmutter liebte sie mich sehr und war mir sehr ähnlich. Wärst du doch bloß bei mir.

Ich würde sehr gerne, aber morgen...

Er fragte sich, ob er es ihr überhaupt erzählen sollte. Doch dann begann er:

Meine liebe Berfin, meine Schöne, ich würde sofort in den Zug steigen und zu dir kommen, aber das ist unmöglich. Ich sag' dir jetzt warum, aber ich möchte dich nicht wieder traurig machen. Liebe Berfin, meine Mutter ist auch heute gestorben. Morgen ist ihre Beerdigung.

Es war still am Telefon. Dann hörte er ihr Schluchzen. Sie sprach nicht.

Ich werde dich später anrufen, sei nicht traurig. Leider können wir nichts mehr tun. Ich werde auf jeden Fall am Wochenende kommen.

Er legte auf.

Nachdem er sich von seiner Betroffenheit erholt hatte, dachte er, dass er so bald wie möglich mit Yalcin Abi sprechen musste, und rief ihn an. Nach einer halben Stunde kam Yalcin zu ihm. Er erzählte ihm, was geschehen war und schlug ihm vor, gemeinsam zur Beerdigung zu gehen.

Natürlich komme ich, Ali, mein Lieber. Ich hole dich hier ab, und wir fahren gemeinsam hin.

Er wollte Çetin umarmen, traute sich aber nicht, da er befürchtete, sich nicht beherrschen zu können und zu weinen.

Çetin holte die Schachtel hervor, die ihm seine Mutter hinterlassen hatte und zeigte sie Yalcin.

Mein lieber Lehrer, diese Fotos in diesem Karton sollen bei mir bleiben, aber bitte nimm dieses Geld in diesem Umschlag und den Schmuck an dich. Du gibst mir dann davon, wenn ich etwas brauche.

Ich danke dir für dein Vertrauen, ich werde sofort ein Schließfach in einer Bank eröffnen und diese dort bewahren. Den Schlüssel des Schließfaches bekommst dann du, einverstanden?

Gib' mir nicht den Schlüssel, bitte, mein lieber Lehrer.

Nicht, ‚mein Lehrer', sondern Yalcin Abi.

Gut, Yalcin Abi, aber gib' mir nicht den Schlüssel. Ich könnte den verlieren. Bewahre du ihn für mich auf.

Kann ich mir die Fotos anschauen?

Natürlich, sagte Çetin und überreichte ihm den Karton. Yalcin betrachtete aufmerksam die Fotos und sagte:

Deine Mutter war sehr schön.

Du hast recht, sie war sehr schön, sagte Çetin und begann zu weinen. Und nachdem er sich beruhigt hatte:

Yalcin Abi, lasst uns auch Onkel Hasan Bescheid geben. Ich denke, er möchte auch zur Beerdigung kommen.

Gemeinsam fuhren sie zu Onkel Hasan. Dieser sagte:

Ich werde auf jeden Fall Urlaub nehmen und kommen.

Mutter Emine, die die Gespräche mitbekommen hatte, flüchtete in die Küche, um nicht neben Çetin zu weinen und stimmte Klagelieder auf Kurdisch an und versuchte, so leise wie möglich zu sein. Sie dachte:

Man darf dieses Kind nicht in der Fremde ohne Vater und Mutter alleine lassen.

Sie wischte sich ihre Tränen ab, ging wieder rein und sagte:

Çetin, mein Sohn, ich werde dich von nun an nie alleine lassen. Du bist unser Sohn. Ich flehe dich an, sei nicht dickköpfig, verlasse dieses Jugendheim oder was auch immer das ist und bleib bei uns. Du weißt, die Wohnung ist groß genug, außerdem kannst du Gül und Ahmet bei den Hausaufgaben helfen.

Auch Onkel Hasan wiederholte ihre Worte. Aber Çetin war nicht umzustimmen:

Danke, ich werde euch immer besuchen. Aber ich muss lernen, alleine zu leben.

Weil Mutter Emine so beharrlich war, blieb er diese Nacht bei ihnen. Am nächsten Tag trafen sie sich bei der Beerdigung. Der Sarg seiner Mutter stand im Saal, wo die Andacht stattfinden sollte. Der Sarg war bestückt mit Blumen. Lehrer Yalcin legte seinen großen Blumenstrauß, den er mitgebracht hatte, auf den Sarg. Dann kam der Pfarrer und sprach Gebete. Die Bediensteten ließen mit Seilen den Sarg langsam ins Grab und gaben Çetin eine Schaufel in die Hand, damit er Erde darauf schaufelte.

Als sie den Friedhof verließen, rief Çetin Berfin an. Als er erfuhr, dass am Wochenende im Verein für ihre Mutter eine Zeremonie stattfinden sollte, sagte er: *Ich werde auf jeden Fall kommen.*

Berfin freute sich: *Echt jetzt, Çetin Abi, ich würde mich sehr freuen.*

Die Gedenkfeier im Verein für Berfins Mutter war sehr gut besucht. Die Menschen flüsterten. Berfin saß ganz vorne und hielt die Hand von Çetin, der vor einer Stunde in Nürnberg angekommen war, ganz fest.

Alle Frauen und Männer, die den Verein betraten, kamen zuerst zu ihr, schüttelten ihre Hand und bekundeten ihr Beileid. Berfin fand diese Zuneigung künstlich und wollte am liebsten losschreien: Es reicht, niemand soll kommen und meinen Kopf streicheln, niemand soll mich lieben.

Zwei Tische waren zusammengeschoben, worauf ein Bild von Berfins Mutter in Guerilla Kleidung gelegt wurde, das mit Blumen umrandet war. Unter dem Bild stand in großen Buchstaben „Avasin", darunter in kleineren Buchstaben Derya Gül. Die Menschen flüsterten:

Der, der neben Berfin sitzt, ist ein Bekannter aus Istanbul...

Sein Vater war auch Kurde, aber ein Mistkerl.

Seine Mutter war Deutsche.

Seine Mutter ist wohl vor ein paar Tagen gestorben.

Trotzdem hat er Berfin nicht alleine gelassen.

Das ist ein treues Kind, er sieht auch gut aus. Schau dir seine Augen an.
...

Die Leute, die erfuhren, wer Çetin war, kamen zu ihm, umarmten ihn und sprachen ihr Beileid aus.

Die Reden fanden auf Kurdisch statt. Çetin verstand nur sehr wenig davon. Berfin, die seine Hand ständig fest umklammerte, hatte leise zu weinen angefangen.

Als die Zeremonie zu Ende war, sammelten sich insbesondere Jugendliche um Çetin, drückten ihr Beileid aus und stellten viele Fragen. Langsam war Çetin genervt. Gottseidank nahm die Frau, in deren Wohnung Berfin lebte, die beiden mit nach Hause. Auch wenn alle darauf beharrten, Çetin wollte am nächsten Tag nach Hause. Es war nicht leicht, Berfin zu überzeugen. Er wollte seine Schule nicht vernachlässigen.

Im Zug musste er ständig nachdenken. Er hatte seinen Weg gewählt. Er wusste, dass er unter vielen Menschen alleine war und wie er sich verhalten musste, als eine Einzelperson. Er dachte in Wirklichkeit an Berfin. Sie konnte ihre Einsamkeit inmitten der Menschenmenge nicht verkraften. Das machte sie rebellisch und reizbar. Auch nach der Zeremonie im Verein war sie gereizt. Nur in Anwesenheit von Çetin war sie ruhig und fühlte keine Einsamkeit.

Çetin überlegte:

Auch das wird Vergangenheit werden, wir werden dies auf jeden Fall überleben. Wir müssen es. Er konnte der Erschöpfung der Tage und der Anspannung nicht mehr widerstehen und schlief ein.

Nach zehn Jahren...

Berfin und Çetin hatten ihre Treffen mit Fuat in Hamburg ohne Unterbrechung fortgeführt. Sie trafen sich immer, wenn Fuat alle sechs Monate oder einmal im Jahr nach Hamburg kam. Als sie sich wieder trafen, waren sie sich bewusst, dass dies ihr letztes Treffen war. In dem italienischen Café, in das sie immer gingen, war es Fuat, der als erster seine Zukunftspläne offenbarte:

Ich glaube, der Meeresdämon in mir ist jetzt endlich ausgerissen. Ich

weiß es nicht, vielleicht bin ich auch nur müde. Bis zum heutigen Tag waren das Meer und ich uns immer gegenseitig treu und haben uns nie verraten. Nun möchte ich mit dem Geld, was ich mir erspart habe, in Kavak ein Geschäft eröffnen. Vielleicht ein Café, oder einen Kiosk. Wenn ich es richtig bewerkstellige, möchte ich ansässig werden und mir ein solides Leben aufbauen. Nächsten Monat wird unser Schiff in Istanbul sein. Dann werde ich meinen Koffer nehmen und mich verabschieden.

Berfin und Çetin freuten sich über Fuats Entscheidung. Beide fragten aber Çetin nicht nach seinen Plänen. Sie wussten, dass Çetin, nachdem er seine Ausbildung beendet hatte, seit einem Jahr als Sozialarbeiter arbeitete. Er sprach vier Sprachen, und er versuchte, Migranten, insbesondere kurdischen Asylanten, zu helfen.

Berfin war nicht mehr so gereizt wie ein Pulverfass. Auch sie hatte eine konkrete Entscheidung getroffen und offenbarte sie ihnen, bevor sie gefragt wurde.

Ich weiß, dass dieses Land nichts für mich ist. Ich habe viel nachgedacht. Nächsten Monat werde ich in meine Heimat zurückkehren. Fragt mich nicht nach dem Wohin oder Wie. Ihr wisst schon, wohin ich gehen werde. Ich werde dahin gehen, wo ich atmen kann, wo ich mich frei fühle, zu den freien Menschen.

4. April 2018, Köln

Literatur-Werkstatt

Çetin Doğans Çetin

Es war ein heißer Sommerabend. Çetin und seine Großmutter legten die Betten auf dem Dach aus. Die Stille der Nacht wurde nur durch bellende Hunde und das Zirpen der Singzikaden unterbrochen. Der Himmel strahlte voller glänzender Sterne. Çetin schaute von seinem Platz, an dem er sich hingelegt hatte, träumerisch in den Himmel. Er musste ständig an seine Mutter denken, er hatte große Sehnsucht nach ihr. Er fragte sich: *Wo ist sie wohl jetzt? Ob sie mich auch vermisst?*
Die Großmutter wusste, warum er in Gedanken versunken war. Sie wusste es zwar, war aber hilflos. Mit ihren rauen Händen streichelte sie seinen Kopf. Sie sang leise ein Lied in ihrer eigenen Sprache. Die Lieder der Großmutter wurden zu Schlafliedern für Çetin.

Es war sehr spät. Çetin und seine Großmutter waren beinahe eingeschlafen. Plötzlich hörten sie die Stimmen der jungen Männer des Dorfes. Die jungen Männer zogen in Gruppen singend am Haus vorbei. Çetin fragte seine Großmutter: *Großmutter, wo gehen sie hin?*
Zum Dreschplatz, entgegnete Großmutter.
Çetin wollte wissen: *Was wollen sie denn auf dem Dreschplatz?*

Sie wollen sich etwas wünschen. Es ist die Zeit, wo sich junge Leute etwas wünschen können, begann sie zu erzählen.
Der Himmel ist nicht immer so schön wie jetzt. Man kann nicht immer so viele Sterne auf einmal sehen. Das passiert nur ein paar Mal im Jahr. Dann gehen die jungen Leute in diesen Nächten zum Dreschplatz und warten auf Sternschnuppen. Bei jeder Sternschnuppe darf sich einer etwas wünschen.

Çetin fragte neugierig: *Was wünschen sie sich denn?*

Meistens wünschen sie sich, nach Deutschland zu gehen, entgegnete sie.
Çetin fragte weiter:
Und, werden ihre Wünsche wahr, gehen sie nach Deutschland?
Die meisten, die sich das gewünscht haben, sind jetzt in Deutschland.
Çetin begann, nach den Sätzen seiner Großmutter neue Hoffnung zu schöpfen. Er dachte nach und entschied, zum Dreschplatz zu gehen.

Zu seiner Großmutter: *Großmutter, deine Erzählungen waren wunderbar. Ich gehe jetzt ins Bett. Gute Nacht.*
Er zog sich die Decke über den Kopf.

Eine Weile verharrte er so. Dann hörte er die Stimmen der jungen Leute, die vom Dreschplatz zurück kamen. Er wendete sich seiner Großmutter zu: *Großmutter,* sagte er leise.

Großmutter hörte Çetin zwar, antwortete aber nicht. Çetin dachte, dass seine Großmutter schlief. Er stand auf und stieg leise die Treppen hinunter.
Als seine Großmutter mitbekam, dass er die Treppen hinunterging, stand sie auf und rief ihm hinterher:
Geh, mein Sohn. Geh, damit dein Wunsch in Erfüllung geht und du in kurzer Zeit zu deiner Mutter kommst.

Çetin ging mit langsamen Schritten bis zur Dorfgrenze. Als er das Dorf hinter sich gelassen hatte, rannte er, so schnell er konnte. Er wollte so schnell wie möglich am Dreschplatz ankommen. Außer Atem kam er dort an. Das Hundegebell war leiser geworden. Der Gesang der Zikaden ging jedoch weiter. Die Zikaden leuchteten auf, als würden sie Çetin zuzwinkern. Çetin setzte sich, hob seinen

Kopf und schaute in den Himmel. Der Himmel war immer noch glänzend. Die Sterne waren wie Kinder, die spielten.

Çetin hob seine Hände gegen den Himmel und wartete auf eine Sternschnuppe.

Nach einer Weile sah er eine und fing an zu schreien, so stark er konnte:

Himmel! Sterne! Hört mich an. Ich möchte meine Mutter sehen, ich möchte bei ihr sein und sie umarmen.

Dann schwieg er. Er verweilte eine Weile, beobachtete die Zikaden und hörte ihrem Gesang zu. Eine Weile später verließ er den Dreschplatz und kehrte nach Hause zurück.

Die Großmutter hatte auf Çetin gewartet. Als sie ihn die Treppe hochsteigen sah, ging sie ins Bett. Çetin legte sich leise neben sie. Er war aufgeregt und voller Hoffnung. Die Hoffnung, seine Mutter wiederzusehen, erfüllte seine ganze Person. Diese Hoffnung zauberte ein süßes Lächeln in sein Gesicht, er schlief zufrieden ein.

Im Dorf verlebte Çetin schwere Tage. Kein Augenblick verging, ohne dass er an seine Mutter dachte. Er war bereit, alles zu tun, um sie wiederzusehen. Er beschloss letztendlich, nach Istanbul zu fahren.

In diesen Tagen lernte er den gleichaltrigen Yusuf kennen, der aus Deutschland gekommen war, um seine Ferien hier zu verbringen. Sie verstanden sich gut und streunten zusammen durch Berg und Tal. Sie sprachen Deutsch und über Deutschland. Çetin freute sich, dass er die deutsche Sprache nicht verlernt hatte. Die Ferien neigten sich dem Ende zu. Çetin erzählte Yusuf von seiner Mutter, seiner Sehnsucht nach ihr und dass er nach Deutschland wollte. Yusuf sagte ihm:

Wir fahren morgen zurück, komm' doch heute Abend zu uns und sprich mit meinem Vater. Vielleicht kann er dir helfen.

Çetin freute sich darüber. Am Abend besuchte er Yusuf zu Hause. Er erzählte dem Vater von Yusuf, Onkel Ahmet, dass er nach Istanbul wolle.
Onkel Hasan jedoch hatte Bedenken wegen Çetins Vater. Er konnte jedoch dem Drängen seines Sohnes Yusuf und Çetins nicht widerstehen und meinte: *Also gut, dann komm morgen früh zum Ende des Dorfes.*

Çetin kehrte voller Freude zu seiner Großmutter zurück. Gemeinsam stiegen sie wieder auf das Dach, um sich hinzulegen. Çetin umarmte seine Großmutter ganz fest und bat:
Liebe Großmutter, kannst du mir wieder Lieder vorsingen?

Die Großmutter sang leise vor sich hin. Diesmal waren diese Lieder für Çetin besonders wehmütig. Denn morgen würde er sich von ihr trennen.
Es war schon fast Morgen. Çetin stand auf und betrachtete lange das Gesicht seiner Großmutter. Er küsste sie sachte und strich über ihre narbenvolle Hand: *Auf Wiedersehen, Großmutter, ich habe dich sehr lieb. Ich werde dich und deine narbenvollen Hände vermissen.*

Er stieg die Treppen hinunter und schaute ein letztes Mal zurück zum Hause seiner Großmutter. Dann ging er weiter zum Ende des Dorfes. Eine kurze Weile später kam das Auto von Yusufs Familie und hielt an. Çetin stieg ein. Die Reise nach Istanbul begann. Während der Fahrt träumten Yusuf und Çetin davon, sich in Deutschland zu treffen. Nach einer fröhlichen Fahrt erreichten sie Istanbul.
Yusufs Vater überreichte Çetin etwas Geld und einen Zettel mit seiner Telefonnummer drauf und meinte: *Ich werde versuchen, deine Mutter zu finden. Ruf' mich bitte unter dieser Nummer ab und zu an.*

Yusuf und Çetin verabschiedeten sich und umarmten sich, in der

Hoffnung, sich in Deutschland wiederzusehen. Yusuf sagte Çetin: *Pass gut auf dich auf!*
Yusuf und seine Familie stiegen wieder ins Auto und fuhren davon.
Çetin fand sofort eine Telefonzelle und rief seine Großmutter an.
Großmutter, mach dir keine Sorgen um mich. Ich bin in Istanbul und werde versuchen, nach Deutschland zurückzukehren. Ich hab dich sehr lieb, ich werde dich im Dorf besuchen, um dich wiederzusehen.
Seine Großmutter entgegnete:
Mein schwarzäugiger Sohn, als ich dich morgens nicht vorfand, habe ich mir Sorgen gemacht. Ich bin erleichtert, deine Stimme gehört zu haben. Die Winde sollen mir deinen Geruch her wehen. Deine Großmutter würde alles für dich tun.

Çetin war nun in Istanbul alleine auf sich gestellt. Er hatte weder einen Bekannten noch eine Unterkunft. Er schlief in den Straßen. Die Bürgersteige wurden zu seinem Bett, die Sterne seine Decke. Er lernte die Kälte, den Hunger und die Angst kennen. Er lernte zu streiten.
Es war abends. Çetin saß auf einem Bürgersteig vor einem Restaurant, aus dem köstliche Düfte von Speisen kamen. Ein etwas jüngerer Straßenjunge ging an Çetin vorbei, trat durch die Tür des Restaurants. Eine Weile später hörte er den Jungen weinen. Der Kellner hatte ihn rausgeschmissen und schlug bestialisch auf ihn ein.
Çetin fuhr dazwischen und schrie: *Lass ihn in Ruhe!*
Der Kellner ließ von ihm ab und lief auf Çetin zu. Çetin griff nach seinem Taschenmesser und hielt es hoch: *Na, komm doch.*

Der kleinere Junge, der von dem Streit des Kellners mit Çetin einen Schreck bekommen hatte, verschwand in der Dunkelheit.

Währenddessen fragte ein Mann, der das Restaurant betreten wollte:

Was ist hier los?
Der Kellner kannte diesen Mann.
Fuat Abi, ein Straßenjunge kam ins Restaurant rein und belästigte die Gäste. Daraufhin habe ich ihn rausgeschmissen, und dieser Junge zog sein Taschenmesser und bedrohte mich.

Çetin rief: *Du lügst. Du hast diesen kleinen Jungen zusammengeschlagen. Wenn ich nicht dazwischen gegangen wäre, hättest du weiter auf ihn eingeschlagen.*
Der fremde Mann schaute den Kellner an und sagte: *Geh rein.*

Er wandte sich Çetin zu und sagte: *Ich heiße Fuat, wie heißt du?*

Çetin entgegnete: *Was geht dich mein Name an. Und ging zum anderen Ende des Bürgersteigs.*

Der fremde Mann setzte sich neben Çetin auf die Straße und erzählte: *Ich kenne die Straßenkinder sehr gut. Vor vielen Jahren lebte ich auch auf der Straße. Es ist offensichtlich, dass du auch auf der Straße lebst. Ich bin hergekommen, um hier zu essen. Man sieht dir an, dass du auch hungrig bist. Komm mit, dann essen wir zusammen.*
Çetin betrachtete den fremden Mann: *Ich will dein Essen nicht.*

Der fremde Mann richtete sich auf.
Ich gehe jetzt ins Restaurant und werde drinnen auf dich warten. Ich werde solange nichts essen, bis du kommst.

Es war sehr kalt draußen und Çetin hatte großen Hunger. Heimlich schaute er den Mann im Restaurant an. Die Kellner kamen an seinen Tisch und gingen wieder fort.
Er aß immer noch nichts. Çetin betrat ängstlich das Restaurant.

Als der Mann Çetin sah, sagte er: *Komm, mein Freund.*

Çetin setzte sich gegenüber dem Mann vorsichtig auf den Stuhl.
Der Mann rief den Kellner herbei: *Bring uns zu essen.*

Der Kellner entfernte sich, um das bestellte Essen zu bringen. Çetin ging zum Bad und wusch sein Gesicht und seine Hände. Nachdem sie gegessen hatten und schließlich satt waren, sagte Çetin: *Ich werde jetzt langsam gehen.*

Der Fremde: *Setz dich, mein Freund. Lasst uns miteinander unterhalten. Du brauchst keine Angst vor mir zu haben. Die Kellner hier und die Fischer kennen mich gut. Ich möchte dich kennen lernen und dir helfen. Wirst du mir jetzt deinen Namen verraten?*
Ich heiße Çetin, entgegnete er zaghaft.

Und ich heiße Fuat. Du kannst mich Fuat Abi nennen.

Fuat erzählte Çetin von den Jahren, in denen er auf der Straße gelebt und wie der Fischer „Hasan die Krähe" ihn von den Straßen gerettet hatte. Während er redete, bemerkte er, wie bekümmert und angstvoll Çetin war. Um ihm seine Angst zu nehmen, rief er die Kellner und den Restaurantbesitzer zu sich an den Tisch. Er teilte ihnen mit, dass er Çetin mitnehmen und ihm helfen möchte.
Sie meinten: *Wir kennen Fuat Abi sehr gut, von ihm ist nichts Schlechtes zu erwarten.*

Fuat bat Çetin: *Komm mit mir. Ich bin ein Fischer, wir können zusammen arbeiten. Ich gebe dir auch einen Platz zum Schlafen. Das wäre für dich angenehmer als auf der Straße.*

Çetin war immer noch besorgt und unentschlossen. Fuat hatte nicht vor, diesen Ort ohne Çetin zu verlassen.
Ich werde nirgends hingehen ohne dich, Çetin.
Çetin war müde vom Leben auf der Straße. Es war schwer, immer

auf der Hut zu sein. Er nickte langsam: *Gut, ich komme mit.*
Fuat Abi freute sich darüber. Sie gingen gemeinsam zu ihm nach Hause. Dies war eine kleine Wohnung mit einem Schlafzimmer und einem Wohnzimmer. Ein Zimmer bekam Çetin.

Dies ist dein Zimmer. Der Schlüssel steckt im Schloß. Leg' dich hin und ruh' dich aus. Morgen früh besprechen wir alles Weitere.
Çetin schloss die Tür hinter sich ab. Das Zimmer war warm und sauber. Als er seinen Kopf auf das Kissen legte, fragte er sich: Wer ist wohl dieser Fuat? Was kommt morgen auf mich zu?
Er fand keine Antworten. Trotzdem fühlte er sich gut und schlief sofort ein. Als der Morgen graute, verließ er sein Zimmer. Fuat war früh aufgestanden und hatte das Frühstück schon vorbereitet. Sie aßen gemeinsam. Nach dem Frühstück machte er Çetin mit den anderen Fischern bekannt. Zwischendurch sagte er:
Komm mal her, nun lernst du meinen besten Freund kennen, mein Ein und Alles.

Mit Çetin liefen sie ans Ufer und hielten an den Fischerhütten neben einem gelb-roten Boot an.
Das ist dieser Freund, von dem ich dir erzählt habe. Ab heute gehört das Boot uns beiden.

Çetin war erstaunt und erfreut zugleich. Sie stiegen in das gelb-rote Boot und fuhren auf das Meer hinaus. Dies alles gefiel Çetin. Am meisten freute er sich, als Fuat sagte: *Ab jetzt bist du für das gelb-rote Boot verantwortlich. Du wirst es pflegen.*

Von diesem Tag an freundete sich Çetin auch mit dem gelbroten Boot an, sprach mit ihm und sang ihm vor.
Fuat war froh, dass Çetin nicht mehr auf die Straße ging und blieb. Er erzählte ihm, was er auf den Straßen erlebt hatte und was der Fischer „Hasan die Krähe" alles für ihn getan hatte.

Wenn er nicht gewesen wäre, wer weiß, was aus mir geworden wäre.

Zwischendurch lernte Çetin Berfin kennen. Es war ein kleines Mädchen, das bei seinen Großeltern lebte. Sie erlebten nette Tage zusammen.
Während sie eines Abends zusammensaßen, erzählte Çetin von der Sehnsucht nach seiner Großmutter und seiner Mutter.
Fuat fragte: *Gibt es denn irgendeine Telefonnummer von deiner Mutter?*

Çetin zog einen Zettel zwischen seinen Sachen hervor, auf dem die Telefonnummer von Onkel Ahmet stand. Fuat nahm den Zettel und rief sofort an. Am anderen Ende der Leitung nahm Onkel Ahmet ab. Fuat stellte sich vor, erzählte, dass Çetin bei ihm lebte und fragte nach Çetins Mutter. Onkel Hasan entgegnete, dass er die Nummer von Çetins Mutter gefunden habe und gab sie ihm durch.

Fuat Abi schrieb die Nummer auf einen Zettel. Çetin und Fuat sahen sich gegenseitig an. Die Mutter von Çetin war nur noch einen Anruf entfernt. Fuat Abi wählte bedächtig die Nummer und horchte gespannt. Als er dann das Tuten hörte, reichte er Çetin das Telefon. Çetin fühlte sich wie in einem Traum. Er nahm das Telefon voller Hoffnung entgegen und horchte in den Hörer hinein. Am anderen Ende der Leitung meldete sich eine Frauenstimme: *„Hallo?"*. Das war die Stimme seiner Mutter.
Vor Freude rief Çetin ins Telefon: *Mama, liebe Mama. Ich bin's, Çetin.*
Çetin und seine Mutter waren glücklich, ihre Stimmen zu hören. Sie sprachen eine Weile, dann legten sie auf, mit dem Versprechen, noch mal zu telefonieren. Auch Fuat Abi war erfreut darüber. Er umarmte Çetin:

Mein lieber Çetin, nun haben wir deine Mutter gefunden! Nun müssen wir dich dorthin schicken.
Sie beredeten, was sie tun könnten. Das war eine schwierige Aufgabe. Für seinen Personalausweis und seinen Pass brauchten sie eigentlich seinen Vater. Da dies unmöglich war, mussten sie einen anderen Weg finden.
Fuat Abi rief seinen Freund Kadir aus Samsat an, den er seit jeher kannte und der auf Schiffen arbeitete. Er erklärte ihm die Lage. Sie trafen sich am nächsten Tag und versuchten, eine Lösung zu finden. Kadir aus Samsat erklärte:
Es ist sehr schwer. Wir können nur eins tun: Das Schiff, auf dem ich arbeite, wird bald nach Deutschland fahren. Es ist zwar etwas riskant, aber ich könnte versuchen, Çetin mitzunehmen und nach Deutschland zu bringen.
Fuat Abi kannte Kadir aus Samsat sehr gut und vertraute ihm. Er erzählte Çetin, was sie besprochen hatten. Çetin wiederum berichtete dies seiner Mutter am Telefon.
Da ihnen keine andere Lösung einfiel, beschlossen Çetin und seine Mutter, es auf diese Weise zu versuchen. Das Schiff sollte schon in ein paar Tagen aufbrechen. Fuat Abi bereitete für Çetin einen Koffer vor, den er für seine nötigsten Sachen brauchen würde. Çetin wollte noch ein letztes Mal, bevor er ging, mit seiner Großmutter sprechen. Er rief sie an und berichtete von den Geschehnissen. Auch Großmutter war glücklich und meinte:
So Gott will, werde ich deine Stimme das nächste Mal hören, wenn du bei deiner Mutter bist, hoffentlich. Mögest du eine gute Reise haben, die Engel seien deine Weggefährten.

Der Tag der Abreise war gekommen. Çetin ging zu Berfin und sagte: *Auf Wiedersehen. Wir werden uns auf jeden Fall wieder sehen, du bist eine gute Freundin. Ich werde dich nie vergessen.*
Berfin weinte. Leise sagte sie:
Pass gut auf dich auf. Ich werde dich auch nie vergessen.

Çetin ging auch bei den Großeltern von Berfin vorbei. Er küsste ihre Hände und verabschiedete sich.

Çetin und Fuat Abi gingen zum Hafen. Fuat Abi machte Çetin mit seinem Freund bekannt und sagte: *Freund aus Samsat, pass auf Çetin auf, wie auf dein Auge. Und gib ihn nirgends ab, solange du nicht seine Mutter findest.*

Kadir aus Samsat entgegnete: *Mach dir keine Sorgen, Freund aus Hopa, ich werde gut auf ihn aufpassen.*
Der Augenblick der Trennung war nun gekommen. Çetin und Fuat Abi umarmten sich.
Çetin sprach: *Vielen Dank für alles, Fuat Abi. Gut, dass ich dich kennenlernen durfte. Gut, dass es dich gibt. Ich werde das gelbrote Boot und dich niemals vergessen.*

Fuat Abi entgegnete:
Mein lieber Çetin, mein dunkles Kind, pass gut auf dich auf. Gut, dass ich dich auch kennenlernen durfte. Gut, dass ich dich gefunden habe. Das gelbrote Boot und Fischer Fuat werden dich niemals vergessen. Sie werden immer auf dich warten.
Ihre Augen füllten sich mit Tränen. Ein letztes Mal umarmten sie sich und dann trennten sie sich. Çetin winkte Fuat Abi solange zu, bis er auf das Schiff stieg. Das Schiffshorn ertönte und das Schiff legte ab.
Es war ein recht großes Frachtschiff mit vielen Arbeitern. Kadir Abi war der Schiffskoch. Während der ganzen Reise versorgte er Çetin sehr gut.
Kadir spielte abends Saz und sang türkische Volkslieder. Immer wenn Çetin Kadir Abi lauschte, musste er an seine Großmutter denken. Er hatte große Sehnsucht nach seiner Großmutter und ihren Liedern.
Während der Reise telefonierte Çetin oft mit seiner Mutter. Nach

schwierigen und riskanten Tagen erreichten sie Deutschland. Die Mutter von Çetin erwartete ihn am Hafen.
Als Çetin vom Schiff stieg und am Hafen ankam, raste sein Herz wie wild. Als er seine Mutter sah, dachte er, die Erde hätte aufgehört, sich zu drehen. Er rannte auf seine Mutter zu, sie umarmten sich.
Seine Mutter weinte vor Freude. Sie umarmte ihren Sohn Çetin voller Sehnsucht und Liebe.
Mein lieber Çetin, mein Kind, ich habe dich so vermisst.

Auch Çetin war sehr glücklich. Er schaute seiner Mutter in die Augen und sagte:
Mama, meine liebe Mama, ich habe dich sehr vermisst. Ich musste immer an dich denken.

Çetin und seine Mutter waren sehr glücklich. Kadir Abi beobachtete das Geschehen voller Freude und ging zu ihnen.
Çetin machte seine Mutter mit Kadir Abi bekannt. Çetin und seine Mutter bedankten sich bei ihm. Kadir Abi sagte:
Ich hoffe, dass ihr euch von nun an nicht mehr trennen werdet und immer so glücklich seid wie jetzt.
Çetin entgegnete:
Kadir Abi, du hast mich zu meiner Mutter gebracht. Du hast für mich das Schönste möglich gemacht. Ich werde dich nie vergessen.

Kadir Abi kehrte auf das Schiff zurück. Çetin und seine Mutter verließen den Hafen. Sie waren sehr glücklich, nach vielen Jahren wieder zusammen zu sein.
Çetin musste an Fuat Abi denken. Dieses Glück hatte er Fuat Abis Bemühungen zu verdanken. Fuat Abi mit dem großen Herzen hatte das Straßenkind Çetin mit seiner Mutter vereint. Es war die Hand eines Freundes, die ihm in schweren Zeiten unter die Arme gegriffen hatte. Er hatte dazu beigetragen, dass Çetin wieder an

das Leben glaubte und Hoffnung schöpfte. Er wiederholte vor sich hinmurmelnd: *Gut, dass ich dich kennen lernen durfte, Fuat Abi. Gut, dass es dich gibt.*

Kommen wir zum Dreschplatz. Ob wohl der Dreschplatz dazu beigetragen hatte, dass Çetin seine Mutter wieder fand, wer weiß? Eins kann man sagen, dass der Dreschplatz Çetin Hoffnung gegeben hatte. Die Sternschnuppe wurde zum Funken der Hoffnung in seinem Herzen. Deswegen wird Çetin den Dreschplatz und die Sternschnuppe immer in guter Erinnerung behalten.

Wenn er eines Tages in das Dorf seiner Großmutter gehen sollte, würde er diesen Dreschplatz besuchen und auf eine Sternschnuppe warten. Diesmal würde er seine Wünsche im Namen aller Kinder aussprechen. Er würde sich von der Sternschnuppe wünschen, dass Kinder nicht auf der Straße leben müssen und dass alle Kinder, die genötigt waren, auf der Straße zu leben, jemanden wie Fuat Abi kennenlernten.

Leyla Buluts Çetin

Nachdem Çetin sich bei Fuat ausgesprochen hatte, fiel Çetin ein Stein vom Herzen. Fuat jedoch begann anhand dieser Erzählungen nachzugrübeln. Er überlegte, wie er Çetin mit seiner Mutter zusammenbringen könnte:
Willst du nach Deutschland?
Fuat Abi, Mensch, mach dir keine Gedanken. Es nützt eh nichts. Mir geht es gut bei dir hier, aber ich habe Sehnsucht nach meiner Mutter. Ich würde sie so gerne ein einziges Mal wiedersehen.
Ich habe einen Entschluss gefasst. Ich werde morgen mit deinem Personalausweis zum Deutschen Generalkonsulat gehen. Mal sehen, was sie dort für eine Lösung vorschlagen.

So ging Fuat Abi morgens in der Frühe zum Konsulat. Nach vielen Fragen erreichte er endlich einen Verantwortlichen, erklärte ihm die Situation und bekam die Antwort, dass sie sich spätestens bis Ende des Monats melden würden.
Während die Tage in Routine vergingen, bekam Fuat eines Tages einen Anruf, bei dem ihm vermittelt wurde, dass er am nächsten Tag mit dem Kind zum Generalkonsulat kommen sollte. Beide konnten die Nacht nicht schlafen. Am nächsten Morgen stiegen sie in ein Taxi und fuhren zum Generalkonsulat. Als sie eintraten, wartete eine große Überraschung auf sie. Sobald Çetin das Zimmer betrat, rief er: Tante! und schlang seine Arme um ihren Hals. An ihrem Hals roch seine Nase den Geruch seiner Mutter, die er seit Jahren nicht mehr gesehen hatte. Seine Augen füllten sich mit Tränen. Er drehte sich zu Fuat Abi um und sagte:
Fuat Abi, was bist du für ein guter Mensch, du hast mich mit meiner Tante zusammen gebracht. Auch Fuats Augen füllten sich mit Tränen:
Oh, nicht der Rede wert.
Dabei war er tagelang zwischen dem Konsulat und dem Gemeindevorsteher hin und hergependelt und hatte dazu beigetragen, dass seine Mutter und seine Tante gefunden wurden.
Çetins Tante war eine große stattliche Frau, die mit ihren schulterlangen, welligen, blonden Haaren und meeresblauen Augen wunderschön anzusehen war. Der in das blaue Meer vernarrte Fuat konnte seine Augen nicht von ihr abwenden. Claudia reichte ihm anmutig die Hand und bedankte sich bei Fuat in einer Sprache, die er nicht verstand. Çetin übersetzte sofort die Worte seiner Tante ins Türkische. Fuat sagte: *Das genügt jetzt. Kommt, lasst uns rausgehen und den Rest zu Hause besprechen.*
Als sie draußen waren, sagte Claudia: *Lasst uns doch alle zusammen in ein Restaurant gehen. Danach gehen wir ins Hotel.*
Fuat entgegnete:
Wo gibt es denn so etwas? Wir sind hier die Gastgeber, und Sie sind unser Gast.

Ohne ihre Antwort abzuwarten, hielt er ein vorbeifahrendes Taxi auf der Straße an.
Çetin und seine Tante setzten sich auf die Rückbank. Fuat setzte sich auf den Beifahrersitz und nanntedem Fahrer eine Adresse. Sobald das Taxi losfuhr, fing Çetin an, Claudia Fragen zu stellen.
Wo ist meine Mutter, warum ist sie nicht gekommen? Ist ihr etwas Schlimmes passiert?

Nein, auf keinen Fall. Es ist nichts Schlimmes passiert. Sie hatte nur solche Sehnsucht nach dir, dass sie nervlich krank wurde und in ein Krankenhaus musste. Als sie aber die Nachricht von dir erhalten hatte, hat sie sich sehr gefreut und ist schon auf dem Weg der Besserung. Du wirst sehen, wenn du bei ihr bist, wird sie schnellstens gesund werden.

Halt, wir sind da, sagte Fuat. Sie waren bei den Fischerhütten am Ufer angekommen und stiegen aus dem Taxi.
Çetin hielt die Hand seiner Tante fest umklammert, als wolle er sagen: *Bitte verlass mich nicht.*
Sie feierten das Kommen der Tante mit einem Festschmaus mit Fisch, es wurde Wein getrunken und Fisch gegrillt. Als die Tante erfuhr, dass Fuat ein bisschen Englisch konnte, war sie sehr froh, und sie begannen, sich auf Englisch zu unterhalten. Ununterbrochen bedankte sie sich bei Fuat. Ihm habe sie es zu verdanken, dass sie ihren Neffen wiedersah. Wie würde sich ihre Schwester freuen, wenn sie ihn wiedersah. Sie wartete sicher voller Ungeduld auf die Rückkehr von den Beiden. Vor lauter Glück schaute Çetin nacheinander seine Tante und Fuat an.
Es war spät geworden. Tante Claudia wollte aufbrechen. Fuat und Çetin brachten sie ins Hotel und kehrten wieder zurück. Claudia hatte sich den Weg gemerkt und ging nach dem Frühstück in die Fischerhütte von Fuat. Fuat und Çetin hatten ihr mitgeteilt, dass sie in der Frühe zum Fischen ausfahren wollten. Während sie vor der Tür auf sie wartete, kam Berfin mit ihren Großeltern dazu. Mit

wieder zurück kommst.
Die Tante und ihr Neffe winkten aus dem Auto, bis sie nicht mehr zu sehen waren.

Als Çetin das Flugzeug sah, musste er an seinen Vater denken. Er dachte: Wie hatte er mich belogen, um mich in die Türkei zu bringen. Ich hoffe, dass er mich in Deutschland nicht findet und mich wieder mit Gewalt in die Türkei bringt.
Sobald er ins Flugzeug gestiegen war, fing er an zu schlafen. Es war nicht leicht, was er seit Tagen erlebt hatte. Er wachte schaudernd durch die Stimme seiner Tante auf. Sie verließen schnell den Flughafen. Sein Herz klopfte wie verrückt, als würde es gleich herausspringen. Da seine Mutter nicht gekommen war, um sie abzuholen, musste sie sehr krank sein.

Claudia brachte Çetin zunächst zu sich nach Hause. Çetin fragte: *Warum sind wir nicht zu meiner Mutter gefahren?*

Seine Tante entgegnete: *Seit Tagen sind wir erschöpft. Lasst uns eine Dusche nehmen und uns ausruhen. Und morgen früh gehen wir ins Krankenhaus.*

Die Nacht über hatte Çetin Alpträume. Er wachte schweißgebadet in der Frühe auf, duschte leise, zog sich an. Als er versuchte, den Tisch zu decken, erschien seine Tante an der Tür:
Çetin, was machst du da? Konntest du nicht schlafen?
Nein, Tante, aber ich wollte dich nicht wecken und war dabei, unser Frühstück vorzubereiten.
Seine Tante umarmte ihn liebevoll.
Du bist ein liebes Kind. Deine Mutter wird stolz auf dich sein. Los, lasst uns schnell frühstücken und uns auf den Weg machen.
Während sie im Auto seiner Tante fuhren, hörte Çetin seiner Tante zu:

Deine Mutter ist sehr erschöpft, Çetin. Sei bitte nicht traurig und wundere dich nicht. Die Medikamente machen ihr zu schaffen, aber sie wird in kürzester Zeit wieder gesund, das wirst du sehen.
Sie parkten vor der psychiatrischen Klinik Merheim. Çetin war erstaunt über die Größe des Krankenhauses. Sie traten ein. Seine Tante sagte:
Lasst uns zuerst dem Arzt Bescheid geben, dann gehen wir rein.
Der Arzt erklärte, dass mit der Mutter gesprochen wurde und sie hinein könnten.
Als sie das Zimmer betraten, schlief seine Mutter tief und fest. Çetin hatte sich das Wiedersehen mit seiner Mutter jahrelang anders erträumt. Er berührte sie behutsam:
Mama, liebe Mama, ich bin da.
Die Mutter öffnete langsam ihre Augen, schaute ausdruckslos.
Mama, ich bin's, Çetin. Hast du mich nicht erkannt?
Sie entgegnete: *Ach, ja doch, Çetin, endlich bist du da.*
Dann umarmte sie ihn und weinte. Sie verbrachten eine lange Zeit miteinander.
Çetin, wie bist du in die Türkei gegangen, als wir uns trennten. Was hast du alles erlebt? Ich möchte alles wissen.
Die Tante sagte: *Nein, zuerst ziehst du dir deinen Morgenmantel an. Dann gehen wir in die Cafeteria. Dort unterhalten wir uns weiter.*

Die Mutter, die monatelang ihr Zimmer nicht verlassen hatte, griff zum Morgenmantel, den ihr Claudia reichte, und zog ihn an.
Dann rief sie: *Los.*
Die Tante freute sich über diese Energie ihrer Schwester.

Mütter vergessen ihre Kinder niemals
Mit dem Fahrstuhl fuhren sie runter in die hell erleuchtete Cafeteria. Der Saal war voller Patienten und ihren Angehörigen. Einige liebkosten ihre Kinder, andere tranken Kaffee und aßen Kuchen,

während andere vor sich einen riesigen Eisbecher hatten, was Çetin beäugte. Wie lange schon hatte er so ein Eis nicht gegessen. Sie setzten sich an einen Tisch. Seine Mutter bestellte bei der hübschen Bedienung das Eis, was er, als er noch klein war, gerne aß und für sich und ihre Schwester je einen Kaffee.
Çetin war glücklich darüber, dass seine Mutter nicht vergessen hatte, welches Eis er früher gerne mochte.
Meine Mutter hat das Eis, was ich mochte, nicht vergessen dachte er sich.
Während Çetin seiner Mutter erzählt, was er alles erlebt hatte, konnte seine Mutter ihre Tränen nicht mehr zurückhalten. Deswegen erzählte sie ihm nicht von den dunklen Tagen und Nächten, die sie erlebt hatte, sondern schilderte ihm nur die glücklichen Erlebnisse, an die sie sich noch erinnerte. Claudia erzählte ihr wiederum, was sie dort erlebt hatte und wie nett die Menschen waren.
Ihre Schwester entgegnete wütend:
Çetins Vater war am Anfang auch sehr nett. Du siehst ja, was er uns alles Schlimmes angetan hat.
Claudia sagte:
Es ist genug für heute. Komm, lasst uns dich in dein Zimmer bringen und nach Hause gehen.

Es fiel ihnen schwer, sich zu trennen. Mutter und Sohn umarmten sich. Auf dem Weg nach Hause war Çetin in seine Gedanken vertieft. Während er sich fragte, wie es weitergehen würde, meinte seine Tante: *Çetin, morgen sollten wir zur Schule gehen und dich anmelden.*

Çetin fragte: *Werden die mich denn in der Schule annehmen?*
Aber natürlich. Hier gibt es Schulpflicht, lasst uns das morgen klären.
Werde ich es schaffen? Seit Jahren bin ich nicht zur Schule gegangen, ich habe bisher nur mit Touristen Deutsch gesprochen.

Natürlich schaffst du es. Deutsch ist deine Muttersprache. Man vergisst seine Muttersprache nicht so leicht. Du wirst viel lesen und Freunde haben. Es kommen viele Leute von weit her, aus Syrien, Tunesien. Die gehen zur Schule, ohne ein Wort Deutsch zu sprechen. Du wirst kein Problem haben.

Çetin lehnte sich zurück und atmete erleichtert durch.
Schweigend frühstückten sie und fuhren zur Schule. Sie baten die Sekretärin um Erlaubnis und gingen zum Schulleiter.
Der große blonde Schulleiter sagte ohne aufzustehen: *Bitte*
Claudia erklärte kurz, dass ihr Neffe neu angekommen sei, aber hier geboren sei, dass er hier in den Kindergarten gegangen sei und sein Deutsch nicht verlernt habe.
Der Schulleiter stellte Çetin ein paar Fragen und stellte anhand der Antworten fest, dass Çetins Deutsch gut war.
Gut, Sie können ihn anmelden. Sagen Sie meiner Sekretärin, sie soll die Formalitäten erledigen.

Sie bedankten sich und betraten das Zimmer der Sekretärin. Diese fragte: *Was ist passiert?*
Claudia: *Sie möchten bitte die Anmeldeformalitäten erledigen.*
Sie beantworteten viele Fragen, unterschrieben Formulare und verließen das Gebäude.
Çetin war glücklich, dass er nun zur Schule gehen würde. Während sie ins Auto stiegen, sagte seine Tante:
Çetin, nun ist deine Großmutter dran. Jetzt fahren wir zu ihr. Sie hat dich sehr vermisst und ist neugierig auf dich.
Çetin freute sich.
Die winzig kleine, grauhaarige Großmutter begrüßte sie an der Haustür:
Sie rief: *Meine Maus.* Und drückte ihn. Dann redete sie unaufhörlich weiter auf Deutsch:
Wir haben uns solche Sorgen um dich gemacht! Wir sind fast gestorben

vor Sehnsucht. Mein Gott, wie groß du geworden bist. Kommt rein.
Die Wohnung der Großmutter war genauso wie vor vielen Jahren. Diese Wohnung roch immer nach Zimt. Jeden Spätnachmittag wurde hier Kaffee getrunken und Kuchen gegessen. Offenbar hatte die Großmutter ihm einen Apfelkuchen mit Zimt gebacken. Während sie ihre Kuchen aßen, sagte Claudia:

Mama, kannst du für eine kurze Zeit auf Çetin aufpassen?

Aber natürlich, er ist doch mein einziger Enkel.

Nach einer Weile brachen sie auf. Als sie zu Hause angekommen waren, fragte Claudia:
Sollen wir Fuat anrufen?
Kurz darauf wählte sie eine Nummer und reichte Çetin den Hörer. Çetin erzählte Fuat voller Begeisterung von den Neuigkeiten und gab seiner Tante den Hörer zurück.
Claudia bedankte sich nochmals bei Fuat und lud ihn nach Köln ein.
Çetin begann sich langsam an die Schule zu gewöhnen, er bekam neue Freunde und mochte seine Lehrer.
Die Liebe ihres Sohnes machte Çetins Mutter schnell wieder gesund.
Sie zogen von der Großmutter in ihre eigene Wohnung.
Çetin telefonierte oft mit Berfin und erzählte ihr alles Neue. Sie sprach daraufhin gutgelaunt mit ihren Großeltern und machte ihnen Mut.
Claudia schickte Fuat eine Einladung, die sie vor Çetin verheimlichte. In den Osterferien kam Fuat nach Köln.
Çetin versuchte nun, gemeinsam mit allen Menschen, die er lieb hatte, seine Schmerzen der Vergangenheit zu vergessen.

Neriman Ormans Çetin

Als Berfin nach Hause kam, fragte ihre Großmutter nach dem Beutelinhalt. Noch bevor Berfin antworten konnte, unterbrach der Großvater:
Was sind das für tolle Menschen, sie geben uns ihren heutigen Fang.
Dabei wurden seine Wimpern nass, und seine Augen tränten.
Berfin verstand nicht so recht und fragte:
Lieber Großvater, habe ich etwas falsch gemacht, ja?
Nein, Töchterlein, ich bin nur gerührt.
Warum?
Er wiederholte:
Ich bin gerührt, mein Kind.
Berfin war noch zu klein und konnte es nicht verstehen. Die Großmutter nahm den Beutel aus der Hand des kleinen Mädchens und frittierte die Fische. Als alle mit Appetit gegessen hatten, schlief das kleine Mädchen ein. Nachdem der Großvater sie in den Arm genommen und ins Bett gebracht hatte, deckte er sie zu und ging zurück zur alten Frau.

Ich kann es mir vorstellen, warum du gerührt bist, sagte die alte Frau.
Ja, die Gründe, die dafür sorgten, dass wir unser Haus und unsere Heimat verlassen mussten,
sagte der alte Mann und sprach nicht weiter. Er umarmte die alte Frau, beide weinten.

Berfins Vater war bei einem Gefecht in den Bergen gestorben, ihre Mutter starb, nachdem sie nach Berfins Geburt diesen winzigen Körper zwei alten Menschen anvertraut hatte. Sie konnten dort nicht länger bleiben, da ihr Dorf geräumt und sie ins Exil verbannt wurden.
Çetin fand sich nach dem Tod seiner Großmutter in der Gasse wieder und hatte niemanden.

Fuats Schicksal unterschied sich auch kaum von Çetins, auch er kam von der Straße und war mit allen Wassern gewaschen.
Die Wege der drei kreuzten sich aufgrund der Erlebnisse, die sie hatten. Das Leben war zwar schön, aber auch sehr hart.
Vielleicht waren es nicht unsere Erfahrungen, die das Leben so schlecht machten, sondern die Intrigen, die Heuchler, die Betrüger und unmoralischen Kreaturen, die nicht die Tugenden des Menschseins erreichten und denen wir ausgesetzt waren.
Nachdem Fuat seinen abendlichen Tee getrunken hatte, sank er vor lauter Erschöpfung von den Erlebnissen des Tages auf sein Bett. Wenn er alleine war, hinterfragte er das Leben, wie nun auch. Er fragte seinen entkräfteten Körper und seine schwache Seele und schlief mit den Worten von Yasar Kemal auf den Lippen ein: „Diese guten Menschen sind mit ihren guten Pferden davongeritten. Uns bleiben Bronze statt Eisen und Bastarde statt Menschen."
Als er am Morgen aus dem Haus ging, um zum Ufer hinunterzugehen, sah er den Großvater vor sich und sagte erstaunt:
Guten Morgen, Großvater.

Guten Morgen, mein Sohn. Ich bin zwar in aller Herrgottsfrühe an deine Tür gekommen, habe aber eine gute Nachricht.

Keine Ursache, Großväterchen, was kann ich für dich tun?

Diesmal bin ich nicht für dich da, mein Sohn, sondern für Çetin. Ich habe eine gute Nachricht für ihn.
Jetzt bin ich aber neugierig. Was ist es denn?

Wir bekommen Besuch aus Deutschland, aus Köln. Was ich damit sagen will: Çetin, der Junge, sollte mit ihnen mit nach Deutschland gehen. Der Arme hat bestimmt seine Mutter vermisst. Was meinst du?
Großväterchen, das ist eine wundervolle Nachricht. Ich bin mir sicher, dass Çetin außer sich vor Freude sein wird. Aber gibt es denn im Auto noch Platz und würden sie denn Çetin mitnehmen?

Ja, sie nehmen ihn mit. Ich habe sie gefragt und alles erzählt. Klar, haben sie gesagt, gerne kann er mitkommen.

Als Fuat das hörte, freute er sich für Çetin und teilte ihm die Neuigkeit mit. Vor lauter Freude über diese Nachricht, wollte Çetin sofort in den blauen Wellen des Meeres kraulen.
Juuhuu, rief er aus und konnte sein Glück kaum verbergen.

*

Çetin wartete ungeduldig auf den Tag, an dem er nach Deutschland fahren würde. *Wäre bloß der Tag gekommen, dann wäre ich unterwegs,* sagte er sich. Er träumte von seiner Mutter und sprach in Gedanken mit ihr. *Mutter, ich habe dich so vermisst.* Die andere Sache, die er vermisste, war die Schule. Es war lange her, seit er dort zur Schule gegangen war. Er fragte sich, ob er je wieder Erfolg haben würde.
Çetin war mit diesen Fragen bis zu dem Tag beschäftigt, an dem sie nach Deutschland abreisten. Endlich war der Tag gekommen. Bald würde er auf dem Weg nach Deutschland sein. Obwohl er auf diesen Tag schon so lange gewartet hatte, war sein Herz wehmütig. Er spürte den Kummer, jene Menschen zurück lassen zu müssen, die er innerhalb kurzer Zeit liebgewonnen hatte. Er würde Fuat Abi, seinen Großvater, Großmutter und Berfin zurücklassen. Trotzdem sagte er zu sich selbst: *Obwohl Hoffnung manchmal zur Enttäuschung führt, werde ich nicht aufhören, zu hoffen. Wer weiß, vielleicht werden sich unsere Wege eines Tages in Deutschland kreuzen.*

Schweren Herzens stand er aus seinem Bett auf. Ohne Zeit zu verlieren, zog er sich an und ging danach zum Frühstück zur Großmutter und zum Großvater. Seine Augen suchten nach Berfin, aber Berfin war nicht da. Er machte sich Sorgen und fragte sich, wo sie sei. Noch bevor er fertig gefrühstückt hatte, fragte er nach ihr. Sie

ist am Strand, antwortete die Großmutter mit trauriger Stimme. Er rannte los. Berfin saß dort und beobachtete die Wellen. Die Wellen schlugen so auf den Strand, dass das Geräusch nicht in seinen Ohren, sondern in seinem Herzen widerhallte.

Der Himmel schien mit dem Meer vereint zu sein, als befände er sich auf einer unendlichen Reise im weiten Blau. Berfins Tränen übertönten das Rauschen der Wellen. Das kleine Mädchen schluchzte bitterlich, als würde es einen geliebten Menschen verlieren.
Çetin hielt diesen Anblick nicht mehr aus und rannte zu ihr, umarmte das kleine Mädchen von ganzem Herzen und wischte ihr die Tränen weg. *Weine nicht, Schwester, wie kann ich dich so weinend verlassen?* sagte er und streichelte ihr Haar. Aber weder das Meer noch Çetin und Berfin konnten ihre Tränen verbergen.

Es war Zeit für den Abschied. Çetin umarmte Fuat, Großvater, Großmutter und Berfin ein letztes Mal. Mit gemischten Gefühlen zwischen Aufregung und Trauer stieg er ins Auto. Er würde zu neuen Hoffnungen segeln. Er würde zum warmen Schoß der Mutter zurückkehren, von dem er in jungen Jahren weggerissen worden war.
Ade, ihr Lieben, ade, Meer, sagte er.

Nach einer dreitägigen Reise mit dem Auto kamen sie endlich in Köln an. Auch wenn die Reise sehr beschwerlich war und er zu dritt mit den Kindern im vollgestopften Auto reisen musste, beklagte er sich nicht. Ob das wohl deswegen so war, weil er gemischte Gefühle hatte und Sehnsucht verspürte?

Hasan Abi und Emine Abla behandelten ihn sehr warmherzig und boten ihm sogar an, bei ihnen zu bleiben, bis er seine Mutter gefunden hatte. Das war für Çetin sehr beruhigend. Immerhin war dies ein gutes Angebot, das er nicht abschlagen konnte, da er auch die Familie innerhalb kurzer Zeit näher kennen lernen durfte, wenigstens bis er seine Mutter gefunden und die Umgebung erforscht hatte. Auch wenn er befürchtete, dass er die Familie stören würde, sagte er zu.

Hasan Abi und seine Familie wohnten in Köln in einem Stadtteil, wo viele Migranten lebten. Deswegen fühlte sich Çetin kaum fremd, auch wenn er seine Liebsten in Istanbul vermisste. Um die Umgebung zu erforschen, verließ er eines Tages das Haus. Ihre Wohnung befand sich im obersten Stockwerk eines Hauses. Zwischen den Häuserblocks, die einander zum Verwechseln ähnlich waren, lief er die Straße hinunter zur Einkaufsstraße. Die Gerüche, die er wahrnahm, waren ihm ganz und gar nicht fremd. Er sah einen Kebab-Laden, dann ein Lokal mit Sesamkringeln, dann wieder einen Verkäufer für türkische Pizzen. Daneben befand sich ein Friseur und Cafés, wo man Wasserpfeife rauchen konnte, zwischendurch gab es türkische und arabische Lebensmittelhändler und natürlich eine große Menschenmenge auf dem Bürgersteig.
Voller Verwunderung beobachtete Çetin die Umgebung und die Menschen. Wie viele Menschen es hier gab, die denen in seinem Dorf ähnelten. Besonders die jungen Männer, die in Gruppen zusammen waren, erinnerten ihn an die Klebstoff inhalierenden Jungs, unter die er sich in Istanbul gemischt hatte, um sich zu schützen und zu verstecken. Während er die Umgebung erforschte, ahnte er, dass es viel Zeit in Anspruch nehmen würde, die Fragen in seinem Kopf zu beantworten.
Er lief umher, bis es Abend wurde. So hatte er doch den Wohnort etwas kennen gelernt. Als er nach Hause zurückkehrte, gab ihm Hasan Abi die gute Nachricht. Die Schulen hatten begonnen, und

Çetin musste zur Schule. Leider war es nicht so einfach. Er musste zunächst einige Prozeduren überwinden. Er hatte in der Türkei zwar die Grundschule absolviert, hatte aber danach keine weiterführende Schule besucht. Die Flucht aus dem Dorf und das Istanbul-Abenteuer ließen ihn viel Zeit verlieren. Er müßte eigentlich schon in der siebten Klasse sein. Er hoffte, dass man ihn aufgrund seines Alters und seines Aussehens nicht die achte Klasse wiederholen lassen würde. Çetin musste eine Sprachprüfung für Deutsch bestehen. Auch wenn er sagte: *Warum, meine Mutter ist Deutsche, nützte dies nichts,* auch nicht sein Nachname „Schneider".

Letztendlich wurde entschieden, dass Çetin in der siebten Klasse der Hauptschule beginnen sollte. Außerdem sollte Çetin nach der Schule für ein Halbjahr oder für ein paar Monate, je nachdem, wie erfolgreich er in Deutsch sein würde, zum Förderunterricht. Wegen den offiziellen Formalitäten konnte Çetin erst nach ein paar Tagen zur Schule.
Am ersten Schultag war er sehr aufgeregt, obwohl die Schule nicht weit entfernt war. An seinem ersten Schultag ging er sehr früh aus dem Haus.
Als er das Klassenzimmer betrat, stellte die Lehrerin Çetin seinen Klassenkameraden vor. Sie begrüßte ihn: *Hallo, Ali, willkommen in unserer Klasse!* Die Fragen, die sie Çetin stellte, sprach sie langsam und deutlich aus. Das erstaunte Çetin und machte ihn misstrauisch. Er zweifelte an sich und dachte: Ist mein Deutsch wirklich so schlecht? Er schaute seine Kameraden an, als würde er Hilfe wollen, begann zu stottern. Die Lehrerin zeigte mit ihrem Finger auf einen freien Platz und sagte, wieder die Wörter deutlich aussprechend: *Du kannst dich hin-ten auf den frei-en Platz set-zen.*

Çetin setzte sich auf den gezeigten Platz. Neben ihm saß ein Schüler, der ein paar Köpfe größer als Çetin war. Man sah ihm an, dass er versuchte, seine Muskeln zu trainieren, obwohl er so alt wie Çe-

tin war, mit einer Undercut - Frisur, also dichtes Deckhaar und geschorene Seiten, ein Junge, der sehr selbstbewusst erschien mit gekreuzten Beinen und einem Lutscher, den er im Mund hin und her führte.
Was für ein komischer Kauz, dachte er sich. Er setzte sich neben diese Person, die eine rote Jogginghose anhatte, golden-farbige Turnschuhe derselben Marke trug und ein weites weißes Sweatshirt mit einer Aufschrift, deren Sprache er nicht identifizieren konnte. Çetin war ein bisschen zurückhaltend. Die finsteren Blicke dieses Jungen gefielen Çetin gar nicht.

Die Lehrerin wendete sich wieder Çetin zu und fragte ihn, woher er kam und was er so machte. Çetin war zwar aufgeregt, fasste aber kurz zusammen, dass er vor kurzer Zeit aus Istanbul gekommen sei, dass er die Grundschule im Dorf bei seiner Großmutter absolviert habe, dass er aus verschiedenen Gründen die Schullaufbahn unterbrechen musste. Er sprach zunächst mit zitternder Stimme und stotternd, was sich aber bald legte. Daraufhin entgegnete Frau Roth:
Du kannst aber gut Deutsch sprechen.

Meine Mutter ist Deutsche, also meine Muttersprache ist Deutsch.

Frau Roth konnte ihre Verwunderung nicht verbergen. Auch wenn Çetin sagte, dass Deutsch seine erste Sprache ist, konnte die Lehrerin nicht umhin, fortlaufend zu bemerken:
Sehr gut, du kannst wirklich gut Deutsch.
Jedes Mal, wenn Çetin sagte, dass Deutsch seine erste Sprache ist, wurde er zum Ziel der bösen und genervten Blicke seines Tischnachbarn.
Nach Beginn der Pause durch die Schulglocke am Ende des Unterrichts sprach der Sitznachbar Çetin an:
Hallo, du heißt also Ali Schneider Polat?

Hallo, ja, mein Name ist Ali Schneider Polat, aber man nennt mich Çetin.
Was du nicht sagst! Und warum Çetin und nicht Hans?
Ich weiß es nicht, man sagt Çetin. Und wie heißt du?
Horst, sagte er und lachte ihn spöttisch aus. Später erfuhr er, dass er Brûsk hieß.
Also, deine erste Sprache war Deutsch?
Ja, meine Mutter ist Deutsche, deswegen ist die erste Sprache, die ich gelernt habe, Deutsch.
Er nahm ihn erneut mit seinen bösen Blicken gefangen und rief zu seinen anderen Schulkameraden:
Dieses Freundchen hier heißt Ali, ach nee, eigentlich Çetin, also nee, Schneider, aber seine Sprache ist Deutsch...He, Alter, verpiss dich!

Dann nahm er seine Mitschüler mit, und sie entfernten sich zusammen. Çetin wurde noch verwirrter. Er verstand nicht, was hier passierte. Er litt sehr darunter. Er hoffte, dass die Schule und der Unterricht so schnell wie möglich zu Ende war.

*

Nach der Schule ging er nicht sofort nach Hause. Etwas weiter vorne entdeckte er die Bahnstation. Er stieg in die Nummer 9, stieg einmal um und fuhr zum Hauptbahnhof. Er wollte am Rhein spazieren gehen und lief zum Rhein. Als er dort ankam, fühlte er einen undefinierbaren Schmerz im Herzen. Er versuchte zu verstehen, was in der Schule passiert war. Im Dorf nannten sie ihn den „*Ungläubigen*". *Wer bin ich hier?* fragte er sich und murmelte: *Meine Lehrerin entfremdet mich, meine Mitschüler machen sich über mich lustig.*
Der bittere Schmerz dieser Entfremdung machte ihn tief traurig. Deutschland, das Land, in das er große Hoffnung legte und die Schule hatten ihn auf diese schmerzliche Art begrüßt. Seine Trä-

nen aus seinen Augen trugen das stille Klagelied seines Herzens in den Rhein. Er schaute bedächtig gegen den Himmel. *Mama, wo bist du?*

*

Die Zeit verging wie im Fluge. Auch wenn er sich an die Schule gewöhnen wollte, gelang es ihm nicht, weil er ausgeschlossen wurde. Er wusste nicht, warum seine Mitschüler ihn immer noch ausschlossen, als wäre er der einzige Mensch auf der Welt, dessen Mutter Deutsche war und dessen erste Sprache Deutsch war. Nein, sagte er sich, so kann das nicht weitergehen, ihre Probleme können die so nicht lösen, und ich sollte es nicht mehr zulassen, dass sie mich ausschließen. Dass seine Mutter Deutsche war, war den Lehrern egal. Für sie war er einer dieser Migrantenkinder und für diese Kinder war er auch ein Außenseiter, besonders für Brûsk.

*

Nach der Pause begann der Ethik-Unterricht. Nachdem Herr Roncalli die Klasse betreten und alle begrüßt hatte, nannte er das Thema des Unterrichts:
Kinder, heute ist unser Thema: Wer bin ich?
Ricarda rief:
Nein, bloß nicht, Herr Lehrer.
Warum, Ricarda?
Weil ich nämlich Ricarda bin, Herr Lehrer.
Kannst du das weiter ausführen?
Shit man.
Möchte noch jemand zu diesem Thema sprechen? Ja, Brûsk, da du dich gemeldet hast, bitte, wir hören.
Also, Herr Lehrer, und ich bin Brûsk.
Und wer ist Brûsk?
Ok, dann beantworte ich die Frage mit einem Rap:

Mein Name ist Brûsk.
Ein verrückter Türke, geboren in Deutschland.
Rot fließt mein Blut.
Weiß mag ich absolut.
Wenn du mich fragst, wer ich bin,
Türkisch ist meine einzige Sprache schlechthin.
Soll ich noch weitermachen?
Während er das sagte, brach er in Gelächter aus.
Gut, Brûsk, ich habe es verstanden. Denkst du, es ist ein Reichtum, wenn die einzige Sprache Türkisch ist?
Mir reicht es aus, also wir sind Türken und machen keinen Hehl daraus, wie so einige, meine erste Sprache ist Deutsch, dass ich nicht lache, haha.
Çetin hatte schon verstanden, dass Brûsk ihn meinte. In diesem Augenblick war er nicht wütend auf ihn, sondern er tat ihm einfach nur Leid. Er bedauerte ihn, weil ihm nicht bewusst war, dass die Vielfalt eine Bereicherung war.
Darf ich etwas sagen?
Na klar, Ali.
Çetin begann zu reden:
Die Antwort auf die Frage „Wer bin ich" ist in der Frage verborgen. Also es hat keine Bedeutung, woher ich komme, welche Sprache ich zuerst gelernt habe. Es ist wichtig, wie die Person die Welt wahrnimmt und dass sie sich bewusst ist, welche Reichtümer sie besitzt und den Wert der Vielfalt schätzt. Zum Beispiel erzählte *mir meine Großmutter, als ich noch im Dorf war, Geschichten. Meine Lieblingsgeschichte war die vom Regenbogen, wo sich die Farben Lila, Grün, Blau, Gelb, Orange und Rot in einer Harmonie im Himmel widerspiegeln. Das war die schönste Erklärung dafür, dass der Reichtum in der Vielfalt liegt. Nicht wahr, Brûsk?*

Brûsk war verwundert.
Warum fragst du mich denn?

Ich frage dich, weil du auch einen Reichtum in dir trägst.
Was sagst du da, oglum?
Kennst du eigentlich die Bedeutung deines Namens?
Nö, ich heiße Brûsk. Muss ich die Bedeutung kennen?
Vielleicht ist es nützlich, wenn du sie kennst. Wenn du willst, sag ich dir die Bedeutung.
Als ob du das wüsstest. Wie willst du das wissen, du hast ja zuerst Deutsch gelernt, nun fragst du mich. Los, dann sag es.
Çetin dachte nach, schaute Brûsk an und sagte: *Ok.*
Die türkische Bedeutung von Brûsk heißt Blitz, und Brûsk ist kein türkischer Name, sondern ein kurdischer.
Brûsk war verwundert und glaubte ihm nicht.
Spinn nicht rum, du lügst, ich bin Türke, kein Kurde.
Du musst es ja nicht glauben, aber es lohnt sich, dies nachzuforschen, du musst es wissen.

Die Schulglocke läutete. Da dies die letzte Stunde war, machten sich alle auf den Weg nach Hause.
Brûsk hatte sonst keine Reaktion gezeigt und verfolgte Çetin verblüfft. Çetin hatte ein bisschen Angst und dachte: Es ist offensichtlich, dass er streiten will. Brûsk überholte ihn mit strengen Blicken und ging hastig weiter.
Wütend betrat er seine Wohnung. Er stellte seine Tasche in den Flur und rief:
Mama, wo bist du?
Aus der Küche kam eine Stimme:
Hier, mein Sohn, komm her.
Brûsk fragte aufgeregt und wütend:
Mama, warum heiße ich Brûsk, wer bin ich? Warum habe ich einen kurdischen Namen?

Mein Sohn, als wir neu in Deutschland waren, gab es hier einen Onkel, der uns in allen Belangen sehr geholfen hat. Als du geboren wurdest, hat er dir den Namen gegeben. Er hatte einen Sohn, der Brûsk hieß. Er hatte ihn aber in jungen Jahren wegen einer Krankheit verloren. Er fragte uns, ob wir dich Brûsk nennen würden. Daraufhin haben wir dir den Namen seines Sohnes gegeben. Dieser Onkel starb, als du noch klein warst. Du lässt den Sohn eines wertvollen Mannes in deinem Namen weiterleben. Außerdem, was sollen diese verwerflichen Gedanken, komm zu dir. Wir haben dich doch nicht so erzogen. Seit wann machst du solche Unterschiede zwischen den Menschen, denn wir machen keine Unterschiede. Wichtig sind deine Werte, deine Wahrnehmung der Welt und der Menschheit. Ich bitte dich, werde etwas bewusster, stelle das Leben und das Erlebte etwas in Frage. Dann frage dich, mein Sohn, wer bin ich, was bin ich, verstanden?

Da Brûsk in diesem Land, wo er geboren worden war, als Fremder angesehen wurde, zwängte er sich in eine Identität und glaubte, Reichtum wäre eine einzige Sprache. Dabei hatte die Tatsache, dass er sich nicht bewusst war, die Vielfalt seiner eigenen Identität zu leben, seine Regeln und Steine, die er sich in den Weg legte, durcheinander gebracht. Er blieb eine lange Zeit fern von der Schule. Er dachte viel nach. Obwohl er noch sehr jung war, setzte er sich damit auseinander, dass er versuchte, sich zu behaupten und Anerkennung zu bekommen. Er kam zu dem Schluss, dass er Çetin Unrecht angetan hatte.

Er schämte sich, dass er sich über ihn lustig gemacht hatte und war sich bewusst, dass es richtig wäre, sich bei ihm zu entschuldigen. Er dachte: Das Schulsystem grenzt uns sowieso aus.
Wir bemühen uns, um uns in der Schule zu behaupten, und trotz allem sind wir Fremde. Wichtig ist es, mit unseren Differenzen zusammen zu leben und diese Differenzen fest im Blick zu behalten.

Als er am nächsten Tag zur Schule kam, meldete er sich im Unterricht, bat den Lehrer um Erlaubnis und entschuldigte sich vor allen Kameraden bei Çetin und sagte:
Ich bin eine Weile nicht zur Schule gekommen, weil ich viel nachdenken musste. Besonders habe ich Ali schlecht behandelt. Ich entschuldige mich bei dir, und wenn du nichts dagegen hast, möchte ich dir bei der Suche nach deiner Mutter helfen.

Çetin war gerührt, stand auf und sagte:
Ist nicht so wichtig. Wichtig ist dein Gedanke und dein Infragestellen.
Çetin und Brûsk reichten sich die Hand und umarmten sich. Dieses Verhalten hatte auch die anderen Kinder in der Klasse beeindruckt, und sie sagten alle:
Wir sind dabei.

Ein Regenbogen wurde erzeugt in der Klasse. Die kurdischen, arabischen, türkischen, deutschen, armenischen, russischen und Sinti Roma-Kinder hatten gemeinsam die Lieblingsgeschichte über den Regenbogen von Çetin verwirklicht.

Çetin war nicht mehr alleine. Es würde jetzt viel einfacher werden, seine Mutter zu finden.

ÜBER DAS BUCH

Zweifellos hat ein Roman kein Vorwort. Aber für diesen Roman, besser gesagt, für dieses Werk, war ein Vorwort vonnöten.
Dieser Roman, den Sie in der Hand halten, ist ein Ergebnis einer Schreibwerkstatt des Vereins InterKultur e.V. Der Roman wurde vom Autor Atilla Keskin niedergeschrieben. Aber darüberhinaus haben einige Teilnehmer dieser Schreibwerkstatt ihre eigene Version einiger Abschnitte des Romans , die sie anders gestalten würden, geschrieben. Diese Versionen haben wir am Ende des Romans angefügt.

Dieses Unternehmen, bei dem die Teilnehmer versucht haben, gemeinsam zu schreiben, kann auch als eine Art Vorbereitung auf das gemeinsame, kollektive Schreiben gedeutet werden. Gemeinsam führen wir diese bisher selten angewandte Art des Schreibens durch. Ein Kapitel, das von einem Teilnehmer geschrieben wird, wird von einem anderen Teilnehmer fortgesetzt. Somit wird ein in einer Gruppe geschriebener Roman entstehen.

Was tun wir in dieser Schreibwerkstatt, die offen für alle ist? Wir lernen von Yavuz Kürkcü, der Experte in diesem Thema ist, die Regeln der türkischen Grammatik. Wir hören uns Interviews an, die mit Schriftstellern in der Türkei geführt wurden. Die Teilnehmer präsentieren uns selbst gewählte literarische Werke und ihre Autoren. Manchmal schauen wir uns Filme über Kunst an. Wir hören uns die Gedichte und die Erzählungen von Dichtern und Autoren unter den Teilnehmern an, diskutieren darüber und machen Vorschläge und formulieren Kritiken. Dann hören wir uns die mit Musik begleiteten Gedichte an, die auch von Yavuz Kürkcü

vorgetragen werden, und tragen diese von Zeit zu Zeit auch gemeinsam vor. In den letzten Monaten haben wir begonnen, eine Art „Karagöz-Theaterstück" zu schreiben, welches von Jugendlichen in Deutschland aufgeführt werden soll.

Unsere Werkstatt trifft sich jede Woche Dienstag im Verein InterKultur. Regelmäßige Teilnehmerinnen und Teilnehmer der Werkstatt sind Yavuz Kürkçü, Atilla Keskin, Işılay Karagöz, Ekrem Başaran, Neriman Orman, Çetin Doğan, Leylâ Bulut, Kıymet Karabulut, Erdal Aslan, Hatice Yurtdaş und Cafer Cebe. Manchmal haben wir auch andere Gäste in der Werkstatt. Unsere Tür ist offen für alle, die in Köln und Umgebung leben und die sich für Literatur interessieren. Wir hoffen, auch Sie bald einmal bei unseren Zusammentreffen zu sehen.

Sarı-Kırmızı Boyalı Kayık

Atilla Keskin

FREE PEN VERLAG

1. Baskı
Copyright © 2019 Freepen Verlag

Yazar: Atilla Keskin
Katkıda bulunanlar: Çetin Doğan, Leyla Bulut, Neriman Orman
İllüstrasyon: Havva Gülcan Ayvalık

Printed in Germany, ISBN 978-3-945177-68-6
Satış fiyatı: 12,50 Euro

InterKultur e.V.
Erziehung Bildung Inklusion

İÇİNDEKİLER

ATİLLA KESKİN – Biyografi /Sayfa 4

DOĞAN AKHANLI
Atilla Keskin ve "Sarı-Kırmızı Boyalı Kayık" hakkında /Sayfa 5

TEŞEKKÜR /Sayfa 6

ÖNSÖZ /Sayfa 7

ATİLLA KESKİN
Sarı-Kırmızı Boyalı Kayık /Sayfa 8

EDEBİYAT ATÖLYESİ
Çetin Doğan'ın Çetin'i /Sayfa 210
Leyla Bulut'un Çetin'i /Sayfa 221
Neriman Orman'ın Çetin'i /Sayfa 230

KİTAP HAKKINDA /Sayfa 242

ATİLLA KESKİN
Biyografi

1945 Afyonkarahisar'da doğan yazar, ilkokul ve liseyi aynı kentte okudu. Orta Doğu Teknik Üniversitesi, İdari İlimler Fakültesi'nde son sınıfa kadar okudu. 1964 yılında Türkiye İşçi Partisi'ne üye oldu. 1969 yılında ODTÜ'de Sosyalist Fikir Kulubü Başkanlığını yaptı. Siyasi nedenlerle tutuklanarak Diyarbakır Cezaevinde 8 ay hapis yattı.

Türkiye Halk Kurtuluş Ordusu davasında Deniz Gezmiş ve arkadaşlarıyla birlikte yargılanıp idam cezası aldı. Cezası önce müebbet, sonra da 15 yıl hapis cezasına çevrildi. Beş yıl Mamak Askeri Cezaevi ve Niğde Cezaevinde yattıktan sonra 1974 senesinde af yasası ile tahliye oldu.

1977 yılından bu yana Almanya'da zorunlu sürgün olarak yaşıyor. Evli ve iki çocuk babası. Politik dergilerde makale ve öyküler yazdı.

Yazarın daha önce yayınlanmış kitapları:

Acılara Yenilmeyen Gülümseyişler (Öldürülen yoldaşlarına ilişkin anı-roman)

Dostluk (1960'lı yıllarda başlayan 2000'li yıllara kadar uzanan iki devrimcinin romanı)

Herkesin Bir Deniz Gezmiş Öyküsü Vardır

Otuz Yıllık Hasret (Otuz Yıl Sonra Türkiye'ye gidişin günlüğü)

İlticacı İzine GitmekİSterse. (Bir ilticacının traji-komik izin öyküleri)

Çiçekler Susunca (12 Eylül darbesinin savurduğu hayatlara ilişkin roman)

Zorunlu Yalnızlık (Gizlenmek zorunda kalan ilticacı bir doktorun romanı)

Baba Ben Hiç şeker Çalmadım (Gençlik anıları)

Bir Başka Kandil (PKK kampları gözlemleri)

Çocuk Kitapları:

Bisikletler de Uçar

Yıldızlar da Yağar

Noel Ağacı

İki Dünya

DOĞAN AKHANLI
Atilla Keskin ve „Sarı-Kırmızı Boyalı Kayık"
hakkında

Ölümle hayat arasındaki çizginin çok ince ve saydam olduğunun yaşayan kanıt ve abidelerinden biridir Atilla Keskin. Yazar olmadan önce de adı 68 hareketinin tanınmış aktörlerinden biri olarak çoktan tarihe geçmişti. Hunharca idam edilen Deniz, Yusuf ve Hüseyin'in yakın arkadaşıydı. 18 idam sanıklı davada, askeri savcının idamını istediği dördüncü sanıktı. Bu idealist gençlerin maruz kaldıkları şiddet öylesine haksız, öylesine gaddarcaydı ki, bu zalimlik yeni kuşakları ürküteceğine, devletten kopardı ve Türkiye tarihinin en kapsamlı ve kitlesel radikal sol hareketi doğdu. İdam cezası müebbete çevrilen Atilla Keskin 1974 affıyla hapisten çıktı, Türkiye'yi terkederek Almanya'ya yerleşti. Bir roman yazarı olarak tanınması yeni yüzyılın ilk başlarında gerçekleşti. Almanya'daki sürgün hayatlara dair Dostluk adlı romanı, kendi kuşağının otantik hikayelerini dile getirdiği romanları Acılara Yenilmeyen Gülümseyişler ve Zorunlu Yalnızlık romanları Türkiye'de çok büyük bir başarı kazandı. Sonra başka kitaplar da geldi arkasından. Çocuk kitapları da yazdı. Sarı Kırmızı Boyalı Kayık romanı, Köln'deki İnterkültür Derneğinin bünyesinde çalışmalarını sürdüren Edebiyat Atölyesi'nin bir ürünü olarak ortaya çıktı. Bir deneme olarak romanın belli bölümlerine atölye çalışmalarında yer alan arkadaşlar da katkıda bulunmuş.

Sarı-Kırmızı Boyalı Kayık'da Keskin, bizleri pek bilinmeyen, uyuşturucu bağımlısı gençler ile balıkçılar dünyasına götürüyor. Sırlarla dolu hayatların içinden çıkıp gelmiş ve bir balıkçı kasabasında yolları kesişmiş çizgidışı insanların, başına buyruk sevgilisinin arada bir ziyaret ettiği, hayatını yoldan çıkmış gençleri kurtarma-

ya adamış Fuat'ın, uyuşturucudan kurtulmaya çalışan adı Türk kendi Alman olan Çetin'in, adına bakılırsa Kürt olması gereken Berfin adlı kız çocuğunun ve dedesinin dünyasına götürüyor ve okuyucuya, o yolunu şaşırmış ülkeye dair, yunusların, martıların, kızılkırlangıçların da yardımıyla, destanımsı bir hikâye anlatıyor.

TEŞEKKÜR

Romanın düzeltmelerini büyük bir titizlikle yapan dostum
Yavuz Kürkçü'ye,
Psikolog Nihat Özer'e,
Yazar Gülsen Gülbeyaz'a,
Balıkçılık konusunda beni bilgilendiren Besim Sertok'a
Romanı Almanca'ya çeviren Semra Doğan'a,
Almanca metnin düzeltmelerini yapan Wilhelm Sonnenschein'e
sonsuz teşekkürlerimi sunarım.

ÖNSÖZ

Yaklaşık iki yıldan bu yana İnterKultur (Kamu Yararına Dernek) bünyesinde faaliyet gösteren "Edebiyat Atölyesi" ilk ürünü olan Atilla Keskin'in romanı "Sarı-Kırmızı Boyalı Kayık" ile okuyucu karşısına çıkıyor. Yazarın yapıtına atölye üyesi üç arkadaşımız da yer yer katkıda bulundular. Bu çalışma, Duisburg'da faaliyet gösteren ve onlarca yazarın yetişmesine hizmet eden "Fakir Baykurt Edebiyat Atölyesi" sonrası atılan en önemli adımlardan biridir. Derneğimizin (Interkulturelle Zentrum) sorumlusu Işılay Karagöz'ün organize ettiği, Atilla Keskin ve Yavuz Kürkçü yönetiminde süren çalışma, yazarların ve edebiyat meraklılarının düzenli katılımı ile çalışmalarına devam ediyor ve yeni ürünler vermeye hazırlanıyor.

Edebiyat Atölyesi şimdilik sadece Türkçe yapılmaktadır. Önümüzdeki dönemde, kadın çalışmasında olduğu gibi, diğer dillerde de bu çalışmaların sürdürülmesini hedefliyoruz.

Bu etkinliğimize maddi destek veren Köln-Mülheim İlçe Belediyesine, kitap tercümesini gönüllü üstlenen Semra Doğan'a, Türkçe düzeltmeleri yapan Yavuz Kürkçü'ye, Almanca düzeltmeleri yapan Wilhelm Sonnenschein'a ve emeği geçen tüm arkadaşlara içten teşekkürlerimi sunarım.

Edebiyatın yanısıra, dernek bünyesinde kadın, gençlik, çocuk, resim atölyesi, koro gibi kültürel ve sanatsal çalışmalar da sürdürülmektedir.

İnterKultur Derneği Başkanı
Cafer Cebe

Sarı-Kırmızı Boyalı Kayık

Her sabah olduğu gibi Çetin elindeki, büyük bir bezle sarı-kırmızı boyalı kayığı temizliyordu. Hiç incitmemeye çalışarak, sanki silmiyor, sevgiyle okşuyordu. Sarı-kırmızı boyalı kayık pırıl pırıldı. Kavak'daki balıkçı barınağının en güzel, en alımlı kayığıydı. Çetin'i günlerdir uzaktan izleyen Berfin bu sabah cesaret etmiş, kayığın yanına gelip Çetin'i seyretmeye başlamıştı.

"Bu kayık senin mi?" Başını kaldırmadan yanıtladı Çetin:

"Benim, daha doğrusu benim sayılır, yani Fuat abinin ama Fuat abi, 'Kayığımıza kendi malın gibi bak,' der hep."

"Ne yapıyorsunuz bu kayıkla?" Başını kaldıran Çetin sarı, sapsarı, beline kadar uzun örgülü saçları, çağla yeşili gözleri olan küçük kıza gülerek baktı?

"Kızım sandalla ne yapılır? Elbet balık tutuyoruz."

"Ne balığı?"

"Denizde ne balığı varsa o balığı tutuyoruz işte."

"Hamsi de tutuyor musunuz? Dedem geçenlerde almıştı, kızarttı yedik. Çok güzeldi."

"Yok biz hamsi tutmayız?"

"Ne tutarsınız o zaman?"

"Mevsimine göre tuttuğumuz balık değişir. Ama en çok levrek tutarız."

"Levrek de ne ki, hamsi gibi mi?"

"Kızım, sen de balıklara ait, anlaşılan, bir şey bilmiyorsun.

Levrek büyüktür, bazen bir kilo geleni bile olur. En lezzetli balıktır."

"Kaç tane tutuyorsunuz?"

"Kızım sen de ne çok soruyorsun? Şansımız varsa kırk elli tane tutarız."

"Bu kadar çok balık yiyorsunuz, he mi?" "He mi," diye gözlerini kocaman, hayretle açan kıza bakan Çetin gülmeye başladı:

"Kızım, sen de hiçbir şey bilmiyorsun. Biz balığı yemek için tutmayız."

"Ne için tutuyorsunuz peki?"

"Yahu, elbette satmak için. Arka caddedeki lokantaları gördün mü?"

"Hee gördüm, ne oldu ki?"

"İşte, o lokantalara satıp para kazanırız."

"Tuttuklarınızı hiç yemezsiniz, he mi?"

"Levrek yemeyiz ama başka balıklardan helbet yeriz."

"Adın ne senin?"

"Herkes, 'Çetin' der bana ama esas adımı ben de bilmiyorum."

"İnsan esas adını bilmez mi?"

"Bana bak kızım, senin işin gücün yok mu? Kızdırma beni." Çetin'in suratının asıldığını gören Berfin yumuşacık bir sesle konuşmaya başlamıştı.

"Kızma ne olur, şaka yaptım."

"Bir daha böyle şaka yapma."

"Tamam bir daha yapmam."

"Bu kayığa bir kere beni de bindirir misin?"

"Sen yüzme biliyor musun ?"

"Bilmiyorum."

"O zaman binemezsin."

"Öğrenirsem, binebilir miyim?"

"Neyi?"

"Sen dedin ya, yüzmeyi?"

"Hele sen bir öğren; Fuat abiye sorarım."

"En çok hangi balığı tutmayı seviyorsun?"

"Helbet kılıç balığı tutmayı. Sen ne bileceksin. Kılıç balığı balıkların kralıdır. Kocamandır. Bir kere tuttuk. O kadar büyüktü ki, sandala zor aldık. Bi görsen burnunun ucunda kocaman upuzun bir kılıcı var. Balığı sandala alırken kılıcı az daha ayağıma saplanacaktı, neyse ki, aslan Fuat ağabeyim kürekle balığın başına vurdu da, yaralanmaktan kurtuldum."

Çetin sandalın arkasına dikilmiş, kendisini dinleyen Fuat'ı görmemişi.

"Kolay gelsin Çetin bu güzel kız da kim?"

"Adını bilmiyorum, gelmiş beni seyrediyor işte."

"Benim adım Berfin. Aha, şu deniz kenarındaki kütükte oturan Cemil dedenin torunuyum. Bu koca sandal Çetin'le seninmiş, he mi?"

"Doğrudur."

Fuat abisinin "doğrudur" dediğini duyan Çetin sevincinden göklere uçacaktı.

"Beni de sandala bindirir misin?"

"Denizin sakin bir zamanında bindiririm."

"Ama Çetin, 'yüzme bilmiyorsan binemezsin' dedi."

"Tamam, biz de uzağa gitmeyiz. Şimdi dedenin yanına git, seni merak etmesin. Biz şimdi Çetinle yarın için çapariyi hazırlayacağız."

Berfin 'çapari ne?' diye soracaktı. Vazgeçti.

"Yarın yine gelebilir miyim?"

"Gel, ne zaman istersen."

Sekerek, örgülü saçlarını sağa sola savurarak giden Berfin'in arkasından bakan Fuat:

"Daha evvel buralarda hiç görmedim, sen tanıyor muydun?"

"Bilmiyorum, yeni gelmişler herhal."

"Neyse, biz işimize bakalım. Unutmadan sen de her yerde, herkese bu kılıç balığı hikayesini anlatma. Ben ne kılıç balığı tuttum, ne de gördüm. En son kılıç balığını kırk sene evvel balıkçı Karga Hasan tutmuş. Senin anlattığın hikayeyi ben de ondan dinlemiştim."

*

Uzun boylu, yakışıklı, yaz kış kısa kollu bir tişörtle gezen Fuat, Anadolu Kavağının en iyi balıkçılarından birisiydi. Balıkçı Karga Hasan elinden tutmasaydı, kimbilir hangi cezaevinde çile dolduruyor olacaktı. Onbir yaşına kadar sokaklarda yaşamış, Balıkçı Hasan'ın yardımıyla hayata tutunmuştu.

Sözü vardı: Birkaç çocuğu sokaklardan kurtaracaktı. Daha önce Beyoğlu'nun arka sokaklarından üç çocuğu getirmiş giydirmiş,

yedirip içirmişti. Balıkçı barınağının arkasındaki küçük odada ter-temiz bir yatak vermişti. Ama hiçbiri onbeş günden çok kalmamıştı. Üçü de önce tiner, Bally aramış bulamayınca çekip gitmişlerdi.

Çetin ise birbuçuk aydır yanındaydı. Alışkanlığıydı Fuat'ın: Sokak-taki arkadaşlarından hayata tutunmayı becerenlerle Asmalımescit Sokağındaki küçük meyhanede ayda bir iki kez buluşur, daha çok eski günlerine ilişkin sohbet ederlerdi. Fuat, Çetin'i böyle bir içki-li akşamın sonunda bulmuştu. Meyhanenin karşısındaki bir köşe-de kış olduğu halde üstünde kısa kollu bir tişörtle oturmuş, elin-deki paçavradan tiner kokluyor, gelip gidenleri izliyordu. Hayret etmişti Fuat; tüm sokak çocukları yaz kış kalın giysiler giyerlerdi. Oysa bu çocuğun üstünde kış olmasına rağmen bir tek tişört vardı. Burnu da diğer tinerciler, Ballyciler gibi basık ve kıpkırmızı değildi. Kendi deneyiminden biliyordu Fuat; uzun süre tiner, Bally koklayan çocukların burunları giderek kırmızılaşır, boksör burnu gibi yassılaşırdı. "Anlaşılan sokağa yeni düşmüş bu çocuk" diye düşündü.

"Karnın aç mı? Sana şu köşeden sucuklu bir tost alayım mı"

Kıvırcık, kömür karası saçları vardı çocuğun. Yaşını kestirmek çok zordu, belki yedi, sekiz, belki de on, onbir yaşlarındaydı. Kolları dizlerine kadar, yüzü ve boynu öylesine esmerdi ki, sanırsınız sene-lerce kızgın güneş altında tarlada çalışmıştır. Avucundaki paçav-rayı koklayan çocuk tedirgin olmuştu. Korkmuştu ama korkusunu belli etmemeye çalışarak.

"İstemem, tokum..." dedi. Oysa aç olduğu titremesinden belliydi. "Şimdi para teklif etsem alır ama yiyecek almak yerine tiner şi-şesini doldurmak için bu parayı kullanır" diye düşünen Fuat yine de teklif etmeden duramadı:

"Para vereyim mi?"

"İstemem, git başımdan." Çok korkmuştu. Böyle tekliflerden sonra neler olabileceğini çok iyi biliyordu. Sokaklardan, aç kalmaktan, üşümekten, hatta ölmekten bile korkmuyordu. Ama böyle para teklif edenlerin, sonunda bir kuyuya götürüp çocukların ırzına geçtiğini çok iyi biliyordu. Diğer sokak çocuklarından birçok öykü dinlemişti. Bu rezillikten kendisini kurtarabilmek için, hiçbir gruba girmemiş, sokaklarda tek başına yaşamayı tercih etmişti. Fuat'ın kendisine yaklaştığını görünce çok korkmasına rağmen kaçmamış, küçük çakısını uzatarak diklenmişti:

"Git başımdan yoksa acımam şişlerim seni." Çocuğun diklenmesi hoşuna gitmişti Fuat'ın. "Bir yolunu bulup bu çocuğu ikna edip, sokaklardan kurtarmalıyım" diye düşündü.

"Adın ne senin?"

"Adım yok benim."

"Öyle olsun; ben sana Çetin diyeceğim, tamam mı?"

"Ne dersen de, git başımdan."

"Bak Çetin, ben de evvelden senin gibi sokaklarda kaldım senelerce." Artık adı Çetin olan çocuk Fuat'ın yüzüne dikkatle bakarak konuşmaya başladı.

"Essah mı?"

"Essah, yemin ederim."

"Kuran, Mushaf çarpsın de."

"Yalan söylüyorsam Kuran Mushaf çarpsın. Tam üç sene ben de bu Beyoğlu'nu mekân tuttum, sokaklarda yattım. Gündüz buralarda takılır, gece Galata Köprüsü'nün altında uyurduk. O zamanlar benim gibilere 'köprüaltı çocukları' derlerdi."

"Sonra ne oldu? Nasıl terkettin sokakları. „

"Uzun hikaye, Karga Hasan diye bir balıkçı amca vardı. Beni yanına aldı. Senin anlayacağın onun sayesinde sokaklardan kurtuldum." Fuat'ın anlattıklarını ilgiyle izlemeye başlamıştı Çetin:

"Şimdi ne yapıyorsun peki?"

"Balıkçılık yapıyorum. Kavak'da güzel bir kayığım var. Her sabah erkenden balığa çıkıyor, avladığım balıkları satarak karnımı doyuruyorum."

"Annen, baban kardeşlerin yok mu?"

"Yok, kimsem yok. Varsa da ben bilmiyorum."

"Benim de yok. Varsa ben de bilmiyorum. Yaşlı, çok yaşlı bir ninem vardı. O öldükten sonra ben de sokaklarda kalmaya başladım."

"Çetin istersen benimle gel, ben de sana balıkçılığı öğreteyim."

"Pışık...Geleyim de ondan sonra..."

"Kuran, Mushaf çarpsın bir şey yapmayacağım. Balıkçı barınağımda yatağım var, orada yatar kalkar, bana yardım edersin."

"Çok dinledim böyle mavalları, hadi git işine."

"Yalan söylemiyorum Çetin, haydi gel benimle." Fuat belki ikna ederim umuduyla, önce cüzdanını, sonra kol saatini çıkarıp uzattı çocuğa.

"Al bunları, sana kötü bir şey yapmaya kalkarsam kaçarsın. Benim yanım sıra gelmene de gerek yok. Arkamdan takip edersin."

*

Fuat'ın uzattıklarını çekinerek alan çocuk, hiç konuşmadan Fuat'ı takip etmeye başladı. Otobüslere bindiler, otobüslerden inip dol-

muşa bindiler; karşıya geçmek için vapura bindiklerinde çocuk ikna olmuştu. O ne yaparsa arkasından aynını yapıyordu.

Sonunda Anadolu Kavağı'ndaki Fuat'ın kayıkçı barınağına geldiler. Barınağın arkasında küçük bir oda, içinde de tertemiz bir yatak, kalın yorganlar vardı.

"Burada yatarsın, üşürsen bu gaz sobasını yakarsın. Pencerenin kenarında kibrit de var."

"Üşümem bu yorganlar yeter bana."

"İyi o zaman; sen şimdi dinlen. Ben sabah erkenden balığa çıkarım. İstersen birkaç gün sonra seni de götürürüm. Ben şimdi evime gidiyorum." Fuat'ın arkasından koşan Çetin saatle, cüzdanı uzattı.

"Bunları unuttun."

"Sağol, hadi şimdi git yat. Sabah ben balıktan dönünce beraber yemek yeriz."

Barınağa dönen Çetin, ne yapacağını bilemiyordu. "Ya gece gelirse." Yorganın birisini alıp barınağın dışında, kuytu bir köşe bulup uyudu.

Balığa gitmek için gün ışımadan barınağa gelen Fuat, Çetin'i göremeyince şaşırdı.

Kulübeyi dikkatle inceleyince, yorganın birisinin olmadığını gördü.

"Belli ki, güvenememiş; umarım çok uzaklara gitmemiştir." Çevrede dolaşınca, kayıkhanelerin sonunda bir kuytuda yorgana sarılmış uyuyan Çetin'i görünce sevindi. Ama uyandırmadı. "Balıktan dönünce uyandırırım."

O gün Fuat'ın şansı yerindeydi. Livarın içi balıkla dolu döndü denizden.

Çetin ise güneş doğunca uyanmış, yorganıyla birlikte barınağa dönmüştü. Küçük barınaktaki eşyaların bolluğu Çetin'i şaşırttı. Küçük oda tertemizdi. Tahtadan iki raf ve rafların üstünde Çetin'in ne olduğunu, ne için kullanılacağını bilmediği naylon ipler, tüyler, kurşun parçaları, olta iğneleri vardı. Bir kutu içinde ise motor yağı, boya, fırça, ipler, halatlar ve ne olduğunu anlamadığı tahta parçaları, takozlar vardı.

Yorganı yatağın üstüne bıraktıktan sonra dışarı çıkmış çevresini izlemeye başlamıştı. Balıkçıların çoğu denizden dönmüş, yaktıkları tahta parçalarının üstüne koydukları çaydanlıklarında çay demlemeye çalışıyorlardı. Yıkık-dökük kulübeler, rengârenk sandallar, iki direk arasına asılmış ağlar... Çetin ilk kez gördüğü bu manzarayı ilgiyle izliyordu.

Sabahın köründe çevreyi izleyen bu esmer çocuğu ilk kez gören balıkçılar kendisine seslendi:

"Gel çay içelim, kahvaltı ederiz birlikte." Yine korkmuş, müthiş tedirgin olmuştu Çetin. Koşarak barınağa döndü. Fuat sandalını kızağa çekmeye çalışıyordu.

"Gel bana yardım et, şu ipi çek bakalım." Fuatın dediklerini yapan Çetin yıllar sonra işe yaradığı için sevinmişti.

"Balık mı tuttun?"

"Hem de ne çok, gel bak." Balıkla dolu livara bakan Çetin şaşırmıştı. "Bunların hepsini sen mi tuttun? „

"Ben tuttum, şimdi gel arkadaşlarla birlikte kahvaltı edelim."

Fuat'ın sokak çocuklarını kurtarmaya çalıştığını bilen balıkçı arkadaşları Çetin'i görünce çok şaşırmadılar.

"Arkadaşlar bu Çetin, benim yeni yardımcım. Bugünden sonra birlikte çalışacağız. Öyle değil mi, Çetin?" Başını sallamakla yetindi

Çetin. Bu simsiyah, kıvırcık saçlı, üstünde incecik tişörtle oturan çocuğa bakan balıkçılardan biri: "Biz de 'karga bokunu yemeden buralarda dolaşan bu çocuk da kim?' diye düşünmüştük," dedi.

"Haydi bakalım, Çetin önce karnımızı doyuralım, ondan sonra yapacak çok işimiz var," dedi Fuat. Ortadaki portakal sandığının çevresine yine portakal sandıkları konulmuştu. Kurt gibi acıkmıştı Çetin. Yine de bir portakal sandığının üstüne konulmuş, peynir, zeytin, domatesten oluşmuş kahvaltılıklara dokunmuyordu.

Fuat'ın ve diğer balıkçıların ısrarları sonucu yemeğe başladı. Hâlâ hiç konuşmuyordu. Sanki aç değilmiş gibi, bir iki lokma alıyor bekliyordu. Sonunda diğer balıkçılar kahvaltıyı bırakıp çaylarını, sigaralarını içmeye başladılar. Doymamasına rağmen Çetin de yemek yemeği bıraktı. Fuat, çocuğun doymadığının ayırdındaydı.

"Sen yavaş yiyorsun; biliyorum, daha doymadın. Şu önündeki ekmeği, zeytin peyniri bitir. Aç ayı oynamaz; kahvaltı bitince sana yapacaklarımızı göstereceğim."

Konuşmadan yemek yemeği sürdürdü Çetin. Diğerleri kendi aralarında sohbet ediyorlardı. Kimsenin kendisine bakmadığını gören Çetin önündekileri silip süpürdü.

"Haydi şimdi barınağa gidelim; çok iş var, bana yardım edersin." Sessizce Fuat'ı takip etti Çetin.

"Önce şu livarı boşaltalım. Şu kovaya önce denizden yarısına kadar su doldur.

Şimdi de livarın içindeki balıkları bu kovaya koy bakalım."

"Bu yerin adı livar mı"

"Evet, yalnız dikkat et balıklar kaçmasın; görüyorsun çoğu canlı." Çetin'in balıkları eliyle tutup sepete koymak için, çaba harcamasını gülerek izliyordu Fuat. Balıklar sık sık Çetin'in elinden kayıp

kaçıyordu.

"Böyle olmaz, al bakalım şu kepçeyi; bununla çok daha kolay doldurursun." Balıklar elinden kaçan Çetin, içinden "Madem böyle bir şey vardı, niye önceden vermedin ki," diye düşündü. Ama sesini çıkarmadı. Balıkların hepsini kovaya koymuştu. Elindeki oltayla uğraşan Fuat:

"Aferin, iyi çalıştın. Ama her sabah sandalı karaya çektiğimizde ilk işin kürekleri ıskarmozlarından çıkarıp, barınağa almak olacak. Sonra da ıskarmozların sağlam olup olmadığını kontrol etmelisin. Bunları yavaş yavaş öğreneceksin. Kürekleri taktığımız bu tahtalara ıskarmoz denir. Allah korusun motor bozulur, ıskarmozlar da kırılmışsa kürek çekemez, denizin ortasında kalırız. En önemlisi denizden dönünce sandalda işe yarar bir şeyin kalmamasına dikkat etmek lazım. Kıçaltında yedek benzin bidonu olacak, onu da içeri getir. Fuat'ın " kıçaltı" demesi Çetin'i güldürmüştü:

"Kıçaltı ne demek, ağabey?"

"Bunları yavaş yavaş öğreneceksin, sandalın arka kısmındaki boşluğa kıçaltı, ön tarafındakine başaltı, diyoruz. Benimle gel şimdi; önce bu balıkları satacağız, sonra yarına hazırlık yapacağız."

Balıkçı barınağının arkasındaki sokakta balık satanlar daha tezgâhlarını yeni açıyorlardı. Koskoca tahta tepsilerin üstüne özenle taze yaprakları yerleştirmeye başlamışlardı. Fuat'ın elinde kovayla geldiğini gören satıcılardan birisi:

"Getir balıklarına bir bakayım Fuat" dedi.

"Bakmaya bak ama biliyorsun ben hep Cemil amcaya satarım balıklarımı."

"Bak Cemil daha gelmemiş, bugün de bana sat. Cemil'in verdiğinden daha fazla para veririm."

"Kusura bakma Adil dayı, bakacaksan balıklara bak ama sana satmayacağımı bil."

Sepetteki balıklara bakan Adil dayının sanki gözleri parlamıştı:

"Fuat, hiç olmazsa şu üç kırlangıcı bana sat. Emin efendinin lokantasında bugün çok özel müşterileri varmış; onlara kırlangıç çorbası yapmak için söz vermiş. Hiçbir yerde bulamamış. Zaten çok ender çıkıyor. Bak Cemil de geliyor; ben ona söylerim." Fuat'ın yanıtını beklemeden koşturup Cemil'in yanına giden Adil dayı âdetâ yalvarıyordu:

"Sadece kırlangıçları bana satsın. İstersen sana satsın, sen bana sat."

"Tamam tamam ağlama ama bir kere daha olmaz. Emin ustanın hatırına kabul ediyorum ona göre." Yanlarına doğru gelen Fuat'a seslendi:

"Fuat oğlum kırlangıçları Adil dayıya bırak. Parasını biz kendi aramızda hallederiz."

Kırlangıçları Adil dayıya bırakan Fuat, sepeti de getirip Cemil amcasının tezgâhına koydu. Sepete bakan Cemil dayı, balıkları tarttıktan sonra:

"Parasını şimdi mi istiyorsun, deftere mi yazayım?" dedi. "Deftere yaz Cemil amca; bugün paraya ihtiyacım yok."

Boş sepeti alan Çetin, Fuat ağabeyinin davranışına hayret etmişti; sormadan duramadı:

"Fuat abi, balıkların kaç lira ettiğini bile sormadın."

"Ayıptır Çetin, racona uymaz. Cemil dayı hiçbir zaman hakkımı yemez. O fazlasıyla alacağımı defterine yazmıştır."

"Racon ne demek Fuat abi?"

"Racon demek...Yani bir işin âdâbı, usulü demektir." Bir şey anlama-

19

mıştı Çetin ama sesini çıkarmadı.

"Bir şey daha sorabilir miyim?" Çetin'in merakla sorduğu soruları dinleyen Fuat, "Bu çocuk diğerlerine benzemiyor, çok meraklı; kısa zamanda balıkçılığı öğretirim ben buna" diye düşündü.

"Sor bakalım ama zor olmasın."

"Tamam zor değil, sen muhakkak biliyorsundur. Kırlangıç bir kuştur, bizim köyde çok olurdu. Şimdi balığa da kırlangıç diyorsunuz, niye?"

"Doğrusu, nedenini ben de bilmiyorum. Kimbilir belki de bu balık kırlangıca benzediği için ona böyle bir isim takmışlardır." Kırk yıldır birbirlerini tanıyorlarmış gibi sohbet ederek sokakta yürüyorlardı. Onları gören Kavak esnafı hep selâm veriyordu. Ne ki, çoğu, "Bakalım bu çocuk Fuat'ın yanında ne kadar kalacak?" diye düşünüyordu.

*

İlk günler Bally veya tiner çekme arzusu çok fazlaydı. Ama kendisi ile sürekli mücadele eden Çetin, bu arzusunu bastırabiliyordu. Fuat da ilk günlerin zor olduğunun bilinciyle onu pek yalnız bırakmıyordu.

Birkaç gün sonra denize birlikte çıkmaya başladılar.

Denize açıldıklarında henüz güneş doğmamış oluyordu. Suların üstündeki yakamozlara bakmaya doyamamıştı Çetin. "Sanki deniz tutuştu, yanıyor" diye düşünüyordu. Güneş doğmaya başlayınca bu kez yakamozlar kayboluyor, sular rengârenk oluyordu. Denizi hep gündüz seyreden Çetin bu mavi suların nasıl binbir renge büründüğünü çok merak ediyordu. Fuat abisine sormayı düşündü

ama o balık tutarken konuşmaması gerektiğini tembih etmişti. "Sonra sorarım" diye düşündü. İlk günler biraz sıkıcı olmuştu Çetin için. Sıkıcı olmuştu çünkü Fuat ağabeyi, "Sen otur ve sadece benim ne yaptığıma bak ve hiç konuşma" demişti.

Denizin sakin olduğu bazı günler, denizin üstünü yorgan gibi bir sis kaplamış oluyordu.

Böylesi her tarafın simsiyah olduğu zamanlarda Çetin tedirgin oluyor, hatta korkuyordu. Ama sessizce oturuyordu. Öğrenmişti artık; biraz sonra güneş çıkacak, sislerle savaş başlayacak ve ortalık aydınlanacaktı.

Fuat ağabeyi motoru durdurunca ortalığı mutlak bir sessizlik kaplıyordu. Denizin çarşaf gibi kımıltısız olduğu günlerde en küçük bir ses duymuyordu Çetin. Denizin çırpıntılı olduğu zamanlarda ise tek ses kayığa vuran küçük dalgaların hışırtısı oluyordu. Fuat ağabeyi de ilk balığı çekinceye kadar, sessiz, kımıltısız elinde misina denize bakıyordu hep. Böyle zamanlarda hayal kuruyordu Çetin. Bally koklarken de hep hayaller kurardı. Ama kısa sürerdi bu hayaller; bir süre sonra kafası karışır, hayaller, görüntüler bulanıklaşır, uyuyor mu, uyanık mı ayırdına varmazdı. Kayıkta ise sessizlikte hayallerini sonuna kadar götürebiliyordu.

Geçmişini hiç düşünmek istemiyordu. Ama ne kadar istemezse istemesin, o kötü günler, o karanlık, acılı günler hep beynini tırmalıyordu. Geleceğe ilişkin hayaller kurmak istiyordu. Önce böyle bir kayığı oluyor, sonra sahilde gördüğü on-onbeş kişinin birlikte denize açıldığı motorlara sahip oluyordu. Çok balık tutuyor, sattığı balıkların parasıyla ev kiralıyor. Sonra, sonrası gelmiyordu hayallerinin. Bazen kazandığı paranın bir kısmını sahilde gördüğü o küçük, yoksul, sarı saçlı kıza veriyordu. "Almam, istemem" diyordu Berfin. "Dedem kızar, hem bizim paramız var."

Bir gün, denizin ortasında balık tutarlarken, güneşin henüz

21

ortalığı tam aydınlatmadığı saatlerde korkunç bir çığlık duyunca kulaklarını kapatıp, korkuyla köşesinde büzüldü. Kendisine bakan Fuat ağabeyi kahkahalarla gülüyordu.

"Korkma" dedi. "Bu bizim arsız martı, balığını almadan gitmez." "Martı sandalın ucuna konmuş Fuat'a bakıyordu. Bir martı daha tepelerinde dolaşmaya başlayınca havalanıp çirkin sesler çıkararak tepedeki martıya saldırıp onu kovaladı. Sonra yine aynı yere kondu. Fuat martıya bir balık verince uçarak ufukta yitti.

Biraz sonra bir yunus balığı kayığın biraz uzağında, sürekli denize girip çıkarak kendilerini takip etmeye başlamıştı.

"Bu koca balık da ne, Fuat ağabey? Onu da yakalayacak mısın?"

"Yunus balığı o. Onu yakalamayız ama bize uğur getirir. O buralarda dolaşıyorsa bil ki, bugün buralarda denizin altında çok balık var, demektir. Ama bu koca balığa da balık vermeliyiz. Yoksa bizim tutmak istediğimiz balıkları dağıtır, yeterince balık avlayamayız."

Gerçekten o gün diğer günlerden çok daha fazla balık tutmuştu Fuat. Livar ağzına kadar dolmuştu.

*

Kısa zamanda görünüşü değişmişti Çetin'in. Yanaklarına kan gelmişti. Artık kara-kuru simsiyah görünmüyordu. Sanki boyu da uzamıştı. Hâlâ üstünde ilk geldiği günkü tişört vardı. Fuat hamama gitmeye zorlukla kendisini ikna etmişti. Hamama giderlerken, Fuat'ın kendisine yeni giysiler almasına müsade etmemişti.

"Ben kendim alırım Fuat ağabey" diyerek koynundan naylona sarılı paraları çıkarıp uzattı.

"Ooo zenginmişsin" dedi Fuat sadece. Alınacağını düşününce bu parayı nereden bulduğunu sormadı. Hamamdan çıktıktan sonra yeni giysilerini giyen Çetin bambaşka bir görünüşe kavuşmuştu. Salt görünüşü değil, sanki davranışları da değişmişti. Şimdi çok daha canlı, çok daha titiz olmuştu. İlk günlerdeki gibi bir köşeye büzülüp dalıp gitmiyordu.

*

Berfin, o yanakları kıpkırmızı, sarı saçları her zaman örülü, üstündeki renkli entarisi sürekli tertemiz olan kız, Fuat ve Çetin'in balıktan dönüşünde hep barınağın yanında bekliyordu. Kayık bağlanınca da devamlı olarak livara bakıyordu.

"Ooo yine çok balık tutmuşunuz, sen de tuttun mu?" Çetin "tuttum" demeyi çok istiyordu. Fuat ağabeyinin yüzüne baktı.

"Güzel kız, o şimdilik bana yardım ediyor; bir hafta sonra o da balık tutmaya başlayacak."

"Bu balıkların hepsini satacak mısınız?"

"Niye sordun?"

"Hiiç öyle işte, yani hiç yemiyor musunuz? Dedem alıyor biz hamsi yiyoruz, ama böyle büyük balıkları hiç yemedik.

"Böyle büyük balıklardan yemek ister misin?"

"Bilmem, dedem alırsa yerim helbet."

"Biz bu öğlen Çetin'le mangalda balık kızartacağız. Sen de gel ye tamam mı?"

"Gelirim ama dedem kızar sonra, Tanımadıklarınla yemek yeme' diyor."

"Biz tanımadığın insanlar değiliz; ben dedene söylerim, o da gelir birlikte yeriz, tamam mı?"

"Tamam" diyen Berfin çok sevinmişti. Fuat ağabeyinin daveti Çetin'in de hoşuna gitmişti. O gün öğlen mangalı kendisi yakan Fuat büyük balıklardan kendi eliyle pişirip, barınağın önündeki tahta sıraya serdiği gazete kağıdının üstüne koyarak Berfin ve dedeye ikram etti.

Bu lezzetli ve taze balıklar, o güne kadar hamsiden başka hiçbir balık yemeyen Berfin ve dedesinin de çok hoşuna gitmişti.

Fuat bu yaşlı dedeyi ve Berfin'i çok merak etmesine rağmen onlara ilişkin bir soru sormadı. "Nasıl olsa bir gün kendileri anlatır" diye düşünüyordu. Çetin'in demlediği çaylarını içerken öylesine havadan, sudan konuştular. Çetin hep "Sen kimsin, nereden geldin?" diye sorarlarsa "Ne cevap veririm" diye korkuyordu. Ama dede hiçbir şey sormadı. Aslında dede de, "Ya kim olduğumu, niye burada olduğumuzu sorarlarsa, ne yanıt veririm" diye düşünüyordu. Ama kimse kimseye bir şey sormadı o gün. Herkes Fuat gibi "Zamanı gelince anlatırlar" diye düşünüyordu.

Berfin, dedesi ve ninesi üç ay kadar önce Kavak'daki küçük bir evi kiralamışlardı. Nine hiç ortalıkta gözükmüyordu. Dede hergün Berfinle birlikte erkenden deniz kenarına iniyor, bir kütüğün üstüne oturup saatlerce denizi seyrediyordu. Berfin ise teknelerin arasında koşuşturuyor, bugüne kadar tümüyle yabancısı olduğu bu yeni dünyayı tanımaya çalışıyordu.

Balıklar yendikten sonra ortalığı toplayan Fuat, kayığı temizlemeye başlayan Çetin'i çağırdı:

"Gel otur bakalım karşıma; şimdi ne yapacağız biliyor musun?"

"Bilmem."

"Balıkçılığa ilk adımı atacaksın." Hiçbir şey anlamamıştı Çetin.

Şaşkınlıkla Fuat ağabeyine bakıyordu. Fuat barınağın raflarındaki tahta kutulardan iki tanesini getirip masanın üstüne koydu.

"Bak bakalım ne var içlerinde?" Büyük bir merakla kutuları açan Çetin:

"Birisinin içinde tüyler var; ötekinin içinde de naylon ipler ve iğneler var."

"Doğru ama bu naylon iplere biz balıkçılar misina, iğnelere de olta iğnesi diyoruz. Şimdi senin için çapari yapacağız. Yarın sen de benimle birlikte balık avlayacaksın çünkü." Utanmasa havalara sıçrayıp, "Yaşasın" diye bağıracaktı Çetin.

"Bu tüyler horozun kırmızı tüyleri. Bunları önceden hazırlamak lâzım. Benimkiler hazır; ben sana nasıl hazırlanacağını sonra öğretirim. Ben şimdi bu tüyleri teker teker kısa misinaya bağlayacağım. Bu tüy bağlı misinalara 'köstek' diyoruz. Sen de gösterdiğim şekilde benim hazırladığım köstekleri misinaya bağlayacaksın, tamam mı?"

Fuat'ın gösterdiği şekilde köstekleri bağlamayı birkaç denemeden sonra öğrenmişti Çetin.

"Şimdilik senin çapariye dört köstek takacağız, çok uzun olursa sen balığı yukarı çekerken misinayı karıştırabilirsin. Şimdi bunu şu üstünde mantar olan tahtaya saracak, iğneleri de bu mantarlara batıracağız ki, birbirine dolanmasın.

Şimdi geldik en önemli kısma: bunun adı fırdöndü, bu da kurşun, bunları da en alta takacağız; böylece çapari denizin altına gidip balıklara 'haydi gelin birlikte yukarı Çetin'in yanına gidelim' diyecek."

"Çapariyle ne zaman denize açılıp balık tutacağız?"

"Çok istiyorsan hemen şimdi; çapariyle gündüz de balık avlanabilir."

"O zaman hadi gidelim."

Heyecandan ne yapacağını şaşırmıştı Çetin; kayığın çevresinde dolaşıp duruyordu.

"Motoru çalıştırmayacağım, fazla uzağa gitmemize gerek yok. Buralarda muhakkak istavrit vardır" diyen Fuat onbeş yirmi dakika sonra boğazın ortalarında kürek çekmeyi bıraktı.

"Şimdi senin çapariyi açabiliriz, bugün sadece sen balık avlayacaksın çünkü."

Çapariyi denize bırakan Fuat:

"Al tut bakalım misinanın ucunu; bak böyle benim gibi yavaşça yukarı çekip tekrar aşağı bırakacaksın, tamam mı?"

"Niye? Sen öyle yapmıyordun?"

"Çetin ben sabahları çapariyle avlamıyorum, canlı yem kullanıyorum. Çapariyi çekip bırakırsan, balıklar bu kırmızı tüyleri yem zannedip yemek için saldırırlar ve kancaya takılırlar, tamam mı? Balığın takıldığını parmağındaki misinanın ağırlığından hissedip yukarı çekeceksin. Hadi bakalım rast gele..."

Çetin Fuat ağabeyinin söylediklerini pür dikkat dinlemişti. Misinayı eline alınca bir iki dakika geçmeden bağırmaya başladı:

"Misina ağırlaştı, çekeyim mi?"

"Çek bakalım ama yavaş yavaş; hızlı çekersen, kancaya takılmış balığın ağzı yırtılır ve kaçar."

Çetin'in yukarı çektiği çapariyi Fuat özenle kenara karıştırmadan koyuyordu. Sonunda çaparinin ucunda bir balık gözükmüştü. Çok sevinen Çetin balığı sandalın içine koydu ve ağzındaki kancayı çıkardı. Çok küçük olmayan bir istavritti yakaladığı balık.

"Tamam siftahı bizden, bereketi Allah'dan; bunu livarımıza koya-

lım. Şimdi çapariyi karıştırmadan yeniden denize sal bakalım. Yalnız çapariyle balık avlarken bir balık takılınca hemen yukarı çekilmez, aşağı yukarı çekmeye devam edersen başka balıklar da takılır; hadi bakalım."

Çapariyi deli bir heyecanla çekip bırakmayı sürdüren Çetin, dakikalarca hiçbir değişiklik olmadığını hissedince üzülmeye başladı. Küreklere asılan Fuat kayığın yerini değiştirince Çetin ilk balığın takıldığını anladı.

"Balık takıldı, ağabey."

"Sen devam et, birkaç balık daha takıldıktan sonra çekersin"

"Herhalde birkaç tane daha takıldı."

"Biraz daha uğraş." Birkaç balık daha takıldığını hisseden Çetin, çapariyi yavaşça yukarı çekmeye başladı. Artık tuttuğu balıkları görebiliyordu.

"Biir, ikii, üüç, döört.. tam beş tane balık geliyor."

"Tamam, sakin ol kayığı devireceksin, ayağa kalkma; balıkları ben oltadan çıkarırım."

Bu minval üzre balık tutmayı sürdürdüler. Fuat kayığın yerini değiştiriyor, Çetin'e bıkmadan ne yapması gerektiğini anlatıyordu. "Tahminlerim boşa çıkmayacak, bu delikanlı balık tutmayı çabuk öğrenecek."

"Artık yeter bak otuza yakın balık tuttun, hava da bozmaya başladı."

"Biraz daha dursak olmaz mı?"

"Olmaz görüyorsun, deniz çırpınmaya başladı; ne olur ne olmaz, hevesini başka günlere sakla, hem ilk gün için çok fazla balık tutmayı başardın."

Sahilde diğer balıkçılar toplanmış, Fuat'ın kayığını bekliyordu.

27

Hepsi bugün Çetin'in ilk kez balık tutacağından haberdardı. Kayık sahile çekilince, Fuat livarı açıp toplananlara balıkları gösterdi:

"Hepsini Çetin tuttu" deyince bir alkıştır koptu. Sonra birkaç kişi Çetin'i yakaladığı gibi havaya atıp tutmaya başladılar. Bir yandan da:

"Ya ya ya Çetin Çetin çok yaşa" diye bağırıyorlardı. Müthiş gururlanmıştı Çetin. İçinden hep Fuat ağabeyine dua ediyor, kendisini buraya getirdiği için çok teşekkür ediyordu. "Bir de, bir de keşke Berfin'le dedesi de ilk tuttuğum balıkları görseydi," diye arzuluyordu.

Sanki bu arzusunu duymuşçasına, Berfin elinde beyaz beze sarılı bir çıkınla barınağa doğru hoplaya zıplaya geliyordu.

Sekerek koşuyor, uzun sarı saç örgüsü her zamanki gibi sağa sola savruluyordu. Çetin'i havaya atıp tuttuklarını görmüş, ne oluyor diye şaşkınlıkla bakıyordu. Yanlarına gelince livarı açan Fuat:

"Her zaman balıktan dönünce Çetin'e 'bu balıkları sen mi tuttun?' diye soruyordun. Çetin'in ilk günü olmasına rağmen, gördüğün balıkların hepsini o tuttu."

"Aboov hepisini, hemi?"

"Elindeki ne peki?"

"Bu mu? Kete. Ninem yapıp size gönderdi. Yanında da tulum peyniri var. 'Afiyetle yesinler' dedi."

"Çok teşekkür ederiz; zahmet etmiş."

"Çetin, söyle bakalım bu balıkları ne yapacaksın?

"Bilmem, satmayacak mıyız?"

"Ayıptır, racona uymaz, ilk tutulan balık satılmaz, dağıtılır. Sen en

iyisi bu balıkları bir torbaya koy Berfin'e verelim."

Balıkları alan Berfin, hiç itiraz etmedi. Sekerek, uzun, örgülü saçlarını sağa sola savurarak koşturup gitti.

＊

Çetin deniz kenarına oturmuş, elindeki kitabı pür dikkat okuyordu. Fuat'ın geldiğini görmemişti. "Bu çocuk beni sürekli şaşırtıyor" diye düşünen Fuat arkasından gelip Çetin'e sarıldı:

"Ooo bakıyorum dalmışsın; güzel mi bari okuduğun kitap?"

"Çok güzel Fuat abi, köydeki okulda bunu okumaya başlamıştım ama bitirememiştim."

"Ne köyü, hangi okul, ne zaman?" diye aklına takılanların hiçbirisini sormadı.

Hep, "Bir gün nasıl olsa kendi anlatacaktır" diye düşünüyordu.

"Nerede buldun bu kitabı peki?"

"Çarşıda kırtasiyeci dükkânının vitrininde görüp satın aldım."

"Çok güzelse bitirince bana da ver, ben de okuyayım."

"Elbette veririm."

"Okula gittin mi Çetin?"

"Gittim elbet köyde beşe kadar okudum. Hemi Alman..."

"Hemi Alman ne?"

"Boş ver, Fuat ağabey"

"Sen bilirsin" dedi Fuat." Bu çocuğun çok fazla sırrı var.

Bir gün gelip anlatacaktır muhakkak ama ben de çok merak etmeye başladım."

∗

Balıkçılığın inceliklerini teker teker anlatıyordu Fuat. Anlatmakla yetinmiyor uygulamasını da denize açıldıklarında gösteriyordu.

"Bugün sana kerteriz almayı öğreteceğim Çetin."

"Kerteriz almak ne demek?"

"Anlatmakla anlamazsın, denize açıldığımızda göstereceğim; hadi gel bakalım atla kayığa ."

Motora hafif yol veren Fuat, biraz sonra motoru durdurup, küreklerin başına geçti:

"Şu tepedeki yüksek ağacı görüyor musun?"

"Görüyorum."

Biraz kürek çeken Fuat tekrar sordu:

"Şimdi görüyor musun?"

Karşı kıyıdaki tepede duran ağaç artık görünmüyordu.

"Yok, görmüyorum."

"Peki deminki ağacın hizasında ne var şimdi?"

"Kule gibi bir şey var."

"Tamam şimdi demir atabiliriz. Çünkü burası benim keşfettiğim yer; burada hep bol balık avlamışımdır. 'Kerteriz almak ne?' diye soruyordun. Şimdi biz karşı sahildeki ağaca ve kuleye bakarak kerteriz almış olduk. Her balıkçı denizin bir yerinde bol balık çıkarsa

bunu diğer balıkçılara söylemez. Hemen demin yaptığımız gibi kerteriz alır ve burada avlanır."

"Aynı yerde hep balık olur mu?"

"Genellikle olur; belki burası balıklar için bol yem buldukları bir yerdir veya yuvaları vardır; tam nedenini ben de bilmiyorum. Burası benim meram. Balıkçı dilinde, balığın bol olduğu yere, hani karada otlak vardır ya, biz mera deriz. Haydi bakalım salla çaparini; yalnız aynı yerde duracağımız için çapariyi hep aşağı yukarı hareket ettireceksin, tamam mı? Hadi rast gele..."

"Tamam."

"Tamam da, çaparini kaç kulaç aşağı bırakacağını sormadın. Çok derine bırakırsan, balıklar yukarda kalacağı için hava alırsın; çok az indirirsen, yine olmaz bu kez balıklar aşağıda kalır."

"Aslan Fuat ağabey, ninem bilmediği bir konu olunca,'ben keramet sahibi miyim ki, bileyim' derdi. Ben de keramet sahibi değilim, kaç kulaç sallandıracağımı nasıl bileceğim?"

"Aferin, istediğin kadar kitabını oku, eğer yeterince deneyimin yoksa iyi bir balıkçı olamazsın.

Birçok şeyi deneyerek kendin öğreneceksin. Ben bu nişan yerinde defalarca deneyerek, sonunda en uygun derinliğin on kulaç olacağına karar verdim. Şimdi sen de çaparini o derinliğe bırak. Ben de aynı şeyi yapacağım, bakalım hangimiz daha çok tutacak bugün?"

Denizin altı sanki istavrit kaynıyordu. Çapariyi sallandırıp birkaç kez çekince iğneler balıkla doluyordu. Çetin başlangıçta balıkları iğneden çıkarırken bir kaç kez misinayı karıştırmıştı. Sonunda o da Fuat ağabeyi gibi en alttaki balığı çıkarıp, kancayı kayığın tahtasına saplayınca diğer kancalardaki balıkları sorun olmadan çıkarmayı öğrendi. Çetin öylesine sevinçli ve heyecanlıydı ki, Fuat

31

ağabeyinin dediklerini bile duymuyordu. Fuat çapari sallamayı bırakmış, bir sigara yakmış, Çetin'in nefes almadan çalışmasını izliyordu.

"Havalar soğumaya başladı; bu delikanlıyı da benim eve almam lâzım. Almaya alırım da, Ayşe geldiğinde ne yaparız. Oğlan büyük, her şeyi anlayacak yaşta. Neyse bir iki ay daha geçsin bakalım."

Ayşe, Fuat'ın delifişek sevgilisiydi. Hiçbir kural kaide tanımazdı. Balıkçıların arasında büyümüştü. Anasının babasının kim olduğunu kimse bilmiyordu. Hani "ekmeğini taştan çıkarır" derler ya öyleydi. Her türlü işi yapardı. Kimi gün gelir balık satar, kimi gün ağ tamir eder, kimi gün küçük sandalıyla balığa çıkardı. Parasız kaldığında çevre evlere temizliğe de giderdi. Kimsenin kendisine ters bakmasını istemezdi. Onu tanımayanlardan birisi lâf atmaya kalksa en galiz küfürlerle cevabını alırdı. Biraz ileri gitmeye kalkan olursa da, Ayşe'nin meşhur kamasıyla tanışmak zorunda kalırdı. Fuat'a âşıktı. Ne nikâh, ne nişan istiyordu. "Gittiği yere kadar gider," diyordu hep. Aynı evde de kalmak istemiyordu - bunun kendisinde bağımlılık yaratacağını, özgürlüğünü engelleyeceğini düşündüğü için. Kavak'daki balıkçılar bu delişmen ve güzel genç kızı olduğu gibi kabul etmişlerdi. Ayşe çalışırken kılığına kıyafetine dikkat etmez, genellikle balıkçılar gibi sarı bir parka giyerdi. Ama Fuat'a gideceği veya birlikte Beyoğlu'na inecekleri zaman güzel bir elbise giyer, çok hafif makyaj yapar, topuklu ayakkabılarıyla kıvırtmadan yürür, her gören erkeğin dönüp bakmasına neden olurdu.

Fuat'ın düşüncelerini Çetin'in adeta çığlık atarcasına bağırması böldü.

"Fuat ağabey bak, bu iki balık istavrit değil. Daha büyükler ama zehirli falan olmasınlar." Fuat Çetin'e balıkçılığı öğretirken bazı balıkların zehirli olduğunu, bilmediği balıkları eliyle tutmaması

gerektiğini tembih etmişti. Bunu düşünen Çetin çapariyi çekmiş ama tanımadığı iki balığı iğnelerinden çıkarmaya cesaret edememişti.

"Korkma" dedi Fuat. O iki balık çinekop. Onlar büyüyüp, biraz daha yağlanıp lüfer olacaklar. Şimdi bunları yersek büyümezler. En iyisi tekrar denize atalım ki, büyüsünler." Çetin hiç istemiyordu ama çaparileri dikkatlice çıkaran Fuat balıkları denize atmıştı. "Haydi, bak livar neredeyse doldu. Artık geri dönelim." Çetin'e kalsa daha saatlerce balık tutabilirdi. Ama Fuat ağabeyinin sözünden çıkmaması gerektiğini çok iyi biliyordu. Sesini çıkarmadı. Kayığı sahile bağlayıp livarın içindeki istavritleri, deniz suyu koydukları kovalara aktarıp satmak için balıkçı sokağına yöneldiler.

Yer gök istavritle doluydu. Seyyar satıcıların arabaları, balıkçıların tepsileri, hatta tezgâhlarının önüne koydukları su dolu kapları bile hep istavrit doluydu. Fuatla Çetin'in elindeki istavrit dolu kovaları gören Cemil dayı:

"Bugün büyük bir istavrit akımı vardı herhalde. Baksana her gelen balıkçı kasa kasa istavrit getiriyor. Dökün balıkları bizim 'akvaryuma', balıkların yüzdüğünü görenlere biraz daha pahalı satabiliriz. Bugün de ahali ucuz balık yiyip bayram etsin." Tezgâhın altından çıkardığı defterine bir şeyler karalayan Cemil dayı, işini bitirince bıyıklarıyla uğraşmaya başladı. Yaşantısındaki belki de en önemli şeydi bıyıkları.

Uzun, upuzundu. Uçlara doğru incelmiş ve yukarı doğru yanaklarının üstüne kadar kıvrılmıştı. Dökülmesini önlediğine inandığı, formülünü kimseye vermediği bir yağla sürekli yağlar, her fırsatta bıyıklarını burardı. Fuatla, Çetin henüz ayrılmamıştı. Tezgâhın önünde kümelenmiş olan turistler, hem Cemil dayıyı, hem de suda zıplayan balıkları izliyorlardı. Bir kadın Cemil

dayının bıyıklarını gösterip bir şeyler soruyordu. Ama ne söylediğini kimse anlamıyordu. Çetin birden:

"Cemil amca, bu Alman kadın seninle resim çektirmek istiyormuş; 'izin verir misin?' diye soruyor" dedi. Cemil dayı Çetin'in nereden Almanca bildiğini sorma gereği duymadan:

"Söyle bu kadına, elbet çektirebiliriz; şöyle tezgâhın arkasına gelsin ki, balıklar da gözüksün." Cemil dayının söylediklerini Almanca'ya çeviren Çetin'e hayranlıkla bakan kadın:

"Ne kadar güzel Almanca konuşuyorsun, nerede öğrendin?" diye sormak ihtiyacını hissetti. Çetin Almanca:

"Bir yerde öğrenmedim, ben de sizin gibi Almanım" deyince konuşmayı izleyen turistler sanki düğmeye basılmış gibi hep birlikte "Ooo" diye âdetâ bağırdılar. Cemil dayıyı ortalarına alıp resim çektirmek için hazırlanan kadınlar:

"Madem sen de Almansın, sen de aramıza katıl" dediler. Orta yaşlı beş kadın, üç erkek bol bol resim çektiler, çektirdiler. İsminin Petra olduğunu söyleyen kadın:

"Sor bakalım bu balıkçıya, buradan taze balıklardan alsak, bir yerde pişirtip yiyebilir miyiz? Bize oteldeki garson bunun mümkün olduğunu söylemişti."

Çetin, Petra'nın söylediklerini tercüme edince, Cemil dayı:

"Kavak'daki balıkçıların hepsinin mangalı var; birisine söyleriz, bunlara aldıkları balıkları kızartır, parasıyla değil mi" dedi.

Bütün bu konuşmaları, kenardan izleyen Fuat'ın dili tutulmuştu. "Bu çocuğun sırları olduğunu biliyordum ama bu kadarını beklemiyordum. Dur bakalım, daha neler duyacağız" diye düşünen Fuat:

"Söyle onlara eğer kabul ederlerse balıklarını ben kızartırım; de-

niz kenarındaki sıralarda oturup yerler. Ama tabak çatal yok, gazete kağıdının üstünde elleriyle yiyecekler."

Bir an başka bir dünyaya gitmiş, geçmişe yolculuk yapmakta olan Çetin, Fuat ağabeyinin sesini duyunca irkilmiş, tekrar bugüne dönmüş, yüzü kızarmış süklüm püklüm olmuş adeta küçülmüştü.

"Niye sustun, söylediklerimi bu Almanlara da söylesene" deyince utanan Çetin: "Ne söylemiştin ağabey, unuttum" dedi.

"Böyle güzel bir Almanca'yı nerede öğrendiğini sonra anlatırsın; şimdi onlara balıkları benim kızartabileceğimi söyle" dedi.

Fuat'ın önerisi Alman turistlerin de çok hoşuna gitmişti. Parasını vererek aldıkları balıkların az olduğunu gören Fuat, Cemil Dayı'ya daha fazla koymasını işaret etti. Cemil dayının naylon kasalara Almanların aldıklarından daha fazla balık koyduğunu gören Almanlar şaşırmıştı. Cemil dayı:

"Söyle bu gâvurlara bu son koyduklarım da bizim ikramımız" dedi.

"Gavur" sözcüğünü duyan Çetin. Kendi kendine, 'Yine mi 'gâvur'? Allah kahretsin, bu gâvur lâfı hiç peşimi bırakmayacak mı?" diye söyleniyordu.

Hep birlikte sahile indiler. Balıkların temizlenmesine yardım eden, mangalı yakan Çetin hiç konuşmuyordu. O canlı, heyecanlı, yerinde duramayan çocuk gitmiş, ilk günlerdeki gibi tedirgin, ürkek birisi olmuştu. Çetin'deki değişikliği hisseden Fuat hiç üstüne gitmiyor, o bir şey sormazsa konuşmuyordu. Çetin'i yanlarına çağıran Almanlar, "Balık yerken şarap içebilir miyiz?" diye sordular. Söylediklerini adeta fısıldayarak tercüme eden Çetin'e Fuat: "Elbet içebilirler, çarşıya gidip şarap alsınlar; sen de onlara yardımcı olursun" dedi. "Şimdi tüm esnaf Almanca bildiğimi duyunca, kimbilir ne düşünecek?"

35

"Ben gitmesem olmaz mı ağabey?"

"Git hadi çekinme, Almanca konuşabildiğin için çekinme. Cemil dayı zaten onlara anlatmıştır; artık çekinmene gerek yok."

Almanlarla şarap almaya gitmeyi hiç istemiyordu Çetin. "şimdi herkes Almanca'yı nerede, nasıl öğrendiğimi soracak." Tam da Çetin'in düşündüğü gibi oldu. Girdikleri tekel bayiindeki Ayı şükrü, Çetin'i görür görmez:

"Ooo gel bakalım Alamancı, ne istiyor bu Almanlar?" dedi. Arkasındaki Peter'e ne istediğini sordu:

"Dört şişe kırmızı şarap alacağız ama muhakkak 'trocken' olsun" dedi Peter.

"Trocken'ın" Türkçesi bir türlü aklına gelmiyordu Çetin'in. Oysa anımsıyordu annesi de hep "trocken" şarap içerdi. Çetin'in sessizleştiğini gören Ayı şükrü:

"Ne o Almancayı unuttun mu yoksa?" dedi.

"Unutmadım ama 'trocken' şarap ne demek bilmiyorum."

"Tatlı şarap istemiyorlar öyle mi?"

"Doğru; sert olanından istiyorlar."

"Tamam, anladım ne istediklerini" diyen Ayı şükrü raflardan dört şişe kırmızı şarap indirip poşete koyarak Peter'e uzattı. Yine Çetin'in aracılığıyla hesabı ödeyip sahile döndüler. Fuat istavritleri tavada kızartmaya başlamıştı bile. Karton tabakların üstüne paylaştırdı ilk kızarttıklarını; ekmek, soğan da vardı. Şaraplar da çay bardaklarında içilmeye başlandı. Almanlar taptaze istavritleri çok beğenmişti. Sık sık, "Danke schön" diyorlardı. Fuat da Çetin'den duyduğunu her seferinde yineliyordu "Bitte schön, bitte schön." Üç şişe şarap bitince hepsinin dili çözülmüştü. Çetin kimin söylediğini tercüme edeceğini şaşırmıştı. Neyse ki, bazıları

36

tek tük Türkçe sözcükler, el kol işaretleriyle Fuat'la konuşmaya çalışıyordu. Biraz sonra yanlarına elinde şarap şişesiyle Kılçık Hayri geldi. Öteki elindeki yağlı kağıttaki lâkerdayı açıp herkese buyur etti. Lâkerda da çok hoşlarına gitmişti. "Bu ne, nasıl yapılır?" diye soruyorlardı boyuna. Lâkerdanın ne olduğunu bilmeyen Çetin, Hayri amcaya sordu.

"Söyle onlara, bu bir çeşit balık turşusudur." İçinden "Balığın turşusu mu olur, üstelik turşu ne demek onu da bilmiyorum," diye düşünen Çetin: "Çok büyük bir balığın kendi yaptıkları bir tür konservesiymiş" diye attı. Dört şişe bitince, yeni şaraplar alındı. Kılçık Hayri gibi bir iki balıkçı daha ellerinde rakı şişeleri, peynir, zeytin, domatesle yanlarına geldi. Herkes hafiften kafayı bulmaya başlamıştı. Çetin kimi tercüme edeceğini şaşırıyordu, çok sıkılmaya başlamıştı. Almanlar sık sık hangi şehirde büyüdüğünü, burada ne yaptığını soruyorlardı. Sürekli kaçamak cevaplar veriyordu. Çok huzursuz olmuştu. Cemil dayının tezgâhında Almanlara tercümanlık yaptığına çoktan pişman olmuştu.

Çetin'in sıkıntılı durumu Fuat'ın gözünden kaçmamıştı. Onu kurtarmak için yapacak işleri olduğunu belirtip kibarca bu yemek şöleninin bittiğini söylemişti: Almanlar'a ve diğer balıkçılara kalsa akşama kadar oturup yiyip içeceklerdi. Yavaş yavaş toparlanıp yola koyuldular. Her vedalaşan Fuat'ın ve diğer balıkçıların ellerini sımsıkı sıkıp tekrar tekrar teşekkür ediyordu. Çetin'e de para vermek istediler ama Çetin'in çok bozulduğunu görünce vaz geçtiler.

Herkes dağılınca ortalığı toplayıp Fuat'ın demlediği çayı içmeye başladılar. Fuat hep şimdi açıp konuşacak diye bekliyordu. Ama beklediği olmadı.

Kupkuru, sessiz, asık bir suratla oturan Çetin hep yere bakıyor, gözlerini Fuat ağabeyinden kaçırıyordu boyuna.

Baktı ki, Çetin'in konuşmaya niyeti yok. "Bari ben sorayım ki, bu çocuk içini döksün, rahatlasın" diye düşünen Fuat:

"Çetin, biz artık aynı kaderi paylaşan arkadaşlarız; haydi anlat artık bu Alamancılık da nereden çıktı?" Çetin'in yüzü adeta kararmış, gözleri de küçülmüştü.

Güçlükle başını kaldırıp Fuat'ın yüzüne baktı. Çetin'in gözlerindeki acıyı, hüznü gören Fuat, "Keşke hiç zorlamasaydım bu çocuk şimdi ağlamaya başlayacak" diye düşündü.

"Muhakkak dinlemek istiyor musun ağabey?"

"Sen bilirsin istersen anlatma veya başka bir zaman anlatırsın."

"Anlatacaksam şimdi anlatayım." Anlatmaya başladı Çetin. Şimdi Fuat'ın karşısında oturan delikanlılığın eşiğindeki bir çocuk değil, olgun bir insandı.

"Biliyor musun, Türkçe konuştuğuma bakma ben Almanım." Fuat'ın şaşkınlıkla baktığını görünce, "Bir dakika bekle" deyip barınağın içinde kayboldu. Biraz sonra elinde kat kat naylona sarılmış bir paketle geri döndü. "Al bak" diye uzattı. Naylonları açan Fuat elindeki kimliğe şaşkınlıkla bakıyordu.

"Ali, Ali sche...

Bu da soyadın mı? Nasıl okunuyor peki?"

"Oradaki gibi (Schneider) yazılıyor ama 'şnayder' diye okunuyor."

"Peki bir de sonunda Polat var, bu ne?"

"Polat babamın soyadı. Annem istediği için onun soyadını da eklemişler. Yani tam ismim Ali Schneider Polat."

Çetin sürekli geziniyor, kimi zaman oturuyor, sonra yine ayaklanıyordu:

"Kimliğim artık sende kalsın ağabey, ben kaybederim diye çok

korkuyordum. Sen daha iyi saklarsın. O paketin içinde paralar da var; çalınır diye çok korkuyordum. Artık onları da saklarsın."

"Ooo bakıyorum çok zenginsin. Bu kadar parayla benim sandalı bile alabilirsin. Tamam ben saklarım, hadi birer çay daha koy."

Çaylarını yudumlamaya başladıklarında Çetin birden başladı:

"Annemin adı Petra. Şimdi sağ mı, ölü mü? Bilmiyorum. Çok, çok güzel bir anneydi. Çok severdi beni." Sustu, simsiyah gözleri karardı, birden hıçkırarak ağlamaya başladı.

*

Çetin'in babası İbrahim, Cihanbeyli'nin Deveci köyünde doğmuş, o köyde büyümüş, ilkokulu orada bitirmişti. Uçsuz bucaksız bir ovanın ortasındaydı köy. Polatlar köyün en varlıklı ailesiydi. Etrafı duvarlarla çevrili büyük bir avlunun ortasında iki katlı kâgir bir evleri vardı. Avluya açılan kapı çok büyüktü; tahtadan yapılmıştı. Bu kapı sadece koyun sürüleri ve inekler meraya giderken ve akşam vakti döndükleri zaman açılırdı. Günün diğer saatlerinde eve bu büyük tahta kapının ortasındaki küçük kapıdan girilir çıkılırdı.

İbrahim'in dedesinin anlattığına göre Karakoçan'dan buraya göç etmişlerdi. Daha doğrusu, bu dümdüz ovanın ortasına zorla iskân ettirilmişlerdi. Kalabalık aile boş durmamış, çalışmış çabalamış kendilerine yeni bir hayat kurmuştu. Buğday ekilen büyük arazileri, koyun sürüleri, inekleri, atları vardı. Evlerinin hemen arkasındaki bir tarlanın ortasına da bir kuyu açmışlar, burayı bağ yapmışlardı.

Teyzeler, halalar, dayılar, amcalar, onların çocukları kız, erkek soyadı Polat olan 100 kişiden çok insan yaşıyordu köyde.

Evlerde yaşlıların konuştuğu dil hâlâ Kürtçeydi. Altmışlı yıllarda doğanlar ise evde de, sokakta da hep Türkçe konuşuyorlar, Kürtçe konuşmakta ısrar eden ana babalarına, dedelerine, ninelerine kızıyorlardı.

İbrahim ortaokul ve liseyi Konya'da okumuştu. Lisedeyken artık onu okuldan çok Meram Bağlarındaki âlemler ilgilendiriyordu. Kiraladıkları bir evde aynı köyden akrabaları olan üç arkadaşıyla birlikte kalıyordu. Babalarının verdiği paranın yanısıra, annelerinden, ninelerinden de babalarının haberi olmadan para sızdırıyorlardı. Lise birinci sınıftan sonra ne doğru dürüst ders çalışıyor, ne de okula gidiyorlardı. Sigara, şarap içmeyi öğrenmişlerdi; elbette nerede kadın bulunabileceğini de.

Okuldan atıldıktan sonra hiç istemedikleri halde köye dönmek zorunda kalmışlardı. İbrahim'in dört kız kardeşi de genç yaşta evlendirilmişti. Babası da elli yaşına gelmeden doktorların adını tam koyamadığı bir hastalık nedeniyle vefat etmişti.

Annesi ve ninesiyle birlikte aynı evde yaşayan İbrahim yirmi yaşında artık evin tek erkeği ve o kadar malın mülkün sahibi olmuştu. Ama Konya'dan sonra köydeki yaşantı İbrahim'i çok sıkıyordu. Ne tarlalarla, ne davarla, ne bağla ilgilendiği vardı. Sık sık birkaç koyun satıp soluğu Konya'da alıyordu. Yirmibeş yaşına geldiğinde artık Konya da kendisinin bitmez tükenmez arzuları ve şehvetine yetmez olmuştu.

İstanbul'a ilk gittiğinde barlar, pavyonlar, adalarda yarı çıplak denize giren kızlar aklını başından almıştı. İstanbul'da kaldığı süre çoğaldıkça, sürüdeki koyunların sayısı giderek azalıyordu. İki sene içinde koyunların hepsi satılmış, sıra ineklere gelmişti. Koyunların satılmasına fazla ses çıkarmayan ninesi sıra ineklere gelince, İbrahim'e çoğunu anlamadığı Kürtçe beddualar yağdırmaya başlamıştı. "İnekleri satacağına beni öldür, dahi iyi" diyordu.

Şenbar'da tanıdığı Zeliha, diğer sokak kadınlarının hiçbirine benzemiyordu. Görünüşü de, giyimi kuşamı, huyu suyu da diğerlerinden farklıydı. Kısa kesilmiş simsiyah saçlarının tam tersi olan teni bembeyaz ve pürüzsüzdü. Teninin beyaz olmasına rağmen çok az makyaj yapardı. Diğer bar kadınları gibi kıvırtarak yürümez, yanına oturduğu müşteriye içki ısmarlaması için ısrar etmezdi. Buna rağmen Şenbar'da müşteriler en çok onunla birlikte olmak ister, en çok ona içki ısmarlarlardı.

İbrahim sözcüğün tüm anlamıyla Zeliha'ya tutulmuştu. Diğer kadınlarla sevişince, çıplak teni tenine değince muradına erdikten sonra, ikinci bir kez birlikte olmak için hiç çaba harcamazdı. Ama Zeliha başkaydı. Kimi geceler sevişmeye bile gitmiyorlardı. Zeliha'nın dizinin dibinde oturması, simsiyah gözlerinin içine bakması bile yeterli oluyordu İbrahim için. Onlarca erkekle yatıp kalkmış Zeliha da ilk kez bir erkekle, İbrahim'le birlikte olmaktan zevk alıyordu.

"Küçük bir oda tut, beni bu hayattan kurtar, evlilik falan da istemem" diye sık sık yalvarmaya başlamıştı. Sonunda kararını verdi İbrahim, kadınının dediğini yapacaktı. Ama nasıl? Salt küçük bir ev tutmakla sorunu çözemeyeceğini biliyordu. Zeliha'yı sözde koruyan bar kabadayısına yüklü bir para vermesi gerekiyordu.

Köyde kendilerine ait olan tarlaların yarısına yakınını satıp, aldığı parayla Zeliha'yı bardan çıkarmış. Anadolu yakasında, Erenköy'ün arkalarında küçük bir ev kiralamıştı.

Artık köye çok az uğruyordu. Kendisinden beş yaş daha büyük olan Zeliha ile iki genç âşık gibi kol kola geziyorlar, sinemalara, çayhanelere, lokantalara gidiyorlardı. Mutlulardı...

Köyle ilişkisi hemen hemen hiç kalmamıştı. Annesinin öldüğünü bile çok geç öğrendi. Cenazesine yetişememişti. Köyde hiçbir tanışı kendisiyle konuşmuyordu. Ninesi koca evde tek başına yaşantısını

41

sürdürüyordu; yetmişe yaklaşan yaşına rağmen, bağla ve iki ineğiyle uğraşıyor, kimseye muhtaç olmamaya çalışıyordu.

Tarlalar bitince mutlu günlerin de sonu gelmişti. Değil gezmeye, lokantalara, sinemalara gitmeye, evde yemek pişirecek parayı bile zor buluyorlardı. Sonunda Yeşilçam filmlerinde olan oldu. İbrahim'in köye gittiği bir gün, Zeliha çaresizlikten Şenbar'ın yolunu tuttu. Köyden dönen İbrahim Zeliha'nın nereye gittiğini tahmin etmesine rağmen, tekrar onu gidip getirmek için ne cesareti, ne de parası vardı.

Cebindeki son parayla sokaklarda avâre avâre dolaşırken, Konya'da liseden tanıdığı İhsan'a rastladı. Kılık kıyafetine bakarsan maddi durumu iyiydi İhsan'ın. O gün birlikte Çiçek Pasajında sarhoş oluncaya kadar içtiler. İbrahim'in çaresizliğini gören İhsan yardımcı olmaya karar vermişti. On senedir Almanya'da çalışan İhsan, İbrahim'i de Almanya'ya götürebileceğini söyledi.

∗

Çetin'in ağladığını gören Fuat, "Keşke çocuğun yaralarını hiç deşmeseydim" diye çok üzülmüştü. Yanına gidip sarıldı.

"Haydi git yüzünü yıka, sonra konuşuruz" dedi. Yüzünü yıkayan Çetin dinginleşmişti. Gelip yine Fuat'ın karşısına oturdu.

"Madem başladık, artık konuşalım ağabey" dedi.

"İlkokula başlayıncaya kadar babamı çok az anımsıyorum. Hep yorgun olduğunu söyler, çok istememe rağmen benimle birlikte bisiklet gezisi yapmazdı. Zaten kendisini çok az görüyorduk. Annemin dediğine göre, sebze-meyva halinde gece çalıştığı için sabah eve geliyor çoğu zaman bizimle kahvaltı bile etmeden yatıp uyu-

42

yordu. Anaokuluna gittiğimi hayal meyal anımsıyorum. Annem anaokulunda beni bırakıp eve gidememişti; daha sonra anlattığına göre, eteğini tutuyor, sürekli ağlıyor ve gitmesine izin vermiyormuşum.

Ben ilkokula gitmeye başlayınca annem de öğleden sonraları bir birahanede çalışmaya başlamıştı. Okuldan eve geldiğimde babam ya uykuda olur, ya da hiç eve gelmemiş olurdu. Bu nedenle ben de genellikle evde tek başıma kalırdım. Kimi zaman bir Alman arkadaşımın evine giderdim. Akşama kadar birlikte oynar, çoğu zaman akşam yemeğini de onlarda yedikten sonra eve gelirdim.

İlkokula başladığımda derslerim çok iyiydi. Sınıfın en iyisiydim. Ama evde hiç huzur yoktu. Babam genellikle eve uğramıyordu. Oysa ben diğer çocuklar gibi babamla birlikte olmayı, onunla bisiklete binmeyi, sinemaya gitmeyi çok istiyordum. Ama babam yoktu; vardı ama yoktu. Bana hiç kızmıyor, hiç dövmüyordu ama bir kere bile karşısına oturtup konuştuğumuzu anımsamıyorum. Aslında konuşsak da anlaşamıyorduk. Babam benimle Türkçe konuşuyordu. Çok az Türkçe biliyordum ve dediklerini anlamıyordum. Çok severdim Lego oynamayı ama çok ısrar etmeme rağmen babamla bir kere oynamadık. Hep aynı şeyi söylüyordu:

"Git başımdan, uykum var."

Ama annem çok farklıydı. Evde olduğu, çalışmadığı zamanları hep benimle geçirirdi. Kitaplar okur, Lego taşlarından evler, trenler yapardık. Birçok kez birlikte sinemaya gittiğimizi anımsıyorum. Phantasialand'a da birlikte gitmiştik. O gün annem de benimle birlikte küçük bir çocuk gibi eğlenmişti. Ben ne yapmak istiyorsam o da birlikte yapıyordu. Korku mağarasında çok korkmuştuk; hatta annem benden daha çok korkmuş çığlıklar atmıştı.

Babam annemin olduğu saatlerde evde olursa sürekli kavga ediyorlardı. Kavgaları da bir garipti; babam Türkçe küfrederdi,

43

annem de Almanca kötü sözcükler kullanırdı. Benim Türkçem çok zayıftı. Babamın ne dediğini, anneme niye çok kızdığını anlamıyordum. Sonunda babam eve gelmemeye başladı..."

Çetin'in sesi titremeye başlamıştı. Ağlamaya başlayacağını hisseden Fuat ısrarlı olmadı:

"Haydi bugünlük yeter, daha sonra anlatırsın" dedi. İçten içe sevinmişti Çetin. O da daha fazla konuşursa ağlayacağını düşünüyordu.

Almanların balık alıp yedikleri günden sonra Çetin'in en çok nefret ettiği sözcük gelip yakasına yapışmıştı yine. Köyde ilkokula giderken sınıftaki arkadaşları, köydeki akrabaları, kendisini "gâvur Ali" diye çağırırlardı. Çok kızdığı zaman ninesi bile, "yine gâvur damarın tuttu" derdi. Babası Çetin'i Almanya'dan getirip köye, ninesinin yanına bıraktığında, ninesinin ilk yaptığı iş Çetin'i sünnet ettirmek olmuştu.

Buna rağmen kavga ettiği sınıf arkadaşları "pürçüklü gâvur" diye kendisiyle alay ediyorlardı. Birçok kez donunu zorla indirip sünnetli olup olmadığına bakmışlardı. Çetin anlamını bilmediği bu sözcükten nefret eder olmuştu. Kendisine niye gâvur dendiğini de bilmiyordu.

Şimdi ise balıkçılar, mahalle esnafı Çetin'i çok sevdikleri halde, o bir türlü vaz geçemedikleri şakalaşma huylarına yenik düşüp, "gâvur Çetin" diye çağırıyorlardı kendisini. Çetin'in her seferinde "Ben gâvur değilim" diye kızdığını görünce bazıları daha fazla üstüne gelmeye başlamıştı. Allah'dan ki, koruyucu meleği Fuat ağabeyi vardı. Birkaç kez çok sert bir şekilde, "Çetin'e 'gâvur' diyen, alay eden beni karşısında bulur" deyince gerek balıkçılar, gerekse mahalle esnafı bu sözcüğü artık kullanmaz oldu. Herkes Fuat'ın yumruklarını kullandığına şahit olmuştu. Bu nedenle daha fazla ileri gitmeye kimse cesaret edememişti. Çetin ise Fuat

ağabeyiyle birlikte olmaktan bir kez daha gururlanmış, sevgisi katmerlenmişti.

*

"Çetin istersen bugün sandalın nasıl çalıştığını öğreteyim sana."

"Elbette isterim Fuat ağabey."

"İyi o zaman, farzet ben yokum, tek başınasın. Bir aydır beraberiz, benim ne yaptığımı hep izledin, şimdi sıra sende."

Gerçekten Fuat ağabeyinin her yaptığını çok dikkatle izlemiş olan Çetin, iskeleye bağlı ipi çekip yanaşan sandala atladıktan sonra Fuat'ın binmesini bekledi.

"Birşey unutmadın mı?"

"Doğru, unuttum ağabey."

"O zaman in ve unuttuklarını al."

Sandalın ipini çekip iskeleye atlayan Çetin koşturarak barınağa gitti. Fuat'ın kendisine aldığı sarı, kalın balıkçı yağmurluğunu, mazot dolu bidonu ve motorun çalıştırma urganını alıp tekrar geldi.

"Aferin, en önemli şeyleri unutmadın."

Çetinle birlikte sandala atlayan Fuat Çetin'in ne yapacağını izlemeye başladı. Adının yeke olduğunu öğrendiği dümen tahtasını takan Çetin, tonoza bağlı şamandıranın sandala bağlı ipini çözüp çalıştırmak için motorun başına geçti. Fuat ağabeyinin yaptığı gibi ipi sarıp tüm gücüyle asıldı. Ama motor tıs-pıs ediyor çalışmıyordu. Tekrar tekrar denedi. Kanter içinde kalmıştı.

"Dur bakalım" dedi Fuat. "İyi düşün bakalım birşey daha unutmuş olmayasın."

45

"Mazot musluğunu açmadım değil mi? Mazot gitmezse motor elbette çalışmaz." Musluğu açan Çetin tekrar denedi. Yine de motoru çalıştırması kolay olmamıştı. Motoru çalıştırır çalıştırmaz yekenin başına geçip motora yol verdi.

"Aferin ama yine birşey unutmadın mı?"

"Motor çalıştı, ne güzel gidiyoruz, ne unutmuş olabilirim," diye düşünen Çetin Fuat'ın sorusunu yanıtlayamadı. Bir türlü ne unuttuğu aklına gelmiyordu. Fuat sandalın küpeştesine bağlı olan araba lastiği ve iki plastik yastığı gösterdi.

"Neydi bunların adı?"

"Usturmaça."

"Eee...ne yapıyorduk?"

"Sandalın içine alıyorduk. Bordada dururlarsa sandalın hızını kesiyorlardı."

Büyük bir dikkatle sandalı kullanan Çetin mutluluktan havalara uçuyordu. Sahile döndüklerinde Çetin'in sahile yanaştığını, sandalı bağladığını izleyen diğer balıkçılar alkışlayıp "En büyük Çetin" diye tezahürat yapmaya başladılar.

Akşam yemeğinden sonra çaylarını içerken Çetin birdenbire:

"Fuat ağabey 'gâvur' ne demek?" diye sordu.

"Bildiğim kadarıyla Türk olmayanlara deniyor " dedi. Verdiği yanıtı beğenmemişti. Kendisinin de Türk olmadığını anımsamıştı.

"Daha doğrusu Müslüman olmayanlara deniyor herhalde; Almanlar'a, İtalyanlar'a falan..."

"Ben niye gâvur oluyorum. Babam Müslüman, sünnet de oldum, yine de annemin Alman olduğunu duyunca herkes bana gâvur diyor. Gâvur kötü bir şey mi?"

"Bunlar karışık mevzular Çetin, bence gâvur olmak kötü bir şey değil. Şimdi bütün Avrupalılar, dünyanın çoğu gâvur ama onların hepsi kötü mü?"

"Benim annem çok iyi bir insandı meselâ."

"Gördün mü bak...Haydi git yat, uykunu al sabah erken balığa çıkacağız. Bugün sarıkanat yakalayanlar olmuş, belki yarın biz de yakalarız."

"Sarıkanat nasıl bir balık ağabey?"

"Hani sen bir kere çinekop yakalamıştın, sarıkanat onun ağabeyi, biraz daha büyüyünce balıkların kralı lüfer olacak, anladın mı?"

"Anladım ağabey, haydi iyi geceler..."

*

"Çetin artık lüfer zamanı yaklaştı. İster misin yarın şansımızı bir deneyelim."

"İsterim elbet ama niye bugün denemiyoruz?"

"Öyle ha deyince lüfer avına çıkılmaz. Önce lüfer avlamak için, zargana avlamalıyız.?"

"O da ne Fuat ağabey? Hiçbir şey anlamadım; zargana da bir balık mı?"

"Evet bir balık, bu balığı lüfer çok sever. Önce onu avlayıp, yarın yem olarak kullanacağız."

"Niye bizim çaparilerle lüfer avlanmaz mı?"

"Başka tüy takarsak avlanır ama lüfer çapariye pek gelmez. O canlı yemleri sever. Karides de olur ama en sevdiği zarganadır. Git kulü-

beden sarı kartonu getir bakalım."

Sarı kartonu getiren Çetin açınca şaşırmıştı:

"Fuat ağabey bu doğru karton mu? İçinde sarı ince bezler var sadece."

"Doğru karton, o bez dediklerin ipektir. Bu ipek parçalarını zargana tutmak için kullanacağız."

"Bu balıkçılık da çok karışık bir meslekmiş. Bu ipek parçalarıyla nasıl balık avlayacağız çok merak ettim."

"Bu ipek parçasını gösterdiğim şekilde iğnenin altına bağlayacağız. Sonra misinaya. Haydi sandalı indirelim, gerisini denizde göstereceğim."

Biraz açıldıktan sonra Fuat hazırladığı, ucunda ipek olan oltayı denize bıraktı, sonra da motora yarım yol verdi. Biraz sonra oltanın ucunda ince uzun zargana görüldü. Balığı oltadan çıkarıp livara koyan Fuat:

"İşte ilk zarganayı tuttuk. Yarın için en az onbeş tane daha tutmamız gerekir."

"Bu ne biçim balık Fuat ağabey, küçük bir yılan gibi. Bu balık da yenir mi?"

"Elbet yenir. Lezzetlidir de. Ama görüyorsun çok küçük; on tanesiyle insan ancak doyar. Lüfer ağzının tadını biliyor."

İki üç saatte onbeş kadar zargana tutmuşlardı. Taze kalsın diye Fuat balıkları livardan çıkarmadı. Sahile gittiklerinde, her zamanki alışkanlığıyla Berfin sandala çıkıp livara baktı:

"Bunlar da ne Fuat ağabey, bugünde deniz yılanı mı tuttunuz yoksa?"

Çetin kırk yıllık deneyimli bir balıkçı gibi Berfin'e yanıt verdi: "Kızım bunlar da balık, zargana balığı. Bunları yem olarak

kullanıp yarın lüfer tutacağız."

"O yediğimiz büyük balıktan mı tutacaksınız?"

"O dedenle birlikte yediğimizden daha lezzetli olan lüfer tutacağız."

Sabah erken buluştuklarında Çetin tam bir heyecan küpüydü. Zarganaların filetosunu çıkaran Fuat yem olarak oltanın ucuna iğnenin üstüne bunu sarıp, bir tane de Çetin'e verdi. Neredeyse karşı sahile, Rumeli Kavağına gelmişlerdi.

"Dün buralarda lüfer tutan olmuş; haydi bakalım vira bismillah..."

Uğurlu bir gündü, lüfer akını yeni başlamasına rağmen tam yirmi tane tutmuşlardı. Çetin bile dört tane tutmuştu, sevinçle Kavak'a geri döndüler.

*

Bir gün sonra buluştuklarında İhsan ne yapması gerektiğini İbrahim'e teker teker anlattı. Kendisine Almanya'ya gider gitmez davetiye çıkarmaya söz verdi.

"Sen bu arada pasaportunu falan çıkart; yanına da en az beşyüz mark kadar para al. Almanya'ya turist olarak geldikten sonra, iş bulabilmenin ve orada kalmanın bir çaresini muhakkak buluruz. Ben de turist olarak gittim. Şimdi oturma iznim de, çalışma iznim de var. Yeter ki, kapağı Almanya'ya at."

Her şey İhsan'ın anlattığı gibi oldu. Borç harç biraz para bulmuştu. Köln-Bonn Havaalanına indiğinde İhsan kendisini bekliyordu.

Bir Türk'e ait olan üç katlı döküntü evin odaları, ikili, üçlü Türk işçilere kiralanmıştı. Bir yatak, ortak kullanılan bir mutfak, korid-

orda birlikte kullanılan bir tuvalet ve banyo. İbrahim'in oda arkadaşı da, kendisi gibi iki senedir turist olarak Almanya'da kalan ve kaçak çalışan bir işçiydi. İltica için başvuran Emin sonucu bekliyordu. Çok uyanık birisiydi. Çat pat, derdini anlatacak kadar Almanca da biliyordu. İbrahim'in gelmesinin ikinci gününde:

"İstiyorsan, şimdilik benim çalıştığım işyerinde sana da geçici iş ayarlayabilirim. Ama peşinen söyliyeyim, ağır iştir ama normal bir işçi gibi saat ücreti alırsın" dedi.

"Elbette çalışırım ama bana bir iki gün müsaade et."

"Nasıl istersen...Yalnız bir şey daha var. Bizim şef sana iş verecek fakat onun için bunun rizikosu var. Bu nedenle onu biraz görmek gerekiyor."

"Ne kadar ki? Benim çok az param var."

"Senin cebindeki paraya dokunmana gerek yok. İlk aylığını şefe verirsin o gerisini halleder."

"İyi o zaman."

Emin çok uyanık, uyanık olduğu kadar da üçkağıtçı bir insandı. Şefle anlaşmıştı, işyerine getirdiği işçilerin bir aylığını kırışıyorlardı. Zaten iş o kadar ağırdı ki, çoğu işçi dayanamayıp üç dört ay sonra kaçıyordu. Yeni bir işçi bulmak da Emin'e kalıyordu. İki senede bu yöntemle beşbin mark fazladan geliri olmuştu. İşyeri dediği Köln'ün kırk kilometre kadar uzağında bir taş ocağıydı. Makinalarla parçalanan taşlar irili-ufaklı ayrılıyor; daha sonra kamyonlara doldurularak inşaatlara, yol yapımına gönderiliyordu. Yaz kış, çalışanlar toz toprak içinde canlarından beziyorlardı. Şeflerin, forklift (çatallı yükleyici) kullananların dışında iki seneden fazla çalışan yoktu.

Bir gün sonra buluştuklarında İhsan'a, Emin'in önerisini anlattı:

50

"Tanıyorum o adamı, üç kağıtçının tekidir ama şimdilik hiç yoktan iyidir. Hiç olmazsa elin biraz para görür. Biraz nefes al, bir an evvel iltica başvurusu yaparız."

"İyi de İhsan, benim hiç siyasetle uğraşmışlığım yok. Ne diye başvuracağız?"

"Gözünü seveyim İbo, sen iltica için başvuranların, hepsinin siyasi olduğunu mu düşünüyorsun; şimdilik buna kafanı yorma, bir sürü yolu yordamı var. Bir formül buluruz."

Emin'e önerisini kabul ettiğini söyledi. Emin'in gözleri parlamıştı. "İyi o zaman, iki gün sonra birlikte işe gideriz" dedi.

İhsan'ın uyarısını göz önüne alarak kaldığı yerin adresini bir kağıda yazmış, yayan olarak kenti gezmeye başlamıştı. İki gün yorgunluktan bitkin düşünceye kadar avârelik etti. Döner dükkânlarının bolluğu sevindirmişti. Hem ucuzdu, hem de o dükkânlarda Türkçe konuşuluyordu. Hatta el kol işaretleriyle bir Alman büfesinden yarım tavuk almayı bile başardı.

Çarşılarda, dükkânlara girip çıkan kadınlara, kızlara hayran olmuştu. "Bir an evvel bu gâvurun dilini öğrenmeliyim" diye düşündü.

Bir gün sonra sabahın köründe Emin kendisini uyandırdı.

"Hadi bakalım, uyan; işe gideceğiz."

"Nasıl gideceğiz peki?"

"Şef gelip bizi kapıdan kendi arabasıyla alacak. Elini yüzünü yıka, karnını doyur. Şu benim eski elbiseleri giyersin, sonra sana iş elbisesi alırız."

"İşyerine" geldiklerinde İbrahim şaşırdı. Emin ağır bir iş olduğunu söylemişti; en azından bir fabrika veya atölyede çalışacağını düşünmüştü. Ama burası büyük makinaların gürültüyle çalıştığı,

kayaların dinamitle patlatıldığı, kamyonların ortalığı toz duman içinde bıraktığı bir dağ başıydı.

İbrahim, Emin'e:

"Dil de bilmiyorum, nasıl anlaşacağız?" diye sordu.

"Bu işyerinde fazla konuşmaya gerek yok; ben şefe sorar ne yapman gerektiğini sana söylerim" dedi. O sırada üstünde döküntü elbiselerin olduğu kısa boylu, koca göbekli bir adam yanlarına gelip elindeki yabaya benzer küreği İbrahim'e uzattı. Sonra da Emin'e bir şeyler anlatmaya başladı. Emin de, İbrahim'i çekiştirerek bir makinanın yanına götürdü. Huni gibi bir yerde büyük bir gürültüyle kırılan taşlar , uçtaki lastik şeridin üzerine dökülüyor, kayan şeritteki taşlar daha ilerdeki bir başka makinanın içine götürülüyordu. Böylece, bir makinadan bir başka makinaya taşınan taşlar giderek küçülüyor ve çakıl haline getiriliyordu. Emin: "Sen makinadan kırılarak çıkan taşlardan dökülenleri, kürekle lastik şeridin üstüne atacaksın, işin bu" deyip uzaklaştı. İlk geldiği günlerde o da İbrahim gibi kürekle çalışmaya mecbur kalmıştı. Ama öğle molalarında forklift (çatallı yükleyici) kullanan bir başka Türk işçiden rica minnet bu aleti kullanmayı öğrenmişti. Sonra da şefi "Ben Türkiye'de de forklift kullandım" diye ikna etmiş ve kürekle çalışmak yerine, çok daha rahat bir iş olan forklift kullanmaya başlamıştı.

İbrahim o güne kadar baba parası yemiş, hemen hiçbir işte, hele de böylesi ağır bir işte, çalışmamıştı. İki saat sonra omuz başları ağrımaya başlamıştı. Ne kadar çaba harcarsa harcasın dökülen taşların tümünü lastik şeridin üstüne atamıyordu. Ara sıra yanına gelen şef "Zack zack, schnell, schnell" diye bağırıp gidiyordu. Öğlen molası verildiğinde Emin'in getirdiği kumanyayı bile zorlukla yedi. Akşamı zor getirmişti. Evin altındaki küçük dükkândan aldıkları kızarmış tavuğu adeta tıkınmış, sonra da ölü gibi uyu-

52

muştu. İlk günden "lânet olsun bu gavurun parasına" diye düşünmeye başlamıştı.

Emin sürekli:

"Başlangıçta hep böyle olur, daha sonra alışırsın" diyordu. Ama İbrahim bir türlü alışamamıştı; alışmak da istemiyordu. İlk günler eve gelince üşenmiyor, koridordaki banyoda duş alıyordu. Ama giderek bunu da bıraktı. Toz toprak içindeki giysilerini bile çıkarmadan yatağa uzanıyor, biraz uyuduktan sonra da kalkıp aşağıdaki tavukçuda karnını doyurup, yan sokaktaki birahaneye gidiyordu. Önceleri hiç meze yemeden içki içen bu Almanları ve farklı ülkelerden gelmiş işçileri garipsiyordu. Sonra o da alıştı. Kafayı buluncaya kadar bira, hatta biranın yanında diğerleri gibi "Korn" denilen ucuz ve sert içkiden içmeyi öğrendi. Eve gelip kendisini yatağa attığında sabaha kadar deliksiz uyuyordu.

İçki içmeyen, masraf olmasın diye tavuk bile yemeyen Emin sabahları kendisini zorla uyandırıyordu. İşyerinde ise yavaş çalıştığı için patron kendisini sık sık uyarıyordu. İbrahim Almanya'dan da, kendisinden de nefret ediyordu. Buralarda süründüğü için çoktan pişman olmuştu ama köprüleri attığı için yapacak bir şeyi yoktu.

İhsan bir an evvel ilticaya başvurması için kendisini sıkıştırmaya başlamıştı. İbrahim'in elinde hiçbir belge bulunmuyordu.

"Telâş etmene gerek yok " dedi. "Sen Kürt değil misin?"

"Bu da nerden çıktı İhsan? Tamam bizim sülâle Kürt; sen de biliyorsun, Cihanbeyli'ye sürgün olarak gelmişler. Benim Kürtlükle ne ilgim var? Tersine Kürt kökenli olmaktan hep nefret etmiş, bunu hep gizlemişimdir."

"Senin ne düşündüğün önemli değil, iltica hakkı almak istiyorsan ileri süreceğimiz tek şey Kürt olman ve baskı görmüş olmandır. En önemlisi Köln veya Düsseldorf'da Kürtlerin yaptığı yürüyüşlere muhakkak katılmalısın; bu yürüyüşlerde resim de çekeriz. Eline

53

de yeşil-kırmızı-sarı bir bayrak veririz..."

"Dalga geçme İhsan ben ne yürüyüşe katılır, ne de bayrak taşırım."

"Keyfin bilir, bu memleketten en kısa zamanda sepetlenmek istemiyorsan, yapacağın tek şey budur."

"Tamam düşüneyim" dedi İbrahim." Düşünsem ne olacak? Başka bir umudum mu var sanki?"

"Yahu İhsan, hiç olmazsa bu rezil taş ocağından başka bir işyeri bulsak."

"Senin gibi turist olarak gelmiş, çalışma, oturma izni olmayan birisine doğru dürüst bir iş bulmak çok zor. Kaçak çalışanlar diğer işçilerden çok daha az ücret alır. Çünkü yakalanırsa sadece kendisi sınırdışı edilmez, aynı zamanda patron da ceza alır. Gece çalışmayı kabul edersen, belki sebze halinde bir iş ayarlayabiliriz; orada çalışan birçok arkadaşım var. Ama hemen olmaz. Sen taş ocağında forklift öğrenebilirsen halde de çok işine yarar."

"Tamam Emin'e üç-beş kuruş verirsem sanırım o ayarlayabilir."

İhsan'ın yanından ayrılınca soluğu yine birahanede aldı. Öğlen vakti olduğu için her zamanki kadar dolu değildi birahane. Tezgâhın arkasında hizmet eden Petra hemen her gün birahaneye gelen bu yeni müşteriyle konuşmak istiyor ama beceremiyordu. Sonunda el-kol işaretleriyle Türkiye'den geldiğini, ilticaya başvurmak istediğini anlatabilmişti. Bu sessiz, içine kapalı yeni müşteri Petra'nın çok hoşuna gidiyordu. Diğer müşteriler gibi sululuk yapmıyordu. Birasını, Kornunu içip iyi bir bahşiş bıraktıktan sonra çekip gidiyordu. "Çok yakışıklı" diye düşünmüştü Petra.

Yalvar yakar Emin'den mola zamanlarında forklift kullanmasını öğrendi. Bir mitinge de katılıp İhsan'ın bulup getirdiği pankartla resim de çektirdi. Ama hâlâ ilticaya başvurup vurmama konusunda kararsızdı. İhsan'ın yardımıyla Köln halinde bir iş bulmuştu.

Üstelik burada Almanca'ya da ihtiyaç yoktu. Sebze, meyva satan toptancı Türktü; kendisinden mal alan bakkal ve lokanta sahiplerinin de hemen hepsi yine Türktü. İşe gece saat onbirde başlanıyor, iş gündüz onbire kadar oniki saat, kimi zaman daha çok sürüyordu.

"Ulan Alamanya, ne hallere soktun beni be, yaptığımız iş resmen hamallık" diyordu kendi kendine. Türkiye'den, İspanya'dan, Hollanda'dan gelen tırlar boşaltılıyor, malları alan dükkân sahiplerinin kamyonetlerine yükleniyordu. Kimi mal alanlar malını yükleyenlere bahşiş de veriyordu. Aylığının yanısıra aldığı bu bahşişler de İbrahim'in içki parası oluyordu. Kısa zamanda haldeki çalışanlara uyum sağlamıştı. Soğuk havada çalışan işçilerin bazıları saat üç-dört olunca ceplerindeki sert içki şişesini çıkarıp yudumlamaya başlıyorlardı. Aynı şeyi İbrahim de yapmaya başladı. Bu gece içkisinin sonucunda elbette güne sarhoş günaydın demeye başlamıştı.

Karnını doyurup, birkaç saat uyuduktan sonra soluğu Petra'nın çalıştığı birahanede alıyordu. Petra'nın kendisine yakınlık duyduğunu hissetmeye başlamıştı.

Birkaç kez ona da bira ısmarladı ama geri çevirdi Petra. "Teşekkür ederim, müşterilerin ikramlarını kabul etmiyorum" dedi. "Güzel kadın, acaba evli mi?" diye düşündü. Kadının hep güleryüzlü olduğunu görünce, yüzük işareti yapıp evli olup olmadığını sordu. Petra ise kahkahalar atarak, parmağında yüzük varmış gibi davranıp, sonra o yüzüğü atıyormuş gibi yaptı. Sonra da yine gülerek İbrahim'i işaret edip, yüzük işareti yaptı. Dalga mı geçiyor, ciddi mi böyle davrandı anlayamamıştı İbrahim. O akşam birlikte vücut diliyle epeyi konuştular. O günden sonra da artık hemen her gün İbrahim barın karşısına oturuyor Petrayla konuşmaya çalışıyordu. Sonunda Petra'nın küçük mekânında buluşmaya ve sevişmeye başladılar.

İbrahim'in liseli yıllarından itibaren kadınlarla ilişkisi sevişmek şeklinde olmuştu hep. Birçok kadın tanımıştı ve hemen hepsiyle de ilişkiyi parayla kurmuştu. Sevgi, aşk, duygu gibi sözcüklere yabancıydı. Petrayla olan ilişkisinde de sevgi ve duygu yoktu. Yatıp kalkıyor, üstelik para da ödemiyordu hepsi bu. Petra ise bu delice sevişen gence âdetâ tutulmuştu. Her hafta sonu, her fırsat bulduklarında kendisini İbrahim'in ateşli kollarına teslim ediyordu. İbrahim ise Petra'nın giderek kendisine bağlandığının ayırdına varınca "Bu kadınla evlensem, Almanya'da kalmam kolaylaşır" diye düşünmeye başlamıştı. Bu düşüncesini İhsan'a açtı. Bir akşam oturup birlikte Petrayla konuşmaya karar verdiler. Gittikleri lokantada İhsan, İbrahim'in kendisiyle evlenmek istediğini, böylece Almanya'da da sorunsuz kalabileceğini belirtti.

"Niye olmasın?" dedi Petra. "Zaten beraberiz."

Evlilik işlemleri için gerekli evrakın Türkiye'den gelmesi birkaç ay sürdü. Nikâh masasına oturduklarında Petra hamileydi. Yeni bir eve taşınıldı. Çoğu kullanılmış birkaç parça eşya eve yerleştirildi. İlk sorun da Petra'nın hamileliğine ilişkin oldu. İbrahim sonu belli olmayan bu macerada çocuk istemiyordu - Petra ise delice bir arzuyla çocuğunun olmasını. Sonunda Petra'nın dediği oldu.

Petra hâlâ birahanede çalışıyordu. İbrahim de çalıştığı için şimdilik ciddi bir maddi sorunları yoktu. Aslında İbrahim Petra'nın çalışmasını istemiyordu. Ama kendi kazandığı parayla geçinemeyecekleri açıktı.

Hamileliğinin dördüncü ayından sonra Petra İbrahim'le artık sevişmemeye başlamıştı. Sık sık doktora gidiyor, şimdiden erkek olacağını öğrendiği çocuğu için eşyalar alıyordu. Beşinci ayda ise çalışmayı da bıraktı. İbrahim bir yandan Petrayla yatamadığı, öte yandan kazanıp getirdiği parayla ay sonunu zor getirdikleri için ne yapacağını şaşırmıştı. Petrayla evliliği nedeniyle kısa zamanda

56

oturma ve çalışma izni almıştı. Ama hiçbir özel eğitimi ve becerisi olmadığı için haldekinden daha iyi bir iş bulması olanaksızdı.

Aslında ne Petra, ne de doğacak çocuk İbrahim'in umurunda değildi. O sevişemediği için Petra'ya da, doğacak çocuğa da şimdiden kızmaya başlamıştı. "Keşke evlenmeseydim, keşke bu çocuğu yapmasaydık" diye düşünüyordu. O, Petra'ya sadece yatıp kalkacağı bir kadın gözüyle bakmıştı, oysa şimdi arzularını tatmin edemediği gibi bir de başına çocuk belâsı çıkmıştı. Geneleve gidiyor ama orada da tatmin olmuyordu, üstelik sık sık gitmesine para da yetiştiremiyordu.

İbrahim Petrayla evlendiğine pişman olmuştu ama yapacak bir şey yoktu. Kazandığı para kendisine, içkisine bile zor yetişiyordu. Üstelik haldeki arkadaşlarından para otomatlarında oyun oynamayı öğrenmişti. Her birahanede, her köşebaşında oyun salonlarında bol bol bulunan bu para yutan makinaların tutkunu olmuştu. Kazandığı paranın çoğunu bu makinalarda kaybetmeye başlamıştı. Parası yetmediği zaman arkadaşlarından borç para almaya başlamıştı. Borcunu ödeyemediği için artık kimse yüzüne bakmıyordu. Üstelik bu yüzden bir iki kez kavga etmişti.

Eve sadece yatmak için geliyor, Petra'ya hiç para vermiyordu. Petra aldığı işsizlik parasıyla kıt kanaat geçinmeye çalışıyordu. İbrahim ise dışarda bir tavuk veya patates kızartması yiyip eve öyle gelmeye başlamıştı. Petra'nın bağırıp çağırmasına kulak asmıyordu.

Sonunda Petra çocuğunu hastahanede doğurdu. İbrahim merak edip çocuğu görmeye bir gün sonra geldi. Üç dört gün sonra da bir arkadaşının arabasıyla onları getirip eve bıraktı. Ama o sefil yaşantısından en küçük taviz vermedi. Artık para otomatlarında oyun oynamak kendisine yeterli gelmiyordu. Türklerin gizli çalıştırdığı barbut oynanan veya zar atılan küçük kumarhanelere gidip gelmeye başladı. Buralar kavga döğüş, uyuşturucu satışı, hatta

kadın bile pazarlanan rezil yerlerdi. Birkaç kez kavgaya karışıp karakola bile düştü. Emek harcamadan, çalışmadan para kazanmanın yollarını arıyordu hep.

Petra'nın artık İbrahim'den en küçük bir umudu kalmamıştı. Aldığı işsizlik parası ve çocuk parasıyla kıt kanaat idare ediyordu. Tek istediği İbrahim'in eve gelmemesiydi. İçki, kumar alışkanlığı İbrahim'i insanlıktan çıkarmıştı. Eve geldiğinde Petra'nın cüzdanında para bulursa zorla alıyordu. Geceleri sebze halinde çalışırken eline yeni imkânlar geçmeye başlamıştı. TIR şoförleri yarı fiatından bile daha ucuza kartonla sigara satıyordu. İbrahim de bunlardan alıp, üstüne biraz fiyat koyarak başkalarına satmaya başladı. Bir süre böyle devam etti. Polonyalı bir TIR şoförü on-onbeş karton getirirse satıp satamayacağını sordu. Üstelik istediği rakam yarı fiyatından da azdı. Hemen kabul etti İbrahim. Sigaraları yarı fiyatına hemen alıp parasını peşin ödeyen Türklerin işlettiği birçok büfe bulmuştu. Sigarayı çeşitli viski markaları takip etti. Elbette, sigaralar da, viskiler de, park yerlerindeki kamyonları soyan hırsızlardan alınmaydı. Kolay para kazanmanın yolunu bulmuştu İbrahim ama sürdürdüğü sefil yaşantıya para yetiştirmesi olanaksızdı. Kumarhanelerin yanısıra, kadınların satıldığı barları keşfetmişti. Bir kadeh içkinin onbeş-yirmi mark olduğu bu tür yerlerde çalışan kadınlarla birlikte olmanın ücreti ise en az yüz marktı.

Petra, İbrahim'in kendisiyle yatmasına müsade etmiyordu. Bu tutum İbrahim'i daha da saldırganlaştırmıştı. Birkaç kez zorla Petra'yı yatağa götürdü ama altına almakta başarılı olamadı. Kendi rezilliklerini düşünmeyen İbrahim, "Herhalde başka birisini buldu ki, bana karşı böyle davranıyor" diyordu. Petra birkaç kez polise gitmeyi düşündü ama çok sevdiği oğluna bir kötülük yapar korkusuyla vazgeçti.

Ali üç yaşında anaokuluna verildikten sonra, Petra yine yarım gün çalışmaya başlamıştı. Ara sıra eve gelen İbrahim'in derdi hep Petra'dan para sızdırmaktı. Sevgili yavrusunun İbrahim'in uyguladığı şiddeti görmemesi, duymaması için Petra sessiz kalıyordu. Çok ender de olsa Ali'yi dışarı çıkaran parklara götüren İbrahim, çocuk biraz daha büyüdükten sonra, "Bu çocuk Müslüman bir babanın çocuğu, dini kuralları öğrenmesi, hatta Kuran kursuna gitmesi gerekir" diye tutturdu. İbrahim'in bir kere bile namaz kılıp dua ettiğini görmemiş olan Petra, onun bu ısrarını önceleri anlayamıyordu. Daha sonra bu çabasının salt çevresindeki arkadaşları için yapıldığını anladı. Taviz vermedi Petra; artık beş yaşına gelmiş olan Ali'yi Kuran kursuna göndermedi. Ali büyüdükçe İbrahim onunla daha fazla ilgilenmeye başlamıştı. Haftada bir iki gün çocuğu alıp dışarı çıkarıyordu. İlkokul birinci ve ikinci sınıfta da bu ilgisi sürdü. Petra ise bu ilginin nedenini anlayamıyordu. Çok sonraları anladığında da, iş işten geçmiş, Ali sırra kadem basmıştı. Artık İbrahim'de eve gelmez olmuştu. Sorup soruşturmuş, sevgili yavrusunu İbrahim'in kaçırdığı öğrenmişti. Bu kez İbrahim'i kaldığı evlerde arayıp çocuğunu geri vermesi için yalvaran Petra oluyordu. İbrahim'in, Ali'yi Türkiye'ye götürdüğünü öğrenmiş ama nereye, kimin yanına bıraktığı konusunda hiçbir bilgi alamamıştı. Birçok kez polis gitmeyi düşündü ama kısa zamanda bu düşüncesinden vazgeçti. İbrahim'in hele de içkiliyse ne denli saldırgan olabileceğini artık biliyordu.

Kimi kimsesi yoktu Petra'nın. Varsa da kendisi bilmiyordu. Gençlik evinde büyümüş, doğru dürüst bir eğitim de görmemişti. Senelerce işsiz kaldıktan, birçok erkek tarafından aldatılıp, kötü bir şekilde kullanıldıktan sonra bu birahanede iş bulmuştu. Senelerdir burada çalışıyordu. İşe başlar başlamaz yüzüne sanki bir maske takardı. Güleryüzlü, sevecen, hoşgörülü bir kadın maskesiydi bu. Her zaman güzel giyinir, biraz abartılı makyaj yapardı. Amerikan barda biralarını yudumlayan erkeklerin bir kısmı salt Petra'yı

59

görmek, onunla sohbet etmek için geliyorlardı.

Oğlu kayıplara karıştıktan sonra yine aynı birahanede çalışmayı sürdürüyordu. Ne ki, artık makyajına eskisi gibi titizlik göstermiyordu. Her zamanki hoşgörülü, gülümseyen barmen maskesini de takmaz olmuştu. Evvelden beri müşterileri kendileriyle bir bardak bira içmesi için kendisine ikramda bulunurlar ama bu ikramı Petra hiçbir zaman kabul etmezdi. Son sıralarda ara sıra bu ikramları kabul etmeye başlamıştı. Bütün gücüyle kendisini frenliyor, iş sırasında içmemeye çalışıyordu. Ama boşuna, her geçen gün daha fazla ikramı kabul etmeye başlamıştı. Biranın yanında ikram edilen votkayı da içmeye başlayınca birkaç kez çok sarhoş olmuş, eskiden gülen, müşterilerini eğlendiren kadın ağlamaya başlamıştı. Bu durumu gören patronu kendisini uyarmış, iş bitmeden içmemesi gerektiğini belirtmişti. İşini kaybetmemek için bu uyarıları birazcık olsun dikkate alıp, mesai saati bitinceye kadar içmemeye çalışıyordu. İşten eve kadar kendini zor tutuyor, hiçbir şey yemeden evde içkiye başlıyordu. Bira, şarap artık kendisine yeterli gelmeyince votka, cin gibi sert içkiler içmeye başlamıştı. Sonunda olanlar olmuş evde alkol komasına girmişti.

İbrahim ise bir sene kadar Türkiye'ye para göndermişti. Ama çalışmayı bıraktıktan sonra bu parayı da göndermemeye başladı. Pisliğe bir kere bulaşan için, emek harcamadan bol para harcamanın yolu uyuşturucu ticaretinden geçiyordu. Önceleri aldığı esrarı özellikle istasyonun arkasındaki sokaklarda gençlere satıyordu. Daha sonra eroine başladı. Hem kendisi kullanıyor, hem de diskoteklerde, barlarda satıyordu. Bol para kazanıyor, bol para harcıyor, kazandığı paraları barlarda genç kadınlarla yiyordu. Polis ise uzun süredir İbrahim'i gözlüyordu. Yaptığı işi biliyor, daha büyük patronlara ulaşmak için tutuklamıyordu. Her türlü malı genellikle Hollanda'dan alıyordu. Alman polisinin takibin-

den haberi olmayan bir gümrük memuru sınırda İbrahim'in üstünde eroin bulunca tutuklanmıştı. Mahkemesi sürerken eroin müptelâsı olduğunun ayırdında değildi. Birkaç kez krize girmişti. Sonunda hücresinde ölü bulundu. Kimsesizler mezarlığına gömüldü. Petra'ya İbrahim'in öldüğü, yattığı psikoloji kliniğinde bildirilmişti. Ama İbrahim'i anımsamıyordu bile.

*

"Çetin bugün gördüğün gibi hava kapalı, şimdilik deniz sakin gözüküyor. Ama bozabilir, istersen sen gelme."

"Fuat ağabey tam tersine muhakkak gelmek istiyorum; hava bozuk olduğunda nasıl davranacağımızı öğrenmek istiyorum çünkü."

"Madem çok istiyorsun gel o zaman ama sen balık tutmayacak, sadece seyredeceksin. Havalar soğumaya başladı. Şansımız varsa belki lüfer tutarız."

Yağmurluklarının altına birer kazak da giymeleri gerektiğini söylemişti Fuat. Sandala önce Çetin bindi. Motoru çalıştıran Fuat geri vitese takıp birkaç metre gittikten sonra şamandıranın ipini çözüp motora tam yol verdi. Karadeniz'e iyice yaklaşmışlardı. Motoru rölantiye alıp çaparisini salladı. Hemen de iki lüfer tuttu. Her çapariyi sallayışında en az iki lüfer geliyordu. Çetin sevinçle tutulan lüferleri livara atıyordu. Bir ara yıldırım gibi gelen martı livardan bir lüfer kapıp uçarak uzaklaştı.

"Bizim arsız martının sanırım acelesi var. Hiç böyle yapmazdı. Belki de seni tanımadığı için böyle davrandı, neyse biz işimize bakalım."

Hava giderek kapanmış, gökyüzünü simsiyah bulutlar kaplamıştı.

Sahil güvenlik botunun yanlarına geldiğini farketmediler. Botun üstündeki görevli bağırıp çağırarak:

"Hava bozdu, görmüyor musunuz? Bir an evvel korunaklı bir yere gidin" dedi.

Her oltayı atışta lüfer çıktığını gören Fuat havaya dikkat etmeyi unutmuştu. Sahil güvenliğin uyarısıyla durumun farkına vardı. Deniz çırpınmaya başlamıştı. "Biraz sonra deniz kabarır. Bu durumda Kavak'a ulaşmamız çok zor olacak. En iyisi Şile'ye gitmek. Oraya ulaşırsak korunaklı bir koy buluruz, bulamasak da sahil kum olduğu için sandalı çekebiliriz" diye düşünen Fuat:

"Sıkı tutun Çetin görüyorsun deniz kabarmaya başladı. Ben dalgayı karşıdan alarak gideceğim, sandal böyle havalarda iner çıkar. Gözünü seveyim sımsıkı tutun ve ben tamam demedikçe yerinden kıpırdama." Kayık adeta salıncak gibi inip çıkarak ilerliyordu. Bu iniş çıkışlar Çetin'in hoşuna bile gidiyordu. Biraz sonra yağmur başlayıp, dalgalar büyüyünce Fuat ağabeyinin niye telâş ettiğini çok iyi anladı. Dalgalar önden vurunca kayık yükseliyor ve âdetâ aşağı düşüyordu. Bu iniş çıkışlar Çetin'in midesini de bulandırmaya başlamıştı. Üstelik yağmur önce çiselerken, şimdi bardaktan boşanırcasına yağmaya başlamıştı.

"Korkma Çetin az bir yolumuz kaldı, bak Şile önümüzde" diye bar bar bağıran Fuat'ın ne dediğini anlamıyordu Çetin. Korkmaya başlamıştı ama korkusunu da belli etmek istemiyordu. "Çok güvendiğim Fuat ağabeyim sağ salim bizi sahile ulaştırır" diye düşünüyordu. Öyle de oldu. Çok iyi bildiği bir korunaklı yerde motoru durdurup demir atan Fuat soğuyan havaya rağmen terlemeye başlamıştı. "Acemilik edip bu havada denize açılmayacaktım, açılsam da Çetin'i yanıma almamam gerekirdi" diye kendi kendine kızdı. Onlar gibi beş sandal daha korunağa sığınmıştı. Biraz sonra irice iki motor daha geldi.

Yağmur hâlâ devam ediyordu. Karaya çıkmaları olanaksızdı. Zorunlu olarak yağmurun yavaşlamasını, havanın dinginleşmesini burada, sandalda bekleyeceklerdi. Diğer sandallardakiler de üstlerini naylonlarla kapatıp beklemeye başladılar. Akşama doğru yağmur biraz yavaşladı ama deniz geldikleri an gibi çok dalgalıydı.

Yağmurlukların yetersiz olduğunu gören Fuat, başaltında böyle günler için sakladığı kalın naylonu açıp üstlerine örttü. Yağmurdan kurtulmuşlardı ama akşam olunca hava giderek soğumaya başlamıştı. Çetin'in titremeye başladığını gören Fuat yanına gidip, ona sarılarak ısıtmaya çalıştı. Karınları da acıkmıştı. Başlarına böyle bir şey geleceğini düşünmeyen balıkçılar yanlarına yiyecek bir şeyler de almamıştı. Sadece son anda gelen iki motorda yiyecek vardı. Ellerindeki ekmeği, helva ve peyniri kardeş payı yapıp diğer sandaldakilere dağıttılar. Fuat kendi hissesini de Çetin'e verdi. Çok zorlamasına rağmen Çetin bir iki lokma ısırıp daha fazla yiyemedi.

Giderek ateşinin arttığını gören Fuat korkmaya başlamıştı. Diğer sandallardaki balıkçılara durumu anlatınca bir battaniye verdiler. Çetin'i battaniyeye sarmasına rağmen ateşi düşmemişti. Çetin uyumaya başlamıştı. Oysa hiç uyumak istemiyordu. Çünkü küçüklüğünden beri biliyordu. Almanya'da da, köyde de ne zaman ateşi çıksa hep aynı rüyayı görürdü. Dev gibi ateş topları rüyasında yuvarlanarak üstüne gelir, kendisini yakarak ezer geçerlerdi. Gökyüzüne ateşten bir kuşun kanadında yükselir. Bu kez kuş kendisini alev alev yanan bulutların üstüne bırakırdı. Su içmek ister, bir türlü ateş toplarından suya ulaşamazdı. Çetin bu tür kötü rüyalara öylesine alışmıştı ki, rüya gördüğünü bilir, uyanırsam geçecek diye bekler, ne ki, çok çabalamasına rağmen bir türlü uyanamazdı. Yine aynı şey oluyordu. Ateş toplarını itelemeye çalışıyor, elleri yanıyordu.

Sabaha kadar titreyişler, sayıklamalar devam etmiş, güneş doğar-

ken biraz sakinleşmişti. Denizin durgunlaştığını gören Fuat motoru çalıştırdıktan sonra tam yol verip Kavak'a doğru sürdü.

Fuat'ın sandalının gelmediğini gören balıkçılar sahil güvenliği haberdar etmişlerdi. Sahil güvenliktekiler telâş etmemeleri gerektiğini, sandalın Şile'ye korunağa doğru gittiğini gördüklerini söyleyince biraz rahatlamışlardı.

Dede ve Berfin de olanları duymuş sabahın köründe sahile inip sandalı beklemeye başlamışlardı. O sabah Berfin uzun saçlarını savurarak koşturmuyordu. Üstelik saçları da dağınıktı. Ninesinin saçlarını örmesini beklemeden evden fırlamıştı.

Sık sık, bekleşen balıkçıların yanına gidiyor, hep aynı şeyi söylüyordu:

"Onlara bir şey olmaz he mi?"

"Olmaz korkma" diyordu balıkçılar. "Bir şey olmamıştır, Fuat usta balıkçıdır, göreceksin biraz sonra döneceklerdir."

Fuat'ın sandalı görününceye kadar hep aynı soruyu yeniledi:

"Onlara bir şey olmaz he mi?"

Dümenin başındaki Fuat'ı görenler rahatlamıştı. Çetin'i göremeyen Berfin ağlamaya başlamıştı. Becerebilse ninesinden duyduğu ağıtları yakacaktı. Nihayet sandalı iskeleye bağlayan Fuat battaniyeye sarılı Çetin kucağında sahile atlamaya çalışırken diğer balıkçılar hemen yardımına koştu. Çetin'in hareket etmediğini gören Berfin çığlıklar atmaya başlamıştı. Geldikleri yerde çok görmüştü bu tür şeyleri. Köyün yamacından battaniye sarılı birisi getirildiğinde, köydeki kadınlar saçlarını başlarını yolarak ağıt yakmaya başlarlardı.

Berfin'in halini gören Fuat:

"Korkma bir şeysi yok. Sadece üşüttüğü için ateşi çıktı. Şimdi dok-

tora götürürüz, iyileşir" dedi. Çetin'in gözlerini açtığını, hatta kendisine gülümsemeye çalıştığını gören Berfin dinginleşmişti. Hemen Kavak'daki doktora gittiler. Berfin ve Dede de peşlerindeydi. Doktor ilâçlarını vermiş bir süre dinlenmesi gerektiğini söylemişti.

Çok az konuşan Dede:

"Gurban, Fuat evlâdım bu çocuğu bize götürelim. Hem dinlenir, hem de bizim kocakarı sıcak çorbalar, şifalı çaylar yapar, kısa zamanda iyileştirir onu." Dedenin teklifi Fuat'ın da hoşuna gitmişti. Kabul etti. Çetin'i gören nine sessizce ağlasa da, onu üzmemek için feryat figan etmedi. Üstündekileri çıkarıp, Çetin'i çırılçıplak soyduktan sonra üstüne dedenin giysilerinden bir şeyler giydirdi. İlâçlarını içen Çetin yeniden derin bir uykuya dalmıştı. Ama bu kez titreyip sayıklamıyor, o kötü rüyaları görmüyordu. Senelerin tecrübesini biriktirmiş nine, Çetin uyurken ayağına sirkeli soğuk bezler sarmış, üstüne de ince bir çarşaf örtmüştü.

Keskin sirke kokusu doldurmuştu tüm odayı. Genzi yanan Fuat hapşırmaya başlamıştı. "Merak etme, gurban" dedi dede. "O işini iyi bilir; köyde nice hastayı iyileştirmiştir." Nine hâlâ konuşmuyordu. "Çıkın" diye el kol işaretleriyle onları odadan kovdu.

Onlar odadan çıkıncaya kadar kendini zor tutmuştu. Yalnız kalır kalmaz kapıp koyverdi, fazla ses çıkarmadan ağlamaya başladı. Hem ağlıyor, hem de sürekli içeri girip çıkarak bir şeyler hazırlıyordu. Çetin'in ayağına sardığı bezleri değiştiriyor, alnını, sırtını siliyordu. "Ne kadar da benim yiğit Ferhat'ıma benziyor bu çocuk...simsiyah saçları, hep pırıldayan gözleri. Kimselere vermem seni, hele bir iyi ol. Artık kulübede yatıp kalkmayacaksın, burada benim evimde yatacaksın. Belki ileride çok ileride, köyümüze birlikte döneriz. Sen o zaman büyümüş olursun; koyunlarımız, çok koyunlarımız ineklerimiz olur; yavrulayan ineklerin ağızlarını hep sana yediririm."

Mutfağa gidip içine köyden getirdiği baharatları koyduğu bol acılı, naneli bir çorba yapmıştı. Berfin ise yatağın kenarına oturmuş gözlerini kırpmadan Çetin'e bakıyor, gözlerini açmasını bekliyordu. Çorbayı yapan Nine de gelip yatağın kenarına ilişti. Kürtçe türkü söyler gibi, ağıt yakar gibi fısıltıyla konuşuyor, sık sık ateşinin düşüp düşmediğini kontrol ediyordu.

"Vaay benim kara köpeğim, vaay benim kara gözlüm... Vaay benim kimsesiz kuzum..." diyordu. Gözlerini açan Çetin:

"Niye kimsesizim diyorsun ki nine, işte siz varsınız ya" deyince Berfin ve nine çok şaşırmıştı. Nine gidip sevgiyle sarıldı Çetin'e "Sen Kürtçe bilirsen he mi gurban?"

"Anlarım ama pek konuşamam" dedi Çetin. "Ninem, babam Kürt benim. Köyde ninem de aynı senin gibi türküler, ağıtlar söylerdi."

"Tamam kara gözlüm konuşma, yorulma. Ben sana öyle bir çorba yaptım ki, keçi gibi zıplatacak seni."

"Tamam nine konuşmam, adın ne senin?"

"Adım yok benim, daha doğrusu vardı da unuttum. Ayşe nine de bana, istersen Emine nine de. Haa unutma... herkes benim lâl olduğumu sanıyor. Diğerlerinin yanında pek konuşmayalım. Sen şimdi acıkmışındır; he mi? Çok güzel çorba yapmışım içersin ha?"

"İçerim Nine, kurt gibi acıkmışım." Bir değil, iki tas çorba içmişti Çetin. Berfin onun çorba içmesine sevinmiş, çok sevinmişti. Yeniden uyudu. Her uyandığında Nine Kürtçe konuşuyor, Çetin ise onun sorularına Türkçe yanıtlar veriyordu. Berfin ise yatağın bir ucuna ilişmiş sevinçle onların konuşmalarını izliyordu. Ninenin tekrar yemek yapmak için mutfağa gittiği bir ara Çetin, Berfin'e:

"Sana hikâye anlatayım ister misin?" diye sordu.

"İsterim ama sen hastasın, şimdi uyu sonra anlatırsın."

"Yok, uyumaktan bıktım en iyisi şimdi anlatayım."

"İyi o zaman anlat," diyen Berfin Çetin'in anlattıklarını can kulağıyla dinlemeye başladı. Bazı sözcükleri anlamıyor, Çetin'in susturup, "Bu ne demek ?" diye soruyordu. Aslında Çetin kendi kurguladığı öyküleri anlatıyordu. Almanya'da geçiyordu anlattıkları. İlkokul ikinci sınıfta iken annesiyle birlikte gittikleri Phantasialand'ı çok iyi anımsıyordu.

"Öyle hızlı giden 'Achterbahnlar' vardı. Sanki uçuyorum zannedersin. Bir dönme dolap vardı; sana yemin ederim bu Kavak'da değil, belki İstanbul'da o kadar yüksek apartman yoktur."

"Ahterban ne ki?"

"Sen hiç lunaparka gittin mi?"

"Lunapark ne ki?"

"Neyse boşver, ben iyi olduktan sonra dedeyle birlikte lunaparka gideriz, bu dediklerimi orada gösteririm sana."

Odaya giren Fuat, Çetin'in uyandığına sevinmişti ama yüzünün sapsarı olduğunu görünce gözleri buğulandı; kendisini tutamasa ağlayacaktı. Fuat ağabeyinin ağlamaklı olduğunu gören Çetin:

"Niye öyle bakıyorsun Fuat ağabey, ben hanım evlâdı mıyım? Korkma, bana kolay kolay bir şey olmaz" deyince Berfin gülmeye başladı. İçeri giren nine ikisini de odadan çıkardı.

"Çocuğu rahat bırakın, dinlensin ki, bir an evvel iyileşsin" dedi.

Çorbasını içen Çetin kalkmak istedi.

"Olmaz" dedi nine. "Akşama kadar yataktan çıkmamalısın. Çişin geldiyse ben sana şişe getiririm ona yaparsın." Kıpkırmızı olmuştu Çetin'in yüzü, "Yok çişim gelmedi. Sadece kalkıp yürümek istedim."

"Dedim ya olmaz, çıkma yataktan." Sesini çıkarmadı Çetin.

Biraz sonra ellerinde torbalarla geri geldi Fuat. Arkasında da dede ve artık saçlarını savurmadan yürüyen ve hep Çetin'i izleyen Berfin. Yine herkesi dışarı çıkardı nine.

"Çıkar bakalım dedenin giysilerini; bak Fuat ağabeyin tertemiz giysiler getirmiş sana."

"Çıkarmam" dedi Çetin.

"Çıkar."

"Çıkarmam, Fuat ağabeyim gelsin" dedi yüzü kızararak.

"Sen benden utanıyorsun he mi? Artık delikanlı oldun he mi? Ama ben senin artık ananım. Sen demedin mi, 'sizler benim ailemsiniz' diye! Çıkar üstündekileri yoksa şaplak geliyor."

Üstündekileri çıkaran Çetin'i çırılçıplak bırakan nine, önce her tarafını sabunlu bezlerle sildi, ardından da Fuat'ın getirdiği giysileri giydirdi.

Herkes yeniden içeri doluşunca dede:

"Nasıl oldu? Biraz kendine gelmiş herhalde" dedi.

"Kendin sor" diye el-kol işaretleri yapıyordu nine.

"Nasıl sorayım kadın, ben Türkçe sormaya çalışsam, Türkçem yetmez. Kürtçe sorsam çocuk anlamaz." Çetin yarım yamalak Kürtçesiyle " anlarım dede" deyince, en çok Berfin sevinmişti. Gelip yatağa oturdu Çetin'in yüzüne ışıltılı gözleriyle bakarak:

"Çetin ağabey sen Kürtçe de bilirsin he mi?"

"Biraz bilirim."

"Almanca da bilirsin he mi?"

"He Berfin he, Türkçe de bilirim."

"Aboov" diyen Berfin hepsini güldürmüştü. Fuat birdenbire:

"Nine sağır-dilsiz mi dede, niye hiç konuşmuyor."

"Kendin sor."

"Duymuyorsa nasıl soracağım."

"Sor, sor o anlar; inadından konuşmuyor." Birden patladı nine:

"Ne inadı? Ne inadı be adam! Hâlâ konuşacak söz kaldı mı ki, bu yeryüzünde konuşayım. Sözcükler tükendi artık. Hadi çıkın dışarı bu çocuğun dinlenmesi lâzım."

Akşam olunca Fuat yeniden kapıdaydı. Ağabeyinin sesini duyan Çetin ayaklanmıştı. Fuat, Çetin'i götürmek isteyince nine bildiği Türkçe sözcükleri araya sıkıştırarak konuşuyordu:

"Hayatta vermem Çetin'i, ne bu akşam, ne de bundan sonra. Çetin artık benim oğlum." Nine Çetin'in kulübede kaldığını biliyordu. Çetin gitmek istediğini söyleyince, Türkçe'yi bırakıp Kürtçe verdi veriştirdi nine. En çok da Fuat'a kızıyordu.

Fuat Kürtçe: "Güzel ninem Çetin'i kulübeye değil kendi evime götüreceğim" deyince Çetin de, nine de Fuat'ın Kürtçe konuşmasına şaşırmıştı. Ama yaşlı kadının taviz vermeye niyeti yoktu.

"Ölümü çiğner, bu çocuğu öyle götürürsünüz."

Vermedi Çetin'i Nine. Ne o gün, ne de sonraki günlerde. O sessiz sedasız varlığıyla yokluğu belli olmayan yaşlı kadın gitmiş, bambaşka bir insan ortaya çıkmıştı.

Berfin'in elinden tutuyor, sık sık çarşıya, pazara gidiyor, pişireceği yemeklerin sebzesini, etini kendisi alıyordu. Kılık kıyafeti bile büyük ölçüde değişmişti. Artık eskisi kadar gri ve siyah entariler giymiyordu. Tek değişmeyen giysisi başındaki beyaz başörtüsüydü. Aklı fikri Çetin'deydi. Birkaç gün içinde iyileşmişti çocuk. Elinden gelse nine Çetin'i balığa da göndermeyecekti. Ama Çetin Nuh diy-

or, peygamber demiyordu. İyileştikten sonra sabah erkenden kalkıp Fuat ağabeyini bile beklemeden sandala gidiyordu.

Nine Fuat'a çok diller döktü. "Ben zorlamıyorum" diyordu Fuat. "Ama denize bir kere sevdalanmaya gör, gözün başka hiçbir şeyi görmez. Çetin de sevdalandı nine; onu vazgeçiremeyiz."

*

Berfin'in ninesi, ismini kimsenin bilmediği yaşlı kadın, ortalıkta hemen hemen hiç gözükmüyordu. Bazı günler sabahları çok erken evden çıkıyor, biraz dolaştıktan sonra yine dönüyordu. Ama çarşıda, pazarda dolaştığını kimse görmemişti.

Hemen her zaman üstünde gri bir entari, onun üstünde ise el örmesi bir yelek oluyordu. Başında ise hep tertemiz, bembeyaz bir başörtüsü vardı. Başörtüsünün kenarlarında ise beyaz, her başörtüsü için farklı oyalar...

Yüzündeki kırışıklıklara bakarsanız en az doksan yaşında derdiniz. Ama dimdik yürüyüşüne, evdeki hiç durmadan çalışmasına bakarsanız en çok ellisinde diye düşünürdünüz. Nineyi tanımak istiyorsanız gözlerine bakmalıydınız. Acıyı, sevinci, umudu, hüznü dünyanın tüm dertlerini gözünde görebilirdiniz. Sadece bunu değil; acının, hüznün dipsiz kuyuyusunda sonsuz bir sevgi yumağı da görürdünüz.

"Geçmişe ilişkin hiçbir şeyi anımsamıyorum, ismimi bile" diyordu hep. "Emine" deyin bana, isterseniz "Ayşe" , "Fatma" diye çağırın.

Oysa geçmişe ilişkin her şeyi, ismini de çok iyi anımsıyordu. "Unuttum," diye yalan söylüyordu hep. Tüm geçmişiyle birlikte ismini de unutmayı, unutabilmeyi çok istiyordu. Oysa her şey gibi

ismini de çok iyi anımsıyordu. Geçmişe ilişkin her şeyi çok iyi anımsamasına rağmen "unuttum," diye hep yalan söylüyordu. İsmini unutsa, unutabilse belki daha kolay olacaktı. Ama o zaman eve her gelişinde "güzel anam, kekik kokulu anam" diye kendine sarılan, dağda can verince cesedinin parçaları bile bulunamamış oğulcuğunu nasıl unutabilirdi?

İsmini unutsa yaylaların sisini, buğusunu, derelerin çağıltısını, binbir renkli çiçekle süslenmiş çimenleri de unutacaktı. Ama unutmuyordu geçmişe ilişkin en küçük ayrıntı bile hafızasındaydı.

Hep yalan söylüyordu; "Unuttum" diyordu, "ismimi bile unuttum." İsmini unutsa, dağlardan kendisinin topladığı, kimsenin bilmediği, isimlerini bile kendisinin koyduğu otlardan yaptığı peynirin tadını unuturdu. Ama unutmuyordu;

İsmini unutsa, "Ana kaç, evler yanıyor, bombalar patlıyor, her yer, herkes kurşunlanıyor" diye tüm köyün – nefretin ve kinin en derinine batmış - çığlıklarını unutabilir miydi?

İsmini unutsa o günü, bomba seslerine karışan şimşek seslerini, yağmuru, fırtınayı, anasını arayan bebelerin çığlıklarını, anasını arayan kuzuların melemelerini unutabilir miydi?

"Unuttum" diyordu, "ismimi bile unuttum. Köyümün adını, kövü çepeçevre saran zirveleri yaz kış karlı dağların adını bile unuttum."

"Duymuyorum," diyordu "top ve kurşun seslerini, bir bulut gibi yanan evlerin ateşinin içine doğru uçan, sonra delice çığlıklar atarak yanan kuşların sesini duymuyorum. Yünleri yanarak ağıllarından fırlayan koyunların melemelerini de."

"Unuttum" diyordu ama hiç unutmadığı, o barut kokusuna karışmış, yanık et, tüy, kemik kokusuydu.

"Duymuyorum," diyordu oysa yalan söylüyordu. Köy yandıktan sonra sığındıkları mağarada ağıt yakan kadınların, hiç durmadan

çığıran dengbej Haydar'ın sesini unutabilir miydi?

Hep yalan söylüyordu; duyuyor, görüyor, biliyor, her şeyi anımsıyordu oysa.

Köydeki yaşantısında bir alışkanlığı vardı. Aynısını bu yerini, dilini, huyunu, suyunu bilmediği İstanbul denilen koca kentte de yerine getiriyordu. Sabah gün ağarmadan daha balıkçılar bile denize açılmadan sahile iniyor, kuytu bir girinti bulup çevreden topladığı yassı taşları üst üste koyup, yere diz çöktükten sonra dudakları kıpır kıpır güneşin doğuşunu bekliyordu. Güneş doğunca kalkıyor, yazmasını çıkarıyor, deniz suyuyla elini yüzünü yıkayıp saçlarını ıslattıktan sonra evine dönüyordu.

Sandala gitmek için erkenden evden çıkan Fuat, yaşlı kadının sahile doğru gittiğini görünce merak edip kendisini takip etmeye başladı. Gördüklerine çok şaşırmıştı. Kendi köylerinde de yaşlı ninesi hep aynı şeyleri yapıyordu.

*

Çetin'in Kürtçe de bildiğini öğrenen Fuat'ın şaşkınlığı daha da artmıştı. Bu sır küpü olan bu çocuğu daha iyi tanıyabilmeyi çok istiyordu. Havanın dingin olduğu bir gün:

"Çetin istersen bugün balığa çıkmayalım ama sandala atlayıp şöyle açıklarda seninle biraz sohbet edelim, ne dersin?" dedi. Fuat ağabeyinin niye böyle bir teklifte bulunduğunu anlayan Çetin:

"Tamam ağabey" dedi. "Ben de seninle konuşmak istiyordum, kaldığımız yerden devam ederiz."

"İyi o zaman, hiç vakit geçirmeyelim, çaylarımızı termosa doldur, denize açılalım."

Akıntının fazla olmadığı bir yere sandalı götüren Fuat motoru durdurduktan sonra:

"Eee anlat bakalım, nerede kalmıştık?"

"Hepsini, anımsadığım her şeyi ben de anlatmak istiyorum ağabey. Almanya'dan Türkiye'ye gelişimle başlıyayım. O rezil günü daha dünmüş gibi çok iyi anımsıyorum. İkinci sınıfı bitirmiştim. Karnem de çok iyi idi.

Annem çalıştığı için evde değildi. Babam ise artık bizim eve çok ender geliyordu. Her geldiğinde de annemle kavga ediyorlardı. Öğlen vakti babam elinde koca bir bavulla eve geldi.

"Hadi bakalım eşyalarını bu bavula dolduralım, gidiyoruz" dedi. Söylediğim gibi garip, araya Türkçe sözcükler sıkıştırdığı bir Almanca konuşuyordu.

"Nereye gidiyoruz? Neden gidiyoruz? Annemin haberi var mı?" diye boyuna soruyordum. O ise sadece "Sürpriz, sürpriz" diyor, başka bir şey söylemiyordu. Aceleyle giysilerimi ve Alman kimliğimi de bulup cüzdanına yerleştirmişti.

Kapıda, arabasının direksiyonunda bir arkadaşı bizi bekliyordu. Babamla bu adamı sık sık görür ve her gördüğümde de güleceğim gelirdi. Dudaklarını örten çok uzun bıyıkları ve kel kafasıyla karikatür gibi bir adamdı. Bıyıkları bu kadar uzun olan bir insan çorbayı nasıl içer, diye düşünürdüm hep. Biz arabasına binince hemen hareket etti; anlaşılan nereye gideceğimizi çok iyi biliyordu. Ben hâlâ: "Nereye gidiyoruz? Annem niye gelmiyor?" diye soruyordum. Sonunda hava limanına gelmiştik. Babam sımsıkı elimi tutuyordu. Ben bir fırsatını bulup kaçtım ve tuvalete saklandım ama orada da gelip beni buldu. Genellikle asık suratlı olan, anneme hep bağırıp çağıran babam nedense bugün çok güleryüzlüydü, hiç kızmıyor hep gülerek konuşuyordu. Yarı Türkçe, yarı Almanca:

"Sürpriz yapacağız, tatile gidiyoruz, annen de sonra gelecek, korkmana gerek yok" deyince inandım. İlk kez uçağa biniyordum, çok büyük bir uçaktı. Babam kimliğimi polislere gösterdikten sonra yine cüzdanına koydu. Çok iyi davranıyor hep "Bir şey istiyor musun?" diye soruyordu. Üç saat sonra geldiğimiz havaalanı çok kalabalık ve gürültülüydü. Hemen dışarı çıkıp bir taksiye bindik. Babam yolda, geldiğimiz yerin İstanbul olduğunu söyledi. Daha sonra sıra sıra çok fazla otobüsün olduğu bir yere geldik. Babam bilet aldı ve yine bir otobüse bindik. Artık hava kararmaya başlamıştı. Ben otobüsteyken uyuyakalmışım. Uyandığımda yine sıra sıra otobüslerin durduğu bir yerde bir başka ama daha küçük bir otobüse bindik."

Fuat: "Peki sen, 'baba hani tatile gidiyorduk' diye sormuyor muydun?"

"Sormaz olur muyum, elbet soruyordum ama babam 'az kaldı, biraz sonra geleceğiz,' diyordu hep. Bu küçük otobüsle de bir saat kadar gittik. Durduğumuz yerde babam bir taksi tuttu. Bu sefer taksiyle bir saat kadar gittik Ben hep soruyordum. 'Baba hani tatile gidiyorduk? Nerelere geldik?' Babam artık 'tatile gidiyoruz,' demiyordu. Sadece 'Almanca konuşma, Türkçe konuş' diyordu. Nasıl Türkçe konuşabilirim ki? Çok az gördüğüm babam benimle Türkçe konuşuyordu ama onun söylediklerinin çok azını anlıyordum. Okulda da Türk çocuklarından biraz Türkçe -daha çok da Türkçe küfürleri- öğrenmiştim. Sonunda babam, 'Köye gidiyoruz, ninemin yanına Deveci köyüne' dedi. Köy sözcüğünü babamdan hep duyuyordum ama nasıl bir yer olduğunu kesinlikle bilmiyordum.

Sonunda 'köy' dediği yere geldik. İlk gördüğüm, arabanın camına kafasını dayamış, birbirini çekiştirerek bana bakan koca gözlü çocuklar oldu. Bir de arabanın etrafında sürekli havlayan köpekler.

"'İn bakalım, sonunda ninemin evine geldik' dedi babam. 'Nasıl ineyim, bu köpekler ısırmaz mı?' Yerden aldığı bir taşı köpeklere atınca hepsi kaçıştı. Arkamızda bizi takip eden bir sürü çocukla ilerideki eve doğru gittik. Her taraf çamur içindeydi; ayakkabılarım, pantalonum bile çamur olmuştu. Hiç bilmediğim kötü bir koku vardı. Annemle gittiğimiz hayvanat bahçesinde atların, eşeklerin durduğu yer de aynen böyle kokuyordu.

Ben hâlâ 'baba biz buraya niye geldik?' diyordum. Benim Almanca konuştuğumu duyan arkamızdaki çocuklar hep gülüyordu. Birisi: 'Ulan bu çocuk gâvur allâlem' dedi. 'Gâvur' sözcüğünü ilk duyuşumdu. Köyde kaldığım üç yıl boyunca bu lânet 'gâvur' sözcüğü hiç yakamı bırakmadı. Ne anlama geldiğini bilmiyordum ama kötü bir sözcük olduğu açıktı. Bir başka çocuk da 'ulan bu pörçüklüdür de' dedi. Gâvur, gibi pörçüklü sözcüğü de iki yıl bana yapışık kaldı. Pörçüklünün sünnetsiz anlamına geldiğini çok sonra öğrendim. Önceleri çocuklar 'gâvur', 'pörçüklü' diye beni kızdırıyorlardı. Ama gördüm ki, ben kızdıkça onlar daha çok üstüme geliyordu, ben de sessiz kalmaya başladım.

Babamın ninem dediği yaşlı kadın, ilerdeki döküntü, yıkılmak üzere olan evin önünde bizi bekliyordu. Babam kadının elini öptü, bana da 'sen de öp,' diye işaret etti. Ben de Almanya'da bazı Türk çocuklarının evinde gördüğüm gibi kadının elini öpüp başıma koydum. Sonra eve girdik. Keşke girmeseydik. Her şey eski, yıkık döküktü, duvarlarda çatlaklar vardı. İnsan duvarlar yıkılacak diye korkuyordu. Duvar diplerinde sağı solu sökülmüş bir kaç yatak vardı. Bu yataklarda yerde yatacakmışız. Sandalye ve masa da yoktu. Akşam olunca yemeği yerde bir tepsinin üstüne konulan tabaklardan, üstelik üçümüz de aynı tabaktan yemiştik. Babama ne sorsam 'Almanca konuşma, âdet böyledir,' diyordu.

Nedendir bilmem, ninem babamla pek konuşmuyordu. Konuşsa da ne dediğini ben anlamıyordum. Sonraları babam konuştukları

bu dilin Kürtçe olduğunu söyledi. Ben hâlâ 'Baba buraya niye geldik? Kaç gün kalacağız?' diye soruyorum. Sonunda sorularıma yanıt vermeye başladı.

Bir-iki sene ninemin yanında kalacak, köyde okula gidip Türkçe öğrenecek, namaz kılmayı, dua etmeyi öğrenecek sonra yine Almanya'ya gidecekmişim.

Halbuki bütün bunları Almanya'da da yapabilirdim. Babamın beni buraya niye getirdiğini artık çok iyi biliyordum: Beni annemden kaçırmıştı. Son zamanlarda evde kavga ettiklerinde babam hep,'bu çocuk benim oğlum, Türkçeyi ve Müslümanlığı ona öğreteceğim' diyordu hep. Hatta bir ara babam camiye götürüp Kuran öğrenmem gerektiğini söyledi. Annem babamın bu önerisine çok kızmıştı,' ben senin bir kere bile camiye gittiğini, namaz kıldığını görmedim, çocuğu niye zorluyorsun, büyüyünce o kendisi karar verir' dedi Annemi ikna edemediği için sonunda vaz geçmişti.

Artık ne söylersem söyleyeyim, ne kadar yalvarırsam yalvarayım, babamın bu düşüncesinden vaz geçmiyeceğini çok iyi biliyordum. Ben de kendi kendime, 'şimdilik ses çıkarmayayım ilk fırsatta kaçar yine Almanya'ya giderim,' diye düşünüyordum. Nasıl olacağını bilmiyordum ama mutlaka kaçıp annemin yanına gidecektim.

Eve daha çok benim yaşımda çocuklar geliyordu. Hepsi oturduğumuz odada duvarın dibine sıralanıyor, benim konuşmamı bekliyorlardı. Ben babamla Almanca konuşunca da birbirlerini dürterek kıkır kıkır gülüyorlardı. Kimi zaman büyük erkek ve kadınlar da geliyordu. Babam da, 'bu halan, bu amcan, bu emmioğlun' diye gelenleri tanıtıp ellerini öpmemi istiyordu. Konuştukları Türkçe'yi çok az anlıyordum, zaten onlar da kimi zaman Türkçe, kimi zaman Kürtçe konuşuyorlardı. Ne olup bittiğini anlamıyordum. Babama ne sorsam 'âdet böyle' diyordu.

Birkaç kez köyde başka evlere de gittik. Bu evlerin hepsi de nine-

min evinden daha yeni ve temizdi. Bazılarında masa sandalye bile vardı. Köyde kimi evler eski, kimi evler yeniydi ama hiçbirinin dışında boya yoktu. Sokaklar ise hep çamurluydu. Gittiğimiz evler hep babamın akrabalarının evleriydi. Bana çok iyi davranıyorlardı, babama ise hepsi kızıyordu. Bu kızgınlığın nedenini yavaş yavaş anlıyordum. Babam kendisine kalan tüm malları satıp eğlenen kötü bir adamdı. Babamın akrabaları en çok da kendi annesine hiç bakmadığı için kızıyorlardı.

Köye geleli bir hafta olmuştu babam,'yarın sünnetçi gelecek, sünnet olacaksın' dedi. Sonra sünnetin ne olduğunu anlattı. Almanya'da Türk çocuklarından ne olduğunu çok duymuştum. Çok korkmuştum, kaçmayı, kaçıp gizlenmeyi düşündüm. Nereye gidebilirdim ki? Bir gün sonra garip giysiler giydirdiler. Ninemin evine gelen akrabalar yemekler yapmıştı. Ben çok acı çekeceğimi zannediyordum ama öyle olmadı. Sünnet olduktan sonra bir yatağa yatırdılar. Babamın akrabaları bana hediyeler getirmişlerdi. Oysa bu hediyelerden çok daha fazlası, çok daha güzeli Almanya'da evimizde vardı.

Babam hep, 'sen Türksün, Müslümansın, şimdi artık çocuklar seninle gâvur diye eğlenemeyecek' diyordu. Ben hep kendi kendime, 'ben Almanım, Türk de değilim' diyordum. Ama bunu söylesem babam çok kızar belki de beni döverdi. Sünnetten sonra birkaç gün o beyaz sünnet entarisiyle dolaştım.

Artık tek başıma köyde geziyor, buranın nasıl bir yer olduğunu anlamaya çalışıyordum. Her şey Almanya'dan çok farklıydı. Hoşuma giden şeyler de vardı. En başta da akşam olunca meleyerek koşturup evlere giren kuzular oluyordu. Ninem her gün ineklerini sağıyor, sütü kaynattıktan sonra üstünde oluşan kaymağı ekmeğime sürüp bana veriyordu; bunu da çok sevmiştim.

Babam, 'iki gün sonra okul başlayacak, seni kaydettirip sonra da

Almanya'ya döneceğim,' dedi."

Fuat: "Çetin, sanırım yoruldun; bundan sonrasını da istersen sonra anlat" dedi.

Çetin: "Tamam ağabey öyle yapalım. Ama ben de seni merak ediyorum. Bak sen de Kürtmüşsün, üstelik benim gibi Ballycilerin arasına karışmışsın. Sen de biraz kendinden bahsetsen."

Fuat: "Benim öyküm seninki kadar ilginç değil. Merak ediyorsan kısaca anlatayım."

"Çok merak ediyorum; haydi anlat ağabey."

"Annem ve babam Bingöl'ün bir köyünde yaşıyormuş. Köyde geçinemeyince İstanbul'a göçmüşler. Ben İstanbul'da doğmuşum. Yıkık, dökük bir gecekonduda oturuyorduk. Okula Küçükçekmece'de gittim. Evimiz de oraya yakındı. Babam ben daha ilkokuldayken, 'okuldan sonra git çalış, sen de eve para getir,' demeye başladı. Bir küçük boyacı sandığı bulup getirdi. Önceleri çok utanıyordum. Sonra alıştım.

Kazandığım parayı getirip babama veriyordum. Babam ben çok küçükken, daha okula gitmediğim yıllarda çalışıp çabalayıp bizi geçindirmek için didiniyordu. Sonra ne oldu bilmem, sanırım kötü insanlarla tanıştı. Birlikte eve geliyorlar, içki içiyorlar annemin kendilerine hizmet etmesini istiyorlardı. Annem de temizlik işinde çalışıyordu. Babam onun kazandığı parayı da alıp hemen içkiye yatırıyordu. Ben ilkokul son sınıfta iken annem evden kaçtı. Babam kendisini çok aramasına rağmen bulamıyordu. Sonunda aramaktan vazgeçti. Sık sık eve gelmiyordu. Ben tek başıma çoğu zaman yiyecek bir şey bile olmayan evde kalıyordum."

"Fuat ağabey sen İstanbul'da doğmuş, burada okula gitmişsin, Kürtçeyi nasıl öğrendin peki?"

"Annemle babam, özellikle de annem evde hep Kürtçe konuşurdu.

Ben ilkokuldayken yazları bazen Bingöl'e köye giderdik; orada da herkes Kürtçe konuşuyordu. Böylece öğrendim, gerçi ben de senin gibi biraz anlarım ama pek konuşamam."

"Sonra...Ballycilerin arasına karıştığını söylemiştin."

"Her şeyi anlatıp senin de canını sıkmak istemem. Babam artık hiç eve gelmiyordu. Cezaevine düştüğünü öğrendim. Karnımı nasıl doyuracak? Nasıl yaşayacaktım. Küçük boya sandığımı da zabıtalar kırmıştı. Sonra sokaklarda kalmaya başladım. İnsan sokakta bile tek başına kalmak istemiyor; sanırım bunu sen de biliyorsun. Ballycilerin arasına böyle karıştım. Allah'dan birkaç ay sürdü. Balıkçı Hasan ağabey olmasaydı, sonum ne olurdu bilmiyorum. Sonrası buradayım işte. Hadi şimdi geri dönelim; senin öykünün sonunu başka bir gün konuşuruz."

Çetin eve gittiğinde Berfin'in ağladığını gördü. Bu neşeli, saçlarını savurarak koşturan canlı kızın ağladığını hiç gözlememişti. Hemen yanına gidip sordu:

"Ne oldu güzel Berfin, niye ağlıyorsun? Haydi, Çetin ağabeyine anlat. "

"Çocuklar okulda benimle alay ediyorlar ağabey."

"Neyinle alay ediyorlar, ağlama da güzelce anlat bakalım."

"Konuşmamla alay ediyorlar, saçımla alay ediyorlar, sıra bana gelince kitap okumamla alay ediyorlar, ne anlatayım, her şeyimle alay ediyorlar. Bazıları da 'Senin annen baban nerede? Yoksa onlar da dağda terörist mi?' dediler."

"Peki öğretmen bir şey demiyor mu?"

"Diyor elbette ama onlar öğretmen kızınca ses çıkarmıyor, teneffüste yine devam ediyorlar."

"Eğer sen derslerde iyi olursan seninle alay edemezler. Bunun için

79

her gün okuldan gelince, ben balıkta değilsem birlikte ders çalışacağız tamam mı?"

"Tamam."

"Öyleyse şimdi başlıyoruz. Çarpım cetvelini öğrendiniz mi?"

"Öğreniyoruz, sekize kadar öğrendik."

"İyi o zaman söyle bakalım altı kere yedi kaç eder?"

"....."

"Anlaşıldı o zaman baştan başlayacağız. İki kere üç?"

"Altı."

"Aferin, peki, dört kere beş."

"... buldum yirmi beş."

"Yanlış, şimdi kitabındaki bu çarpım cetvelini al yüksek sesle okuyarak ezberle."

Çetin odadan çıkarken Berfin:

"Çetin ağabey terörist ne demek? Annemle babam dağdalar he mi? Ninem öyle diyor. Ama niye dağda olduklarını söylemiyor. Dağda olmak ne demek, sen bilirsin."

Berfin'in son söylediklerinden hiçbir şey anlamamıştı Çetin:

"Ben de bilmiyorum, Fuat ağabey muhakkak biliyordur; ona sorar öğrenir sana söylerim." Çetin Fuat'a birkaç kez sorsa da sorusuna yanıt alamamıştı. Fuat her seferinde:

"Boş ver sen daha küçüksün; böyle şeylerle kafanı yorma" demişti.

O günden sonra Çetin her gün Berfinle ders çalıştı. Aritmetik, okuma, yazma.. okulda ona gerekli olacak her konuda çalıştılar. Çetin Berfin'e yeni kitaplar aldı. Bir ay sonra artık yüzü gülüyordu. Sık sık:

"Bugün okulda öğretmen aferin, dedi hatta yazdıklarımı diğer çocuklara gösterdi" diye sevincini paylaşıyordu. Artık ev ödevlerini
severek yapıyordu. Birkaç ay içinde öğretmenin ve arkadaşlarının
sevdiği bir öğrenci olmuştu.

*

Fuatla Çetin'in konuşmalarının üstünden günler geçmişti. Çetin
yaşantısının devamını bir fırsat bulup anlatamamıştı. O gün deniz
sakin olmasına rağmen oltalarına hiç balık vurmuyordu. Balık
tutamayacaklarını anlayan Fuat:

"Balık tutamıyoruz bari senin öykünün devamını anlat" dedi.

"Tamam ağabey, ben de anlatmak istiyordum. Önceleri köydeki çocuklar bana karşı çok acımasız davranıyorlardı. Sünnet olmama
rağmen, hâlâ 'pörçüklü, gâvur' diye alay ediyorlardı. Ama okul
başladıktan sonra birçok şey değişti. Babam elimden tutup beni
okula götürdü. Öğretmenle konuşup kaydımı yaptırdı. Köydeki
okul Almanya'daki okullara hiç benzemiyordu. Bir sürü çocuk, belki otuz, belki kırk kadar sıkış tepiş bir odadaki sıralara üçer kişi
oturmuştuk. Öğretmen gelince herkes ayağa kalktı. Elbet ben de.
Öğretmen sırayla herkesin adını okuyordu; adı okunanlar da 'buradayım' diyordu. Benim adımı okurken gülüyordu. Soyadımı bir türlü doğru okuyamıyordu. Sonunda ben yardım ettim. Ben de herkes
gibi 'buradayım' dedim. Ama doğru dürüst söyleyemediğim için
çocuklar gülmeye başladı. Öğretmen iyi bir insandı; onlara kızdı.

İlk bir iki ay derste konuşulanların hepsini anlamıyordum. Mate-
matikte ise hepsinden iyiydim. Benim Almanya'da öğrendiklerimi
daha yeni öğreniyorlardı. Sınıftaki çocukların çoğu daha toplama-
yı çıkarmayı bile bilmiyordu. Ders aralarında veya ders başlamadan

önce ev ödevlerini bana soruyorlardı.

İlk günler okul bahçesinde oyun oynarken beni aralarına almak istemiyorlardı.

Bir gün top oynamak için takım kurduklarında bir kişi eksikti; mecburen beni de aldılar. Almanya'da 'bambino' denilen çocuk takımında ben de futbol oynamıştım. Tüm çocuklardan daha iyi oynuyordum. İlk maçta diğer takıma tam beş gol atmıştım. O günden sonra futbol takımı kurdukları zaman hepsi beni takımlarına almak için yarışıyorlardı.

Artık konuşmalarımla da pek alay etmiyorlardı. Zaten kendileri de Kürtçe-Türkçe karışımı garip bir şekilde konuşuyorlardı. Köyde çocukların oynadığı oyunlar Almanya'daki çocuk oyunlarına benzemiyordu. Oyunların isimleri de beni güldürüyordu. Örneğin, 'uzun eşşek' oyunu. Ben iyi zıpladığım için altta yatan çocukların en önündekine kadar zıplayabiliyordum. Söyledikleri komik şarkıyı ise bir türlü öğrenememiştim. 'Bizim köyün imamı, alttan verir samanı, üstten çıkar dumanı, çattı pattı kaç attı?' deniyor ve üsttekilerden birisi eliyle bir rakamı gösteriyordu. Aşağıdakiler bu gösterilen rakamı bilirse bu kez üsttekiler eşek olarak aşağı yatıyordu. Bu şarkıyı söylerken yukardakiler uzattıkça uzatıyor, aşağıdakiler de güçleri tükenip çöküyordu.

Bir de güvercin taklası dedikleri bir oyun oynuyorduk. Dört kişi eğilip kıçlarını birbirine değdirerek aşağıda duruyor, diğer takım da onların üstünden takla atıyordu. Bu oyunun ismi de bana çok komik geliyordu. Köyde 'kuşçu Halil' diye birisi vardı; güvercin besliyordu. Bazen bu güvercinleri uçuruyordu. Bu kuşların bazıları uçarken takla atıyordu; bu oyuna güvercin taklası denmesinin nedeni herhalde buydu."

Fuat: "Ben bu tür oyunları hiç oynamadım. Peki baban ne oldu?"
Çetin: "Doğru ya, ben de neler anlatıyorum. Babam beni okula

kaydettirdikten sonra gitti. Nineme,'Ben size her ay para gönderirim, hiç merak etmeyin' dedi. İçerideki odada ninem kendisine Kürtçe bağırıp çağırdı. Sanırım, küfürler etti. Ama gittikten bir sene sonra ne para geldi, ne de babamdan bir haber. Ninem babamın gönderdiği parayı hep bana veriyordu. Köyde bir tek bakkal var; ben parayı ne yapacağım, hep saklıyordum. Elbet bir fırsatını bulup Almanya'ya annemin yanına gitmeyi düşünüyordum hep.

Ninem, daha doğrusu babamın ninesi, çok yaşlı, zayıf, incecik, hep simsiyah giysiler giyen bir kadındı. Yaşlı olmasına rağmen sabah erken kalkar hep çalışırdı. Öğleden sonraları ise birkaç saat uyurdu. Uyurken hiç kımıldamaz, sanki nefes bile almazdı, Birkaç kez 'acaba öldü mü' diye yatağına yanaşıp nefes alıyor mu, diye bakmıştım.

Çok az konuşurdu. Türkçe'yi bilmiyordu, ben de Kürtçe bilmiyordum, işte hani öyle diyorlar ya, beden diliyle anlaşıyorduk. Dört beş ay sonra konuşamasam da ninemin Kürtçe söylediklerini az çok anlıyordum. Sık sık başımı okşayıp, ağlar gibi, şarkı söyler gibi bir şeyler söylüyordu. Okuldaki çocuklara, 'ninem niye ağlar gibi şarkı söylüyor' diye sordum. Çocuklar, 'Ninen senin için çok üzülüyor ve ağıt yakıyor' dediler.

Ninemin çok sevdiği iki ineği vardı. Sabah onları sağıyordu; ineklerin sütünü kaynatınca üstündeki kaymağı muhakkak ekmeğime sürer bana yedirirdi. Evin arkasındaki bağda da çalışıyordu ama çok yaşlı olduğu için beli bükülmüyordu. Bana tulumbadan su çekmeyi, yaban otlarını temizlemeyi öğretti. Komşuların yardımıyla maydanoz, soğan, nane gibi baharatlar, domates, biber, salatalık da ekmişti; isteyenler bu baharatlardan koparıp evine götürebiliyordu. Bunları sulamak benim görevimdi. Küçük bahçede birçok meyva ağacı vardı: Elma, erik, armut. Bu meyvaları da toplamak benim işimdi. Bu kadar meyvayı yiyemeyeceğimiz için isteyen

83

çocuklara dağıtıyordum.

Bahçedeki işleri severek yapıyordum. Bir tek ahırdaki ineklerin tersini temizlemeyi sevmiyordum. Ninem yapamadığı için mecburen yapıyordum.

Almanya ve annem hiç aklımdan çıkmıyordu. Belki babamdan bir haber çıkar diye bekliyordum. Ama artık ne para gönderiyordu, ne de mektup. Ne edip edip Almanya'ya gidecektim; nasıl olacağını bilmiyordum; paraları ve Alman kimliğimi çok iyi saklıyordum.

Köyde çok şey öğrenmiştim. Öğrendiğim en önemli şey ise: güçlü ve becerikli olmanın gerekliliğiydi. Sporda ve aritmetikteki başarılarım nedeniyle köydeki diğer çocuklara kendimi kabul ettirmiştim. Güçlü olduğumu görünce de artık beni ezmeye çalışmıyorlardı."

"Madem güçlü olmanın gereğini köyde öğrendin, nasıl oldu da Ballyci çocukların arasına karıştın?"

"Ağabey onları da anlatacağım. Bak, diğer sandallar balık çekmeye başladı. Haydi biz de şansımızı deneyelim, sonra konuşuruz."

"Gerçekten çingene palamutu çekiyor diğer balıkçılar. Ben de palamut zamanı yaklaştı diye palamut çaparisi hazırlamıştım. Al bu da seninki, hadi rast gele! Unutmadan, palamut çaparisini çok aşağılara bırakacaksın, sonra ben tekneye hafif yol vereceğim, yavaş yavaş çekeceksin. En iyisi sen önce beni izle."

Bir kaç denemeden sonra Çetin de bir kaç palamut çekince çok sevinmişti.

Fuat hiç beklemiyordu ama gerçekten palamut akını vardı. Bol bol palamut tuttular. O akşam Fuat, nineye palamut pilakisinin yapılışını gösterdi. Aslında balık yemeyi pek sevmeyen nine de, artık balık pişirmeyi ve yemeyi sevmeye başlamıştı.

Ninenin, dedenin, Berfin'in kendisini çok sevmelerine rağmen

Çetin bu evde çok rahat değildi. Kulübede kaldığı zamanlarda hiç olmazsa kimseye yük olmuyordu. Fuat ağabeyine yardımcı olduğu, giderek kendisi de balık tutmayı öğrendiği için içi rahattı.

Nine ise kendisine evde hiçbir iş yaptırmıyordu. Sadece Berfin'in derslerine yardım ediyor ama bu da Çetin için yeterli olmuyordu. Aklı fikri hâlâ Almanya'da, annesindeydi. Aslında Fuat da hep "bir yolunu bulup annesiyle bağlantı kurabilsek; bu çocuğu Almanya'ya göndermek gerekir" diye düşünüyordu.

*

Bir gün sonra yine palamut tutabiliriz umuduyla erkenden denize açılmışlardı. Henüz birkaç balık çekmişlerdi. Çetin bağırmaya başladı:

"Fuat ağabey bak, giden şu gemiden birisi suya düştü." Fuat o tarafa bakınca suda çırpınan birisini görüp hemen ona doğru dümen kırdı. Suda güçlükle yüzen, anlamadıkları bir dilde bağıran, simsiyah derili bir insan vardı. Fuat hemen teknenin dibindeki uzun bir urgana bağlı cankurtaran simidini bu siyahi insana attı. Simide tutunan adamın yüzü güldü, artık bağırıp çağırmıyordu.

Yanına yaklaştıklarında Fuat, Çetin'e:

"Tekneye almayacağız, çünkü tekne devrilirse onun için de, bizim içinde çok tehlikeli olur." Denizdeki insana "sıkı tutun" diye işaret edip yavaşça sahile doğu dümen kırdı. Aradan birkaç dakika geçmeden sahil güvenlik çok hızlı botlarıyla yanlarına geldi:

"Az önce gemiden düşen bu insan mı?"

"Evet bu, birkaç dakika önce düştü, biz de tekneye alırsak tehlikeli olur diye kendisine cankurtaran simidi attık, sahile gidiyorduk.

Sonra size haber verecektik."

"İyi etmişsiniz, biz onu bota alalım."

Bota aldıkları siyahi, tir tir titriyor, boyuna " Azil azil, iltica Türkiye iyi" gibi bir şeyler söylüyordu. Bir battaniye ile kendisini sarıp sarmaladılar.

"Siz de hemen sahil güvenliğin bürosuna gelin."

"Hemen mi? Palamut akını vardı."

Bottaki görevli bozulmuştu:

"Başlatma palamutuna; hem bak bayrağın küçük, az daha görmüyorduk. Bir dahaki sefere muhakkak daha büyüğünü bağlayın. Gelirken evraklarını da getirmeyi unutma." Sahil güvenliğin botu geldiği gibi, yıldırım hızıyla gitti.

Sahil güvenliğin bürosunda siyahiyi giydirip bir sandalyeye oturtmuşlardı.

Görevli memurun ilk sorusu:

"Bu zenciyi tanıyor musun oldu?" Fuat şaşırıp kalmıştı; gülmek istiyor, 'başıma iş açarım' diye çekinip gülemiyordu da.

"Nereden tanıyayım beyefendi? Sizin de bildiğiniz gibi adam gemiden atlamış; biz de kendisini kurtardık."

"Ne gemisi olduğunu gördün mü peki?"

"Görmedim, zaten biz kendisini gördüğümüzde denizde çırpınıp duruyordu. Cankurtaran simidini atmasak boğulurdu kesin."

"İyi, yan odada ifadeni yazacaklar, ondan sonra gidebilirsin. Sandalındaki bayrağı da değiştir, daha büyüğünü tak."

"Memur bey kimmiş bu insan? Atlamış mı, kendisini atmışlar mı?"

86

"Kendi atlamış, iltica etmek istiyor. Daha ne olduğunu biz de anlayamadık. Sen karışma bu işlere. Sandalındaki delikanlı kimdi peki?"

"Bir tanışın çocuğu; balıkçılığa merak sardı, kendisine öğretiyorum."

"İyi, bir daha balığa çıkarken onun kimliğini de yanınıza alın."

İfadesini yazdıran Fuat sahil güvenliğin bürosundan çıkarken palamut akınını kaçırdığı için canı sıkılmıştı. Çetin'in kim olduğunu fazla kurcalamamalarına ise sevinmişti.

Kavak'a gitmeleri öğleni bulmuştu. Şanslarını bir kez daha denediler ama palamut akını geçmişti. Bir tek balık bile tutamadılar.

"Madem balık yok, haydi Çetin, şu senin öykünün devamını anlat bakalım."

"Tamam, nerede kalmıştık?"

"Çok iyi hatırlıyorum. 'Köyde becerikli ve güçlü olmanın gerekli olduğunu öğrendim' diyordun."

"Doğru. Altı ay içinde ben de diğer çocuklar gibi olmuştum. Artık beni kendilerinden biri sayıyorlardı. Yazın köy hem çok sıcak, hem de toz toprak oluyordu. Tarlaları sulamak için kullanılan büyük bir havuz vardı. Her gün bu havuza giriyorduk. Havuz bizim boyumuzdan daha derin değildi, yoksa diğer çocuklar yüzme bilmediği için giremezlerdi. Benim yüzdüğümü görünce 'bize de öğret' dediler. Ama hiçbirisi öğrenemedi. Bir de çelik çomak, diye bir oyun oynuyorduk. Kısa zamanda ben de en iyi oynayanlardan birisi olmuştum. İşte böyle, iki sene köyde kaldım. Okulla, oyunla zaman çok hızlı geçiyordu. Babamdan hâlâ haber yoktu. Annemi ise hiç unutmuyordum. Kaçmak, Almanya'ya gitmek düşüncesinden hiç vazgeçmemiştim.

İlkokul bitmiş, karnelerimizi almıştık. Benim notlarım çok iyi idi. Nineme söylemek için eve koşturdum. Ninem öğlen uykusu için yataktaydı. Yine ağzını nefes alamıyor gibi sonuna kadar açmış uzanıyordu. Bir saat kadar uyanmasını bekledim. Kendisinden ses seda çıkmayınca, uyandırmak için yanına gittim. Beni duymuyordu. Öylece yatmasını sürdürüyordu. Elimle vücudunu itekledim. Yine hiç tepki vermedi. Korkmuştum. Hemen yan evdeki komşulara gidip durumu anlattım. Koşup geldiler. Kendi aralarında fısıldaşıyorlardı. 'Öldüğünü' söylüyorlardı. Ben kapı aralığından onları seyrediyordum. Çenesine beyaz bir bez bağladılar. Sonra beni evden çıkardılar. Böylece ölümün nasıl bir boşluk, hiçlik olduğunu genç yaşımda öğrenmiş oldum.

Herkesin birbirini tanıdığı küçük köyde bir koşuşturmacadır başlamıştı. Zaten çoğu birbiriyle akrabaydı. Hoca geldi, ninem yıkandı, namazı kılındı. Sonra mezara götürdüler. Ben olanları hep uzaktan izliyorum. Bazen ben de akıllarına geliyordum. Başımı okşayıp 'Üzülme' diyorlardı. Ben ise sadece şaşkındım. Bir iki gün geçtikten sonra evde toplandılar, dualar okundu, yemekler yendi. Ondan sonradır ki, akıllarına ben geldim. Gerçekten o ana kadar ben de, 'şimdi ne olacak? Nerede kalacağım, ne yapacağım?' diye hiç düşünmemiştim.

Akrabalardan bir ikisi, 'İstersen bizde kalabilirsin' dediler. Ama bunu pek istemedikleri hemen belli oluyordu. Ben, 'Artık büyüdüm, şimdilik ninemin evinde kalayım' dedim. Kimse itiraz etmedi. Tüm düşüncem Almanya'ya gitmenin, kaçmanın bir yolunu bulmaktı.

İnanır mısın Fuat ağabey, ninemin ölümünden sonraki birkaç gün içinde o kadar çok şey öğrendim ki, anlatamam. İnsanların iki yüzlülüğünü, sahtekârlığını, yalancılığını, para hırsını o birkaç gün içinde çok iyi gördüm. Büyüklerin hepsinden nefret ediyordum. Çocuklar, iki senedir arkadaş olduğum çocuklar, öyle değildi.

Onlar bana gerçekten yardımcı olmak istiyordu. Sözde akrabam olan büyükler ise önce evdeki eşyaları birbirine göstermeden alıp götürmeye başladı. Evde çok eski, kullanılmayan büyük bakır tencereler, tepsiler vardı. Önce birbirlerinden çekiştirerek bunları kapıştılar. Büyük bir kazan vardı, aynı anda iki akrabam kazana yapışmış, biri bir tarafa, öteki öbür tarafa çekiyordu, sonunda birisi pes etti ve diğeri koca kazanı sırtına yükleyip gitti. Sonra sıra ineklere geldi. Satıp parasını paylaşmaya karar verdiler. Bir miktar da bana verdiler. Kendi aralarında fısıl fısıl konuşuyor, ninenin evini ne yapacaklarını tartışıyorlardı. Onu da satacaklardı. Ama beni ne yapacaklarına karar veremiyorlardı. Sonunda bu satışı bir müddet ertelemeye karar verdiler.

Beş altı günden fazla bu köyde kalmamaya karar vermiştim. Alman kimliğimi, biriktirdiğim paraları çok iyi saklıyordum. Bir an evvel İstanbul'a gidip, izimi kaybettirdikten sonra Almanya'ya gitmekti niyetim.

Paraları sakladığım yerden çıkarıp saydım. Binlerce lira param birikmişti. Çok azını ayırıp, diğerini vücuduma naylon bir torba ile sarıp bağladım.

İstanbul'u bırak, iki sene içinde köyden hiçbir yere gitmemiştim. Yine de konuşulanları dikkatle dinlediğim için nasıl gidileceğini biliyordum. Önce Cihanbeyli'ye, oradan Konya'ya, oradan da İstanbul'a gidecektim. Cihanbeyli'ye giden minibüsün nereden geçtiğini biliyordum. Sabah erken yola çıkıp beklemeye başladım. Elimde sadece birkaç giysimi koyduğum küçük bir valiz var. Köyden birisi gelirse, 'Cihanbeyli'ye gidip biraz gezeceğim' diyeceğim. Allah'dan ki, köyden kimse minibüse binmedi. Minibüs garajlarda durdu. Oradan bir bilet alıp Konya'ya geldim. Konya'da biraz dolaşıp, karnımı doyurdum. Sonra, sora sora garajları öğrenip akşam vakti İstanbul'a giden bir otobüse bindim. Otobüste gece uyur sabahleyin de, İstanbul'dan Almanya'ya giderim diye hayal

ediyorum. İstanbul için bilet alırken kimse 'Sen kimsin, niye tek başına gidiyorsun?' diye sormadı. Bunu görünce Almanya'ya gidebilme umudum daha da arttı. Sabahleyin İstanbul'daydık. Ben daha önce babamla İstanbul'a gelmiştim ama hiçbir şey görmemiştim. Daha garajlardayken şaşırıp kalmıştım. Almanya'ya gitmek için Türk Hava Yollarından bilet almak gerekli, diye biliyorum. Ama bu THY nerede acaba? Garajda sorduğum insanlar, 'Taksim'e git. Orada tekrar sor, sana gösterirler' dediler. Sora sora, birkaç kez bilet alıp birkaç otobüse binip indikten sonra nihayet Taksim'e geldim. Kalabalıktan, gürültüden başım dönmüştü. Karnım da acıkmıştı. Baktım simit ve peynir satıyorlar; alıp karnımı doyurdum. Sonra da Türk Hava Yollarının yerini buldum. Önce dikkatlice baktım, insanlar bir yerden kağıt çekip, sonra sandalyeye oturup sırasını bekliyordu. Ben de öyle yaptım. Benim beklememe gerek kalmadı. Karşıdaki kadın memurlardan birisi:

"Delikanlı gel bakalım; bekleme, ne istiyorsun?" diye sordu.

Hemen Alman kimliğimi çıkarıp gösterdim:

"Almanya'ya biletin kaç lira olduğunu öğrenmek istiyorum" dedim.

"Eee annen, baban, tanışın yok mu?"

"Yok" dedim. "Param var, tek başıma gideceğim" deyince kadın gülmeye başladı. Beni diğer memurlara gösterip:

"Ne tatlı değil mi? Bu delikanlı tek başına Almanya'ya gidecekmiş, parası da varmış" deyince, bürodaki herkes gülmeye başladı. Çok sinirlenmiş, hem de çok korkmuştum. Yoksa tek başıma gidemiyecek miydim? Kıpkırmızı kesilmiştim. Kadın:

"Delikanlı" dedi. "Belki şaka yapmak istiyorsun ama hepimizin görüyorsun işi var. Senin yaşında birisi tek başına bilet alıp gidemez; ya annen, baban veya seni götürecek birisi olursa bilet alabilirsin."

"Ama ben Almanım; bakın Alman kimliğim de var" dediysem de kadın memur:

"Farketmez, hadi şimdi çekil de işimize bakalım" dedi.

Bütün hayallerim yıkılmıştı. O köye dönmek, orada yaşamak benim için artık mümkün değildi. Bir yolunu bulup Almanya'ya gitmeliydim ama nasıl?

Taksim'in arka sokaklarını, daha sonra adının Beyoğlu olduğunu öğrendiğim caddenin yan sokaklarını gezip duruyorum. Karnım acıktıkça bir şeyler yiyorum ama o vitrininde çok güzel yemekler sergilenen lokantalara fazla para harcamamak için hiç girmiyorum. Yorulmuştum. Baktım sinemalar var. Bilet alıp birisine girdim. Çok yorulmuştum uyuyup kalmışım; film bitmiş. Birisi beni uyandırdı, dışarı çıkmamı söyledi. Dışarı çıktığımda hava kararmıştı. Cebimde çok para vardı ama oteller acaba beni alırlar mıydı? Bir yalan uydurmaya karar verdim. Taksim civarında çok fazla otel vardı. Dış görünüşlerine bakarak küçük olan bir otele girdim. Resepsiyondaki insana gidip, babamın beni yarın bu otelden alacağını söyleyip oda istedim. Kimliğime bakıp bir oda verdiler, parasını da peşin aldılar. Odada hep ne yapacağımı düşündüm, otelde kalmaya param yetmeyecekti. Köye de dönmek istemiyorum. Düşüne düşüne uyuya kalmışım. Sabah kalkıp resepsiyondaki adama, 'biraz sonra geleceğim, babam gelirse beklesin,' deyip dışarı çıktım."

Fuat: "Ben sana daha önce öykünü anlattığında, 'sen güçlü ve becerikli bir çocuksun, buna rağmen Ballycilerin arasına nasıl karıştın?' diye sormuştum."

"Ben de tam onu anlatmaya başlayacaktım. Karnımı doyurmak için yine sokaktaki simitçiden bir simit ve peynir aldım. Ben daha yemeye başlamadan sallanarak yürüyen, üstü başı yırtık, burnunun ucu kıpkırmızı olan, sürekli elindeki bezi koklayan, ben yaşta

bir çocuk yanıma geldi:

'Paran varsa bana da bir simit alsana, paran yoksa da seninkinin yarısını ver' dedi. Çok acımıştım hemen iki simit, iki peynir alıp kendisine verdim. Çok az yiyip kalanını ceplerine tıkıştırdı. 'Benimle gel' dedi. Zaten yapacak işim yoktu, onu takip ettim. Sonra Beyoğlu'nun arka sokaklarından birisinin kenarındaki duvara oturduk. Etrafta kendisine benzeyen başka çocuklar da vardı; bazıları yaşça biraz büyüktü ama benden çok daha küçükleri de vardı. Simit verdiğim çocuk, elindeki bezi uzatıp, 'kokla' dedi.

İstemem falan desem de, diğerleri de hep 'kokla, kokla ' diyordu. Ben de kokladım. Hiçbir şey anlamamıştım. Bir başkası cebindeki küçük şişeden bir beze pis kokulu bir sıvı döküp, 'Al bunu kokla, bu senin olsun' dedi. Bu kez onun verdiği bezi kokladım, bir kere, bir kere daha koklamamı istediler. Kokladıkça başım dönmeye başladı. Ne olduğunu anlamamıştım ama hoşuma gitmişti.

Fuat ağabey, sen benim 'güçlü bir çocuk olduğumu' söylemiştin. Doğrudur. Doğrudur da güçlü olmak başka bir şey, yalnız olmak çok daha başka bir şey. Koskoca İstanbul'da, sanırım, yalnız kalmamak için Ballycilerin arasına karıştım. Hep grup halinde dolaşıyorlardı. Hiçbirisinin parası yoktu. Hep insanlardan para dileniyorlardı. Aslında buna dilenmek de denmez. İki Ballyci, birisinin yanına yanaşıp para istiyordu. İnsanlar ya para veriyor, ya da hızla kaçıp gidiyorlardı. Anladım ki, diğer insanlar bu Ballycilerden korkuyordu. Ben de onlar gibi koklamaya başlamıştım, çok dikkat ediyordum, daha doğrusu kokluyor gibi yapıyordum. Çünkü gerçekten koklamaya başlarsam artık bırakamayacağımı çok iyi anlamıştım. Onların Taksim'in alt yakasındaki mahallede, yıkık dökük eski evlerde mekânları vardı; geceleri pis battaniyelere sarılıp oralarda uyuyorlardı. Kafayı iyice bulanlar korkunç öyküler anlatıyorlardı. Özellikle de ben yaştakilerin çok Bally çekip uyuşup kaldıktan sonra nasıl ırzlarına geçildiğini anlatıyorlardı. Kendi-

lerini korumak için geceleri grup halinde dolaşıp, birlikte uyuyorlardı. Kendilerinden çok büyük Ballyciler de vardı ama onlarla birlikte olmak istemiyorlardı, çünkü bu büyükler de, daha küçükleri yatmak için zorluyorlarmış. Ben çok dikkatliydim; tek başıma kalmamak için bir grupla birlikte davranıyordum. Sonra Bally çekiyormuş gibi davranarak ama çekmeyerek tek başıma yaşamaya başladım. Küçük bir bıçağım da vardı. Bana bir şey yapmak isteyen olursa bu bıçakla tehdit ediyordum. Gerçekten bıçağı görenler kaçıp gidiyordu. Birkaç gün böyle yaşadım. Sonra karşıma sen çıktın."

Çetin yine ağlamaya başlamıştı. Fuat gidip sarıldı Çetin'e:

"Tamam yeter artık; zaten anlatacağın bir şey de kalmadı. Sonrasını ben de biliyorum."

"Aslan ağabeyim, sen olmasaydın, ben şimdi kimbilir nerelerde olacaktım."

"Tamam, tamam yeter artık ağlama, beni de ağlatacaksın. Şimdi sahile gidip dinlenelim. Yarın için hazırlık yapmamız lazım."

*

Eve girerken çok güzel yemek kokuları geldiğini hissetti. Çok da acıkmıştı. İlk değil, ne zaman denize çıksalar, Çetin eve geldiğinde hep çok aç oluyor, nine önüne ne koyarsa silip süpürüyordu. Bugün ise belli ki, farklıydı. Mis gibi et, kekik, kavrulmuş soğan ve bulgur pilavı vardı. Elbette bir de bu evde hiç eksik olmayan ayran. Çetin Deveci köyünde bulgur pilavının yanında soğan yemeye alışmıştı. Sofraya oturduklarında soğan isteyince nine Kürtçe:

"Bu aslan Çetin'in hakiki Kürt olduğu bulgur pilavıyla birlikte mu-

hakkak soğan yemesinden belli değil mi?" dedi. Bir koca kuru soğanı kesip getirdi. Berfin ise soğanı hiç

sevmiyordu. "Çetin ağabey" dedi. "Seni çok seviyorum; şu soğanı yemesen daha çok seveceğim" deyince hep birlikte gülmeye başlamışlardı.

Yemekten sonra Berfin gelip Çetin'in dizinin dibine oturdu.

"Çetin ağabey, hadi bana Almanya'yı anlat."

"Niye bu kadar çok merak ediyorsun bu memleketi?"

"Ninem söylüyor, çok fazla akrabamız varmış orada. İki amcam da oradaymış. Ben onları çok az gördüm. Hem ninem bir gün ne dedi biliyor musun? 'Biz artık çok yaşlandık kınalı kuzum. İstersen seni Almanya'ya gönderelim.'"

Çetin duyduklarına sevinmişti. İçinde küçücük de olsa bir umut ışığı yanmıştı.

Kendi kendine hayaller kurmaya başladı. Berfin'in akrabalarıyla Almanya'ya belki kendisi de gidebilirdi. Dedeye Berfin'in amcalarının Almanya'da hangi şehirde oturduklarını sordu. Köln'de olduklarını duyunca umudu daha da fazlalaşmıştı. Yine de ihtiyarlara bir şey söylemedi.

"Sana Almanya'nın nesini anlatayım güzel Berfin? İstersen sen sor; senin merak ettiklerini biliyorsam anlatırım."

"Tamam o zaman, Almanya'da da askerler köyleri yakıyor mu?"

Ne diyeceğini şaşırmıştı Çetin. "Yoksa bu kız benim bile çok fazla bir şey bilmediğim Hitler'i mi kastediyor. Ama böyle şeyleri bilmesinin imkânı yok."

"Anlamadım Berfin, bu da nereden çıktı? Ben Almanya'da hiç böyle bir şey duymadım."

94

"İyi o zaman Türkiye'de olduğu gibi Almanya'da amcamların köylerini kimse yakmaz he mi?"

Benzer şeyleri Türkçe, Kürtçe Berfin'den, nineden birkaç kez duymuş olan Çetin, ne olduğunu sormaya cesaret edemiyordu. Dedeye niye köylerini bırakıp İstanbul'a geldiklerini sormuştu bir gün. Deniz kenarındaydılar. Gözlerini ufka dikmiş yaşlı adam uzun süre sessiz kaldı. Sonra da derin bir of çekip, "Boşver" dedi. "Boşveer, öğrenip de ne yapacaksın? Yorma sen kafanı bu tür rezil şeylerle." Çetin bir daha, ne nineye, ne dedeye geçmişte ne olup bittiğini sordu. Ama dedenin o çook derin of çekmesinden çok acılı şeyler olduğunu anlamıştı.

"Yok korkma, Almanya'da askerlerin köy yaktığını hiç duymadım. Böyle şeyler olsa muhakkak duyardım."

"İyi o zaman, sen bana biraz Almanca da öğret. Oralara gidersem lâzım olur belki." Kıkır kıkır gülmeye başlamıştı. Çetin anasız babasız olmasına rağmen, gözlerinde çok ender hüznü yakalayabildiği bu güzel kızı bir türlü çözememişti.

"Tamam yarından sonra her gün sana Almanca da öğreteceğim." İçinden de, "Böylece ben de Almanca'yı unutmamış olurum" diye düşünüyordu.

Çarşıdaki kitapçıda Almanca bir ders kitabı bulup önce kendisi çalışmaya başladı.

＊

Palamut akını devam ediyordu. Güneşin doğuşunu bile beklemeden denize açıldılar. Biraz sonra boğaz kayıklarla dolmuştu. Tüm balıkçılar palamut bolluğu nedeniyle sevinçle birbirlerine selâm verip, boyuna olta sallıyorlardı. Fuat ve Çetin'in de şansları

vardı. Sabahın köründe livar neredeyse dolmuştu. Fuat diğer balıkçıların oltalarına kendi oltalarının karışmaması için onlardan biraz açıkta duruyordu. Çetin sevinçle bağırmaya başlamıştı:

"Bak, bak Fuat ağabey rengârenk bir balık tuttum." Fuat, Çetin'e sırtı dönük oturuyordu. Arkasına dönüp Çetin'in oltasındaki balığı görür görmez bağırmaya başlamıştı:

"Sakın elinle tutma o balığı, zehirlidir" dedi. Ama geç kalmıştı. Çetin çoktan bu kırmızı, sırtı dikenli balığı tutmuş oltadan çıkarmaya çalışıyordu. Fuat ağabeyinin bağırmasıyla hemen elini geri çekti. Ama iş işten geçmişti. Balığın dikenlerinin battığı eli yanmaya başlamıştı. Rölantide çalışan motora hız veren Fuat sahile doğru gitmeye başladı. Çetin,"Elim çok ağrıyor" diye ağlamaya başlamıştı. "Geçecek" dedi Fuat, "Ben şimdi çaresine bakacağım merak etme."

Kayığı bağlamaya bile vakit harcamadan Çetin'i kucağına alıp karaya çıkaran Fuat, onu oturttuktan sonra bir koşu ilerdeki çay ocağından bir kabın içine koyduğu sıcak suyu getirdi.

"Biraz dişini sık, su sıcak ama yakmaz, korkma" dedi. Su gerçekten sıcaktı, Çetin elini sokunca:"şimdi elim daha fazla yanıyor" diye bağırmaya başlamıştı.

"Biraz sabret" diyen Fuat elini çıkarmasına müsade etmedi. Bir müddet zorla elini suyun içinde tuttuktan sonra Çetin kucağında sağlık ocağına koşturdu. Çetin hem yanan, hem de ağrıyan eli nedeniyle ağlıyordu. Doktorlar bir ağrı kesici verip sonra da merhem sürüp elini sardılar." İyi ki, elini sıcak suya sokmuşsunuz, yoksa balığın zehri hızla yayılırdı; bir iki gün dinlensin, bu haplardan da günde üç kere alsın bir şeysi kalmaz" dediler. Fuat Çetin'i kucağına alıp götürmek istedi. Çetin itiraz etti:

"Ben çocuk muyum ağabey, yürüyerek gideriz."

Eve geldiklerinde nine Çetin'in elinin sarılı olduğunu görünce, "Kara gözlü kuzum benim, kimsesizim" diye bir ağıt tutturdu. Ninesinin ağlamaklı ağıt yaktığını duyan Berfin de ağlamaya başlamıştı. Çetin çok kızmıştı:

"Ne ağlıyorsunuz? Zehirli bir balık çarptı. Biraz elim ağrıdı. Doktor birkaç gün içinde geçer" dedi. Berfin gidip sarıldı Çetin'e:

"Balık zehirliydi he mi? Ben bundan sonra balık yemem."

"Kızım bin tane balığın içinde bir cinsi zehirliymiş. O da geldi beni buldu."

"Aslında kabahat bende" dedi Fuat. "İlk balığa çıktığımız gün bu zehirli balığı anlatmalıydım. Çok ender çıkar. Çetin'in şansına bugün çıktı. Palamutla birlikte olmaz ama nasıl oldu bilmiyorum. Herhalde dipteydi onun için oltaya takıldı."

"Fuat evlâdım, götürme şu çocuğu balığa." Nine Kürtçe konuştuğu halde Çetin ne dediğini çok iyi anlamıştı.

"Sanki zorla mı götürüyor nine? Ben kendim istiyorum. Balığa çıkmasam ne yapacağım evin içinde?"

Tartışma epey sürdü ama ne nine, ne de dede Çetin'i ikna edebilmişlerdi. Sonunda seslerini kesip oturdular. Nine hemen "her derde deva" çorbasından pişirmek için mutfağa gitti. Çetin de Berfin'in derslerine yardımcı oldu.

*

Birkaç gün sonra erkenden balığa çıkmışlardı. Hava bir garipti. Açıktı ama denizin üstünde ince bir sis vardı. Bir iki saat balık tuttuktan sonra Fuat telâşlanmıştı:

"Hemen kıyıya gitmemiz gerekir. Sen oltaları topla; ne kadar hızlı gidersek o kadar iyi olacak" dedi. Yine bir şey anlamamıştı Çetin.

"Niye, ne oldu ki Fuat ağabey?"

"Havaya bak!"

"Ne olmuş ki havaya, bak gökyüzü açık, rüzgâr bile yok. Niye telâşlanıyorsun anlamadım."

"Çetin evlâdım, bunları deneyerek öğreneceksin. Bir balıkçı sadece bulunduğu yerdeki gökyüzüne bakmaz. Hep ufuklara bakmak gerekir. Hele hava bugünkü gibi bungun olursa, gözünü ufuktan hiç ayırmayacaksın. Karadeniz'e doğru bak, ne görüyorsun?"

"Denizin üstünde ince siyah bulutlar var."

"Doğru, havanın böyle esintisiz olması, o ince bulutlar bir fırtınanın habercisidir. Eğer sahile yetişemezsek bizim tekneyi ceviz kabuğu gibi sallayan dalgalar oluşur, sahilde belki tekneyi de karaya çekmemiz gerekir."

Sahile yaklaştıklarında, deniz çoktan çırpınmaya başlamıştı. Henüz iri dalgalar yoktu. Ama sahilde bir kalabalık, hareketlilik vardı. Sandalı bağlar bağlamaz karaya atladı Fuat.

İki büyük kepçe vardı kulübelerin yanında. Tüm balıkçılar da sahilde bu makinaların önünde toplanmıştı. En önde de Fuat'ın sevgilisi Ayşe bar bar bağırıyordu:

"Cesedimizi çiğnemeden bu kulübeleri yıkamazsınız." Her kafadan bir ses çıkıyordu.

"Size bu emri kim verdiyse, gelsin onunla konuşalım."

"Bu kulübeler olmazsa biz nasıl balık tutacağız."

"Bu kulübeleri yıkarsanız, çoluk çocuğumuzun karnını nasıl doyurur, nasıl balık tutabiliriz?" Ayşe'nin yanına giden Fuat onu bir kenara çekip:

"Ne oluyor, niye yıkıyorlar kulübelerimizi?" diye sordu.

"Bilmem, şefleri şu kepçenin önünde duran, git kendin sor." Onbeş kadar zabıta memuru kepçelerin önünde bekleşiyordu - önlerinde de, giysisi daha fiyakalı olan badem bıyıklı büyük şefleri. Diğer balıkçıları sakinleştiren Fuat şefin yanına gidip konuşmaya başladı.

"Hayırdır Yusuf bey, senelerdir birbirimizi tanırız. Buradaki balıkçıları da tanırsınız. Tek derdimiz ekmek paramızı çıkarmak. Bu kulübeler senelerdir burada; kimse bir şey demedi, şimdi bu yıkım kararı nerden çıktı?"

"Bak Fuat ben de senelerdir hepinizi tanırım. Zararsız insanlar olduğunuzu da bilirim ama emir büyük yerden. Siz devletin arazisini işgal etmişsiniz. Sadece kulübelerde balıkçılık malzemelerinizi saklasanız haydi neyse?"

"İyi de başka ne yapmışız."

"Şikâyet var, siz bu kulübelerinizin önünü lokanta gibi kullanıp, turistlere balık kızartıp satıyormuşsunuz."

"Yahu bu nerden çıktı? Bir kere Alman turistlerin aldığı balığı kızartıp kendilerine verdik. Hepsi bu, kim şikâyet etti? Lokantacı ayı Şükrü mü?"

"Valla kimin şikâyet ettiğini ben bilmem. Dedim ya, emir büyük yerden, bize 'yıkın' dediler; emir kuluyuz."

Berfin bir köşede tir tir titreyerek olanları izliyordu. Çetin'i görünce yanına gidip sarıldı. Koca gözlerini açmış ağlamaya başlamıştı:

"Bunlar kim, asker mi? Şimdi herkesin evini yakacaklar mı?"

"Ağlama Berfin. Bunlar asker değil. Hem korkma hiçbir şeyi yakmazlar."

"Ama ninem anlattı, bizim köye de geldiklerinde önce bir şey yapmamışlar. Sonra da herkesi dövüp evleri yakmışlar."

"Korkma Berfin burası köy değil. Koskoca İstanbul'da böyle bir şey olmaz."

"Ya olursa, ya evlerimizi yakarlarsa, Fuat ağabeyle sen de dağa mı çıkacaksınız?"

"Ne dağı, neler anlatıyorsun Berfin."

"Ama ninem anlattı, bizim köyümüzü askerler yaktıktan sonra annemle babam dağa çıkmışlar."

"Tamam Berfin, korkma biz bir yere çıkmayız; gel ben seni eve götüreyim."

Olayları duyan mahelledeki balıkçıların kadınları, çocukları herkes toplanmıştı.

Sık sık zabıta memurlarını yuhalıyor, bağırıp çağırıyorlar, kulübeleri yıktırmayacaklarını söylüyorlardı.

Zabıtaların şefi elinde telsiz boyuna konuşuyordu.

"Amirim, tüm mahalleli toplanmış, 'kulübelerimizi yıktırmayız' diye bağırıp çağırıyorlar. Çok kalabalıklar, ne yapalım?"

"Söyle onlara daha fazla direnirlerse jandarma çağırırız."

"Fuat kardeşim, arkadaşlarına söyle, amirim 'direnirlerse jandarma çağırırız' diyor."

"Pekalâ, ben arkadaşları toplayıp konuşurum."

Uzun uzadıya tartıştılar. Hepsi de jandarmaya karşı direnemeyeceklerinin, direnseler de sonlarının kötü olacağının bilincindeydi.

Fuat zabıta memurlarının şefiyle tekrar konuşmaya gitti, aldıkları kararı iletti.

"Tamam Yusuf bey, kulübeleri yıkacaksanız yıkın ama bizim balığa çıkarken muhakkak kullanmamız gereken gereçler var. Bize bir-iki gün müsade edin; biz bu gereçleri sağlam birer sandığa koyup, kenarda muhafaza edelim."

Amiriyle konuşup balıkçıların arzularını ileten zabıta şefinin yüzü gülüyordu.

"Tamam, amirim kabul etti. Küçük birer sandığa önemli eşyalarınızı koyabilirsiniz. Bir de sıkı sıkı tembih etti, bundan sonra deniz kenarına kaçak masa sandalye koyup, mangal yakarak turistlere balık vermeyeceksiniz."

"Tamam, zaten bir kere olmuştu. Ama kendimiz için mangal yaktığımızda seni de davet ederiz."

"Uzatmayın, haa bir de kulübelerinizi kendiniz yıkın ki, kepçe eşyalarınıza zarar vermesin."

Simsiyah kesilmişti gökyüzü. Fuat'ın kaçtığı fırtına Kavak'a ulaşmıştı. Boğaz'ın çok kötü dalgalanacağını hisseden balıkçılar, birbirlerine yardım ederek kayıklarını sahile çektiler. Biraz sonra şiddetli bir yağmur başladı, sanki yağmur yağmıyor, gökyüzünden kovalarla su dökülüyordu. Bir iki dakika içinde sahil boşalmış, balıkçılar, zabıta memurları çil yavrusu gibi dağılmışlardı.

Kavga döğüş olmadan sorunun çözülmesi her iki tarafı da memnun etmişti. Aslında zabıta amiri Yusuf da sık sık balıkçıların yanına gelip, taze balık yiyen, hatta onlarla birlik kafa çekenlerden birisiydi.

Bu anlaşmadan hiç hoşnut olmayan Ayşe, yağmura aldırmadan gözleri çakmak çakmak Fuat'ın yanına gelmesini bekliyordu. Yanına gelince de, belki Fuat'a karşı ilk kez ağzını bozup, demediğini bırakmadı; pısırıklığını, korkaklığını, uzlaşmacılığını, hatta paragözlüğünü ileri sürüp verdi veriştirdi.

"Direnmeliydik, dirensek hiçbir şey yapamazlar" diyordu.

"Zabıtaya karşı 'direndik' diyelim, jandarma gelince ne yapacaktık? Kesin kan çıkardı."

"Kararlı olduğumuzu gören jandarma da bir şey yapamazdı."

"Öyle deme gülüm, devir askerlerin devri, başka yerlerde neler yaptıklarını bilmiyor musun, duymadın mı? Haydi kalk eve gidelim, ikimiz de sırılsıklam olduk."

Evde ikisinin de ağzını bıçak açmıyordu. Ne sevişme, ne de konuşma arzuları vardı. Islak elbiselerini değiştirdikten sonra, çaylarını içip iç dünyalarını dinlemeye çalışıyorlardı. Fuat: "Biliyor musun sevgili Ayşe, bana öyle geliyor ki, böyle giderse birileri bizim sandalımızı iskeleye bağlamamıza da engel çıkaracak. İnan, ilk kez bugün balıkçılığa karşı bir soğukluk oluştu içimde. Yarın gidip ikimizin özenerek yaptığımız barınağı yıkacağız. Öyle ağrıma gidiyor ki!"

Ayşe çayını içiyor, çakır gözlerinde hâlâ ateşler yanıp sönüyordu. İlk kez Fuat'a karşı bir isteksizlik vardı içinde. Düşününce Fuat'a hak veriyordu. Yine de 'direnilseydi bir çaresi bulunabilirdi' diye düşünüyordu.

Berfin'i eve bırakan Çetin de olanları uzaktan izliyordu. Kulübelerin yıkılacağını öğrenince çok üzüldü. Çünkü Berfin'lerin evinde sürekli kalmayı düşünmüyordu. Kulübe onun için her zaman gelip yatabileceği bir sığınaktı. Fuat'ın, Ayşeyle birlikte gittiğini görmüştü. Fuat ağabeyinin evinde kalması da mümkün değildi. 'Muhakkak bir yolunu bulup Almanya'ya gitmeliyim' diye düşünüyordu.

Fuat ve Çetin bir gün sonra, o özene bezene yaptıkları kulübelerini kendileri yıkmıştı. Fuat'ın çok ağrına gitmesine, içinde fırtınalar esmesine rağmen yapabilecekleri başka bir şey yoktu. Çetin sık sık ağlamaklı oluyor ama duygularını açık etmemek için

dişlerini sıkıyordu hep.

İki gün içinde tüm kulübeleri yıkmışlardı. Evi yakın olan bazı balıkçılar malzemelerini evine taşımıştı. Fuat gibi evi uzak olanlar ise teneke kaplı birer büyük tahta sandık yaptırıp gerekli olan malzemelerini bu sandığın içine koymuşlardı. Küçük kürsüleri de kaldırdıkları için birkaç gün av dönüşü birlikte çay içmemişlerdi. Ama yasak birkaç gün sürmüştü. Yine mangal yakılmış, yine birlikte yenip içme sürmüştü. Evvelden zabıta memurları pek uğramadıkları bu semte daha sık uğramaya başlamışlardı. Ama ceza yazmak, kontrol etmek için değil, taze balık yemek için geliyorlardı.

Bu şikayeti lokanta sahibi ayı Şükrü'nün yaptığı apaçıktı. Alman turistlere balık kızarttıkları gün, birkaç kez yanlarına gelmiş. "Bu yaptığınız doğru değil" diye onları uyarmıştı. Zaten oldum olası kıskanç, bencil bir adamdı.

Balıkçılar da kendi aralarında anlaşmış, lokantacı Şükrü'ye balık satmama kararı almışlardı. Rakibi olan üç-dört lokanta , sabah erkenden, balıkçılar avdan dönünce taze ve ucuz balık alırken, Şükrü'ye kimse yüz vermemiş, o da tezgâhlardan daha pahalıya balık almak zorunda kalmıştı.

*

Olanları duyan nine de çok üzülmüştü. Berfin ve Çetin'in evde olmadığı bir gün dedeye kızıyordu:

"Hani 'İstanbul sakindir, orada bir şey olmaz' diyordun. Neyimiz var, neyimiz yok satıp bu masum yavrucağı da alıp, bizi buralara getirdin. Gör bak işte, buralarda da eşkıyalar istediğini yapıyor. Yarın bize de saldırmayacakları ne malûm? Keşke her şeye rağmen oralarda kalsaydık."

"Oralar dediğin neresi kadın?"

"Ne bileyim Amed olabilirdi veya Mardin."

"Haydi gazete okumazsın, televizyona da hiç bakmıyor musun? Kan gövdeyi götürüyor oralarda, sürekli bir savaş var sanki."

"Bizim hiç yerimiz yurdumuz olmayacak mı, peki?"

"Var olmaya, bizim de yerimiz yurdumuz var ama görüyorsun rahat vermiyorlar bir türlü."

"Haydi biz yolun sonuna geldik. Beni düşündüren Berfin. Şimdi bir de Çetin'imiz var elbet."

"Biliyorum kadın, biliyorum bence tek çare Almanya."

"Bana bak herif, Çetin ve Berfin neyse ne ama ben bu yaştan sonra bir de dilini, dinini bilmediğim ülkeye gidemem. Varsa aklında böyle bir olasılık, beni ayrı tut. Öleceksem de, bari bırak buralarda öleyim." Berfinle Çetin'in geldiğini görünce tartışmayı kestiler.

Berfin bir köşeye çökmüştü. Başka zamanlarda olmadığı kadar içine kapanık ve üzgün görünüyordu. Çetin onu böyle üzgün çok ender görmüştü. Genellikle neşeli olur, oyunlar oynar, güler ve komikliklerle çevresindekileri de güldürürdü. Çetin onun bu tavırlarını anlamıyordu. Henüz altı, yedi yaşında da olsa annesi, babasının ne olduğunu, nerede olduğunu bilmeyen bu küçük kızın neşesine hayret ediyordu. Belli ki, dışardaki yıkım olaylarından çok etkilenmişti. Çetin yanına gidip oturunca fısıl fısıl konuşmaya başladı.

"Çetin ağabey, hani bana anlatacaktın."

"Neyi?"

"Köylerin niye yakıldığını, annemle babamın niye dağa çıktıklarını?"

"Ben de bilmiyorum?"

"Hani Fuat ağabeye soracaktın."

"Kuran çarpsın ki, sordum."

"Eee o ne dedi?"

"O dedi ki, 'Sen daha küçüksün, böyle şeylere kafanı yorma' dedi."

"İyi, o zaman ben de okulda öğretmene sorarım."

"Katiyen sorma, böyle şeyleri okulda hiç konuşma. Sonra öğretmenin de kızar."

"Nineme sordum, 'Köyü niye yaktılar, annemler niye dağda?' dedim. 'Namus meselesi' dedi ninem. Köyün namusu mu olurmuş. Hem namus ne ki?"

"Bilmiyorum Berfin, bilsem anlatırım. İstersen gel sana kitap okuyayım."

"İstemem, zaten okuduğun kitaplar da yalan söylüyor. Hiç lâmbanın içinde dev mi olur?"

"Canım masal işte! O zaman gel Almanca çalışalım."

Aslında Çetin, Berfin'in sorularını yanıtlamak, daha doğrusu kendisi de köylerin niye yakıldığını, insanların niye dağa çıktığını, niye savaştıklarını bilmek istiyordu. Ama köyde de, burada da, televizyonda duydukları konularda kimse konuşmak istemiyordu. Köyde okulda kendisini çok seven Ferhat öğretmene sormak istemişti. Öğretmen ise 'Böyle şeyler sınıfta konuşulmaz,' demişti. Dışarıda da konuşmak istememişti.

105

*

Dede elindeki zarfı sallayarak Çetin'in yanına geldi.

"Hele bu mektubu oku gurban, bak hele nereden, kimden gelmiş?"

Zarfın üstündeki Köln damgasını gören Çetin heyecanlanmıştı.

"Köln'den, Almanya'dan geliyor dede."

"Aç hele gurban, muhakkak Hasan'dan geliyordur. Oku bakalım ne yazıyor?"

Harfleri eğri büğrü olan mektubu Çetin okumaya çalıştı.

"Herkese selâm ediyor. 'Biz iyiyiz,' diyor. Bütün tanışların da selâmı varmış. Zöhre'nin, Aydın'ın özel selâmları varmış. 'Biz Mart başında arabayla geleceğiz. Önce size uğrayacağız, sonra da Mersin'e dayımlara gidip birkaç gün kalıp sonra yine size gelip birkaç gün daha sizde kalır, yine Köln'e döneriz,' diyor. Göresiniz diye karısı Emine ve çocuklar Ahmetle, Gül'ü de getirecekmiş. 'Büyüklerin ellerinden, küçüklerin gözlerinden öperim,' diyor Hasan."

"Haa.. en altta da bir şey daha yazmış, 'Bir ihtiyacınız olursa yazın muhakkak getiririz'" diyor.

"Hasan bu, dayımın oğlu Hasan. Hayırlı adam çıktı. Seneler önce Almanya'ya gitti. Ama sağolsun, hep arar sorar."

Konuşulanlara kulak misafiri olmuş olan nine:

"Hasan geliyormuş he mi? İyi oldu, çocukları da özlemiştik, ne zaman geliyormuş?"

"Mart başında geleceklermiş."

Bir gün sonra balığa çıktıklarında Çetin'in aklında hep bu mektup vardı. "Madem arabayla geliyorlarmış. Beni de bir tanışları

106

gibi alabilirler belki; nasıl olsa param da, kimliğim de var. Babamdan pek umudum yok ama annemin adını polise verirsem muhakkak bulurlar. Sınırlardan geçebilir miyiz acaba? Cebimde Alman kimliğim olunca belki de geçeriz." Çetin öylesine hayallerine dalmıştı ki, çapariye takılan balıkları bile farketmemişti.

"Ne o Çetin çok dalgınsın? Çaparideki balıkların bile ayırdında değilsin."

Fuat ağabeyinin uyarısıyla hemen çapariyi yukarı çekip, tuttuğu istavritleri livara attı.

"Niye bu kadar daldın Çetin, Berfinler'de önemli bir şey mi oldu dün?"

"Dün Almanya'dan Berfin'in dayısından bir mektup geldi. Mart sonunda Almanya'dan geleceklermiş."

"Sen de 'Ben nerede yatacağım' diye mi düşünüyorsun yoksa. Nine yeminler ettiği için bize götürmüyorum seni. Biliyorsun Ayşe ablan da çok seviyor seni. Her zaman bizde de kalabilirsin."

"Yok ağabey, nerede kalırım diye hiç düşünmedim."

"O zaman bu dalgınlığın, bu düşünceli halinin nedeni ne?"

"Hasan iki çocuğu ve karısıyla kendi arabalarıyla geliyormuş. Önce ninelerde kalacaklar, sonra Mersin'e gidip yine arabalarıyla Köln'e döneceklermiş."

"Eee...Yoksa sen de 'onlarla gidebilir miyim' diye mi düşünüyorsun?"

"Niye olmasın Fuat ağabey? Alman kimliğim duruyor, biraz param da var."

"Parayı düşünme, elbet paran var. Balık paraların da birikti. Hatırlıyor musun, Hıdır diye birisi bir kez bizimle balığa gelmişti. Seyahat bürosunda çalışıyor; o bize yol gösterir. Ben, dede ve ni-

107

neyle de konuşurum, akrabaları kabul ederse onlarla birlikte gidebilirsin."

Fuat'ın bu yanıtından sonra Çetin'in yüreği pır pır etmeye başlamıştı. Bir gün sonra balığa çıkmadan Fuat:

"Hıdır 'Yanında yaşlılar olursa bir sorun çıkmaz,' diyor." Çok sevinmişti Çetin:

"Olur değil mi Fuat ağabey, niye olmasın? Gidebilirsem babamı bilmem ama annemi muhakkak bulur, lisede okurum. Sonra da üniversite. Ama seni hiç unutmam. İlk kazandığım parayla seni de Almanya'ya davet ederim."

"Çetin yarın senin doğum günün. Kimliğinde doğum tarihin yazıyor, hiç bakmadın mı?"

"Almanya'da annem beni yaş günlerimde hep Phantasialand'a götürürdü. Ama Türkiye'de hiç yaşgünü kutlamadım; kutlamak da hiç aklıma gelmedi."

"O zaman yarın balık yok, beraber lunaparka gidiyoruz tamam mı?"

"Tamam ama Berfin'i de alalım, ona 'Seni lunaparka götüreceğim' diye söz vermiştim."

Bir gün sonra sabah erkenden yollara düştüler. İki-üç dolmuş değiştirdikten sonra lunaparkın önüne gelmişlerdi. İçeri girdiklerinde Berfin öylesine şaşırmıştı ki, hep "Aboovv, bu da ne?" diye hayretini açığa vuruyordu. Çetin de gördüklerine şaşmıştı. Türkiye'de bu kadar büyük bir lunapark olduğunu tahmin etmemişti. Berfin en çok atlıkarıncayı sevmişti. Kimi zaman ters dönerek neredeyse 100 km süratle rayların üstünde giden trene binmeyi ise istemedi.

"Achterbahn, ne diye sormuştun, işte bu achterbahn."

Çetin "Ben bineceğim" deyince Berfin çok korkmuş yalvarmaya başlamıştı:

"Ne olur sen de binme Çetin ağabey, görmüyor musun, ters dönüyor, ya düşersen, ben sonra çok ağlarım." Çetin binmiş ama bindiğine bineceğine pişman olmuştu. Çok korkmuş ama açık etmemişti. Berfin ise onu aşağıda seyrediyor, tren ters dönünce sanki kendisi binmiş gibi çığlıklar atıyordu. Çok eğlendiler o gün, suda kayan kaydıraklarda kayarken ıslansalar da, Berfin tekrar tekrar binmek istedi.

Eve döndüklerinde akşam olmuştu. Berfin büyük bir heyecanla ninesine, dedesine gördüklerini anlatıyor, anlatırken de sanki o anı yeniden yaşıyormuş gibi kimi zaman gülüyor, kimi zaman korkusunu belli eden sesler çıkarıyordu.

Fuat, Çetin'in okuduğu mektuptan dedeye bahsedip, arzusunu da söyledi. Dede:

"Hasan'ın kendisi de çok çekti. Birçok akrabası gibi o da sonunda kapağı Almanya'ya atmak zorunda kaldı. Mümkünatı varsa, Çetin'i de götürür, niye olmasın?" deyince rahatladı. Ninenin pek taraftar olmayacağını biliyordu ama sandığı gibi olmadı. Nine Çetin'i kendi oğlu gibi benimseyip sevmişti ama buralarda onun bir geleceği olmadığını, Almanya'ya giderse hayatını kurtaracağını düşünüyordu:

"İyi düşünmüş Çetin oğlum" dedi. "Ben Hasan'ı ikna ederim birlikte giderler."

İhtiyarların düşüncelerinin de böyle olduğunu öğrenen Çetin artık yerinde duramıyor, hep Almanya'ya ve annesine ilişkin hayaller kuruyordu.

Fuat bir kez daha "başka" bir Çetinle tanışmıştı. Balığa çıkmak için Fuat'dan önce sandala geliyor, her şeyi hazır ediyordu. Balıkta da hiç durmadan konuşuyordu. Almanya'yı, Köln'ü, annesini, arkadaşlarını anlatıyordu hep.

"Gidebilirsem, muhakkak annemi bulurum, okuluma devam ederim. Gerekirse çalışırım. Gerçi balıkçılık yapamam, Köln'de deniz yok çünkü. Ama başka işler yapabilirim."

"Almanya'da da çocukları çalıştırıyorlar mı?"

"Haklısın, çalıştırmazlar ama hiç olmazsa çocuk parası verirler. Boş ver şimdi bunları Fuat ağabey; karnımı doyurmanın bir yolunu bulurum. Köyde ve burada çok şey öğrendim; inanıyorum ki, bu öğrendiklerim boşa gitmeyecektir."

Evdeki konuşmalardan Berfin de, Çetin'in Almanya'ya gitmek istediğini duymuştu. Çetin'e hep somurtarak bakıyor, konuşmuyordu. Çetin, Berfin'in kendisine kızdığını anlıyor ama nedenini bilmiyordu. Baktı ki, Berfin konuşmayacak, gidip yanına oturdu.

"Ne oldu, küs müyüz? Niye benimle konuşmuyorsun?"

"....."

"Bak yanlış bir şey yaptıysam özür dilerim, hadi gel barışalım."

"Sen belki Almanya'ya gidecekmişsin öyle mi?"

"Daha belli değil, belki...Sana kim söyledi peki?"

"Kimse söylemedi, Fuat ağabeyle, ninem konuşurken duydum."

"Güzel Berfin, biliyorsun benim annem babam Almanya'da, gidebilirsem onları bulacağım."

"Ama benim annem, babam dağda ben onları nasıl bulacağım?"

"Belki onlar da Almanya'ya gelir, dedeyle nine seni de oraya gönderir, hepimiz orada buluşuruz."

"Essah mı?"

"Niye olmasın? Ben gidersem sen de gelirsin, tamam mı?"

"Tamam" dedi Berfin. Çetin'in söylediklerine pek inanmamıştı. Masasına gidip ders çalışmaya başladı.

*

Sonunda Almanya'dan beklenen misafirler gelmişti: Hiç durmadan Almanca konuşan, kimi zaman birbiriyle kavga eden sekiz yaşlarındaki Gül ve 10 yaşındaki Ahmet. Çocukların annesi Emine kadınsa hemen mutfağa girmiş, ev işlerinde nineye yardımcı olmaya başlamıştı. Hasan tıka basa dolu Ford marka arabasından hep birşeyler çıkarıp Berfin'e, nineye, dedeye veriyordu.

Gül ve Ahmet'in Almanca konuştuğunu gören Berfin yine somurtmaya başlamıştı. Onlarla oynamak, konuşmak istiyor fakat dillerinden birşey anlamıyordu. Dede, Hasan'a Çetin'i anlatmış, Almanya'ya götürüp götüremeyeceğini sormuştu. Çetin'in Alman kimliği olduğunu duyan Hasan hiç ikirciklenmedi.

"Kimlik olunca sorun çıkacağını sanmam; çıksa da üç beş mark verir hallederiz," dedi.

Çetin, Hasan amcanın yanıtı duyunca sevincinden havalara fırladı. Dede Çetin'i alıp çocukların yanına götürdü. Çetin, Gül ve Ahmet'in kendi aralarında Almanca konuşmaya başladıklarını duyunca içten içe sevinmişti. Onları sahile götürmüş, balıkçı sandalını göstererek nasıl balık tuttuklarını anlatmaya başlamıştı. Çetin'in de balık tuttuğunu duyan çocuklar hayret etmiş, pek de inanamışlardı.

Onların biraz geriden gelerek izleyen Berfin konuşmalardan bir şey anlamadığı, kimsenin kendisiyle konuşmadığı için çok üzgündü. Utanmasa ağlayacaktı. Berfin'in geride kaldığını gören Çetin hemen yanına gitti.

"Yine bize çok kızdın değil mi?"

"Kızarım elbet, kimse benimle konuşmuyor."

"Ama onlar sadece Almanca konuşuyor."

"Türkçe veya Kürtçe bilmiyorlar mı?"

"Yok, bilmiyorlar."

"Sen biliyorsun ama."

"Haklısın, haydi yanımıza gel; ben konuşmalarımızı sana anlatırım; senin söyleyeceklerini de onlara aktarırım."

Çetin'in yardımıyla, çocuklar kaynaşmış, Almanca, Türkçe, Kürtçe, kimi zaman da vücut dilini kullanarak konuşmaya hatta oyun oynamaya başlamışlardı. Birkaç saat sonra Berfin, Gülle, Çetin de Ahmetle birlikte olmaya başladılar. Çetin hep Almanya'yı, okulu, Köln'ü soruyor, önemli bir değişiklik olup olmadığını anlamaya çalışıyordu. Ahmet ise denizi, sandalı balık avını merak ediyordu.

"Fuat ağabey'e söylesek beni de bindirmez mi?"

"Yüzme biliyor musun?"

"Elbet biliyorum" dedi Ahmet. "Okulda yüzme kursuna gittik."

"İyi o zaman, Fuat ağabeye söylerim; yarın akşama doğru çapariyle istavrit tutacağız, seni de alırız."

Çok sevinmişti Ahmet. Bir gün sonraki sandal gezisi, çapariyle avladıkları balık, Boğaz'dan geçen devasa gemiler, her şey ama her şey çok hoşuna gitmişti Ahmet'in.

"Annemler Mersin'e gidince babam izin verirse, onlar dönünceye kadar ben burada sizinle kalmak istiyorum" dedi. Ama ne kadar yalvardıysa, özellikle annesini ikna edemedi. Oldum olası denizden korkan Emine kadın Ahmet'in sandala bindiğini duyunca çok kızmış, bir daha izin vermemişti.

Çocukların birlikte geçirdiği mutlu günlerin sonu gelmişti. Alamancılar üç gün kalıp Mersin'e yola çıktılar. Dönüşte Çetin'i de almaya söz vermişlerdi. On gün Mersin'de kalmaya karar vermişlerdi.

Çetin bu on gün içinde ne yapacağını bilemiyordu. Fuat:

"Çetin yarın İstanbul'a gidip sana Almanya için bir şeyler almaya karar verdik. Ayşe ablan kendisi gelip senin için giysi seçmek istiyor."

"İyi olur Fuat ağabey ama kendi paramla alalım."

"Tamam, sana parayı sorun etme demedim mi?"

"Ağabey Berfin'i de götürelim. O şehri hiç görmemiş, hem ona da bir şeyler alırız."

"İyi düşündün, ben dedesiyle konuşurum."

Bir gün sonra minibüse binerlerken Çetin az daha Ayşe ablasını tanımayacaktı. Üstünde çok güzel bir entari vardı. Makyaj yapmış, takmış takıştırmıştı. Çetin'in kendisine hayranlıkla baktığın gören Ayşe:

"Ne o beni tanıyamadın mı Çetin?"

"Tanıdım Ayşe abla ama şimdi çok güzel olmuşsun." Kahkahalarla gülen Ayşe: "Ben aynı insanım; üstündeki giysiler mi beni güzelleştirecek?" dedi. Ninesi Berfin'i tertemiz giydirmiş, saçlarını örmüştü. Her zamanki gibi Berfin hiç durmadan sorular soruyordu. " Nereye gidiyoruz? Ne yapacağız?"

"Gittiğimizde görürsün" dedi Ayşe. Bir, iki minibüs değiştirdikten sonra Kadıköy'e gelmişlerdi. Berfin yine her gördüğüne dikkatle bakıyor "Aboov ne güzel, aboov ne kalabalık," diye hayretini açığa vuruyordu. Çetin, Ayşe ablasına fısıldayarak: "Abla önce Berfin'e

113

bir şeyler alalım" dedi. Önce çocuk giysileri satan bir mağazaya girdiler.

Ayşe: "Güzel Berfin, bak bakalım elbiselerden hoşuna giden varsa sana alalım" dedi.

"Ama benim param yok ki..."

"Çetin ağabeyin, tuttuğu balıkların parasıyla sana almak istiyor."

"Essah mı Çetin ağabey?"

"Essah, istediğin elbiseyi, pantalonu seç, kazak da alabilirsin" dedi. Çok sevinen Berfin ne yapacağını, ne alacağını şaşırmış, mağazanın içinde dolaşıp duruyordu. Ayşe, Berfin'in bir seçim yapamayacağını anlayınca kendisine yardımcı oldu. Üstünde sincap, kuş desenleri olan rengârenk bir elbise, yine renkli bir eteklikte karar kıldılar. Ayşe, Berfin'in üstündeki elbiseyi sardırıp, yeni aldıkları giysiyi giydirdi.

Aynanın karşısına geçen Berfin: "Aboov çok güzelmiş!" diye yine sevincini dışa vurdu. Sonra bir kırtasiye dükkânına girdiler. Berfin yine renkli kalemler, silgiler, süslü defterlerden aldı. Sınıfta bir çok arkadaşının da böyle kalemleri, defterleri varmış.

Sıra Çetin'e gelmişti. Önce küçük bir bavul aldılar. Sonra da iç çamaşırları, gömlekler, çoraplar, bir iki kazak, pantalon vb. Çetin pek karışmadı. Berfin'de olduğu gibi, Ayşe kendisi seçiyor, Çetin'e ise giyip denemek kalıyordu sadece. Sonra bir köfteciye oturdular, daha sonra da bir kahveye.

Yorulmuşlardı. Karaköy'e giden vapurları gören Berfin "Çetin ağabey, biz de bu vapurlara binemez miyiz?" deyince, hemen bilet alıp bindiler. Ama Karaköy'de inmeden geri döndüler. Artık geç olmuştu.

Berfin akşam gördüklerini, yediklerini büyük bir heyecan küpü

olarak ninesine, dedesine anlattı - en çok da vapur ve atılan simitleri havada kapan martıları.

Çetin bir türlü günü dolduramıyordu. Balığa çıkıyorlar, dönüşte sandalı temizliyor, çarşıda dolaşıyor, Fuat ağebeyinin evine, ninenin evine girip çıkıyor, bir türlü akşam olmuyordu. Rüyasında hep annesini görüyordu. Birlikte okula gidip yazılıyorlar, sınıfta arkadaşlarına Türkiye'yi - özellikle de balıkçılığı - anlatıyordu. Babasını ise hiç görmüyordu; belki de görmek istemiyordu.

Sonunda Hasan ve ailesi geldiler. İki gün İstanbul'da kalacak, yine yollara düşeceklerdi. Bu iki gün boyunca çocuklarla birlikte bol bol gezdiler. Ahmet ise annesinden yalvar yakar izin alıp Çetin'le balığa çıktı her gün.

Yol için börekler, çörekler, köfteler yapılmıştı. Yollarda pahalı olur diye bir sürü içecek alındı. Sabah erken yola çıkılacağı için Çetin tüm tanışlarıyla bir gün evvel vedalaştı. Nine elini öpen Çetin'e sımsıkı sarılmış, ona göstermeden sessizce ağlıyordu. Saçlarını okşuyor, öpüyor içinden dualar ediyordu. Dede:

"Bizi habersiz bırakma, muhakkak mektup yaz," dedikten sonra cebine para sokuşurdu. Çetin "İstemem, param var" dediyse de dinletemedi.

Çetin'le Fuat'ın ayrılması ise çok zor oldu. Çetin ağabeyine sımsıkı sarılmış:

"Canım ağabeyim, sen olmasaydın ben şimdi kimbilir nerelerde olacaktım. Seni çok sevmiştim, annem olmasa inan senin yanında kalır, senden hiç ayrılmazdım" diyordu. Fuat ise:

"Her şeyi sen kendin yaptın; Almanya'da da inanıyorum başarılı olacaksın. Muhakkak mektup yaz, kimbilir belki bir gün yine birlikte oluruz..." Sesi çatallanmaya başlamıştı. Ağabeyine sarılan Çetin ise tir tir titriyordu. Daha fazla tutamadı kendisini hüngür

115

hüngür ağlamaya başladı. Çetin'i sakinleştirmek isteyen Ayşe de Çetin'e sarılıp saçlarını okşamaya başlamıştı.

Berfin bir gölge gibi günlerdir Çetin'i izliyordu. Ninesinin sarılıp ağladığını, Fuat'a sarılan Çetin'in ağladığını da hep görmüştü. Çetin giderse yalnız, yapayalnız kalacağını bilen Berfin çok üzülüyordu. Çetin'in gelip kendisine sarıldığını görünce bu kez o ağlamaya başladı. Bir türlü susmuyordu. Ninesi, dedesi de kendisini susturamadı. Sonunda kaçıp evin bir köşesinde büzülüp kaldı. Çetin de ne yapacağını şaşırmıştı. Gidip yanına çöktü:

"Güzel Berfin, bak Almanya'da senin de akrabaların var. Bakarsın bir gün Almanya'da buluşuruz." Hıçkırarak kesik kesik konuşuyordu Berfin.

"İstemem, sen git; ben burada yalnız kalacağım. Yalan söylüyorsun."

"Sana hiç yalan söyledim mi? Haydi sil göz yaşlarını gel sarıl ağabeyine."

Berfin Çetin'e sarılmış ama içten içe hâlâ ağlıyordu.

Yola çıkmadan önce Hasan, Çetinle uzun uzadıya konuştu. Babasının adını, nereli olduğunu, annesinin adını, evlerinin adresini tekrar tekrar sorarak ezberledi. Sonra da karısı ve çocuklara dönüp:

"Çetin ismini unutun, onun gerçek ismi Ali. Bundan sonra ona hep Ali diyeceksiniz."

"Ali sen de Ahmet ve Gülle beraber arkada oturursunuz. Sınır polisleri bir şey sorarsa siz konuşmayın, ben gerekeni yaparım. Kendi aranızda da özellikle sınırlarda sadece Almanca konuşun, anlaştık mı?" dedi.

"Tamam baba" dedi çocuklar.

"Tamam çok dikkat ederiz Hasan amca" dedi Çetin de.

"Çetin özellikle Türkiye ve Bulgar sınırında dikkat et. Sana Türkçe bir şeyler sorarlarsa, katiyen yanıt verme. Bana Almanca, 'Ne diyor bu amca?' diye sor."

Sabah erken gün ağarırken yola çıktılar. Hasan karanlık olmadan Bulgar sınırını geçmek istiyordu. Sınıra kadar sadece Çetin değil, diğer çocuklar, Emine kadın da, huzursuzdu.

Sınırda Hasan pasaportları uzatınca memur:

"Bu çocukların hepsi senin mi?"

"Yok memur bey, Ali komşumuz İbrahim'in oğlu."

"Niye sen götürüyorsun onu?"

"Annesi rahatsızlanınca onlar acele dönmek zorunda kaldı, Aliyi de bana emanet ettiler."

Memur bu kez Ali'ye seslendi:

"Ali sen Türkçe biliyor musun?" Ali, Hasan'a Almanca "Ne diyor?" diye sordu.

"Türkçe biliyor musun?" diyor.

"Memur bey, onun annesi Alman; Türkçe bilmiyor."

"Olmaz kardeşim, annesi Alman ama kendisi Türk; gâvur olmak istemiyorsa, babasına söyleyin bu çocuğa Türkçe öğretsin."

Gâvur sözcüğünü duyan Çetin içinden "Bu rezil sözcük hiç peşimi bırakmayacak mı?" diye düşündü.

"Haklısınız, babasına tembih ederim" diyen Hasan içinden, "İyi ki, bizim çocukların Türkçe bilip bilmediklerini sormadı" dedi. Pasaportları ve Çetin'in kimliğini uzatan memur:

"Aslında Ali'nin babasının size vekâlet vermesi gerekirdi. Neyse bu seferlik affedelim, geçin bakalım" dedi.

117

"Sağolun memur bey, Allah ne muradınız varsa versin" diyen Hasan gaza bastı.

Çetin konuşmalar sırasında soğuk terler dökmüştü. Araba hareket edince sevinmiş ve rahat bir nefes almıştı. Ne ki, Bulgar sınırında sevinci kursağında kaldı.

Bu kez kırık bir Türkçeyle konuşan Bulgar polisi pasaportlara baktıktan sonra:

"Bu çocuk kimindir komşu?" dedi. Hasan sabırla bu sefer de Bulgar polisine derdini anlattı. Ama polis hâlâ:

"Olmaz yassahtır" deyip duruyordu. Sonra "Sigara yok mu sigara?" deyince Hasan rahat bir nefes aldı:

"Aceleden unuttuk ama sen kendin alabilirsin" diye avucunda sakladığı parayı uzattı. Parayı alan polis:

"Haydi geçin bakalım, ama bir daha böyle yapmayın" falan gibi bir şeyler geveledi. Oturduğu yerde büzülüp kalan Çetin rahat bir nefes alıp doğruldu. Hasan:

"Haydi gözün aydın Ali oğlum, bundan sonra artık bir şey olmaz. Diğer gümrüklerden sorun olmadan geçeriz. Sorun çıksa da geri gönderecek değiller ya" dedi. Ondan sonra neşeyle Kürtçe bir türkü söyleyerek gaza bastı. Çetin, Gül ve Ahmet de sanki canlanmışlardı. Artık sessizce oturmuyor, Almanca cıvıl cıvıl konuşuyorlardı. Emine kadın ise, önündeki erzak çantasından sürekli bir şeyler hazırlayıp çocuklara veriyordu.

Gerçekten de başka sınırlarda hiç sorun çıkmadı. Hasan kimi zaman arabayı park yerlerinin birinde durdurup, birkaç saat kestiriyor. Sonra yine yola devam ediyordu. Avusturya'dan gündüz geçtiler. Hasan:

"Sizi ara yollardan götüreceğim. Böylece bu güzel ülkeyi de biraz

görmüş olursunuz" dedi.

Çetin yol kenarındaki evlere hayranlıkla bakıyordu. Hemen her evin penceresinin pervazında rengârenk çiçek saksıları vardı. Bazı saksılardaki çiçekler sokağa doğru sarkmıştı. Kimi evlerin önünde balkondan veya pencereden uzanan bir sırığın ucuna da saksı bağlanmıştı. Çetin'in aklına Türkiye'de iki sene kaldığı köy geldi. Ne bahçelerde, ne evlerde bir tek çiçek görmemişti. Annesi de Almanya'da her hafta eve çiçek alırdı.

Babasının, " Bir de boşu boşuna bu çiçeklere para veriyorsun, nasıl olsa bir kaç gün sonra solacak" dediğini acıyla anımsadı.

Hasan arabayı küçük, şirin bir köyün yanındaki park yerinde durdurdu. Başka arabalar da park etmişti. Parkın sonundaki küçük kulübenin önünde, insanlar kuyruk olmuş bekliyordu.

"Gelin bakalım" dedi Hasan. "Bu küçük kulübede kızartılan tavuklar öyle lezzetlidir ki, Almanya'da da, Avusturya'da da böylesini bulamazsınız." Tavukların kızartıldığı ocak çok büyüktü. Üstünde dönerek kızaran bir sürü tavuk vardı. Satıcı adam "On dakika bekleyeceksiniz" dedi. Sonra da elindeki şişeden tavukların üstüne bir sıvı fışkırttı. Böylesini Çetin Almanya'da da, İstanbul'da da görmemişti:

"Tavukların üstüne ne püskürtüyor Hasan amca?"

"Ben de bilmiyordum, başkalarına sordum. Kırmızı şarapmış bu püskürttüğü sıvı. Bu nedenle böyle lezzetli oluyormuş."

Çocuklar koşuşturmaya başlamıştı. Parkın içindeki çeşmeden buz gibi, tertemiz bir su akıyordu. Kana kana içip, arabadaki boş şişeleri de doldurdular. Emine kadının dediğin göre bu suyla yapılan çay çok lezzetli oluyormuş. Tavuklarını tahta sıralara oturup yemeye başladılar. Hasan yumruğuyla kırdığı bir kuru soğanı da birlikte yiyordu. Ona bakan diğer insanlar, "Soğanla daha lez-

zetli mi oluyor?" diye sormuşlar, bazıları da Hasan'ın ikram ettiği soğanı tavukla birlikte yemeye başlamışlardı. Çetin'in en çok çıtır çıtır kızarmış patates hoşuna gitti. Almanya'da annesi hep alırdı ama iki senedir Türkiye'de hiç yememişti.

Tavuklarını yedikten sonra tekrar yola devam ettiler. Çetin: "Hasan amca Köln'e kaç kilometre kaldı? Kaç saat sonra Köln'de oluruz?" diye soruyordu hep. Akşam hava kararınca Almanya sınırını geçmişlerdi. Hasan yorulmuştu, gördüğü ilk park yerine arabayı çekip uyumaya başladı. Çetin hariç arabadakilerin tümü de uyuyordu. Çetin ise elinden gelse direksiyonun başına kendisi geçip arabayı Köln'e sürecekti.

Aklı fikri annesindeydi. "Kimbilir beni ne kadar merak etmiştir. Acaba babam beni köye götürdüğünü söylemiş midir? Söylememiştir. Söylese annem bir yolunu bulur, beni arardı muhakkak. Acaba babam? Yoksa annemden ayrılmış mıdır? Umarım ayrılmıştır. Neredeyse iki sene oldu; bırak beni kendi ninesini bile aramadı. Yoksa... Neyse daha kötü şeyleri düşünmeyeyim, bu akşam Köln'e gelir gelmez ilk işim evimize gidip annemi sormak olacak. En iyisi arabadan inip biraz dışarda hava almak." Dışarıda serin bir hava vardı. Türkiye'nin havasından ne kadar farklı, diye düşündü. İlerde açık olan büfeden içecek bir şey alıp, parktaki sıraların birisine oturup içmeye başladı. Elinden gelse, gidip Hasan amcayı uyarıp "Haydi gidelim" diyecekti.

Gün ağarırken Hasan uyandı, Emine kadın da. Yüzlerini yıkayıp bir iki lokma yedikten sonra yeniden yola koyuldular. Çocuklar hâlâ uyuyordu. Hasan yorulmaya başlamıştı. Direksiyonda uyur kaza yaparım korkusuyla daha sık mola verip, bir saat kadar kestirdikten sonra arabayı sürüyordu. Çetin ise, "Keşke hiç mola vermesek, akşam olmadan Köln'e ulaşsak da evimize gidip, annemi arasam" diye düşünüyordu.

120

Ancak hava karardıktan sonra Köln'e gelebilmişlerdi. Çetin:

"Hasan amca, bizim eve gidip bakamaz mıyız?" dedi.

"Acelen ne Ali evlâdım? Bu kadar sene sabretmişsin. Hele sabah olsun, dinlenelim, merak etme ilk işimiz anneni, babanı aramak olacak."

Hasanların evi tertemizdi. Emine kadın hemen çay demleyip, yiyecek bir şeyler hazırladı. Gül ve Ahmet televizyonun başına geçmişlerdi. Çetin için salonda bir yatak hazırlandı. Bir, iki saat televizyon izledikten sonra herkes uyumak için odasına çekildi. Çetin ise yatağında kıvranıp duruyor, bir türlü uykusu gelmiyordu. Sorular, korkular beyninde koşturup duruyordu. "Eski evimizden taşındılarsa, taşındıkları yeni evi nasıl buluruz acaba? Polise gider sorarız muhakkak kayıtları vardır. Babam da acaba aynı evde mi kalıyordur? Kalmıyordur. Birlikte olsalar annem muhakkak babamı zorlar yerimi öğrenirdi." Kimi zaman dalıyor, kötü rüyalar görerek uyuyor, sıçrayarak uyanıyordu sonra. Sabahı zor etti. Emine kadın erkenden kalkmış, alışveriş ettikten sonra sofrayı kurmuştu. Çetin üç senedir yemediği küçük ekmeklerin kokusuyla uyanmıştı. Biraz sonra tüm hane halkı ayaktaydı. Çetin'in sabırsızlandığını bilen Hasan:

"Bir iki lokma yiyelim, hemen evinize gideceğiz. Evin adresini biliyor musun?"

"Elbette biliyorum. Bilderstöckchen'de oturuyorduk. Evin numarası bile aklımda: onsekiz. Ben yolu sana tarif ederim Hasan amca."

Kahvaltıdan sonra arabaya atlayıp Çetin'lerin evine doğru yola çıkmışlardı. Yirmi dakika sonra Çetin'lerin evinin önündeydiler. Çetin fırlayıp kapıdaki zile baktı. Başka bir isim vardı zilde:

"Hasan amca zilde ismimiz yazmıyor, sanırım annem bu evden taşınmış" dedi.

"Sen zili çal bakalım, yeni taşınanlar belki annenin nereye taşındığını biliyorlardır." Çetin zili çalınca baş örtülü bir kadın pencereyi açıp Türkçe seslendi:

"Kimi arıyorsunuz?"

"Teyze bu evde eskiden oturan Alman hanımı arıyoruz. Nereye taşındığını biliyor musunuz?"

"Bilmiyorum evlâdım, biz bu eve taşındığımızda ev boştu." Umudu kırılan Çetin ağlamaklı olmuştu. Tam dönüp arabaya gideceklerdi ki, açılan kapıdan çıkan yaşlı bir Alman kadın:

"Ali sen misin?" diye seslendi. Çok sevinmişti Çetin:

"Benim Bayan Schmitz." Ak saçlı kadın sımsıkı sarıldı Çetin'e.

"Kaç sene oldu görmeyeli, nerelerdeydin?"

"Türkiye'deydim. Annem babam nerede biliyor musunuz?" Ses çıkarmadı yaşlı kadın. Annesi bu evde otururken Ali'yi çok sever, sık sık evine davet ederdi. Özellikle annesinin çalıştığı zamanlarda Ali'yi evine çağırır, hem yedirir içirir, hem de derslerine yardımcı olurdu. Adeta ikinci annesi gibiydi. Çok seviyordu Ali'yi; birdenbire ortalıktan kaybolmasına da bir anlam verememişti. Ama annesinin anlattıklarından babasının onu alıp gittiğini öğrenmişti. Babasının sık sık eve gelip kadını taciz ettiğini, sonunda kadının psikolojik olarak çöktüğünü ve bir kliniğe kaldırıldığını biliyordu. Babası da ortalıktan kaybolmuştu. Bildiklerini Ali'yi üzmek için söylemedi. Nasıl olsa, kendisi öğrenir diye düşünüyordu.

"Baban uzun süredir eve gelmiyordu, annenin de bu evden nereye taşındığını bilmiyorum. İstersen onları buluncaya kadar benim yanımda kalabilirsin."

"Teşekkür ederim bayan Schmitz; şimdilik Hasan amcaların yanındayım. Ben arar annemi bulurum, o zaman size de haber veririm."

Çok üzülmüştü Çetin. Utanmasa hüngür hüngür ağlayacaktı. Hasan da Çetin'in ne denli üzüldüğünü görmüştü.

"Burası Almanya, Ali oğlum. Her şeyin kaydı kuydu vardır. Hele bir nefes al, bir-iki gün sonra belediyeye, polise sorar, anne babanın yerini muhakkak buluruz. Hem dede ve nine seni bana emanet ettiler. İstediğin kadar bizde kalabilirsin. Ev büyük, Ahmet ve Gül de seni çok sevdi. Emine kadın ve benim için de kendi çocuklarımızdan farkın yok. Haydi artık üzme kendini."

Almanca, Türkçe "sağol" demekle yetindi Çetin. "Konuşursam kendimi tutamayıp ağlayacağım. En iyisi susmak. Ama başkalarının yanında sığıntı gibi kalmaktan bıktım usandım. Annemi buluruz muhakkak. Yoksa onun da...Böyle kötü şeyleri düşünmemeliyim. Öyle bile olsa bir gençlik yurdunda kalır, okula giderim."

Umutlarını yitiren Çetin birdenbire çökmüş, adeta yaşlanmıştı. Sürekli kendi kendine yineliyordu, "Muhakkak bir yolunu bulup ayakta durmayı başarmalıyım. Kısa bir süre Hasan abilerde kalabilirim ama çok kısa bir süre. Bu ülkede doğduğuma göre, annemin, babamın başına bir şey gelmiş olsa bile tek başıma yaşamanın bir yolunu bulabilirim muhakkak." Bayan Schmitz'in gözleri aklına geldi. "Eskiden hep gözlerimin içine bakar, hep gülümserdi bu yaşlı kadın. Bugün ise hiç gülmüyordu, gözlerini de hep kaçırdı, annemin nerede olduğunu bilmemesi olanaksız, keşke zorlasaydım kendisini. İyi veya kötü annemin, babamın akıbetini polisler ve belediye muhakkak biliyordur.

"Hasan amca birkaç gün beklemeye gerek yok. Yarın gidip polise veya belediyeye annemin, babamın ne olduğunu soralım muhakkak."

"Aceleye gerek yok ama çok merak ettiğini biliyorum. Ben üç, dört gün daha çalışmıyorum. Birlikte her yere gideriz."

123

"Sağol Hasan amca, size de zahmet veriyorum."

"O ne demek, sen bize emanetsin, bizde emanete hıyanet olmaz..."

*

Petra'nın işe gelmediğini gören patronu, evine gidip zile bastı. Ama kapı açılmıyordu. Petra'nın komşusu bayan Schmitz:

"Dün eve geldiğinde sarhoştu, sonra dışarı çıkıp yine içki şişeleriyle döndü. Ben de başına bir şey gelmiş olmasından korkuyorum" dedi. Hemen polise haber verdiler. Petra mutfakta sızmış kalmıştı. Hâlâ kendinde değildi. Polisler ambulans çağırıp Petra'yı hastaneye kaldırdılar. Hastanede de biraz kendisine gelince, titremeye, terlemeye başlamıştı. İçki istediğini gören doktorlar kendisini psikoloji kliniğine gönderdiler.

Götürüldüğü yer aslında çok ağır hastaların olmadığı bir akıl hastanesinden başka bir yer değildi. Getirildiğinde halini gören doktorlar, onu kilitli bir bölüme almışlar ve sürekli gözaltında tutmaya başlamışlardı. Aldığı ilaçlarla birkaç gün sonra kendisini biraz toplamıştı. Doktorlar uzun uzadıya konuştular, tedavi olmak istiyorsa kapalı kısımdan alıp, tehlikesiz hastaların kaldıkları bölüme koyacaklarını belirttiler. Hemen kabul etti Petra ve aylar süren bir tedavi süreci başladı.

Kendi kendine sürekli "unutmak" istediğini yineliyor ama neyi unutmak istediğini bile anımsamıyordu. Hastalar, resim veya kilden heykelcikler biçimlendirerek tedavi ediliyordu. Petra hep çocuk resimleri, kilden bebekler yapıyordu. Ama bunları niye yaptığını, oğlu Ali'yi bile anımsamıyordu.

124

*

Çetin bir an evvel hiç olmazsa annesini bulabilmek için deli gibi bir arzu duyuyordu. Gece yine uyuyamamış, sabaha kadar annesini hayal etmişti. Sabahın köründe ayaklandı. Herkes uyuyordu, utanmasa Hasan ağabeyini kaldırıp "Haydi gidelim," diyecekti. Biraz sonra uyanan Hasan, Çetin'in ortalıkta dolaştığını görünce:

"Tamamdır Çetin evlâdım, anneni bulmadan bize rahat yok. Haydi giyin, önce polise gidelim, kahvaltımızı sonra yaparız." Çok sevinmişti Çetin:

"Seni de üzüyorum ağabey, ama dediğin gibi, annemle ilgili doğru dürüst haber almadan sanırım uyku bile uyuyamayacağım."

Gittikleri polis merkezinde dertlerini anlatsalar da, görevli polisler ilgi göstermedi:

"Siz önce annesinin son oturduğu bölgenin polisine gidin; ancak onlar size bilgi verebilirler" dediler. Hemen Çetin'lerin evinin yakınındaki polis merkezine gittiler. Ama Petra hakkında bilgi almaları çok zor oldu. Çetin'in kimliğini gören polisler yaşı küçük olduğu için bir başka tanışını getirmesini istediler. Hasan oradaydı ama akrabası olmadığı için ona da bilgi vermek istemiyorlardı. Sonunda belediyeye gitmeleri gerektiğini, ancak sosyal yardım kuruluşunda kendilerine yardımcı olunabileceğini söylediler. Uzaktı belediye; hem Köln'de bir çok belediye vardı, hangisine gideceklerdi? Polisler bu konuda kendilerine yol gösterip, gitmeleri gerekli olan belediyenin adresini verdiler. Aslında Çetin'in kimliğine baktıklarında, Petra'yı ve kocasını kayıtlardan bulmuşlardı. Ama çoktan vefat etmiş olan İbrahim'in belâlı işlere bulaştığını bildikleri için, Hasan'a, İbrahim'in arkadaşı olabilir düşüncesiyle bilgi vermek istememişlerdi.

Belediyede, sosyal yardım kurumundan bilgi almaları çok zor oldu. Çetin'e Alman kimliği olmasına rağmen yaşı küçük olduğu için bilgi vermek istemiyorlardı. Hasan'ın noterden vekâletname alması şartıyla bilgi verebileceklerini belirttiler. Öğlen olmuştu. Noter bulmaları, vekâletname çıkartmaları, tekrar belediyeye gelmeleri için saatler geçti. Yine bir gün sonraya kalmışlardı. Çetin "Allah'dan Hasan ağabey var; yoksa ne yapardım?" diye düşünüyordu. Çetin'in yine dalıp gittiğini gören Hasan:

"Çetin üzme kendini, biz burada olduğumuz sürece hiç merak etme. Anneni buluruz, istersen hep bizde de kalabilirsin, ne güzel iki oğlumuz olur bizim de. Yarın cuma işlemleri yetiştirmezsek, işyerinden birkaç gün daha izin alırım, hiç merak etme" dedi. Fuat ağabeyi gibi, Hasan'ı da çok sevmişti Çetin, gidip sevgiyle sarıldı Hasan'a:

"Sağol ağabey ama ben artık büyüdüm; annemi bulup kendi yaşantımı kendim kurmak istiyorum." Kendi oğlu ve Çetin'in yaşındaki diğer çocukları düşünen Hasan,

"Üç sene içinde yaşadıkları bu çocuğu ne kadar olgunlaştırmış," diye içinden geçirdi.

Bir gün sonra erkenden belediyedeydiler. Bu konuda hangi dairenin görevli olduğu konusunda bir karışıklık vardı. Bir kaç saat git gelden sonra Çetin'in ağlamaklı olduğunu gören yaşlı bir kadın memur yardımcı olmaya karar verdi. Çetin'in verdiği bilgiler doğrultusunda incelemesini bitiren memur ikisini de odasına alarak durumu açıkladı:

"Nasıl olsa öğreneceksin, en iyisi bir an evvel öğrenmen. Ali üzülerek belirtmeliyim ki, baban vefat etmiş. Nasıl, nerede? Bunları biz bilmiyoruz. Bu konuda ancak kriminal polis size bilgi verebilir. Annene gelince, yaklaşık bir senedir bir psikoloji kliniğinde tedavi görüyormuş." Annesinin yaşadığını duyan Çetin rahat bir nefes

almıştı. Babasının ölümü ise onu çok etkilememişti:

"Peki annemi görebilecek miyim? Kaldığı kliniğin adresini verebilir misiniz?"

"Bu konuda ben yetkili değilim, ama bana birkaç saat süre tanırsanız öğrenir, size bilgi veririm. Sanırım anneni ziyaret etmene klinik karşı çıkmaz."

Dışarı çıkıp beklemeye başladılar. Çetin her on dakikada bir "Belki öğrenmiştir, haydi içeri girip soralım" diyordu. Çaresiz kalan Hasan:

"Çetin evlâdım, bu Almanları sen de çok iyi biliyorsun, bir iki saat dediyse beklememiz gerekir. Hem bu kadını kızdırmayalım; gördüğün gibi gönüllü olarak bize yardımcı oluyor. En iyisi biz gidip karşıdaki kahvede birer çay içelim" dedi.

Bir saat sonra döndüklerinde Çetin deli bir heyecanla kapıyı çaldı:

"Gelin, gelin ben de sizi bekliyordum" dedi saçları bembeyaz olan yaşlı memur." Annen Köln'deki bir klinikte kalıyor. Senin ziyaret etmenin bir mahzuru yokmuş, yalnız kimliğini muhakkak ziyarete gittiğinde yanında götür." Hasan ve Çetin kadın memura çok teşekkür ederek yanından ayrıldılar.

Yolda Çetin hep tırnaklarını yiyordu. Çok eskiden var olan bu alışkanlığı yüzünden okulda, özellikle de Türkiye'deki okulda öğretmeninden çok azar işitmişti. Hasan Çetin'in sinirle tırnaklarını yemeye çalıştığını görünce:

"Biraz sakin olmaya çalış, annen seni böyle görürse üzülür. Tırnaklarını da yeme, zaten yiyecek tırnağın da kalmamış" dedi. Çok utanmıştı Çetin ellerini saklamaya çalıştı.

Kliniğe girmek, dertlerini anlatmak çok kolay olmadı. Uzun süre

127

uğraştıktan sonra bir doktorun odasına kabul edildiler. Ak saçlı, uzun sakalları olan babacan birisiydi doktor. Çetin ve Hasanla uzun uzadıya konuştu:

"Bak evlâdım, annen çok şiddetli bir depresyon geçirmiş. Biz bir evlâdı olduğunu öğrenmiştik, demek sensin. Annen bilinç altında bir evlâdı olduğunu bilmekle birlikte bu konuda ne konuşmak, ne de o günleri anımsamak istiyor. Bir seneye yakındır burada kalıyor. Seni anımsarsa çok hızlı bir iyileşme sürecine girer. Ama şunu iyi bil, başlangıçta sanırım anımsamayacaktır. Ama sen sürekli ziyaretine gelirsen, bizim de telkinlerimizle seni anımsamasını sağlayabiliriz. O zaten bir şeyleri unuttuğunu biliyor ama unuttuğu şeyin ne olduğunu çıkaramıyor. Sen anneni ziyaret ederken yanında terapist arkadaşımız da olacak, o da sana yardım edecektir. Hasan bey ziyarete girmesin, kocasıyla olan sorunları az çok biliyoruz. Böyle esmer bir erkeği görünce eski dertleri depreşebilir, en iyisi sen yalnız konuşmaya çalış."

Çetin'i aldıkları odada annesinin terapisti olduğunu söyleyen genç, güzel bir kadın vardı:

"Ali evlâdım, biz burada hastalara resim veya kilden heykeller yaptırarak onları rahatlatmaya çalışırız. Annen bu seanslarda hep küçük çocuk resmi veya heykeli yapmaya çalışırdı. Buna rağmen bir çocuğu olduğunu hiç kabul etmedi. Seni görünce de çocuğu olduğunu, sanırım, hemen kabullenmeyecektir. Ama sabırlı olursak ve seni anımsarsa hızla iyileşecektir. Bunun bir süre alacağını, belki aylarca süreceğini bilmelisin. Birlikte geçirdiğiniz güzel anları anlatırsan seni anımsamasını kolaylaştırmış olursun"

"Tamam dikkat ederim ama belki de hemen beni hatırlar, o zaman annem klinikten çıkabilir mi?"

"Böyle olacağını sanmıyorum. Ama seni tanısa bile tedavisi daha bir müddet sürecektir. Şimdi anneni getiriyorum. Aşırı hareketler

yapmamaya, en önemlisi ağlamamaya çalış tamam mı?"

Ayağa kalkan Çetin odada dolaşmaya başladı. Biraz sonra Petra, terapist kadınla birlikte içeri girdi. Terapist:

"Bak Petra sonunda oğlun Ali'yi bulup sana getirdik. Haydi sarıl oğluna."

Terapistin söylediklerini duyan Çetin sakince gidip annesine sarıldı. Ama Petra hiç bir reaksiyon göstermedi. Buz gibiydi. Sarılmadı Çetin'e. Zayıflamıştı, hem de çok; bomboş gözlerle bakıyordu. Eskisi kadar bakımlı olmadığı hemen gözüne çarpmıştı Çetin'in. Saçları çok kısaydı. Oysa hep uzun olurdu annesinin saçları ve her gün işe gitmeden önce özenle tarar ve örerek bağlardı. Yüzü de solgundu. Çetin geri çekilip annesini süzdükten sonra:

"Anne, beni tanımadın mı?" dedi. Hiç bir yanıt vermedi Petra sadece dikkatle bakmakla yetindi. Hasta olmasa da zor tanırdı Çetin'i. Üç sene evvel babası alıp köye götürdüğünde sekiz yaşlarında ama yaşından çok daha küçük gösteren, simsiyah saçları, bembeyaz teni olan bir çocuktu. Şimdi ise gerek köyde geçirdiği günler, gerekse balıkçılık nedeniyle boyu uzamış, kollarında, bacaklarında sımsıkı kasları olan bir delikanlıydı. Üstelik teni de çok koyulaşmıştı. Eskiden "r" harfini doğru dürüst söyleyemez kimi zaman kekelerdi. Şimdi ise sözcüklerin üstüne vurgu yaparak, kendisine emin bir delikanlı olarak konuşuyordu.

"Sen beni hep nedense küçükken Aldo, diye severdin, o harfini uzatarak hep 'Aldoo' derdin anımsadın mı?"

Petranın gözlerinde bir ışıltı dolaştı. İlk kez konuşuyordu:

"Yok anımsamıyorum." Petra'nın kızmaya başladığını gören terapist kadın müdahale etmek gereğini duydu:

"Pekalâ, bugünlük bu kadar yeter; yine gelirsin Ali, haydi biz çıkalım artık."

Dışarda Ali'yi uyaran terapist:

"Dikkat ettiysen hem konuştu, hem de reaksiyon gösterdi. Ama acele etmeyelim. Bir dahaki gelişinde annenle geçirdiğin güzel bazı anıları anlat."

"Tamam, çok güzel günlerimiz oldu. Onları gelecek sefer sırayla anlatırım."

Dışarda heyecandan ne yapacağını bilemiyordu.

"Bugün beni tanımadı. Ama ayrılırken gözlerine baktım, eskiden beni sevdiği anlardaki gibi bakıyordu. Umarım, sık sık gelirsem beni anımsayacak. İyi olursa tekrar evine gelir değil mi, Hasan amca? Ben de okuluma giderim."

"Elbette Ali evlâdım, sen güçlü bir çocuksun bu güçlükleri yeneceğinden eminim."

"Sizler olmasaydınız ben kimbilir şimdi nerelerde serserilik yapan bir çocuk olurdum. Eve gider gitmez Fuat ağabeyime, Berfin'e mektup yazıp annemi bulduğumu bildireceğim."

Bir yandan sevinçliydi Çetin, bir yandan ise üzgündü. Her şeye rağmen annesinin sağ olduğuna şükrediyordu. "Bir süre sonra beni anımsayacak, tekrar evimize dönecektir muhakkak. Ama o zamana kadar ben ne yapacağım? Hasan amcalar çok iyi insanlar ama başkalarına yük olarak yaşamak istemiyorum artık. Yarından tezi yok belediyeye gider bir çare ararım. Bildiğim kadarıyla benim gibi kimsesi olmayanların kalabileceği gençlik yurtları var. Bunlardan birine yerleşir, öte yandan da okuluma giderim." Eve gidinceye kadar sürekli olarak gelecekte ne yapacağını kurdu.

Gül ve Ahmet sabırsızlıkla bekliyorlardı. Çetin'in annesine ne olduğunu onlar da çok merak ediyordu. Çetin olanları anlattı. Gül hepsinden çok sevinmişti:

"Muhakkak iyileşecektir, ama annen iyileşinceye kadar bizde kal olur mu?"

"Sağol" demekle yetindi Çetin. Sonra da oturup Berfin ve Fuat ağabeyine annesinin durumunu anlatan birer mektup yazdı.

*

Çetinler gittikten sonra, sürekli somurtuyor, çok zorunlu olmadıkça konuşmuyordu Berfin. Postacı mektubu getirince açıp okumaya çalıştı. Çetin ağabeyinden geldiğini görünce dünyalar onun olmuştu. Zıp zıp zıplıyordu.

"Biliyordum, Çetin ağabeyimin beni unutmayacağını biliyordum. Bak, annesini de bulmuş. Gittiği iyi oldu değil mi, nine? Belki tekrar gelir, yine onu görürüz değil mi, dede?" Berfin'in sevincini gören dedesi de çok sevinmişti.

"Görürsün elbette, hele biraz büyü bir çaresini buluruz." Dede içinden, 'bu kızcağız biraz daha büyüyünce onu da Almanya'daki tanışların yanına göndermek her halde en doğrusu olacak' diye geçirdi. Mektubu cebine sokuşturan Berfin:

"Ben Fuat ağabeye gidiyorum, Çetin'in mektubunu ona da göstereceğim" diyerek sokağa çıkıp koşmaya başladı. Fuat da onlara doğru geliyordu. Berfin'in koştuğunu görünce durdurup sarıldı:

"Nereye güzel kız, acelen ne?"

"Sana geliyordum Fuat ağabey."

"Ben de sana geliyordum; Çetin mektup göndermiş onu size okuyacaktım."

"Bana da göndermiş; ben de sana onun mektubunu göstercektim."

Sarı kırmızı boyalı sandala oturup mektupları okumaya başladılar.

"Ooo Fuat ağabey, senin mektubun çok daha uzun. Ama aynı şeyleri anlatmış."

"Güzel Berfin Çetin ağabeyin, herhalde ikimize de yaşına ve boyuna bakarak mektup yazmış."

"He, hee dalga geçme. Çetin ağabeyi özlüyor musun? Ben çok özlüyorum."

"Özlemez olur muyum, hem de nasıl?"

"Fuat ağabey, sandalına baksana çok kirlenmiş, Çetin ağabey burada olsa tertemiz olurdu."

"Sen buradasın ya, işte bezler, fırçalar. Artık sen temizlersin."

"Ben temizlemem."

"Niye? Koca kız oldun, okula da gidiyorsun."

"Temizlemem çünkü sen beni hiç sandalına bindirmiyorsun."

"Sen temizle söz, bindireceğim."

"Ben temizlerim hemi de çok güzel temizlerim ama bana da balık tutturursan."

"Tamam sen temizle, balık da tutmaya çıkacağız. Ama nineyle, dedeye söylemeyeceksin, söz mü?"

"Söz; gör bak nasıl tertemiz yapacağım sandalı."

"İyi o zaman, benim işim var, gidiyorum. İşte sandal, bunlar da fırçalar, bezler kovalar, yalnız çok dikkat et denize düşme."

"Düşmem korkma, ben küçük çocuk muyum ki?"

Fuat üç saat sonra döndüğünde, Berfin kan ter içinde kayığı temizliyordu. Dedesi ise kütüklerin üstüne oturmuş torununu izliyordu. Fuat'ın elinde küçük bir cankurtaran yeleği vardı. Ne ederse

etsin, Berfin'in vazgeçmeyeceğini bildiği için Berfin'e göre bir cankurtaran yeleği bulup getirmişti. Dede'nin sahilde oturduğunu görünce, "Bakalım izin alabilecek miyiz?" diye düşündü.

"Dede, Berfin'e söz verdim, onu biraz sandala bindireceğim."

"Gurban o bize son emanettir, Allah esirgeye bir şey olursa ne yaparız? En iyisi vaz geçirelim."

"Vaz geçeceğini sanmam, aylardır bu günü bekliyor, yine de bir deneyelim."

Dedesi ne yaparsa yapsın, ne söylerse söylesin vazgeçmiyordu Berfin. Ağladı, tepindi sonunda ikna etti yaşlı adamı.

"İstersen sen de gel amca, zaten açılmayacağım beş-on metre ilerde sandalı eyleyeceğim; maksat Berfin'in gönlü olsun."

"Yok oğul sağolasın, ben kayığa binsem hem korkarım, hem midem bulanır. Burada oturur size bakarım."

Fuat can kurtaran yeleğini Berfin'e giydirdikten sonra uzun uzadıya, tekrar tekrar anlattı:

"Hiç ayağa kalkmayacaksın, sallanmayacaksın. Hep aynı yerinde oturacaksın, tamam mı?" Balık tutamayacağını biliyordu ama yine de hevesini alsın, diye eline üstünde iki iğne olan bir olta tutuşturdu.

"Bu oltayı denize açılınca sarkıtacağız. Sonra aşağıdaki ipi ara sıra çekip yine bırakacaksın. Balık takılırsa ağırlaştığını hissedersin, o zaman yukarı çek, ucunda da balık varsa hiç kımıldama, ben balığı çıkarırım, söz ver hiç ayağa kalkmayacaksın, tamam mı?" "Tamam" dedi Berfin. Tam bir heyecan küpüydü. Sandalı şamandıradan çözen Fuat motoru çalıştırmadan kürek çekerek onbeş metre kadar açıldı. Berfin'i tutabileceği bir mesafeye oturtmuştu.

"Haydi bakalım, oltanı salla aşağıya." Berfin tüm dikkatini elinde-

133

ki çapariye vermiş, Fuat ağabeyinin dediği gibi biraz yukarı çekip yine bırakıyordu. Elindeki misinanın ağırlaştığını hissedince:

"Balık geldi herhal çekeyim mi ağabey?" diye bağırdı.

"Çek bakalım" dedi Fuat. Küçük çaparinin ucunda iki istavrit vardı. Balıkları gören Berfin bas bas bağırmaya başladı:

"Bak, dede gördün mü, balık tuttum, hemi de iki tane."

Fuat ağabeyinin tembihleri olmasa zıp zıp zıplayacaktı. Ama kımıldamadı. Balıkları oltadan çıkaran Fuat:

"Haydi rast gele, beş dakikada ilk balığını tuttun." Yarım saat kadar daha oyalandılar. Berfin'in şansına denizde çok istavrit vardı. Tam yedi balık tutmuşlardı. Sahile geldiklerinde Berfin sevinçten zıplıyordu.

"Bu balıkları nineme götüreceğim, çok taze hemen pişirsin yiyelim."

"Dur" dedi dede. "Deli kız, şimdilik ninene söylemeyelim, benim başımın etini yer. Hele biraz zaman geçsin alıştıra alıştıra söyleriz. Sen balıklarını bana ver, ben Fuat ağabeyinin verdiğini söylerim" dedi.

"Dede bu kadar az balıkla gidilmez ayıp olur. Ben Pala'nın önündeki taze balıklardan biraz daha getireyim, eve öyle gidersiniz" dedi.

Evde Berfin'i gören ninesi sevindirici bir şey olduğunu hemen anlamıştı. Böylesi anlarda hep Kürtçe konuşurdu:

"Ne oldu kız? Niye böyle neşelisin?" Berfin, az daha "Bu balıkların yarısını ben tuttum" diyecekti. Dedesinin tembihini hatırlayıp:

"Çetin ağabeyin mektubuna sevindim, sen sevinmedin mi? Fuat ağabeye de göndermiş."

"Elbette sevindim çakır gözlüm, elbette sevindim, sevinmez olur muyum?"dedi. Sonra da içine kapandı, karardı. "Ne olacak bu güzel kızın hali, iki ihtiyarın arasında? Çetin gitmeseydi ne iyi olacaktı. Bir başka yol bulmalıyız, bir başka yol ama nasıl?" diye her zamanki gibi kendi kendine kahretti.

Bir gün sonra Fuat balıktan dönmüş, livardaki balıkları kovaya dolduruyordu. Berfin belli ki, sahilde sandalın dönmesini bekliyordu.

"Fuat ağabey, ben yine sandalı tertemiz yaparım sen git dinlen" dedi. "Tamam ama bugün tekrar balık tutmak, denize açılmak yok, tamam mı?"

"Tamam" dedi Berfin. "Başka gün tutarız." Fuat, ustası Karga Hasan'ın dediğini anımsadı. "Denizin cini vardır, bir kere bu cin içine girdi mi, artık ne yapsan boş, çıkaramazsın." "Bu kızcağıza da kötülük yaptım sanırım, daha ilk günden deniz cini içine girdi, bakalım çıkarabilecek miyiz?" Ama cini çıkarmanın çok zor olacağını, belki de olanaksız olduğunu anlaması için bir ay geçmesi gerekecekti.

Berfin günlerce Fuat'ın dönmesini sahilde bekliyordu. Sonra sorular başlıyordu:

"Bugün hangi balıkları tuttun? Kaç tane tuttun? Hiç kılıç balığı tuttun mu? "

Fuat sabırla soruları yanıtlıyordu. Berfin ise sadece soruların yanıtlarıyla tatmin olmuyor, livardaki balıkları muhakkak görmek istiyordu. Çoğu zaman sandala atlayıp, livardaki balıkların satılmak için kovaya doldurulmasına yardım ediyordu. Önceleri canlı balıkları tutmaktan korkan Berfin bu korkusunu da yenmişti. Büyük küçük, Fuat ağabeyinin tuttuğu balıkları eliyle tutup kovaya koymayı seviyordu.

135

Olanlar olmuş, bir ay sonra tan vakti Berfin'i sahilde kendisini beklerken bulmuştu Fuat. "Eyvah" dedi içinden. "Eyvah ki, ne eyvah! Bu kızın içine deniz cini öyle bir girmiş ki, bakalım ne yapacağız?"

"Berfincim günaydın, bak daha güneş bile tam doğmadı ne yapıyorsun bu saatte sahilde?"

"Hiiç, bugün okul yok. Senin balığa çıkmanı görmek istedim. Hem belki bir gün beni de..."

"Ne düşündüğünü çok iyi biliyorum, aklından çıkar. Seni sandala aldığımı duysalar, görseler hemen gider şikâyet ederler, benim balıkçılık yapmam da yasaklanır. Doğru eve. Dedeyle, nine görseler benimle bir daha konuşmazlar." Ağlamaya başlamıştı Berfin:

"Ama Çetin'i balığa götürüyordun; o da çocuk değil mi?"

"Sus, güzel Berfin, ne olursun sus. Görenler ne diyecek. Sabahın köründe sandalın başında bu çocuğu kim ağlatıyor, diye düşünecekler. Hadi gözünü seveyim eve git."

"Tamam gideceğim, ama söz ver, başka bir gün beni de balık tutmaya götüreceksin." Ne diyeceğini şaşırmıştı Fuat. Söz verse, biliyordu yerine getirmezse başının etini yiyecek, her sabah soluğu burada alacaktı. Söz vermese buradan ayrılmayacak, ağlayıp ortalığı velveleye verecekti.

"Tamam" dedi Fuat. "Seni bir kere balığa çıkaracağım, ama bir kere söz ver bir daha istemeyeceksin tamam mı?"

"Tamam, söz. Bugün gelecek miyim?"

"Bugün olmaz ben sana balığın çok olduğu bir gün söyleyeceğim. Şimdi doğru eve."

Eve doğru giden Berfin ileride ninesinin deniz kenarında oturduğunu görünce çok korktu. "Acaba kendisini aramaya mı çıkmıştı?

136

Öyle olsa yanımıza gelirdi. Ne yapıyor orada? Neyse o göremeden ben eve gireyim."

Okulun olmadığı her gün Berfin sabahın köründe sandalın başındaydı. Havanın durgun, boğazın dalgasız olduğu bir sabah:

"Haydi gel bakalım, ama dediklerimi unutma. Oturduğun yerden kalkma. Oltana balık takılırsa ben çıkaracağım, tamam mı?"

"He, hee tamam" dedi. Kıpır kıpırdı içi. Bu kez ucunda daha fazla iğne olan bir çapari vermişti Fuat ağabeyi.

Cankurtaran yeleğini de giydirmiş, yanı başına oturtmuştu. Fazla açılmadan, motoru çalıştırmadan, kürek çekerek elli metre kadar açılıp çaparilerini sallandırmışlardı. Hemen de oltalarına istavrit takılmaya başlamıştı.

Berfin de üç, beş, on, bir sürü istavrit tutmuştu. Oltasını yukarı çekmeden:

"Bak bir tane daha takıldı, üç oldu" diye bas bas bağırıyordu.

"Tamam bağırma, balıkları kaçıracaksın."

"Balıklar denizin altında beni duyarlar mı ki?"

"Elbet duyarlar, sessiz ol." Sesini kesen Berfin tüm dikkatini elindeki oltasına toplamıştı.

"Olta çok ağırlaştı Fuat ağabey, vallahi bu sefer istavrit değil."

"Tamam acele etme, yavaş yavaş çek bakalım çaparini." Oltanın ucunda çırpınan gerçekten de istavrit değil, levrekti. Levreği gören Berfin, tüm uyarıları unutmuş, ayağa kalkıp zıp zıp zıplayarak:

"Yaşasın, koca bir levrek tuttum" diye bağırmaya başlamıştı. Ne var ki, zıplayınca sandal sallanmaya başlamış, Fuat Berfin'i tutamamış ve küçük kız denize düşmüştü. Üstündekilerle Fuat da

boğaza atladı. Allahtan Berfin'in üstünde cankurtaran yeleği vardı. Suya batmamıştı.

"Kımıldama, korkma ben seni şimdi sandala çıkarıp eve götüreceğim" diyen Fuatı duymuyordu Berfin. Çok su yutmuş, neredeyse kendinden geçmişti. Tekrar sandala çıkmaları zor olmadı. Sabahın köründe deniz de, hava da oldukça soğuktu. Berfin konuşamıyor, tir tir titriyordu. O güzel çakır gözlerini kocaman açmış Fuat ağabeyine bakıyordu. Fuat Berfin'i çırçıplak soyup, baş altından eksik etmediği battaniyeyle sımsıkı sarıp, motoru çalıştırarak hızla sahile gitti. Sandalı bile bağlamadan sahile çıkan Fuat dedelerin evine koşturdu. Dede de Berfin'i evde göremeyince dışarı çıkmış, sahile doğru geliyordu. Kucağında Berfin'le koşturan Fuat'ı görünce çok korkmuş Türkçe, Kürtçe bağırmaya başlamıştı:

"Sağ mı? Doğru söyle sağ mı?" Hâlâ dişleri birbirine vuran, titreyen Berfin:

"Oynarken denize düştüm, Fuat ağabeyim kurtardı" deyince biraz sakinleşen dede, "şimdi bizim ihtiyara ne diyeceğiz," diye kara kara düşünmeye başlamıştı.

Olanları hissetmiş gibi, onları kapıda bekliyordu nine. Berfin'i çıplak, battaniyeye sarılı görünce acılı bir ağıt tutturdu. Saçını başını yolmuyor, bağırıp çağırmıyor ama sallanarak ağıt yakıyordu. Berfin'in sağ olduğunu, hatta konuştuğunu görünce biraz sakinleşip, Berfin'i kuruladıktan sonra giydirmeye başladı. Berfin'i giydirip yatıran nine ayakta üstünden sular damlayan Fuat'ı yeni görmüş gibi:

"Fuat evlâdım sen de üşümüşşündür; soyun da dedenin giysilerinden birşeyler vereyim, giy" dedi.

"Sağol ana" dedi Fuat." Ben bir koşu eve gider giyinir gelirim."

Geri döndüğünde, evde mis gibi nane, kekik kokusunu duydu.

Berfin dalgın uyuyordu. Ateşinin olup olmadığına baktı. Çok azdı.

"Doktor çağıralım mı nine? Çok az ateşi var Berfin'in."

"Gerek yok, hele şu hazırladığım çayı içsin, düşmezse o zaman çağırırız. Hem sen de otur iç bu çaydan, sen de üşütmüşsündür." Bir sandalyenin köşesine ilişen Fuat:

"Acaba Berfin'in nasıl denize düştüğünü soracak mı? Sorarsa ne derim" diye korkuyla bekliyordu. Ama hiçbir şey sormadı yaşlı kadın.

"Çetin gitti gideli bu kıza bir şeyler oldu. Aklı fikri senin sandalında; gözünü severim dikkat et evlâdım."

"Tamam nine dikkat ederim" diyen Fuat sandalı şamandıraya bağlamadığını anımsadı.

"Ben herhalde sandalı bağlamayı unuttum; bir koşu bakıp geleyim" diye fırladı.

Fuat gider gitmez tüm kızgınlığını dededen çıkarmaya başlamıştı:

"Gidelim adamım, gidelim bu bilmediğimiz yerlerden. Bak, bu deniz, sevemediğim deniz az daha Berfin'imizi elimizden alacaktı. Gidelim köyümüze dönelim."

"Kadın köy mü kaldı? Ev mi kaldı? Nereye döneceğiz?"

"Olsun, iki göz bir ev yaparız yeniden."

"Haydi yaptık diyelim, köyde kimse kalmadı ki, nasıl geçineceğiz? Köyün çeşmesini bile kırıp paramparça ettiler. Gitmeye gidemeyiz ama bu Berfin'imiz ne olacak?"

"Aklından geçenleri biliyorum. Bu yavrucağı da Almanya'ya akrabaların yanına gönderelim, bari o kurtulsun, diyorsun değil mi?"

"Sonra konuşuruz, sen yavrucağıza bak bakalım, ateşi düşmüş

139

mü?" Ateşi düşmüştü Berfin'in. Hatta kalkıp gitmek istiyordu. Olanları duyan Ayşe de gelmişti:

"Doktor çağıralım mı ne dersiniz?"

"İyiyim Ayşe abla, doktor falan istemem" diye seslendi Berfin. Ateşinin düştüğünü gören Ayşe, Berfin'in yanına oturup ona sevdiği bir masalı anlatmaya başladı.

Sahile giden Fuat sandalını bağlamadığını anımsadı. Akıntı alıp götürmüştü. "İnşaallah kötü insanların elin geçmez. Sahil güvenlik veya başka balıkçı arkadaşlar bulursa getirirler veya bir şamandıraya bağlarlar. En iyisi sahil güvenliğe gidip sormak." Bir taksi bulup doğru sahil güvenliğe giden Fuat, sandalın iskeleye bağlı olarak durduğunu görünce rahat bir nefes aldı. Güvenlikçiler kendisini tanıyordu. Birkaç kâğıt imzalattıktan sonra sandalı kendisine teslim ettiler. Sandala atlayıp geri dönerken "İyi ki, daha kötü bir şey olmadı" diye düşünüyordu. Çetin gittikten sonra bu çocuğu ne kadar sevdiğinin ayrımına varmıştı.

Onun cesaretine, kararlılığına, dahası, o yaşta bilgisine ve umudunu yitirmemesine hayran olmuştu. "Belki de Çetin'in boşluğunu Berfin'in doldurmasını istedim, ama büyük bir hataydı bu" diye düşünüyordu. Sanki denize, balıkçılığa karşı bir isteksizlik belirmişti içinde. "Belki geçinecek, karnımı doyuracak başka bir iş bulurum" diye düşünerek şamandıraya sandalı bağladıktan sonra Berfin'in yanına gitti.

Ninesi mutfakta yine o meşhur mis kokulu çorbasından yapıyordu. Berfin sarıldığı Fuat ağabeyine:

"Ben balık tutarken denize düştüğümü nineme söylemedim, sen de söyleme olur mu?" dedi. Oysa nine olup bitenin çok iyi farkındaydı ama bağırıp çağırmaktansa, sessiz kalırsa Fuat'ın Berfin'i bir daha balığa çıkarmayacağını çok iyi biliyordu. Ayşe de hâlâ evdeydi. Ama Fuat'la konuşmuyor, mavi gözlerinde öfke kıvıl-

140

cımlarıyla bakıyordu Fuat'a. Berfinle balığa çıktığını duyunca "Bu çocuğun içine de - Çetin gibi - deniz cini sokacak bu Fuat" diye çok kızmıştı. Çocuğun denize düştüğünü duyunca öfkesi katmerlenmişti. "Sonra hesaplaşırız" diye şimdilik sessiz kalmayı tercih etmişti.

*

Çetin Almanya'da okula giderken sınıflarında annesi, babası olmayan bir çocuğun yurtta kaldığını biliyordu. "Ben de böyle bir yurtta kalıp okuluma devam ederim. Hasan amcalar çok iyi insanlar ama onların yanında uzun süre kalmayı hiçbir zaman istemem. Muhakkak bir yolunu bulup kendi ayaklarımın üstünde durmalıyım. Hem annem de muhakkak iyi olacak ve o klinikten çıkacaktır. Küçük bir ev tutarız; belki ben de hem okur, hem de para kazanacak bir şeyler yaparım."

Hasan amca işe başlamıştı. Okulların başlamasına daha onbeş gün vardı. Hasan amca "Bizde kalırsın" diye ısrar edip, çocukların okuluna Çetin'i de yazdırmaya niyetlenmişti ama Çetin istemedi. Hasan amca işe gittikten sonra birlikte kahvaltı ettiler. Çetin: "Benim belediyeye gitmem gerekiyor" diye ayaklandı.

"Acelen ne oğlum, Hasan amcanla beraber giderdin" dedi Emine kadın.

"Gerek yok teyze ben yolu biliyorum; tramvayla gider gelirim."

Çetin belediyede kime başvuracağını bilmiyordu. "Sora sora elbet bir yol göstereni bulurum" diye düşünüyordu. Alt katta danışmadaki memura derdini anlatmaya çalıştı. "Böyle bir sorunla hiç karşılaşmadım" diyen memur düşünmeye başlamıştı. Sonunda:

141

"Sen ikinci kattaki sosyal yardım bürosuna başvur; onlar belki sana yardımcı olur" dedi. Sosyal yardım bürosunda mızmız bir memur vardı. Çetin'in anlattıklarına inanmamış gibi ters ters bakıyordu. Ondan sonra sonu gelmeyen sorular peş peşe geldi. "Ne zaman Türkiye'ye gittin? İlgili makamlara niye haber vermediniz? Şimdi annen baban nerede? Nerede kalıyorsun? Geçimini nasıl sağlıyorsun?" adam o kadar çok soru soruyordu ki, tüm soruları sabırla yanıtlayan Çetin, baktı ki adamın susacağı yok:

"Lütfen, bana nasıl yardımcı olabileceğinizi, ne yapmam gerektiğini söyler misiniz?" dedi. Bu kez soru sormayı bırakan, sürekli sakallarını yolacakmış gibi çekiştiren adam:

"Sen en iyisi gençlik dairesine git; onlar belki sana yardımcı olabilir" dedi.

Müthiş sinirlenmişti Çetin:

"Madem gençlik dairesine gönderecektiniz, yarım saattir bu soruları niye sordunuz?" demeden duramadı. Sinirlenen adam âdetâ bağırıyordu:

"Şuna bak bacak kadar boyuyla söylediğine bak..." gibi laflar ediyordu. Ama daha fazla dinlemek istemeyen Çetin kapıyı biraz sertçe çekip çıktı. Kapının sertçe çekildiğini duyan adam, koridora çıkmış arkasından bir şeyler söylüyordu. "Bu adam başıma belâ olacak, en iyisi kaçmak" diye düşünerek asansöre bindi. Gençlik dairesini sora sora bulması zor olmadı. Ama kapıyı çalmadan önce aklına, annesinin bulunmasında kendisine yardımcı olan yaşlı, iyiliksever kadın memur geldi. "Önce ona sorayım, o sanırım daha iyi yol gösterir, iyi bir insandı" diye düşünerek yaşlı kadın memurun kapısını çaldı. Yaşlı olmasına rağmen, çiçekli elbise giyen, hep gülümseyerek konuşan bayan Elizabeth Çetin'i görünce:

"Gel bakalım, anneni bulabildin mi? Nasıl? Seni tanıyabildi mi?" Klinikte olanları bu sempatik kadına anlattıktan sonra, kendi

sorunu anlattı Çetin.

"Elbette senin bir gençlik evinde kalmaya hakkın var. Ama artık biliyorsundur. Bu Almanya'da bir sürü bürokratik işlem yapman gerekir. Seni hemen yarın bir gençlik yurduna yerleştirmek olanaksız. Ama bana biraz zaman tanı, ben senin için en hızlı ne yapılır araştırıp sana bildireceğim."

"Gençlik dairesine başvurayım mı?"

"Sen önce hiçbir şey yapma, seni ciddiye almazlar. Ben önce ne yapılması gerektiğini araştıracağım. En iyisi sen şimdi evine git, yarın öğleden sonra yine gel. Sanırım o zamana kadar ben ne yapılması gerektiğini araştırır bulurum."

"Peki, çok teşekkür ederim" diyen Çetin sevinerek belediyeden çıktı.

Eve geldiğinde Ahmetle, Gül sanki kavga eder gibi televizyonun önüne oturmuş oyun oynuyorlardı. Boyuna birbirlerine bağırıyorlardı. Bu tür oyunları hiç oynamamış olan Çetin ise "Bunlar niye böyle bağırıyorlar" diye düşünüyordu. Emine kadın mutfakta yemek yapmakla meşguldu. Lezzetli yemekler yapıyordu ama bugün Çetin eski günlerde olduğu gibi, patates çipsi ve domuz sucuğu yemek istiyordu. Çocuklar oyunlarına ara verince: "Annenizden izin alırsanız, bugün size patates ve sucuk ısmarlamak istiyorum" dedi.

"Tamam gidin" dedi Emine kadın, "Yalnız domuz sucuğu değil, inek etinden yapılmış sucuktan alın." Çetin'e para vermek istediyse de kabul ettiremedi.

"Benim Türkiye'de kazandığım paralar duruyor; bugün ben almak istiyorum" dedi Çetin. Yolda Gül hiç durmadan konuşuyordu. Normal olarak evde ağzını hiç açmayan küçük kızın bu kadar çok konuşması Çetin'i şaşırtmıştı. Sürekli Çetin'e geçmişte ne yaptığını,

143

şimdi ne yapacağını soruyordu.

"Ahmet belki bizim evden gideceğini söyledi? Niye gidiyorsun? Gitmesen olmaz mı? Senin Almancan çok iyi; bana yardım ederdin. Hem annem babam da seni çok seviyor. Ne olur gitme ha..." Bıcır bıcır konuşan bu küçük kıza ne diyeceğini şaşırmıştı. Kardeşi Ahmet kendisine yardımcı olmasa bu sorular bitmeyecekti.

"Gül bi sus ne olursun. Hem Ali ağabeyinin daha gittiği falan yok."

"Elbette hemen gitmiyorum. Hem gitsem de sık sık gelir senin derslerine yardım ederim, tamam mı?"

"Söz ver."

"Tamam söz. Bak patatesçiye geldik. Sen ne istiyorsun onu söyle bakalım."

"Ben sadece patates istiyorum, keçaplı olsun."

Sucuklarını ve patateslerini alıp sokağa konulmuş sıralara oturarak yemeye başladılar. Gül kola da isteyince ağabeyi itiraz etti.

"Ayıp değil mi? Bakalım Ali ağabeyin parası var mı?"

"Niye ayıp olsun, o da senin gibi benim ağabeyim." İki kardeş ayıp mı, değil mi, diye tartışırken Çetin üç şişe kolayı alıp gelmişti bile. Yolda da hep ertesi gün ne olacağını düşünüyordu. "Ya kabul etmezlerse? Ama muhakkak kabul ederler. Benim gibi çocukları sokağa atacak değiller ya. Kesin bir çare bulurlar."

*

Elizabeth, Çetin'i gülerek karşıladı.

"Gel bakalım Ali evlâdım, gençlik dairesiyle konuştum. Babanın öldüğünü, annenin de klinikte olduğunu araştırıp öğrendiler."

"Yani?"

"Yani, senin gençlik evlerinden birine gitmeye hakkın var. Yarın bana nerede kalabileceğini söyleyecekler." Çok sevinen Çetin Türkiye'de alıştığı gibi kadının elini öpmeye kalktı. Şaşıran yaşlı kadın elini çekince. Çetin Türkiye'de böyle yapıldığını anlattı. Sonra da hoplaya zıplaya evin yolunu tuttu. Evde Hasan ağabeyine gençlik yurduna kabul edildiğini, yarından sonra gideceğini söyledi.

"Evlâdım, sen bize yük olmuyorsun, istediğin kadar kalabilirsin."

"Sağol Hasan amca ama artık kendi hayatımı kendim kurmak istiyorum. Size de sık sık gelirim. Ben inanıyorum ki, annem de iyi olacak, eskisi gibi onunla birlikte yaşayacağım. "

"Seni anlıyorum evlâdım ama söz ver, ne zaman istersen kapımız açık, orayı beğenmezsen gelir istediğin kadar bizde kalabilirsin. Ben seni harçlıksız bırakmam. Para ihtiyacını açıkça her zaman söyle tamam mı?"

"Tamam Hasan amca çok teşekkür ederim. Şimdilik param var. Yurtta da para veriyorlarmış." O gece yine heyecandan doğru dürüst uyuyamadı. Hasan amca sabah erkenden işe gitmişti. Kahvaltıdan sonra artık evden gideceğini söyledi.

"Essah mı, bugün mü?" diyen Gül ağlamaya başlamıştı. Ne söylerse, ne ederse etsin ağlaması durmuyordu. Sonra kalkıp odasına gitti. Emine kadın da, "Acelen neydi be evlâdım? Bak, bir aile gibi yaşayıp gidiyorduk" dedi.

"Emine teyze, sağolun beni kendi evlâtlarınızdan ayırt etmiyorsunuz ama ben artık büyüdüm. Kendi ayaklarımın üstünde durmak

istiyorum. İnanıyorum ki, annem de kısa zamanda iyileşir kendi evimizde yaşarız. Ben sık sık gelirim Gül'e de derslerinde yardımcı olurum. Şimdi müsaade edin belediyeye gideyim. Ben küçük valizimi alıyorum. Bavulumu sonra alırım."

Gözyaşlarını silen Gül tekrar gelip Çetin'e sarıldı. Titremekten konuşamıyordu. Ahmet de sarıldı kendisine:

"Sen gelmezsen ben sana gelirim ona göre, istersen seninle birlikte belediyeye geleyim."

"Sağol Ahmet kardeşim, gelmene gerek yok. Ben yurda yerleşir yerleşmez size tekrar gelirim."

Belediyede bayan Elizabeth, o melek gibi kadın, her şeyi ayarlamıştı.

"Biraz sonra gelip seni alacaklar. Sen koridorda bekle istersen" dedi. Biraz sonra isminin Hamza olduğunu söyleyen, 30 yaşlarında simsiyah saçlı birisi gelip kendisini aldı. Hamza'nın arabasıyla yurda doğru gitmeye başladılar:

"Hangi dilde daha rahat konuşuruz? Türkçe mi, Almanca mı?" diye Almanca sordu.

"Siz nasıl isterseniz" dedi Çetin. "Ben iki dili de iyi biliyorum." Az daha "Kürtçe de anlarım" diyecekti, vaz geçti. Sevecen bir insandı Hamza. Çetinle sohbet ederek yaşam öyküsünü anlamaya çalışıyordu. Dinledikçe hayreti, aynı zamanda hayranlığı artıyordu.

"Gideceğimiz gençlik yurdu çok rahattır; ben ve bir Alman arkadaş size yardımcı olacağız. Sanırım, hoşuna gider. Yurtta kalan arkadaşlarının çoğu Alman değil. Ama onlarla da iyi geçineceğine, hatta onlara Almanca konusunda yardımcı olacağına eminim."

"Kaç kişi var yurtta Hamza ağabey?"

"Seninle beraber on çocuk var. Hemen hepsi senin yaşlarında.

İşte, geldik; haydi in bakalım." İki katlı büyük bir binanın önünde durmuşlardı.

"Önce gel sana yurdu gezdireyim. Çocuklar top oynamaya gittiler. Yakında bir küçük futbol sahası var, biz de kullanabiliyoruz. Burası birlikte oturulan, TV seyredebileceğiniz oda. Yanda da mutfak var. Herkesin odası ayrı. Odaların çoğu üst katta, alt katta da üç oda var. Sen yukarı kattaki bir odada kalacaksın. Hafta arası yemekleri bir kadın yardımcı yapıyor. Hafta sonlarında ise isterseniz kendiniz de yemek yapabilirsiniz? Alman devleti size haftada 20 Euro cep harçlığı veriyor. Elbise, ayakkabı için de senede birkaç kez para alacaksın."

"Hamza ağabey, diğer çocuklar nerelerden gelmişler?"

"Afganistan, Afrika, Suriye'den gelmişler. Zamanla hepsiyle tanışıp yaşam öykülerini öğrenirsin. Sahi, sormayı unuttum, senin annen Alman, baban ise Türkmüş. Peki sen Müslüman mısın?"

"Eyvah bu 'gâvur' sorunu burada da mı ortaya çıkacak?" diye düşündü:

"Hamza ağabey, inan ne olduğumu ben de bilmiyorum. Köyde ninemin yanında kaldığımda âdetâ zorla sünnet ettiler. Herhalde Müslümanım ama bu konuda bir bilgim yok."

"Boş ver kafana takma böyle şeyleri. Burada kalan çocukların hepsi ilticacı ve Müslümanlar; domuz eti konusunda çok hassaslar, bunun için sordum. Yemeklerde hiç domuz eti kullanmıyoruz."

"Ama ben Wurst (Domuz sucuğu) yemeyi çok severim."

"Sen de arkadaşlarına göstermeden dışarıda ye, yoksa olay çıkar." Yukarı kata çıktılar. Hamza Çetin'e odasını gösterdi. Bir köşesinde tertemiz çarşafları, yorganı olan bir yatak vardı. Giysilerin konması için küçük bir dolap, masa, sandalye.

147

"Ali dışarıda, koridorda iki tuvalet ve bir banyo var. Havlu ve şampuan da dolabında. Havlu ve giysilerin kirlenince aşağı kattaki sepete koyarsın, yemeklerinizi yapan görevli kadın onları yıkıyor. Aşağıdan sesler gelmeye başladı. Bazı arkadaşların geldi. Onlarla tanışırsın. Biri hariç hepsi uyumlu çocuklardır. Gine'den gelmiş olan Abdi Fata isimli bir genç var. 'On altı yaşımdayım' diyor ama sanırım daha yaşlı. Afrika'da çocuk savaşçıymış. Savaşa da girmiş. Ona karşı dikkatli ol. Zaman zaman saldırgan tavırları var. En iyisi mesafeli davranmandır. Diğerleriyle kendin tanışırsın."

"Hamza ağabey okula ne zaman kayıt yaptıracağız? Bir de seninle Türkçe mi, Almanca mı konuşayım?"

"En iyisi Almanca konuşmak. Türkçe konuşursak diğer arkadaşların anlamayacağı için hoş olmaz. Okul işlemlerini de yarın hallederiz. Bir sene Almanca'nın gelişmesi için bir tür hazırlık okuluna gideceksin. Gelecek sene de aldığın puana göre liseye veya dengi bir okula gidebilirsin."

"Hamza ağabey ama ben Almanım ve gördüğün gibi Almancam da iyi. Neden hazırlık okuluna gidiyorum? Ben bir an evvel liseye başlamak istiyorum."

"Ali yapacak bir şey yok, kurallar böyle. Benim elimde olsa senin gibi Almancası çok iyi olan bir genci doğrudan liseye gönderirdim. Boş zamanlarında buradaki arkadaşlarının Almanca derslerine de yardımcı olursun." Müthiş canı sıkılmıştı Çetin'in. "Ben bir an evvel okulu bitirmek, anneme yardımcı olmak istiyorum. Şimdi boşu boşuna bir senem kaybolacak." Çetin'in çok üzüldüğünü gören Hamza:

"Bu kadar üzülmene gerek yok. Almancan daha gelişir; başka dersler de alacaksınız. Bunların hepsinin lisede sana yararı olur."

Aşağı katta yeni gelenler televizyon seyrediyordu. Yemekleri pişiren Fatma hanım da mutfakta çalışmaya başlamıştı. Hamza:

"Arkadaşlar, şu televizyonu kapatın da size yeni arkadaşınızı tanıtayım."

Televizyonu kapatan gençler Çetin'e dikkatle bakmaya başladı.

"Arkadaşınızın ismi Ali Schneider Polat. Üst kattaki odayı kendisine verdik. Okullar açılınca o da sizin gibi okula gidecek. Hadi bakalım, siz de kendinizi tanıtın."

"Abdi Fata Gine'den geliyorum."

"Mohemmet, müslümanım, Afganistan'dan geliyorum."

"Hüsseyin, ben de Afganistandan geliyorum." Harom, Omer, Agır, Aram, Affan, Adam.. diye isimlerini söyleyen çocukların çoğu Suriye'den, bazıları da Afrika ülkelerinden geliyordu. Afganistan'dan gelen ve Müslüman olduğunu söyleyen Hüsseyin damdan düşer gibi bir soru sordu. Almancası berbattı:

"Sen Türko, gâvursun, yoksa İslam?" Çetin, "Bu 'gâvur' sözcüğü yine geldi bana yapıştı, ne demeliyim?" diye düşünürken imdadına Hamza yetişti; sözcükleri yavaş yavaş söylüyordu:

"Çocuklar kaç kere söyledim. Burası Almanya ve burada her dinden, her milletten gençler var. Öyle 'gâvur' gibi sözcükleri kullanmayın. Arkadaşınız size anlatır; onun annesi Alman, babası Türkmüş."

"Babam Kürttü Hamza ağabey." Çetin'in söylediklerini duyan Suriye'den gelen Agir Kürtçe:

"Sen Kürtçe biliyor?" diye Kürtçe sordu. Anlamıştı Çetin ama Almanca cevap verdi:

"Çok az; birkaç kelime bilirim," dedi. Hamza: "Tanışma faslı bittiyse haydi şimdi sofraya" dedi. Çorba, pilav ve etli fasulye vardı yemek olarak. Hepsinin lezzeti de çok güzeldi. Çetin, Fatma kadına Türkçe:

"Yemekler çok lezzetliydi, teşekkür ederim" dedi.

"Afiyet olsun evlâdım, bugüne kadar bunların hiçbiri teşekkür etmedi. Sen Türksün he mi?"

"Almanım ama Türkiye'de okula gittim bu nedenle Türkçe biliyorum."

Yemekten sonra bazı gençler dışarı çıkmış, bazıları televizyonun karşısında oturuyordu. Çetin ise odasına çıkıp küçük valizini yerleştirmek istiyordu. İzin isteyip yanlarından ayrıldı. Odasında yatağına uzanmış düşünüyordu. "Niye hep böyle oluyor? Niye hep benim yaşımdaki gençlerle beraberken kendimi böyle yalnız hissediyorum. Köyde de böyle olmuştu. Okulda birlikteydik ama ben hep yalnız, yapayalnız hissediyordum kendimi. Ballyci çocukların arasındaki kısa birlikteliğimizde de yapayalnızdım. Ya bu evde ne yapacağım? O kadar az ortak yanımız var ki! Sanırım yine hem beraber olacağız, hem de ben yine yalnız kalacağım. Fuat ağabey, Ayşe abla ve Berfinlerin evinde kendimi hiç yalnız hissetmiyordum. Ama oralarda da sürekli kalmam olanaksızdı. Şu hazırlık denilen okulu bitirip bir an evvel liseye gitmeliyim. Ancak orada yalnızlıktan kurtulabilirim. Annemle beraberken ilkokula gittiğim günler ne güzeldi. Arkadaşlarım vardı, ben onlara gidiyordum, onlar bize geliyordu. Kendimi hiç yalnız hissetmiyordum. Annem kesin iyileşecek, tekrar birlikte olacağız, yine arkadaşlarım olacak." Uyuyakalmıştı Çetin, üstelik güzel rüyalar görerek. Kalktığında diğer çocuklar aşağıda kahvaltı için hazırlık yapıyorlardı. Kahvaltılarını yaparken Gine'den gelen Abdi Fato isimli genç:

"Bizim ana, baba yok. Memleket de yok. Şimdi buradayız. Sen Alman, sen niye burada?" Garip bir Almancayla konuşan Abdi, Çetin'e sert sert bakıyordu.

"Senin anne Alman, sen niye kalmıyorsun birlikte? Baban nerede?" İlk günden bu çocuklarla ters düşmemek için çaba harcama-

ya karar vermiş olan Çetin:

"Baba öldü, anne hasta, kimsem yok, onun için burdayım."

"Sen çocuk asker ne duydun mu?"

"Yok duymadım."

"Afrika'da çok var. Ben de çocuk askerdim. Buum, buum savaştım."

"Bu çocuk aslında çocuk da değil ya, beni ilk günden korkutmak istiyor. En iyisi hiç bulaşmamak."

"Ha, öyle mi?" diyen Çetin konuşmayı kesmek için kahvaltı etmeyi sürdürdü. Abdi ise hem kahvaltısını yapıyor, hem de sürekli pek de anlaşılmayan öyküler anlatıp duruyordu.

"S" harfinin üstüne basarak "benim adım Hüsseyin" diyen çocuk kahvaltıdan sonra bir köşeye seccade serdi. Bir yandan da Çetin'e lâf atıyordu:

"Ali sen de Müslüman olduğunu söylüyorsun, gel beraber namaz kılalım."

"Benim işim var, dışarıya çıkacağım" diyerek yakındaki ormana gezmeye çıktı Çetin. Yolda hep düşünüyordu: "Bu gençlerle çok az ortak yanım var, çok dikkatli olmalıyım. Ancak fiziki olarak ve kafaca güçlü olursam rahat ederim; yarından tezi yok sporla ilgilenmeli, bir an evvel okula başlamak için hazırlık yapmalıyım. Muhakkak başaracağım, annem de iyi olacak, yine birlikte olacağız. Buraya kadar başardım, şimdi sabırlı olmalıyım, hem de çok sabırlı." Uzun bir yürüyüş yaparak geri döndüğünde Hasan amcanın ve Ahmet'in yurtta kendisini beklediğini gördü. Bavulunu getirmişlerdi. Hasan amca:

"Ben buradaki görevli arkadaştan izin aldım. Bugün bizde kalacaksın, hazırlan bakalım."

151

Çetin yolda gençlik yurdundaki durumu iyi yanlarını öne çıkararak anlattı. İlk anda kötü izlenim edindiği çocuklardan hiç bahsetmedi. Emine kadın evde köfteler, patates kızartmalarıyla çocukların çok sevdikleri bir yemek masası hazırlamıştı. Yemekten sonra da özellikle Ahmet, gençlik yurdunu tekrar tekrar anlattırdı. Çetin'in aklı ise annesine giderken almak istediği lego taşlarındaydı. Evde bazı lego parçaları gördüğü için Ahmet'e sordu:

"Senin bildiğin bir yerde ikinci el Lego taşları satan bir dükkân var mı?"

"Ali Legoyu ne yapacaksın? Onları çok küçükken oynuyorduk, bak şimdi herkes bilgisayar oyunu oynuyor."

"Ben de küçülmek, küçükken oynadığım oyunları oynamak istiyorum." Çetin'in şakasını anlamamıştı Ahmet. Psikologların kendisine söylediklerini anlatınca:

"O zaman başka, bendekileri alabilirsin. İki sokak ilerde de, ikinci el oyuncaklar satan bir dükkân var, oraya bakarız" dedi.Çetin önce Ahmet'in legolarından işine yarayacak olanları seçti, sonra birlikte ikinci el oyuncak satılan dükkâna gittiler. Orada aradıklarının tümünü bulmuştu. Pille çalışan küçük bir motor, çarklar, taşlar... Eve gittiklerinde Çetin hemen oturup bir yel değirmeni yaptı. Kanatları arkadan küçük bir mille motora bağlanmıştı. Bitirdiğinde değirmenin kanatları dönmeye başlamıştı. Gül Çetin'in yaptıklarına hayranlıkla bakıyordu:

"Ben de yapabilir miyim Çetin ağabey"

"Elbette gel yanıma otur." Saatlerce lego oynadılar. Ahmet ise bu oyundan sıkılmıştı, gidip televizyonun başına oturdu.

*

Çetin'in ziyareti Petra'yı pek etkilememişti. Hâlâ en büyük korku-
su erkeklerdi. Hele de esmer, bıyıklı olanlar. Bu tür erkekleri
gördüğünde hemen odasına gidip kapıyı arkadan kilitliyordu. Klinikteki psikologlar onlarca kez grup ve tek olarak yapılan terapi-
lerde geçmişini deşmeye çaba harcamışlar ama bunda pek de
başarılı olamamışlardı. Geçmişe ilişkin sohbet başlayınca Petra
kendisini çelik bir zırhın içine hapsediyor ve kaskatı kesilerek
konuşmamayı tercih ediyordu. Klinikteki terapinin önemli bir
parçası olan resim, heykel çalışmalarında ise dönüp dolaşıp işlediği
tema, hep küçük bir çocuk oluyordu. Çetin'in kliniği ziyaretinden
sonra bakıcılar günlerce bir değişiklik olacağı umuduyla kendisini
izlemişlerdi.

Ama ilk gün gözlerinde gördükleri ışığın dışında bir farklılık
olmamıştı. Psikologlardan birisi Çetin giderken:

"Annenle küçükken en çok ne oynardınız?" diye sordu. Çetin, hiç
düşünmeden:

"Lego oynamayı çok severdim. Annem de benimle küçük bir çocuk gibi saatlerce oynardı" dedi.

"Hangi tür lego taşlarını oynadığınızı unutmadıysan bir dahaki
sefere onlardan muhakkak getir."

"Tamam getiririm. En çok ev yapmayı severdik; bir de, kanatları
dönen yel değirmeni yapmıştık; annem en çok onu severdi."

"Yeniden geldiğinde, bu taşlarla eski oyunlarınızı birlikte oynamaya çalışın."

"Peki muhakkak getireceğim."

Bir hafta annesinin yanına gitmemişti. Psikologlar çok sık gelmesi-

nin de sakıncaları olduğunu belirtmişlerdi. O bir haftayı zor geçirdi. Kliniğe elinde içinde lego taşları olan bir karton kutu ve annesinin çok sevdiği bir küçük saksı mor menekşe ile gitti. Annesiyle ilgilenen psikolog kadın:

"Acele etme, ben yanınızda durmayacağım. Senin geldiğini bildirip dışarı çıkacağım. Annenin tepkisini kapı aralığından izlerim."

"Bayan Petra, oğlun seni görmeye gelmiş" dedi ve odadan çıktı. Çetin elindekileri annesinin yatağının başındaki küçük masaya bıraktı:

"Sen bu tür mor menekşeleri ben küçükken çok severdin; sana onlardan getirdim." Menekşelere bakan Petra'nın yüzünde bellli belirsiz bir gülümseme dolaştı. O hemen hiç konuşmayan kadın sadece "danke" dedi. Bu teşekkürün kuru bir sözcük olmadığını, kapı ardından içeriyi izleyen psikolog hemen anlamıştı. Petra kliniğe geldiğinden o güne kadar belki de ilk kez içten, üstelik gülümseyerek "danke" demişti. Yere oturup, karton kutunun içindeki lego taşlarını çıkaran Çetin: "Ben lego taşlarından yel değirmeni yapacağım, sen de yardım etmek ister misin?" dedi. Elindeki menekşe saksısını bırakmamış olan Petra sadece bakmakla yetindi. Çetin, özel olarak yanlışlıklar yapıyordu. Başlangıçta sadece izleyen Petra ise, değirmenin motorunu Çetin'in yanlış yere taktığını görünce:

"Yanlış" dedi. "O yanlış." Çetin bu sefer motoru yine başka bir yere yerleştirmek istedi. Ama kanatlarla uyum sağlayamıştı. Özel olarak böyle yapıyor, Petra'nın müdahalesini bekliyordu. Kapı aralığından bakan psikolog kadın ise boyuna "devam et" diye işaret ediyordu. Birkaç kez daha yanlış yapınca Petra Çetin'in yanına çöküp, motoru olması gereken yere yerleştirdi ve ayağa kalkıp Çetin'i izlemeyi sürdürdü. Çetin ise hızla değirmeni bitirip, motorun

düğmesine bastı. Kanatlar dönmeye başlamıştı. Petra yüzünde yapma olmayan bir gülücükle alkışlamaya "bravo, aferin" diye bağırmaya başlamıştı. Kanatları dönen yel değirmenini küçük masanın üstüne koyan Petra onu izliyordu. İçeri giren pisikolog dikkatle Petra'nın yüzüne bakıyordu. Kliniğe geleli beri hiç böyle görmemişti onu. İlk kez içten bir gülümseyişle yüzü aydınlanmıştı.

"Oğlun Ali'yi anımsadın mı Petra?" Çetin'e dikkatle bakan kadın "tanımıyorum" diye başını salladı.

"Peki bu oyuncak? Evvelden oğlunla oynamaz mıydın?" Birden konuşmaya başladı Petra:

"Oynardım; küçücüktü oğlum, göğsüme yatar uyurdu."

"İyi bak bu çocuk, göğsünde yatan oğlun işte." Petra:"Hayır, hayır" diye bağırıp garip sesler çıkarmaya başlamıştı. Sessizleşmiş, yatağının bir köşesine büzülüp korkuyla çevresine bakıyordu "O küçücüktü, küçücüktü benim oğlum" diye yineliyordu boyuna. Psikolog kadın Çetin'e çıkması için işaret etti:

"Bakma annenin bağırıp çağırdığına. Bu iyiye işaret, seni anımsamasa da, en azından oyuncağı anımsadı. Sen birkaç hafta gelme. Biz gelişmeleri dikkatle izleyeceğiz. Sonra sana da anlatırız." Psikolog kadının söylediklerine sevinsin mi, üzülsün mü bilmiyordu Çetin. Her şeye rağmen annesinin geçmişiyle küçük bir bağ kurması bile onu sevindirmişti. "Muhakkak beni de tanıyacaktır. Kimbilir, babam denilen adam beni köye götürdükten sonra ona neler çektirdi ki, anneciğim bu kadar büyük korkularla yaşamaya mecbur kaldı."

Yurda geldiğinde hemen hemen akşam olmuştu. Henüz yemek yememişlerdi. Çocuk asker olduğunu söyleyen Abdi, Çetin'e sokularak:

155

"Sende para var mı?" diye fısıldayarak sordu.

"Sana ne, git başımdan" diye bağırdı Çetin. Abdi ise başında durmuş:

"Ver para yoksa sana dayak" daha sözünü bitirmeden Çetin:

"Gel, hadi gel bakalım" diye ayağa fırlayıp yumruklarını sıktı. Abdi kendisinden oldukça küçük olan Çetin'den böyle bir tepki beklemiyordu. Ne yapacağını şaşırmıştı. Allahtan gürültüyü duyan Hamza yanlarına gelip ne olduğunu sordu. İspiyonculuğu büyüklerin hiç sevmediğini tecrübesiyle bilen Çetin sessiz kaldı. Ama çocuklardan birisi Abdi'nin ne söylediğini açıkladı. "Herr Hamza üstelik biliyorsunuz, bu ilk de değil" diye ilâve etti. Abdi çocuğa ters ters bakıyordu. Hamza sesini yükselterek ve çok yavaş konuşarak:

"Bu son Abdi, anladın mı bu son. Bir daha böyle bir şey olursa kovulursun. Anladın mı, capito?" diye birkaç kez yineledi. Sesini çıkarmıyordu Abdi. Hamza bu kez bağırarak "Anladın mı, tamam mı? Cevap ver." Abdi sonunda "anladım" dedi ve evden çıkıp gitti.

"Ali bu gencin saldırgan olduğunu söylemiştim. Eğer bir daha böyle bir şey yaparsa hemen gel bize bildir. Kendin bir şey yapma, tamam mı? "

"Tamam Hamza ağabey, dikkat ederim."

"Bunların bir kısmı ile nasıl geçineceğim bilmem; kimi para ister, kimi namaz kılmamı" diye aklından geçirdi. Odasına gidip, aşağıdaki küçük kütüphaneden aldığı bir kitabı okumaya başladı. "Okul başlasa da şu garip çocukların yüzünü daha az görsem," diye düşünürken yine dalmış. Uyumaya başlamıştı.

Bir gün sonra Hamza ile birlikte okula gitmiş kayıt yaptırmışlardı. On gün sonra okul başlayacaktı. "Bakalım okulda başıma neler gelecek?" diye düşünerek tekrar yurda geldi Çetin.

*

Çetin'in aralarından ayrılması Kavak'dakilerin hemen hepsi için çok zor olmuştu. En başta Berfin, gittiği okulda henüz hiçbir arkadaş edinememişti.

Derslerini yapıyor, sahilde biraz geziniyor, tekrar eve gelip sessizce odasına kapanıyordu. Geriye sarıp hep aynı şeyleri hayalliyordu:"Çetin ağabey olsaydı, şimdi birlikte Almanca çalışırdık. Sahile giderdik sonra; o çam kütüklerinden koca bir kabuk kesip benim için yelkenli kayık yapardı. İlk yelkenliyi yapması günler sürmüştü. Çakısıyla kabuğu oymuş, sonunda oturacak yerleri bile belli olan bir sandal yapmıştı, en sonunda da iki delik delip buralara küçük çubukları sokmuş, arasına da yelkeni germişti. Ne yazık ki, sandalla ancak iki gün oynayabilmiştim. Boğaz'da yüzdürürken elimdeki ip kaçmış, güzelim sandalım da boğazda kaybolup gitmişti. Ama o hemen bir tane daha yapmıştı. Onu da kaçırdım. Ama Çetin ağabey hiç kızmadan yeniden, yeniden birçok kayık yapmıştı bana."

Salt Berfin için değil, nine, dede, Fuat, Ayşe hatta Kavak'daki balıkçılar için bile Çetin'in gidişi büyük bir kayıp olmuştu. Nine Çetin'in sevdiği yemekleri yapmak için çarşıya alışverişe bile gitmiyordu artık. Yine eski günlerine dönmüş sessizleşmişti. Dedenin çok sevdiği, sohbet etmekten, tavla oynamaktan hoşlandığı Fuat bile artık çat kapı evlerine gelmiyordu. Oysa Çetin dedelerde kalırken, Fuat sık sık elleri yiyecek paketleri, Berfin için küçük hediyelerle dolu olarak gelir herkesi sevindirirdi. Fuat'ın içinde hâlâ "deniz cin'i" vardı, buna rağmen denize, balıkçılığa karşı Çetin'in gidişi ve Berfin'in sandaldan düşüşünden sonra bir soğukluk oluşmuştu. Sık sık "acaba başka bir iş yaparak karnımı doyuramaz mıyım?" diye düşünür olmuştu. Ayşe bile eskisi gibi, deniz, balık,

157

sandal üçlemesi arasında sıkışıp kalmamak için ne yapabilirim, diye düşünmeye başlamıştı. Sonunda bir kursa gidip kuaförlük öğrenmeye karar verdi ve hemen de düşündüğünü gerçekleştirdi.

Nine'nin gece gündüz tek düşündüğü Berfin'in geleceğiydi. Buralarda, Türkiye'de, İstanbul'da çocuğa nefes aldırılmayacağı belliydi. Okulda şimdiden sorunlar çıkmaya başlamıştı bile Öğretmeninin, "Annen, baban nerede?"

sorusuna safça ve hiç düşünmeden "dağda" diye yanıt vermişti. Ülkü öğretmen şaşırmış, "Allah'dan ki, yanımızda kimse yoktu" diye düşünmüştü. Berfin'i çok seven, onun yalnızlığına, boynu bükük haline çok üzülen öğretmeni, Berfin'i bir köşeye çekip sıkı sıkı tembih etmişti:

"Bana söyledin ama anne ve babanın dağda olduğunu kimseye söyleme, olur mu?" dedi. Bir türlü anlamak istemiyordu Berfin:

"Ama niye öğretmenim, dağda olmak kötü mü? Bütün akrabalarımız, ninem, dedem onları çok seviyor. 'Onlar dağda olmasa biz Kürt olduğumuzu söyleyemezdik' diyorlar. Kürt olduğumuzu söylemek kötü mü öğretmenim?" Berfin yüreğini açmış çok sevdiği öğretmenine kafasının içindeki soruları sıralamaya başlamıştı. Hiç susmuyordu.

"Bu yaşta sana anlatmam çok zor. Sen çok iyi, tertemiz bir öğrencimsin; bunları sonra konuşalım, biraz daha büyü ondan sonra tamam mı?"

"Hep aynı..." Ağlamaya başlamıştı Berfin. Hıçkırarak sorularını sürdürdü:

"Kime sorsam, Fuat ağabey, Çetin ağabey, hatta ninem bile hep 'daha sonra' diyor. Niye? Niye öğretmenim, niye şimdi değil de daha sonra?" Mendilini sürahideki suyla ıslatan öğretmeni:

"Şimdi yüzünü sil, seni böyle görürlerse yine soru soracaklar. Sana

158

söz, bir süre sonra sana anlatacağım her şeyi."

"Söz mü? 'Kuran, Mushaf çarpsın' de."

Gülmeye başlamıştı Ülkü öğretmen. "Bu saf, güzel kızı ne kadar seviyorum" diye düşündü.

"Kuran, Mushaf çarpsın; haydi şimdi evine git."

Okuldan çıkıp eve doğru giden Berfin eskisi gibi sekerek koşturmuyor, örgülü saçlarını sağa sola savurmuyordu. Başı öne eğik, gözlerindeki gizli yaşı, hüznü kimseye göstermemeye çalışarak yürüyordu son sıralarda.

Ülkü öğretmen çok gençti. Mezun olduktan sonra üç sene Siirt'de çalışmıştı. Gözleri kör, kulakları sağır olmayan vicdan sahibi bir genç kız olarak, olan bitenin çok iyi ayrımına varmıştı. O gencecik insanların, niye dağa çıktıklarını çok iyi anlamıştı. Orası Türkiye sınırları içinde de olsa, başka bir ülkeydi. Sokakta, alışveriş ettiği dükkânlarda, öğrencilerin velileriyle konuşurken kısa sürede farkına varmıştı: Açıkça söyleyemeseler de devleti, bu devletin buralardaki temsilcisi askeri, polisi hiçbirisi sevmiyordu. Salt onları mı, hakimini, savcısını ve birçok memurunu da.

Acılıydı bu insanlar, hem de çok acılı - hele de analar. Çoğunun yakınları, çocukları öldürülmüş veya hapisteydi. Nasıl sevsinler ki bu devleti?

Üç sene boyunca hem okuldaki çocuklara yardımcı olmaya çalışmış, hem de ihbar edilirim korkusuyla, düşüncelerinde, davranışlarında adeta illegal davranarak, kendisini korumaya çalışmıştı. Aslında böylesi bir davranışın iki yüzlü, sahtekârca olduğunu biliyordu ama "yapacak başka bir şey yok" diye kendi kendini teselli ediyordu. Kentteki tek kitapçı dükkânının sahibi Ferda'ya âşık olmuştu. Ferda da ona. Ama bu aşkı bile gizli, hem de çok gizli tutmak zorundaydılar. Kaç kez salt sattığı kitaplar veya dükkânından

alışveriş eden gençler gerekçe gösterilerek gözaltına alınmıştı. Aydın, gözleri hep ışık saçan bir insandı Ferda. İç mimarlık okuyordu. Ama okulu bitirememişti. Aslı astarı olmayan nedenler ileri sürülerek defalarca tutuklanmış, işkence görmüştü. Bu gidişin sonu olmadığını görünce, "hiç olmazsa kendi insanlarımın arasında olurum" diye düşünerek Siirt'deki bu dükkânı açmıştı.

Sanki gizli bir örgütün üyeleri gibi buluşuyorlardı. Elbette Siirt'in dışında başka kentlerde. İkisi de bu ilişkinin evliliğe doğru gitmesinin olanaksızlığını görüyor ve sadece o anı yaşamakla yetinmeye çalışıyorlardı. Ülkü İstanbul'a tayin edildiğinde Ferda kendisinin bile sayısını unuttuğu gözaltılardan birisini yaşıyordu. Vedalaşamadan, birbirlerini öpemeden ayrılmışlardı. İkisine de çok zor gelmesine rağmen Ferda'nın zorlamasıyla ayrılmışlardı. Ülkü son defa cezaevinden çıktıktan sonra Ferda'nın Kandil'e gittiğini öğrenmişti. "Buna bile şükür, hiç olmazsa sağ" diye düşünüyordu.

Berfin'le okulda konuştukları günün akşamı, el ayak çekildikten sonra Ülkü öğretmen Berfin'lerin kapısını çaldı. Kapıyı açan dede:

"Ooo öğretmen, hoş gelmişsen safalar getirmişsen; Berfin bak kızım, öğretmenin geldi, koş elini öp" dedi. Elini öptürmedi Ülkü, sarılmakla yetindi. Nine ise kuşkuluydu bu geç vakit habersiz gelişten. Yemek yemesi için çok ısrar etti nine.

"Aç değilim ama bir çayınızı içerim." Ninenin çayı hazırdı.

"Gel bakalım Berfin, birlikte konuşalım" dedi. Sonra da okulda olanları ve "dağ" meselesini anlattı. "Ben sıkı sıkı tembih ettim ama siz de anlatın, uluorta anne ve babasının dağda olduğunu söylemesin. Biliyorsunuz, ben sizin oralarda öğretmenlik yaptım. Ne olup bittiğini biliyorum. Ama bu okulda benden başka öğretmenler de var. Onlar duysa çok kötü davranabilirler. Dikkatli olması lâzım. Tamam mı Berfin?"

"Tamam öğretmenim" dedi. Ama hâlâ niye söylememesi gerektiğini anlamıyordu. Çünkü akrabaları, tanışları annesinin ve babasının dağda oluşu nedeniyle kızmak yerine gurur duyuyor, bu nedenle Berfin'i daha çok seviyorlardı. Çaylar, kahveler içildi. Berfin'i odasına gönderdikten sonra Siirt'den - dedenin ve ninenin bir köyünden geldikleri Siirt'ten - yakılan köylerden konuştular uzun uzadıya.

Öğretmen gittikten, Berfin de uyuduktan sonra dedeyle nine fısıltıyla konuşarak tartışmaya başlamışlardı. Nine:

"Böyle olmayacak adamım, bize buralarda rahat yok. Bizden geçti ama bu sabinin günahı ne? Bana sorarsan Berfin'i de Almanya'ya göndermeliyiz. Orada da dayıları, amcaları birçok tanışı var. Belki başta zor olur ama dillerini, huylarını öğrenince eminim buradan iyi olur. Görüyorsun işte, böyle giderse okulda da başı belaya girecek."

"Haklısın" dedi dede. "Haklısın da kendi kabul edecek mi? Etse yolunu, yöntemini bulabilecek miyiz?"

"Buluruz, buluruz merak etme; biz bulmayacağız, Almanya'dakiler bulacak. Şimdiye kadar onlarca çocuk bir yolunu bulup gönderildi oralara. Daha sonra biz de köyümüze döneriz. Ben buralarda ölmek istemiyorum."

"Tamam da nasıl geçineceğiz? Ev yok, bark yok."

"Hep korktun be adamım ama görüyorsun korkunun ecele faydası olmadı hiç."

"Bir göz ev yapar başımızı sokarız. Bir inek, bir iki koyun..."

"İyi de askeriye ne der?"

"Hele bi gidelim, ne diyeceğini görürüz. Bırak bunları, yarından tezi yok Berfinle konuşalım."

Tahminlerinin aksine Berfin'i ikna etmeleri hiç zor olmadı. Hele de "Belki Çetin ağabeyinin yanında olursun" dediklerinde hemen gitmeyi kabul etti. Bundan sonrası daha da kolaydı. Köln'deki, Nürnberg'deki akrabalarına ulaşıp durumu anlattılar; onlar da Berfin'i kendi nüfuslarına geçirmek için hemen mahkemeye başvurdular.

Kolay olmamıştı ama birkaç ay içinde işlemler bitmiş, Berfin Nürnberg'deki bir tanışlarının çocuğu olarak kayda alınmış ve Almanya'ya gitmişti.

*

Dede ile nine ise yıkılmış, yakılmış köylerine geldiklerinde kendileri gibi yaşlı iki ailenin daha geri döndüklerini gördüler. Lice'deki akrabalarının yardımıyla evlerinin bir kısmını tamir etmişler, küçük bir ahır yaparak içine iki koyun ve bir inek koymuşlardı.

Ne var ki, eski köylerinden eser kalmamıştı. Beş sene önce burası şirin bir köydü; yemyeşildi, çevrede de yine yemyeşil çeşitli ağaçlarla süslenmiş dağlar vardı. Köy çeşmesinden yaz kış buz gibi gürül gürül su akar, oyun oynayan çocukların sesleri, koyunların melemelerine karışırdı. Şimdi koca köy harabe haline gelmişti. En azından birkaç duvarı yıkılmamış bir tek ev bile yoktu. İlk günler nine sabah erken kalkıyor, köyünün eski rengini, kokusunu bulabilme umuduyla çevrede dolaşıyordu. Yıkılmış evlerden çok, hâlâ gövdesi simsiyah olan ağaçlara üzülüyordu. Onu umutlandıran geleceğe bağlayan gelişmeler de vardı elbet. Orman yakılmasına rağmen, doğa katillerine inat, yavaş yavaş yeniden yeşillenmeye başlamıştı. Çok az da olsa köy çeşmesinden su geliyordu. Toplanıp çeşmeye su getiren künklerin kırık olanlarını değiştirince, su da bollaşmıştı.

Köye dönen iki üç ailenin yaşlı erkekleri eskiden olduğu gibi duvar diplerine yan yana çömeliyor, yüzlerini güneşe dönüp konuşuyorlardı. Ne var ki, sohbetler eskiden olduğu gibi neşeli değildi. Sık sık söz tükeniyor, sessizce oturmalarını sürdürüyorlardı. Kadınlar ise, özellikle nine, sürekli çalışıyordu. Sabahın köründen, akşama kadar muhakkak yapacak işleri vardı.

Etkili ve yetkili makamlar dönenler olduğunu haber alır almaz kapıyı çaldılar:

"Siz kimden izin aldınız da bu eve geldiniz? Sürekli kalmayı mı düşünüyorsunuz?" Kapıyı açan nineydi. Yüzbaşının söylediklerini anlamış ama Türkçe yanıt vermemeyi tercih etmişti. Kürtçe beyini çağırdı:

"Gel hele, adamım bu subay ne diyor bir dinle." Elinden geldiğince yumuşak bir sesle dede:

"Buyur komutan" dedi. Nineye söylediklerini yineledi yüzbaşı:

"Bu ev bizim evimiz komutan, bize de dedelerimizden kalmış. Köyler yakılınca mecburen gittik. Ama başka yerde yaşamamız mümkünatlı değildi, tekrar geri döndük, evi biraz tamir edip içine girdik. Bir ineğimiz, iki de koyunumuz var; akrabaların da yardımıyla Allahın izniyle geçinip gideriz gurban."

"Önce şunu iyi belle, seneler önce köyünüz yakılmış, yakılmış ama kim yakmış?" Bilmiyormuş gibi davranmanın gerekli olduğunu anlamıştı dede.

"Kim yakmış komutan?"

"Kim yakacak elbet teröristler. Neyse iyi dinleyin beni şimdi. Madem gidecek yeriniz yok. Şimdilik kalın burada. Ama teröristlere en küçük yardımınızı, teröristlerin buraya geldiğini duyarsam, yaşına başına bakmam direk hapsi boylarsın ona göre. Haa bir de

onları buralarda görürseniz muhakkak en yakın karakola gelip ihbar edeceksiniz, tamam mı?"

"Tamamdır komutan, ikimizin de bir ayağı çukurda, ne ilgimiz olacak bizim teröristle meröristle."

"Dede biz her şeyi biliyoruz, çok yaşlısınız diye izin veriyorum. Hadi şimdi bize eyvallah."

"Komutanım, o kadar yoldan geldiniz bir kahvemizi içseydiniz bari."

"Zamanımız yok dede, başka zaman. Nasıl olsa sık sık yanınıza uğrarız." Yüzbaşı iki ihtiyarın perişan halini görünce, insiyatifini kullanmış evlerinde kalmasına izin vermişti. Bu iki ihtiyarın çocuklarının dağda olduğunu biliyordu. Yıkılmış, yakılmış köyden ayrılırken: "Umarım bu yüzden başım belâya girmez" diye düşünüyordu.

*

Çetin âdet edinmişti, her sabah kahvaltıdan sonra, yakındaki ormana gidiyor, önce koşup, arkasından kültür-fizik yapıyordu. Koşarken sırtına birisinin vurduğunu anlayıp geri döndü. Döner dönmez de yumruğu yiyip, yere yuvarlandı. Abdi'ydi yumruğu atan, berbat bir Almancayla "Sende para var, sen bana verecek" deyip koşarak uzaklaştı. Hemen yurda dönen Çetin aynaya bakar bakmaz, yüzündeki morlukları görmüştü." Öğleden sonra Hasan amcayla, Ahmet gelecekti. Yüzündeki ağrıyı değil, onlara ne diyeceğini düşünmeye başlamıştı.

Biraz sonra aynada yüzünü inceleyen Çetin'in arkasında dikilen Hamza:

"Ne oldu Ali, istersen doktor çağıralım, yüzündeki morluklar pek

164

iyi görünmüyor" dedi.

"Ormanda koşarken düştüm Hamza ağabey, buzla pansuman yaparsam hızla geçer."

"Bu pek düşmeye benzemiyor yoksa yine Abdi serserisi mi saldırdı?"

"Yok ağabey, kendim düştüm."

Öğleden sonra gelen Hasan amca ve Ahmet de Çetin'in anlattıklarına pek inanmamıştı. "Yoksa bu çocuklardan birisi mi yaptı? Doğru söyle, öyle bir durum varsa cezasını çeker." Israrla reddediyordu Çetin.

"Yok Hasan amca inanın ormanda koşarken ayağım takılıp düştüm." Hafta sonuydu, iki gün Hasan amcalarda kalmış, Emine kadının tedavileri sonucu yüzünün şişi hemen hemen kaybolmuştu.

Yurda geldiğinde Abdi, diğerlerinin duyacağı şekilde:

"Ooo yüzün kötü, ne oldu?"

"Bir şey yok, düştüm..." deyince Abdi bıyık altından gülerek :

"Geçmiş olsun, dikkat et" dedi.

Bir kaç gün sonra Çetin, Abdi'yi akşam vakti kimsenin kendilerini görmediği bir kuytuda sıkıştırıp, iyi bir dayak atmıştı. Böyle bir şeyi beklemeyen Abdi şaşırmış, Çetin'in böyle güçlü olacağını hesap edemediği için elini bile kaldıramamıştı. Çetin köydeki, İstanbul'daki deneyimlerinden çok iyi biliyordu. Şiddet kullanmayı hiç sevmediği halde, bu tür çocukların anladığı tek dilin şiddet olduğunu biliyordu.

Akşam yurtta Abdi'nin yüzünü gören Hamza ne olduğunu anlamıştı:

"Ne o Abdi, sen de Ali gibi düşüp yüzünü mü yaraladın?" Diğer çocuklar da gülüyordu. Hepsi de ne olduğunu tahmin diyor, içten içe seviniyorlardı. Sesini çıkarmayan Abdi odasına kapanıp, bir iki gün mecbur olmadıkça kimseyle konuşmadı. Abdi'nin dışında yurtta kalan çocukların hepsi aklıbaşında çocuklardı. Bir an evvel Almanca'yı öğrenmek, okullarını bitirip bir meslek sahibi olmak istiyorlardı. Çoğunun hayalinde elbette terkedip geldikleri ülkeleri ve aileleri vardı. Bazıları aileleriyle bağlantı kurabilmişti. Sık sık Türkiye'de, Yunanistan'da olan yakınlarıyla telefonlaşıyorlardı.

Türkiye Cumhuriyeti Başbakanının "Kobani düştü düşecek" dediği günlerdi.

Suriye'den bin bir macera yaşayarak gelmiş olan Kürt çocukların konuştukları tek konu Rojova ve Kobaniydi. Yurtta kalan çocukların içinde en aklı başında olanı Agir'di. Birbuçuk senedir Almanya'daydı. Almancayı çabuk öğrenmiş, lise dengi bir okula gitmeye başlamıştı. Suriye sorunuyla en fazla ilgilenen oydu. Hamza da bu çocukların ilgisini bildiği için, o günlerde Alman dergilerinin ve gazetelerinin manşet yaptığı Stern gibi dergileri getiriyor, çocuklarla tartışıyordu.

Yurtta kalanlar içinde, Çetin'in de en çok sevdiği çocuk Agir'di. Tartışmaların ateşli olduğu günlerde, Suriye'den gelenler Kürtçe veya Arapça konuşuyordu. Çetin de ne konuştuklarını anlamak istiyor ama Kürtçesi yetmiyordu. Agir, Çetin'e:

"Senin de bir tarafın Kürt. Kürtçe öğrenmek ister misin?" diye sordu.

"İsterim elbette ama nasıl olacak bu?" diye sordu Çetin

"Almanyadaki Kürtlerin her şehirde dernekleri var. Köln'de de var. Ben bazen gidiyorum. Orada Kürtçe dersi de veriyorlar, istersen seni de götüreyim."

Hiç vakit kaybetmeden bir gün sonra derneğe gittiler. Dernektekiler Çetin'i çok sıcak karşılamışlar, her türlü sorununda yardımcı olacaklarını, çekinmeden kendilerine söyleyebileceğini belirtmişlerdi. Çetin Kürtçe öğrenmek istediğini söyleyince, daha çok ilgi göstermişler, dernekte verilen herkese açık Kürtçe kursun yanısıra özel olarak da kurs verebileceklerini belirtmişlerdi. Hiç vakit kaybetmeden bir gün sonra derneğe gidip kurslara başladı. Agir:

"Burada bize çok iyi bakıyorlar ama içim rahat değil; ben Suriye'ye, Kobani'ye gitmek istiyorum. Orada yapacağımız işler var. Burada ise asalak gibi yaşıyoruz. Dernekteki abiler gitmeme yardımcı olacaklarını söylediler. "

"İyi de nasıl gideceksin? Zor olmayacak mı?"

"Dernekteki abiler 'her şeyi biz hallederiz, meraklanma' dediler, onlara güveniyorum."

"Bir şeye ihtiycın olursa çekinme söyle, elimden geleni yaparım."

"Sağol hiç bir şeye ihtiyacım yok. Dernekteki abiler 'küçük bir valize giysilerini koy, yeter' dediler."

"Agir biriktirdiğim param var. Üçyüz-dörtyüz euro verebilirim."

"Bende de biraz var ama paraya ihtiyacım olmayacağını söylediler." Çetin çok ısrar etti ama para teklifini Agir'e kabul ettiremedi. İki hafta sonra Çetin'in yanına gelen Agir, bir gün sonra gideceğini vedalaşmaya geldiğini ama gidişini kimseye söylememesini istedi Çetin'den. Gerçekten de iki gün sonra birden ortadan kayboldu. Belki de gelişmelerden Hamza'nın da haberi vardı. Yetkililerin sorun çıkarmaması için bir iki gün bekledikten sonra Agir'in yurda gelmediğini bildirdi.

*

Her gün yaptığı gibi sabah kahvaltısından önce biraz koşmuş, sonra da yakındaki ormanda yürüyüşe çıkmıştı. Şimdiye kadar hiç kendisini meşgul etmeyen bir sorun bir süredir onu zorluyordu. Ne önceleri annesinin yanındayken, ne köyde ninesinin yanında kalırken, ne de Fuat ağabeyiyle birlikte olduğu günlerde bu soruyu kendisine hiç sormamıştı: "Ben kimim?" Ama bu gençlik yurdunda sık sık kendine bu soruyu soruyordu.

Soruyordu çünkü yurttaki çocukların hepsinin bir kimliği vardı. Bazıları "ben Afganım" diyordu. Bazıları sadece müslüman olduğunu söylüyordu. Kimileri ise "ben Müslümanım ama Kürdüm" diyordu. Onlarla her gün konuşan Çetin ilk kez "ben kimim" diye kendini sorgulamak ihtiyacını hissetmişti. "En iyisi Hamza ağabey ile konuşayım, bakalım o ne diyecek" diye kendi kendini sorgulamaktan vaz geçti.

Her sabah koştuğu bu ormanı seviyordu. Yemyeşil ağaçlara, küçük tertemiz akan dereye, ördeklere, çimenlere bakınca aklına köy geliyordu. Beş on ağacın dışında yeşilliğin olmadığı, her tarafın kahverengi bir toprakla kaplı olduğu, yazın toz toprak, kışın ise çamur içinde olan köy. "Niye böyle acaba, bu farklılık sadece Almanya'ya çok yağmur yağdığı için mi acaba?" diye düşünüyordu. "Ama tek sebep yağmur olamaz; baksana ormanın içindeki patika bile tertemiz, ne toz, ne çamur. Neyse bir an evvel yurda gidip Hamza ağabeyle konuşayım."

Yurtta kahvaltı bitmiş, Hamza gençleri toplamış onlara Almanya hakkında bilgi veriyordu. Çetin:

"İşin bitince biraz konuşabilir miyiz ağabey?" dedi.

"Çoktan bitti Ali. Arkadaşların da dışarı çıkacak zaten; gel otur

konuşalım."

Diğerleri gittikten sonra Çetin aklındakileri sormaya başladı:

"Hamza ağabey ben kimim?"

"Bu da nerden çıktı Ali?"

"Yani Alman mıyım? Türk müyüm, Kürt müyüm, Müslüman mıyım, Hristiyan mıyım?"

"Bak Ali resmi kağıtlara bakarsak sen Alman'sın. Ama bence bu kâğıtlarda yazanlar çok önemli değildir. Sen kendini nasıl hissediyorsan osun. Alman gibi hissediyorsan Almansın, Hristiyan gibi hissediyorsan Hristiyansın."

"Ben kendimi Alman gibi hissediyorum. Babam Kürtmüş ama o öldü. Annem ise Alman. Ama Hristiyan veya Müslüman olmam şart mı?"

"Değil elbette, burası Almanya. 'Ben dinsizim' dersin olur biter, kimse karışamaz."

"Peki Hamza ağabey ben Almansam niye buradayım? İltica etmedim. Bu ülkede doğdum. Türkiye'ye de kendi arzumla gitmedim. Babam zorla götürdü. Niye burada kalıyorum?"

"Haklısın Ali, bunu ben de düşünüyorum. Ama söz en kısa zamanda gençlik dairesine gidip senin durumunu anlatacağım. Bana sorarsan senin burada kalmaman gerekir. Kimbilir belki de bir yanlışlık yapıldı."

"Sağol ağabey, okullar açılmadan bir sonuç alırsak benim için daha iyi olur."

*

Çetin sabahları koşmak için yurttan çıktığında, cumartesi, pazar günleri bazı çocukların evlerin posta kutularına gazete attıklarını görmüştü. " Boş boş oturacağıma ben de dağıtsam biraz para da kazanırım, belki annemin de ihtiyacı olur." Gazete dağıtıcı çocukların birisine yanaşıp sordu:

"Ben de dağıtmak istiyorum. Gazeteleri nereden alıyorsunuz?"

"Matbaadan alıyoruz ama bisikletin olmazsa yapamazsın." Çetin'in aklına yurdun önünde duran, isteyenlerin binebildiği üç bisiklet geldi.

"Bisikletim var, adresi verseniz, gidip hemen alırım."

"Ama sana tek başına vermezler, velinin de gelmesi gerekir. Parayı da ona veriyorlar."

"Tamam ben de velimle giderim, sen adresi ver." Dağıtıcı çocuk gazetelerden birini uzattı:

"Adres üstünde yazılı, telefon numarası da var."

"Teşekkür ederim."

"Acaba Hamza ağabey benimle gelir mi? En iyisi gidip kendisine sorayım."

Koşusunu bitirdikten sonra yurda döndüğünde Hamza'nın gitmediğini görünce sevindi. Gazete dağıtma arzusunu söyledi.

"Seninle gelirim ama parayı ne yapacaksın burada itiyaçlarınız karşılanıyor, harçlık da veriliyor."

"Biliyorum ağabey, ama biriktirmek istiyorum. Annem klinikten çıkarsa paraya ihtiyacımız olacak."

"Sen bilirsin, o zaman cuma günü benim arabayla, beraber gideriz." Çok sevinmişti Çetin:

"Sağol ağabey, çok teşekkür ederim."

"Okul başlayınca ne yapacaksın peki?"

"O zaman da dağıtırım, zaten sadece pazar günleri dağıtılıyor."

Hamza sözünü tutmuş cuma günü arabasıyla Çetin'i gazetelerin dağıtıldığı adrese götürmüştü. Dağıtım şirketi hiçbir zorluk çıkarmadı. Çetin'e sadece Nicodem Sokağındaki evlere dağıtabileceğini, her adrese bir tek gazete vermesi gerektiğini, toplu olarak bir yerlere gazete bırakmamasını söylediler. Çetin sevinçle gazeteleri yükleyip arabaya götürdü. Parayı da birkaç denemeden sonra vereceklermiş. Hamza ağabeyi öyle söylemişti. Pazar günü heyecanla gazeteleri dağıttı. Bisikletinin arkasına bir sepet bağlamış, gazeteleri de içine koymuştu. İş kolaydı ama uzun sürüyordu. Topu topu üçyüz metre olan Nicodem Sokağındaki evlere gazeteleri dağıtması dört saatini almıştı. İşi bitince yurda gitti, kurt gibi acıkmıştı. Arkadaşları Çetin'in yemeğini ayırmışlardı.

Yemeği bitirdiğinde Hamza geldi. Yüzü gülüyordu.

"Cuma günü senden sonra gençlik dairesine gitmiştim. Senin durumunu anlattım. Onlar da böyle bir yanlışlık nasıl yapılmış, bilmiyorlardı. Senin için annesi, babası kendisine bakamayan Alman gençlerinin kaldığı yurtların birinde yer ayarlayacaklarını söylediler."

"Desene Hamza ağabey, yaşantımızda yeni bir sayfa daha açılacak."

"Öyle gözüküyor; belki senin için daha iyi olur."

*

Hamza'nın adresini aldığı gençlik yurduna birlikte gittiler. Şehir merkezine daha yakın iki katlı bir binaydı bu yurt. Büyük bir bahçesi, bahçede voleybol ve basket sahası vardı. Müdür sempatik bir adamdı. Gençlik dairesinin verdiği evrakları, Çetin'in kimliğini dikkatle inceledi. Evrakları incelerken kendi kendine, "ilginç, ilginç" diye konuşuyordu hep. Sonra anlatmaya başladı; yurdun özelliklerini, hangi hakları olduğunu, uzun uzadıya anlattı. İki sözcüğünün birisi "kural"dı.

"Kurallara uyarsan burada rahat edersin, uymazsan seni kuralların daha sert olduğu başka bir yurda göndermek zorunda kalırız. Ama gördüğüm kadarıyla uslu bir delikanlıya benziyorsun. Başkalarına uyma, burada rahat etmek istiyorsan bunu unutma."

Hamza da ismi Peter Eisen olan müdüre, uzun uzadıya överek Çetin'i anlattı.

"Şimdi bavulunu al, sana kalacağın odayı göstereceğim. Oda arkadaşın Emil de çalışkan uslu bir çocuktur; umarım iyi anlaşırsınız."

Çetin'e gösterilen oda ikinci kattaydı. Oda arkadaşı içeride yoktu. İçinde iki yatak, iki masa sandalye, gardrop ve lavabo olan, pencereleri karşıdaki parka bakan ferah bir odaydı.

Eşyalarını dolaba yerleştiren Çetin, "son üç dört sene içinde bu kaçıncı yeniden başlangıç?" diye düşündü. "Bakalım bu yurtta başıma neler gelecek?" Yatağına uzanıp hayaller kurmaya başladığında yine uyuyup kalmıştı. Kapının açıldığının ayrımına varıp, yatakta doğruldu. İçeri giren oda arkadaşı Emil'di. Kendisinden daha kısa boylu, ilk görüşte dikkati çeken yemyeşil gözlü bir çocuktu. Gülerek gelip Çetin'in elini sıktı:

172

"Benim ismim Emil, eğitmenin söylediğine göre senin ismin de Ali imiş. Aramıza hoş geldin" dedi.

"Hoş bulduk, teşekkür ederim, eminim bu odada birlikte güzel günler geçireceğiz" dedi Çetin. İlk görüşte içi ısınmıştı. Sesi, gözlerinin içine sevgiyle bakışı Çetin'i etkilemişti. "Yoksa şansım dönmeye mi başladı?" diye düşündü. Yataklarına oturup yaşam öykülerini birbirlerine anlatmaya başladılar. Çetin anlattıkça Emil yemyeşil gözlerini kocaman açmış, hayretle dinliyordu. İkide bir Çetin'in sözünü kesip sorular soruyordu.

Çetin'in özetleyerek anlattıklarını dinleyen Emil:

"Biliyor musun Ali, ben kendi kendime hep 'benim çektiklerimi, hiçbir çocuk çekmemiştir' diye düşünürdüm. Seni dinledikten sonra benim yaşadıklarımın hiç de önemli olmadığını anladım. Ama şu Bally çeken çocukları, balıkçılığı daha fazla anlatmanı isterdim" dedi.

"Elbet anlatırım Emil, nasıl olsa çok vaktimiz olacak. Ama şimdi ben de senin öykünü dinlemek isterim" dedi.

"Aslında anlatacağım çok fazla bir şey yok Ali. Babam ben beni bildim bileli işsiz, annem de. Evde çoğu zaman yiyecek ekmek bile yoktu. Ama bira ve votka eksik olmazdı ve kendimi bildim bileli hep kavga, hep kavga vardı. En çok da kavga, evde içki kalmamasından çıkardı. Annem 'niye votkanın hepsini içtin,' der, babam da 'sen de benim biralarımı bitirmişsin,' derdi. Bazen bağırıp çağırmakla yetinmez tekme, yumruk birbirlerine girişirlerdi. Böyle kavga ettikleri bir gün, cam çerçeve ininin komşular polis çağırmış. Evin halini gören polisler de, gençlik dairesine bildirmişler, onlar da beni alıp buraya getirdiler. Bir senedir buradayım. Memnunum. Annem babam da hiç arayıp sormadı. İşte böyle Çetin. Şimdi derslerime de çalışabiliyorum. Evde imkânsızdı; bu nedenle sınıfta da kalmıştım."

173

Çok üzülmüştü Çetin. Olgun bir insan gibi konuşmaya başlamıştı:

"Üzülme Emil, bundan sonra iki kardeş gibi olur, derslerimize de birlikte çalışırız" dedi.

Her ikisi de çok rahat, iç huzuruyla uyudu o gece.

*

Her ay, bazan on günde bir mektup geliyordu Fuat ağabeyinden. Her seferinde bir başka ülkenin, bir başka şehrin damgası ve pulu vardı mektupların zarflarında. Kimi zaman Singapur, kimi zaman Hindistan, kimi zaman İran pulu oluyordu mektup zarflarının üstünde.

Barınakların yıkılmasından sonra Fuat ile Ayşe'nin arası açılmış ve giderek birbirlerinden ayrılmaya karar vermişlerdi. Çetin'in ve Berfin'in de gitmesinden sonra Fuat'da balıkçılığa karşı bir soğuma olmuş, sık sık balığa çıkmamaya başlamıştı. Çeşitli işlerde çalışmayı denemiş ama hiçbirinde uzun süre devam etmemişti. İçindeki "Deniz Cin'i" bir türlü çıkmıyordu. Sonunda balıkçılık olmasa da denizde olabileceği bir iş aramaya başladı. Seneler öncesi Beyoğlu sokaklarında birlikte Bally çektikleri Şükrü, sonraları denizci olmuş, gemilerde çalışmaya başlamıştı. İstanbul'a her gelişinde Fuat'ı muhakkak arar, iki kadeh parlatır, eski günlerini anarlardı. Fuat'ın sıkıntılı, ne yapacağını bilemediği o günlerde kurtarıcısı Şükrü olmuştu. Hafiften kafayı bulmuş olan Fuat:

"Bıktım be Şükrü kardeş, küçücük bir kayık, çıkacak mı, çıkmayacak mı? Kaç balık çıkacak, hiç çıkmasa ne olur? Ekmeğimi taştan çıkarırım ama sorun ekmek parası değil be kardeş, balık da değil. Ama şu deniz yok mu deniz. Sanki içimde bir cin var. Denizi gör-

mesem, denize çıkmazsam delirecek gibi oluyorum."

"Bilirim Fuat kardeş bilmez miyim? Bu cin benim içimde de var. Hem de nasıl. İnan bir ay deniz görmesem, herhal deliririm. Bu cindir ki, beni dünyanın koca denizlerinin ortasına attı. Şimdi inan on gün karada kalsam ne yapacağımı bilmiyorum. Geceleri uyku tutmuyor, gemideki daracık yatağımı, denizin çırpıntısını, yatağın gıcırtıyla sallanmasını öyle bir özlüyorum ki..."

"Ne dersin? Ben de bir gemiye tayfa mı yazılsam?"

"Bu kadar kendini denize bağlı hissediyorsan, neden olmasın?"

"İnan o Boğaz, kırk yılda bir sandala yol verip gittiğim Karadeniz bile bana dar geliyor. Boğaz'dan gelip geçen gemilere imreniyorum. Bazen kendimi bu gemilerin içinde hissediyor, hiç görmediğim okyanuslara açılıyorum."

"Fuat bu kadar arzu ediyorsan, sana bir gemicilik sertifikası alalım, sen de tayfa olarak bir gemiye gir."

"Olur mu dersin?"

"Olur elbet, senden iyisini mi bulacaklar. Bir gemiden tayfa olarak iş ayarlarız ama çarkçılık gibi bir becerin yoksa başlangıçta tayfa olarak çalışmak zordur."

"Olsun be Şükrü, beni bilirsin, hayatta hep zor olanı yapmışımdır."

"O zaman haydi şerefe, ben daha birkaç gün buralardayım; sana yardımcı olurum."

"Eh, hadi o zaman şerefe, artık deniz cini değil, okyanusların cininin şerefine içelim."

Şükrü'nün de yardımıyla gerekli evrakları dolduran Fuat gemicilik sertifikası için başvurusunu yapmıştı. Onbeş günlük bir kursu bitirdikten sonra cebinde sertifikası ile Şükrü'nün önerdiği firmaya başvurdu. Yanıt gelmekte gecikmedi. Bir ay sonra İstanbul'dan

175

geçecek olan bir Singapur şilebine tayfa olarak girebileceği belirtiliyordu. Bu süre içinde hemen kursa yazılıp İngilizce öğrenmeye çalıştı.

Yenikapı açıklarına demir atmış yük gemisine firma yetkilileri götürmüş, evraklarını vermişlerdi. Birlikte gemiye çıkmışlar, ikinci kaptanla tanıştırılıp kamarası gösterilmişti. İki gün sonra yola çıkılacağını, ilk limanın Marsilya olacağını belirtmişlerdi.

Küçücük kamarasına valizini koyan Fuat'a, aynı zamanda oda arkadaşı olan iri yarı siyahi tayfa gemiyi gezdirmeye başladı. Çoğu zaman el kol hareketleriyle ve araya tek tük İngilizce sözcük koyarak nerede, ne iş yapmaları gerektiğini anlatıyordu. Fuat'ın anladığı kadarıyla bu iri yarı siyahi ile başlangıçta beraber çalışacaklardı. "İyi ki, beraber çalışacağız, yoksa bu devasa gemi içinde yolumu bile zor bulurdum" diye düşündü Fuat.

Küçük kamaraya döndüklerinde siyahi Fuat'a:

"Yu name?" diye sordu.

"Fuat, Fuat" diye birkaç kez tekrarlamak zorunda kalmıştı Fuat. Fiya, fuya gibi bir kaç kez tekrardan sonra Fuat demeyi başarmıştı, oda arkadaşı.

Fuat "Okey" deyince de, doyasıya gülmeye başladı.

"May name Tomi." Tomi, Fuat diye birkaç kez yineleyerek el sıkıştılar.

Tomi, kendisinin Senegalli olduğunu kolaylıkla anlatmıştı. Sık sık doyasıya gülen Tomi'ye kanı kaynamıştı Fuat'ın. "Böyle bir insanın kamara arkadaşı olmak benim için bir şans" diye düşündü.

Bir gün sonra gemi zincir almaya başlamıştı. Öylesine gürültü çıkıyordu ki, Fuat yoksa gemi parçalanacak mı, diye düşünmeden edemedi. Gemi yol almaya başlayınca, sürekli bir sallantı ve her

yerden hissedilen motorların gürültüsünü duyan Fuat: "O kadar denizde bulunduk; anlaşılan bu gemi bizim kayıklar ve motorlardan çok farklı. Haydi hayırlısı, bakalım nasıl alışacağız bu duruma!" diye kafa yordu.

∗

Biraz sonra yanlarına gelen, omzundaki işaretlerden kaptan olmasa da yardımcılarından birisi olduğunu zannettiği, bir gemici Tomy'e araya İngilizce sözcükler koyup el kol hareketleriyle, sık sık Fuat'ı da göstererek bir şeyler anlattı. Adam gidince Tomy, "Kam Fuat" dedikten sonra önü sıra yürümeye başladı. Ellerine birer kova ve temizlik için fırça gibi bazı şeyleri de almışlardı. Dar bir asansöre binip aşağı indiler. Sonra da önlerindeki demir merdivenden sürekli aşağı inmeyi sürdürdüler. Ara sıra düz yürüyor, yine aşağı iniyorlardı.

Fuat geminin alt kısmının bu kadar derinde olduğuna hayret etmişti. Sonunda bir insanın girebileceği bir kapağı kaldırıp bir iki basamak daha aşağı indiler. Tomy işaretle yerdeki yağları gösterip, temizlemeleri gerektiğini anlattı. Bir taraftan motorların korkunç gürültüsü, bir yandan havasızlık ve pis bir koku; "Al sana deniz cini; hep böyle giderse hapı yutarız" diye düşünen Fuat temizliğe başladı. Üç saatte temizliği ancak bitirebilmişlerdi. Geldikleri yollardan geri gidip kamaralarına geldiklerindc Fuat yatıp dinlenmek yerine güverteye çıkıp hava almayı tercih etti. Denizin iyodunu içine çekti ve "Pes etmek yok, hep böyle rezil işlerde çalıştırmazlar sanırım" diye düşünmeye başladı. Daha birkaç saat olmasına rağmen bu kez de küçük sandalını, Anadolu Kavağını özlemeye başlamıştı...

177

Günlerce temizlik işinde çalıştı. Devasa gemide girip çıkmadığı yer kalmamıştı. Koskoca motorların büyük bir gürültüyle çalıştığı makina dairesinde temizlik yaparken yanına yaklaşan birisi bağırarak "Sen Türk müsün?" diye sordu. Evet yanıtını alınca da:

"Hiç makinalarla ilgili bir iş yaptın mı?" diye sordu.

"Balıkçı teknem vardı, onun motorunu bilirim" dedi.

"Bizim bu dizel motorlar onların çok büyüğüdür. Ben çarkçıbaşıyım, istersen seni de yağcı olarak yanımda çalıştırayım. Bu gâvurlarla, dilini anlamadığım insanlarla çalışmaktan bıktım."

"Kaptanlar kabul ederse elbet ben de isterim."

"İşin o tarafını bana bırak, ben konuşur hallederim" dedi.

Bir gün sonra Fuat yağcı olarak makina dairesinde çalışmaya başlamıştı. İşi hemen öğrenmişti, çarkçıbaşı da kendisinden çok memnundu. Motorlar çok gürültülüydü, buna rağmen yaptığı temizlik işinden daha iyiydi. Üstelik işi o kadar uzun sürmüyor ve güverteye daha sık çıkıp deniz havası alabiliyordu.

✳

Berfin Nürnberg'e gelir gelmez, Çetin ağabeyini aramaya çalışmıştı.

Köln'deki Hasan amcalar, Berfin'in kaldığı evdeki telefon numarasını Çetin'e verip aramasını söylemişlerdi. Telefonda Çetin'in sesini duyan Berfin heyecandan ne yapacağını şaşırmış ağlamaya başlamıştı. Kaldığı evdeki akrabaları da şaşırmışlardı. Telefonu kapattıktan sonra; "Ne olur beni Çetin ağabeyin yanına götürün, onu çok özledim" diye tutturmuştu.

Evlerinde kaldığı Erdal amcası "Köln buraya çok uzak ama ilk

fırsatta seni götüreceğiz" diye söz verdi.

Nürnberg'de yaşayan Kürt yurtseverler, karı-koca dağa çıkan Berfin'in anne ve babasının adını çok duymuşlardı. Berfin'in Nürnberg'e gelmesine de çok sevinmişlerdi. Herkes kendi evlerinde misafir etmek istiyor, hediyeler alıyor, gezmeye götürüyor, aşırı ilgi gösteriyorlardı.

Berfin ise şaşkındı. Çetin ağabeyi telefonda "Hiç vakit kaybetmeden Almanca öğrenmeye başla," demişti. Erdal amcası en kısa zamanda okula gideceğini, orada Almanca öğreneceğini söylemişti. "Okulların açılmasına daha birbuçuk ay var, biraz sabırlı ol, bak herkes seni misafir etmek istiyor, biraz gez Almanya'yı öğren" demişti.

Kendisini misafir etmek isteyenler, elinden tutup çarşıya götürüyor, bir şey isteyip istemediğini soruyorlardı. O istemese de, giysiler, bazı hediyeler alıyorlardı. Bu aşırı ilgi Berfin'i sıkmaya başamıştı. Gittikleri evde çocuklar kendisinin söylenenin hepsini anlamadığı Kürtçe veya Almanca konuşuyorlardı. Bu ise Berfin'i kızdırıyor, sessizleşiyor pek konuşmak istemiyordu.

Kendisine ne kadar ilgi gösterilirse gösterilsin, annesiz, babasız olmanın acısı giderek daha yoğunlaşıyordu. Annesinin ve babasının onu ninesinin yanına bırakıp gittiklerinde pek bir şey anlamamıştı. Zaten annesini ve babasını çok az görüyordu. Şimdi ise başka aileleri ziyaret ettiğinde, onların evinde kaldığında annebabanın ne denli önemli olduğunu çok daha iyi kavrıyordu. O hiçbir zaman diğer çocuklar gibi annesiyle aynı yatağı paylaşamıyor, babasıyla alt alta oynaşamıyordu.

Evlerinde kaldığı Erdal ağabeyi ve Hatice kadının çocukları yoktu. Berfin'e kendi çocukları gibi davranmak istiyorlardı. Berfin ise gerçek bir anne babanın sıcaklığını bu iyi insanlarda bulamıyor, bu ise onun küçücük yüreğininin daha çok kırılmasına neden

179

oluyordu. Büyüdükçe ve çevresini daha iyi izlemeyi öğrendikçe annesiz, babasız olmanın ne demek olduğunu daha bilinçli kavramaya başlıyordu.

Birçok Kürt aile evlerine davet ediyor, birkaç gün kalması için ısrar ediyordu. Kaldığı evlerde özellikle annelerin çocuklarıyla olan ilişkisini izliyordu. Anneler çocuklarına kimi zaman kızıyor, kimi zaman seviyor, "şunu getir, şunu götür, bana yardım et" diyorlardı. Oysa kendisine kimse kızmıyor, kendisinin yardım etmesini istemiyorlardı. Küçük Berfin o zaman annesizliğin ayrımını çok daha fazla kavrıyor ve içine kapanıp üzülüyor, çok üzülüyordu. Üstelik "Niye üzüldün?" diye sormamaları için üzüldüğünü de belli etmek istemiyordu.

Anne babasını da bir daha göremeyeceğini artık çok iyi biliyordu. Tanışlardan dinlediği "dağ" öykülerinin hiçbirinde geri dönüş yoktu çünkü.

Almanya'ya geldiği güne kadar genellikle o anı yaşayan Berfin, şimdi kendisini çok hızlı bir değişim içinde hissediyordu.

Almanya'ya gelinceye kadar "Ne olacak? Ne yapacağım? Ben kimim?" soruları hiç aklına gelmemişti. Sık sık yenileşen dünyasında, koşup oynamış, çocukluğunu yaşamıştı hep; şimdi ise sık sık içine kapanıyor, düşüncelere dalıyordu. Çevresindeki insanlar ise, kendilerinin bir yanlış yaptığını düşünüyor, daha fazla ilgi gösteriyorlardı. Bu aşırı ilgi ise Berfin'in daha çok içine kapanmasına neden oluyordu. "Niye bu Nürnberg'e geldim? Keşke ben de Köln'e gitseydim. Hiç olmazsa Çetin ağabeyin yanında olurdum" diye düşünüyordu. Bir tek Çetin'le beraberken yalnızlık duygusu çekmiyordu. Çekmiyordu çünkü, Çetin gerçek kardeşiymişcesine hep yanında oluyor, duygularını çok iyi anlayabiliyordu.

*

Çetin'in annesiyle birlikte olma, onu klinikten çıkarıp tutacakları bir evde birlikte yaşama umudu giderek azalıyordu. Klinikteki bakıcıların uyarısı ile çok sık gitmemeye başlamıştı. Onbeş günde bir gidiyordu. Ama annesi ilgisizdi, hatta ilk gittiği günler, yani lego oyuncaklarını getirdiği günler, kadar bile ilgi göstermiyordu. Çetin annesinin neler sevdiğini anımsamaya çalışıyordu. Aklına birkaç kez birlikte aldıkları İsviçre çukulatası geldi. Koca bir kutu o çikolatalardan alıp götürdü ama boşuna; annesi teşekkür bile etmemişti. Ne ederse etsin annesinin giydiği zırhı parçalayamıyordu. Bakışları buz gibi soğuktu. Çetin annesinin yanına geldiğinde, kendisinin her hareketini izlediğinin ayrımına varmıştı. Onu izlediğini hissedince, korktuğunu, hatta titremeye başladığını görüyor, daha da üzülüyordu. Klinikteki görevli doktorlar da kendisine eskisi gibi iyi davranmıyorlardı. Son gittiğinde kendisine hep sevimli bakan, yardımcı olmaya çalışan kadın doktor odasına çağırıp uzun uzadıya Çetin'le konuştu:

"Görüyorsun, artık senin gelmene annen hiç tepki vermiyor. Hatta seni görünce çok belli etmese de biraz korkuyor. Bu nedenle sen böyle sık gelme. Bir iki ay gelme. Bir gelişme olursa biz sana haber göndeririz o zaman gelirsin" dedi.

Çok üzülmesine rağmen yapacak birşey olmadığını anlamıştı Çetin. Aylarca beklediği halde klinikten bir haber gelmeyince, dayanamayıp yeniden gitti. Annesini görmesine izin verdiler. Ama en küçük bir tepki bile göstermemişti annesi. Getirdiği hediyelere, çikolatalara da bakmakla yetinmiş, paketi açıp yememişti.

Artık ziyaretlerinin arası açılmış, birkaç ayda bir annesini görmeye gitmeye başlamıştı.

*

Annesinin iyileşme umudunu yitiren Çetin, "Artık yoluma tek başıma devam edeceğim belli oldu" diye düşünmeye başladı. Para biriktirmek, gazete dağıtmak gibi geleceğe yönelik planlardan da vaz geçti. "şimdi artık derslerime iyi çalışıp, bir an evvel okulu bitirip bir meslek sahibi olmalıyım" diye düşünüyordu.

Nihayet sabırsızlıkla beklediği okulun açıldığı gün gelmişti. Daha önceden Emine kadın kendisi için tertemiz giysiler hazırlamıştı. Giyinip elinde gençlik dairesinin verdiği evraklarla, daha önce nasıl gideceğini tesbit ettiği okula tramvaya atlayıp gitti. Ne yazık ki, Emil aynı okula gitmiyordu. "Keşke o da aynı okula gitseydi, hiç olmazsa yalnızlık çekmezdim" dedi içinden.

Okula gelince, kiminle konuşması gerektiğini öğrenip müdürün odasının kapısı çaldı. Müdür elinde dosya karşısında dikilen Çetin'e hayretle bakıyordu. El, kol işaretleriyle anne-babasının olup olmadığını sordu. Çetin:

"Müdür bey ben Almanca biliyorum, benimle Almanca konuşabilirsiniz," deyince müdürün şaşkınlığı daha da arttı.

"Madem Almancan bu kadar iyi, niye hazırlık sınıfına gidiyorsun?"

"Bilmiyorum efendim, gençlik dairesi böyle yapmam gerektiğini söyledi." Çetin'in önüne koyduğu evraklara bakan müdür, bir taraftandan da sürekli, "hım, hımm," diye sesler çıkarıyordu.

"Çetin evlâdım, görüyorum ki, sen Almanca biliyorsun, ama kurallar böyle; ne yazık ki, senin hazırlık sınıfına gitmen gerekiyor. Normal olarak senin uyum sağlaman için iki sene devam etmen gerekir. Ama öğretilenleri çabuk kavrarsan altı ayda normal sınıfa gidebilirsin" dedi.

"Müdür bey, hiçbir şey anlamıyorum. Ben Almanım ve Almanca biliyorum. Niye hazırlık sınıfına gitmem gerekiyor?"

"Yapacak bir şey yok Ali. Kurallara uymak zorundayız. Şimdi gel sana gitmen gereken sınıfı göstereyim" dedi.

Gittikleri sınıfta sessizce oturan Çetin'in yaşında, 10 çocuk vardı. Üçü ise kızdı. Müdür öğretmeni bir köşeye çekip konuşmaya başladı. Öğretmen, kısa boylu, gözlüklü, upuzun bembeyaz sakalları ve saçı olan birisiydi. Üstünde de oldukça buruşuk kadife bir ceket vardı. Müdürle konuşurken ara sıra dönüp Çetin'e bakıyordu. Müdür sınıftan çıkınca Türkçe:

"Arkadaşlar, bu da yeni öğrencimiz Ali," dedi. Arkasından da Almanca tekrarladı. Çetin bir kez daha şaşkınlık içindeydi. Adının Yalçın olduğunu söyleyen öğretmen, kimi zaman Türkçe, kimi zaman Almanca bu sınıfta ne öğreneceklerini anlatıyordu. Çetin'in anladığı kadarıyla sınıftaki öğrencilerin çoğu Türkiye'den gelmişti. İki kişi ise Irak'dan gelmişti; bir de Çin'li vardı.

"Ben sınıf öğretmeniyim, size coğrafya ve İngilizce öğreteceğim. Başka öğretmenleriniz de var, onlar da beden eğitimi, Almanca ve resim dersi verecekler. Bazı dersler bir saat, bazıları iki saat sürecek." Çetin öğretmenin söylediklerini dikkatle dinliyordu. İlk derste fazla bir şey yapmadılar. Tüm öğrenciler kısaca kendisini tanıttı. Irak'dan gelen iki çocuk ve Çinli'nin kendilerini ifade etmesi çok zor olmuştu. Ama ak saçlı öğretmenin yardımıyla onlar da, bir iki kelime Almanca ve el kol işaretleriyle dertlerini anlatabilmişlerdi. Sıra Çetin'e geldiğinde:

"Almanca mı anlatayım, Türkçe mi öğretmenim?" diye sordu.

"Hem Türkçe, hem Almanca anlat" dedi öğretmen.

Diğer çocuklar Çetin'in söylediklerini hayretle dinliyorlardı. Uzatmadı Çetin. Babasının öldüğünü, annesinin ise hasta olduğunu,

183

kendisinin de gençlik evinde kaldığını söylemekle yetindi.

Teneffüs verildiğinde, Çetin hariç çocukların hiçbiri bahçeye çıkmamıştı. Çetin ise merakla bahçeye koştu. Top oynayanları seyretmeye başladı. İçlerinden biri yanına yaklaşıp garip bir Almancayla:

"Sen Türko, sen yeni" gibi birşeyler geveledi." Böyle el kol hareketleri ve garip bir Almancayla konuşulmasına sinir oluyordu Çetin. Almanca:

"Ben Almanım, benimle Almanca konuşabilirsin," dedi. Soruyu soran çocuk şaşırmıştı.

"Böyle simsiyah saçlı, görünce...Adın ne peki?"

"Adım Ali? Seninki ne?"

"Benim adım Zeki. Ama anlamadım adın Ali ama Almanım diyorsun. Türkçe biliyor musun peki?" Çetin biraz kızarak sorusunu Türkçe yanıtladı:

"Evet, iyi Türkçe bilirim," dedi.

"Bu nasıl iştir, sen şimdi gâvur musun, Müslüman mısın?"

Burada da mı, gâvur müslüman! Bunun arkasından kesin, sünnetli misin, sünnetsiz misin, sorusu gelir.

"Ben Almanım," deyip sınıfa döndü Çetin.

Sınıfta Yalçın öğretmen İngilizce öğretmeye başlamıştı. Oyun oynar gibi, elinde sözcükler yazılı kağıtları çocuklara dağıtmış, üstündeki sözcükleri söylemelerini istiyordu. Kağıtlarda yazılı olanlar "ben, sen, o, biz, siz" gibi sözcüklerdi. Ders bittiğinde çocuklar birbirini gösterip, kağıtta yazılı olan sözcükleri yineliyorlardı. Yalçın öğretmeni Çetin çok sevmişti. Hiç kızmıyor, tersine hep gülüyordu. Doğru söyleyen çocuğu alkışlıyor, diğerlerinin de alkışlamasını istiyordu.

184

Ders bitince Çetin'i yanına çağırıp:

"Nereye gideceksin şimdi?" diye sordu.

"Karnımı doyurup, kaldığım yurda gideceğim, öğretmenim" dedi saygıyla Çetin.

"Ben yakındaki Türk lokantasında karnımı doyuracağım. İstersen birlikte gideriz, hem bol bol sohbet eder, hem de karnımızı doyururuz, ne dersin?"

Şaşırmıştı Çetin. İstanbul sokaklarında geçirdiği günler film şeridi gibi aklından geçti. Bu tür önerilerin hepsi kötü isteklerle biterdi orada. Ne diyeceğini şaşırmıştı; hem çekiniyor, hem de ilk gördüğünde kanı kaynadığı bu öğretmeni kırmak istemiyordu. Aklına gelen ilk yalanı söyledi.

"Teşekkür ederim öğretmenim, ama benim param lokantada yemek yemeye yetmez."

Yalçın öğretmen, Çetin'in isteksizliğini görüyor ama nedeninin para olmadığını biliyordu.

"Tamam sen de paran kadar yersin. Yetmezse ben borç veririm. Tamam mı?"

"Peki öğretmenim" demek zorunda kaldı Çetin.

"Tamam o zaman haydi gidiyoruz. Yalnız sınıfta ders bittikten sonra artık ben öğretmenin değil arkadaşınım. Bana öğretmenim yerine Yalçın ağabey dersen daha iyi olur." Bu öneriye sevinmişti Çetin:

"Tamam Yalçın ağabey, ama yemek paramı kendim vereceğim, tamam mı?"

"Anlaştık. Yalnız okuldan biraz uzağa benim arabayla gidelim, buralardaki lokanta ve büfelerde bizim öğrenciler rahat bırakmazlar. Şöyle sakin sohbet edebileceğimiz bir yere gidelim."

185

Geldikleri lokantada fazla müşteri yoktu. Bir köşeye oturup yemeklerini ısmarladılar.

"Eee... Ali seni yakından tanımak istiyorum. Bunun için oturup konuşmak istedim."

"Anlatacak fazla birşeyim yok Yalçın ağabey. O belgelerde yazılı olduğu gibi annem hasta, babam vefat etmiş. Ben de yurtta kalıyorum."

"Hepsi bu mu? İstersen ben sana kendi hikayemi anlatayım önce."

Ismarladığı döner dürümü, sessizce yemeyi sessizce sürdüren Çetin.

"Nasıl isterseniz" dedi.

"Ben kaçağım" diye söze başladı Yalçın öğretmen. Şaşırmış, hatta biraz korkmuştu Çetin. Sonra öğretmenin anlattıklarını dinleyince rahatlamıştı.

"Kaçıp Almanya'ya gelmesiydim cezaevinde olacaktım" diye konuşmasını sürdürdü. Ailesinin zengin olduğunu, kolejlerde okuduğunu, çok iyi İngilizce bildiğini, TRT'de çalışırken 12 Eylül Darbesi nedeniyle işten atıldığını, tutuklanmamak için Almanya'ya geldiğini belirtti.

Köyde iken bu darbe, 12 Eylül laflarını duymuş olan Çetin, Yalçın ağabeyinin anlattıklarına üzülmüştü.

"Evet şimdi sıra sende. Belli ki senin öykün uzun, istersen hepsini bugün anlatma."

Çetin ilk görüşte sevdiği Yalçın öğretmeni kırmak istemiyordu. Kısaltmadan öyküsünü anlatmaya başladı. Yalçın ara sıra Çetin'in anlatımını kesip sormak ihtiyacını hissediyordu:

"Peki şimdi senin baban Kürt müydü? Türk müydü? Tam anlamadım."

186

"Yalçın ağabey, Almanya'da iken bilmiyordum. Ama beni köye getirince Kürt olduğunu öğrendim. Aslında kendisi de Kürt olduğunu hiç söylemezdi. Ninem Kürtçe konuşunca anladım Kürt olduğumuzu. Çok az tanırım babamı, bir tek şunu biliyorum: kimsenin sevmediği bir insanmış meğerse. Köyde hep kızıyorlardı. Annem de, babam beni köye götürmeden önce sevmiyordu, hatta korkuyordu ondan." Çetin durağanlaşmış, gözleri buğulanmaya başlamıştı. Yalçın öğretmen daha fazla uzatmasını istemedi.

"Bak Çetin, istersen bugünlük keselim. Daha sonra tüm öykünü dinlemek isterim. Anladığım kadarıyla, sen 13 yaşındasın ama benden çok daha fazla yaşamışsın."

"Anlamadım..."

"Boşver...Beni dinle şimdi. Diğer çocukların hepsinin ailesi, annesi, babası, kardeşleri var. Bu durum seni etkilemesin. Çünkü ben de bundan sonra senin kardeşin, ağabeyinim. Tamam mı? Her türlü derdini bana anlatırsın, birlikte bir çözüm buluruz. Öte yandan sen diğer arkadaşlarına çok yardımcı olabilirsin. Özellikle Türkiye'den gelenlere, anlamadıklarını sen Türkçe anlatırsın. Ben senin durumunu diğer öğretmenlere de anlatacağım. Onlar da senin yardımını isteyecektir. Senin hazırlık sınıfında uzun uzadıya kalmanın hiçbir nedeni yok. En geç altı ay sonra istediğin okula gidersin, sanırım. Ali istersen annenin yanına bir gün beraber gideriz, bir de ben konuşayım belki yararı olur."

"Çok teşekkür ederim Yalçın ağabey..." Çetin gülümsemeye başlamıştı. Çetin'in gülümsemesine biraz bozulan Yalçın öğretmen:

"Niye gülüyorsun, ben sana yardımcı olmaya çalışıyorum."

"Kusura bakma Yalçın ağabey. Seni böyle görürse annemin ne yapacağını düşündüm de ona gülüyorum. Annem erkeklerden korkuyor, son zamanlarda benden bile korkuyordu." Bu kez Yalçın öğretmen de gülmeye başlamıştı:

"'Seni böyle görürse' diye ne demek istiyorsun. İstersen saçı sakalı keser annenin yanına öyle gideriz. „

"Gerek yok öğretmenim, pardon Yalçın ağabey, annem gerçekten erkek görünce korkuyor. Doktorlar benim bile bir süre gitmemi istemediler; yine de çok teşekkür ederim. „

"O zaman, haydi şimdi kalkalım. Bugün hesaplar benden; sen de başka zaman ödersin..."

Yalçın öğretmen Çetin'i gençlik evine kendisi getirdi. Sonra da yöneticinin yanına girip uzun süre çıkmadı. Kendisinden söz ettiklerinden emindi Çetin. Çok sevinmişti. Yalçın öğretmene güvenebileceğini, her türlü sorununu açabileceğini anlamıştı.

Odasına gittiğinde yatağına uzandı. Emil daha gelmemişti. İçi kıpır kıpırdı. Sevinçliydi. Fuat ağabeyinden sonra, Yalçın öğretmen de ağabeyi olmuştu. Tüm yaşantısını, hiç saklamadan anlatmayı düşündü. Emil geldiğinde, derin bir uykuya dalan Çetin'i rahatsız etmemek için kitaplarını bırakıp dışarda basket oynamaya gitti.

Bir gün sonra cumartesiydi. Çetin Kürt derneğine gidip Kürtçe ders almayı sürdürmek istiyordu. Hem oradaki insanlar kendisine çok iyi davranıyorlardı, hem de "Bir dil daha öğrensem faydalı olur" diye düşünüyordu.

Derneğe gittiğinde hummalı bir faaliyetin olduğunu gördü, herkes birşeyler yapıyordu. Yere uzun bir bez sermişler üstüne Almanca "Kahrolsun..." yazmışlardı. Daha da yazmalarını sürdürüyorlardı. Kendisine ders veren üniversite öğrencisi Kemal ağabey:

"Bugün ders yapacak zaman yok, Ali. Yarın büyük yürüyüş var, onun için hazırlık yapmamız lâzım."

"Ben de yardım edeyim o zaman."

"Bak işte o olur, ne yapabilirsin?"

188

"Ben boya işinden az çok anlarım ağabey, Türkiye'de kayığı boyamıştım. İstersen bu beze, ne yazılacaksa söyleyin ben yazayım, bak sizinki biraz eğri büğrü olmuş."

"Gerçekten mi, o zaman al bakalım eline fırçaları! Ne yazacağın bu kağıtta." Çetin, Kemal'in eline tutuşturduğu kâğıtta yazılanları özenle bezin üstüne geçirmeye başladı. Bir taraftan da kendi kendine düşünüyordu. Kimdi bu kahrolacaklar? Bu yürüyüş niye yapılıyordu? Kimseye sormadı ama biraz sonra diğer yazılanları görünce bu yürüyüşün kime karşı yapılacağını anlamıştı. Akşama kadar çalıştı, en güzel olan pankartları Çetin yazmıştı. Herkesin çok hoşuna gitmişti Çetin'in yazdıkları. İşini bitirince dernekteki kadınların yaptığı etli kuru fasulyeden yedi. Birçok aile "Bize gidelim" diye ısrar etti ama kabul etmedi Çetin.

Artık başkasının evine gittiğinde kendi yalnızlığının, kimsesizliğinin daha çok ayrımına varıyordu. Yurda geldiğinde yatağına uzanıp düşünmeye başladı: "İnsanın annesinin, babasının olması da yetmiyor. Emil'e bak, annesi, babası var ama o da evde değil; burada kendisini mutlu hissediyor. Hem ben yalnız değilim, dün Fuat ağabeyim vardı, bugün de sevgili öğretmenim Yalçın var. Eminim bana çok yardımcı olacak."

Ertesi gün yürüyüşe gitmedi. Korktuğundan değil, biraz yalnızlık duygusundan, biraz da yürüyüşün niye olduğunu anlamadığından. Öğleden sonra Yalçın öğretmen gençlik evine geldi:

"Ali, ben basketbol oynamaya gidiyorum, istersen sen de gel."

"Ama ben basketbol oynamayı bilmiyorum ki, Yalçın ağabey."

"Önemli değil, ben sana öğretirim."

Yalçın öğretmenin, öğrencileri olduğunu söylediği Tufan ve Ersin de arabada oturuyordu. Akşama kadar açık havadaki bir basket sahasında basket oynadılar. Çetin kan-ter içinde kalmıştı ama çok

hoşuna gitmişti. Yurda geri geldiklerinde Yalçın öğretmen:

"Bak, sizin yurdun bahçesinde de basket potası var. Al bu topu, boş zamanlarında arkadaşlarınla oynarsın," dedi. Yepyeni bir toptu. Çetin, öğretmeninin topu kendisi için aldığını anlamış ve çok sevinmişti, önce almak istemedi, öğretmeni ısrar edince tekrar tekrar teşekkür ederek aldı.

Pazartesi günü okula gittiğinde iki ders üst üste Almanca olduğunu öğrendi. Upuzun boylu, sapsarı saçlı, gözlüklü incecik genç bir kadındı öğretmen. Önce herkesin ismini öğrendikten sonra, Almanca bilgilerini ölçmek için Almanca bazı sorular soruyordu. Çocukların çoğu, değil soruları yanıtlamayı, ne sorulduğunu bile anlamıyorlardı. Sıra Çetin'e geldiğinde öğretmen şaşırıp kaldı. Öğretmenin Almanca her sorduğuna uzun uzadıya tertemiz bir Almancayla yanıt veriyordu Çetin.

"Ali anlamadım, seni bu sınıfa niye gönderdiler? Görüyorum ki, Almancan çok iyi? Nereden geliyorsun sen?"

"Bir yerden gelmiyorum öğretmenim, ben Almanım."

"O zaman niye bu hazırlık sınıfına geliyorsun?"

"Bunu ben de bilmiyorum öğretmenim."

"Peki, sonra konuşuruz. Sen Türkçe de biliyor musun?"

"Biliyorum öğretmenim, ben Türkiye'de ilkokulu bitirdim."

"Seni niye bu sınıfa vermişler, bunu araştıracağım, ama sen bu sınıfta olduğun sürece, bana yardımcı olursan memnun olurum. Gördüğüm kadarıyla sınıfın yarısından çoğu Türk."

"Elbette yardımcı olurum öğretmenim."

Çetin artık sınıfta ikinci bir öğretmen gibi olmuştu. Öğrenciler,

öğretmenden çok, anlamadıklarını ona soruyorlardı. Çetin de severek onlara yardımcı olmaya çalışıyordu. Kısa zamanda arkadaşlarının bir kısmının Türkçesinin de çok kötü olduğunu anlamıştı. Bazılarının ailesinin Kürt olduğunu anlamıştı ama onlar bunu söylemek istemiyor, biri hariç hepsi ısrarla Türk olduklarını söylüyordu. Herkese tepeden bakan, her fırsatta kuvvetli olduğunu göstermeye meraklı, ismi Rıfat olan bir öğrenci Çetin'in başına belâ olmakta gecikmemişti. Diğer öğrenciler bilmediklerini açık yüreklilikle gelip Çetin'e danışırken Rıfat bilmediği şeyleri Çetin'e sormuyordu. Kıskandığını apaçık belli ediyordu. Her söylediğine karşı çıkıyor, açığını yakalamaya çalışıyor, sınıftakiler Çetin'e daha çok yaklaşır, daha çok güvenirlerken Rıfat, Çetin'i rezil etmenin bir yolunu arıyordu. Sonunda aradığını bulmuştu. Herkesin sınıfta olduğu bir gün bağırarak konuşmaya başladı.

"Ali sen hep Alman olduğunu söylüyordun değil mi?"

"Öyleyim, ne olmuş?"

"Peki, sen gâvur musun, Müslüman mısın?" Bu gâvur sözcüğüne oldum olası sinirlenen Çetin, "Bu rezil sözcük geldi burada da beni buldu" diye burnundan solumaya başlamıştı.

"Benim ne olduğum seni ne ilgilendiriyor, neysem neyim."

"Sen gâvursun ama söylemek istemiyorsun; kesin sünnet de olmamışsındır." Birden kendisini savunmak ihtiyacını hisseden Çetin.

"Sünnetli olmaya sünnetliyim de, sana ne bundan?" Kakahalar atan Rıfat :

"Yalan söylüyorsun, aç da görelim," dedi. Sınıfta kızlar da vardı. Herkes çevrelerine toplanmış bu konuşmanın sonunun nereye gideceğini duymak istiyordu. Kız arkadaşlarının arasında Rıfat'ın böyle bir soru sorması Çetin'i çıldırtmıştı. Birden fırlayıp Rıfat'ı yere devirdikten sonra yumruklamaya başlamıştı. Rıfat şaşırmış,

her fırsatta gücünü göstermeye meraklı olduğu halde, Çetin'den böyle birşey beklemediği için sadece elleriyle yüzünü kapamış, kendini korumaya çalışmıştı.

Yalçın öğretmenin sınıfa girdiğini görünce, herkes dağıldı. Çetin de, Rıfat'ın üstünden kalktı. Sinirden her tarafı titriyordu. Çetin'in çok sakin, akıllı bir çocuk olduğunu düşünen Yalçın öğretmen hepsinden çok şaşırmıştı.

"Seninle dersten sonra konuşacağız Ali; şimdi herkes otursun yerine" dedi.

Sakince, sanki hiçbir şey olmamış gibi ders anlatmasını sürdürdü öğretmen. Ders bitince bütün çocuklar çantalarını toplayıp sınıfı terketti. Çetin başı yerde sırasında oturmayı sürdürüyordu.

"Konuşmamız gerektiğini sen de biliyorsun. Ama burada olmaz, benimle gel, geçen gün yemek yediğimiz lokantada hem karnımızı doyurur, hem konuşuruz." Hiç sesini çıkarmadı Çetin.

"Söylediklerimi anladın değil mi? Hadi toparlan gidiyoruz." Kitaplarını, defterlerini çantasına yerleştiren Çetin, öğretmeninin arkasından yürümeye başladı. Arabada da öğretmeni bir şey sormadı. Çetin ise çok üzgündü. Bu kavga nedeniyle Yalçın ağabeyinin sevgisini kaybetme tehlikesi üzüyordu en çok onu.

Lokantada yemeklerini ısmarladıktan sonra Yalçın öğretmen:

"Evet Ali, anlat bakalım, sebebi neydi bu kavganın. Ben senin şiddet kullanacağını, hele de sınıf arkadaşlarına karşı kullanacağını doğrusu hiç düşünmemiştim. Açıkçası beni hayal kırıklığına uğrattın. Yine de, nedenini senden duymak istiyorum."

Çetin ağlamaklı bir sesle, Rıfat'ın kendisine yaptıklarını ve en son sünnet konusunda söylediklerini anlattı.

"Tamam Ali, kızgınlığının nedenini anlıyorum. Ama şiddet kul-

lanmanı açıkça söylemeliyim ki, affedemem. Bu sorunu çözmenin başka yolları da var."

"Yalçın ağabey, elbette gelip size veya başka öğretmene şikâyet edebilirdim. Ama bu Rıfat'ın saldırganlığını azaltmaz tersine, beni arkadaşların arasında 'ispiyoncu' diye suçlayarak saldırılarını sürdürürdü.

Bu tür çocuklara Türkiye'de de, Almanya'da da çok rastladım. Bunların anladığı tek şey şiddettir. Ama söz, bir kez daha tekrar etmem; zaten tekrar etmeme de, göreceksin gerek kalmayacak."

Yalçın öğretmen sessiz kalmayı tercih etti. "Bu çocuğu iyi tanımalıyım, kim bilir başından neler geçti ki, böyle kendisinden emin konuşuyor" diye düşündü.

"Pekâlâ, yemeğini bitirdiysen, geçen sefer yarım kaldığımız yerden öykünü anlatmayı sürdür istersen."

"Tamam ama ne diyorlar, 'hayatımı anlatsam roman olur'; sıkılırsan keserim."

Çetin hiçbir şeyi gizlemeden, köye gidişlerini, köyde başından geçenleri, köyden kaçışını uzun uzadıya anlattı. Birden durdu, kendi kendine "Ballyci çocuklarla, sokaklarda yaşadıklarımı anlatsam doğru olur mu" diye düşündü. Kurtarıcısı yine öğretmeni olmuştu.

"Tamam Ali, bundan sonrasını bir başka gün konuşuruz, sen de çok yoruldun. Yalnız senden yapmanı istediğim bir şey var. Yarın sınıfta arkadaşlarının yanında Rıfat'dan özür dile."

"Ama Yalçın ağabey..."diye itiraz edecek oldu Çetin.

"Bak Ali" dedi Yalçın ağabeyi. "Herkes gururunu yenip özür dileyemez; kendisine güvenen insanlar ise hiç çekinmeden özür dilerler. Anlaştık mı?"

*

Hemen her gün Çetin'e telefon eden Berfin, evlerinde kaldığı Fehmi amcayı, "Ne zaman gideceğiz?" diye sıkıştırıp duruyordu. Sonunda Fehmi amcası müjdeyi verdi:

"Hazırlan bakalım Berfin, bu hafta sonu Köln'e gideceğiz." Çok sevinmişti Berfin; Fehmi amcasına sımsıkı sarılıp teşekkür etti. Hafta sonuna daha iki gün vardı. Hemen telefon edip Çetin ağabeyine müjdeyi vermek istiyordu. Birkaç kez telefon ettikten sonra, sonunda Çetin'i yurtta yakalayıp sevinçle cumartesi günü geleceklerini anlattı. Çetin de Berfin'i göreceğine sevinmişti. İki gün neredeyse heyecandan uyuyamadı Berfin.

Hasan amcaların evinde buluşacaklardı. Emine hanım yine çok güzel yemekler hazırlamıştı. Gül ve Ahmet babalarıyla alışverişe çıkıp hediyeler almışlardı. Çetin ise aylardır oyduğu kayığın son günlerde daha çok çalışıp, yelkenlerini takmış, sarı kırmızı renklerle boyamış, elinden geldiğince Fuat ağabeyinin kayığına benzetmeye çalışmıştı.

Fehmi, Hasanları çok iyi tanıyordu. Her fırsatta birbirlerine gelip giderlerdi. Kapı açıldığında Berfin sessizce Fehmi amcanın ardında bekliyordu. İçeri buyur edildiklerinde, Berfin kendisini tutamadı, ağlayarak gidip Çetin'e sarıldı. Tir tir titriyordu. Kendisini tutmasa Çetin de ağlayacaktı. Sonunda Berfin dinginleşmişti. Şimdi artık günlerdir düşündüklerini bir bir anlatabilirdi:

"Ben sana çok küstüm Çetin ağabey; hem küstüm hem de sana çok kızdım." şaşırmıştı Çetin:

"Niye? Ne oldu? Biliyorsun, ben seni çok severim, niye kızgınsın bana?"

"Beni öyle yapayalnız bırakıp geldin. Üstelik ben gelince aynı şe-

194

hirde, hatta aynı mahallede, belki aynı evde kalırız, diye hayal etmiştim. Ama şimdi aramızda kaç yüz kilometre var."

"Niye öyle diyorsun, ben sık sık haberlerini alıyorum. Fehmi amcalar seni çocukları gibi seviyorlar. Hem Nürnberg'de herkes seni evinde misafir etmek için yarışıyormuş." Berfin yine ağlamaya başlamıştı. Konuşamıyordu. Biraz sakinleşince yine konuşmaya başladı:

"Tabii sen artık anneni buldun değil mi? Benim ise annem yok, daha doğrusu var da yok." Yine ağlamaya başlamıştı. Çetin ne yapacağını, ne diyeceğini bilemiyordu:

"Bak güzel Berfin benim de annem var, daha doğrusu var da yok."

Evdekiler bir köşeye çekilmişler ikisini rahatsız etmek istemiyorlardı. Çetin annesinin durumunu anlatınca, Berfin bu kez de Petra için ağlamaya başlamıştı. Dinginleşince yine konuşmaya başladı:

"Kavak'da ne güzel yaşıyorduk. Niye Almanya'ya geldik ki?"

"Öyle söyleme Almanya çok güzel bir ülke değil mi? Bak Almanca'yı öğrenince sen de daha çok seveceksin."

"Ben sevmiyorum, sevmeyeceğim de; sen sev istiyorsan. Kavak ne güzeldi. Fuat ağabeyimle balık tutuyordunuz, ben de bazen kayığa biniyordum. Herkesi tanıyordum, herkesle konuşuyordum, öğretmenim de çok iyiydi. Ninem bazen kızıyordu bana ama olsun, ben şimdi onun kızmalarını özlüyorum en çok; burada kimse kızmıyor. Herkes beni sevdiğini söylüyor. Ama ben kocaman oldum artık çok iyi anlıyorum, beni sevenler esas dağdaki annemle, babamı seviyor." Makinalı tüfek gibi kaptırmış gidiyordu Berfin. Çetin ise "Bu kız benim tanıdığım kız değil, ne kadar değişmiş," diye düşünüyordu. Çakmak çakmaktı Berfin'in yeşil gözleri, örgülü saçlarını kesmemişti. Çetin'in saçlarına baktığını görünce:

"Saçlarımı da kestireceğim, herkes saçlarıma bakıyor, 'Ne güzel saçların var' diye okşuyorlar. Buna da kızıyorum. Zaten kimsenin

195

böyle uzun saçı yok. Hem okulda da herkesin saçıma bakmasını istemiyorum."

Çetin yıldırım gibi konuşan Berfin'e ne diyeceğini bilemiyordu. Aklına Berfin için hazırladığı kayık geldi. Kağıda sarılı kayığı uzattı:

"Bak bakalım hoşuna gidecek mi?" Kağıdı hızla yırtan Berfin kayığı görünce gidip Çetin'e sarıldı.

"Çok teşekkür ederim, sen yaptın he mi? Hemi de sarı, kırmızıya boyamışsın. Fuat ağabeyle senin kayığına benziyor. Sen bana Kavak'da da çok yapardın." Kayık elinde dalgınlaşmıştı.

"Çetin ağabey kayık çok güzel ama Almanya'da ben bunu nerede yüzdüreceğim? Her şey yasak bu ülkede."

"Güzel Berfin, bugün ters tarafından kalktın, sanırım. Her şeye itiraz ediyor, kızıyorsun. Almanya'da da bu kayığı yüzdürebiliriz. Bu Köln'ün etrafında göller var. Hasan amca'ya söyleriz bizi götürür."

"Sağol Çetin ağabey, istemem. Ben Nürnberg'e gidince orada göl var mı, diye sorarım. Vardır helbet; orada yüzdürürüm."

"Berfin anlaşılan bize sıra gelmeyecek, Çetin ağabeyinden başka kimseyi görmüyorsun bakıyorum. Bak ben de, Gül de sana aldıklarımızı vermek istiyoruz, haydi yeter artık" diye seslendi Ahmet. Mahcup olmuştu Berfin:

"Özür dilerim, Çetin ağabeye kızgındım da onun için..." Kendisi için alınan giysilere, süslü kalemlere, silgilere teker teker bakan Berfin, Ahmet ve Gül'e sarılıp teşekkür etti. Hasan çocukları dışarı çıkarıp gezdirmeyi önerdi ama Berfin istemedi.

"Sonra gideriz Hasan amca, ben şimdi arkadaşlarımla konuşmak istiyorum."

"Bundan sonra Nürnberg'de de olsan arkadaşlarınla bol bol konuşacaksın, al bakalım bu cep telefonu senin. Haydi dene bakalım"

diye Berfin için aldığı cep telefonunu uzattı Hasan amcası.

"Hep bende kalacak he mi?"

"Telefon senin güzel Berfin, elbet hep sende kalacak."

"Çetin ağabey senin telefonun da var mı?"

"Var elbette, ben de yeni aldım. Sana şimdi numaramı vereceğim, ben de senin numaranı alacağım. Ama çok uzun konuşmamamız lâzım, çünkü çok para yazıyor." Çetin'in Türkiye'den getirdiği parası duruyordu. Cumartesi, pazar günleri de, birkaç saat gazete dağıtmayı sürdürüyor , tüm parasını saklıyor, çok mecbur olmazsa harcamıyordu. Zor günlerde parasının olmasının ne denli faydalı olduğunu yaşam tecrübesiyle edinmişti.

Berfin kendisine öğretildiği şekilde cep telefonuyla Çetin'i aramış, Çetin'in hemen açmasına çok sevinmişti.

"Ne güzel, çok teşekkür ederim Hasan amca. Çetin ağabey istediğim zaman bundan sonra seni arayabilirim, değil mi?"

"Her zaman değil, sınıfta olduğum zaman kapatırım. Ancak hafta sonları ve akşamları hep açık olur. Zaten sen çaldırır, kapatırsın; ben seni ararım."

İki gün çocuklar hep birlikte güzel zaman geçirdiler. Büyükler ve çocuklar hep birlikte bir gün sonra Hayvanat Bahçesine gittiler. Çocuklardan çok, senelerce Köln'de oturdukları halde burayı bilmeyen Emine hanımın çok hoşuna gitmişti.

Berfin yola çıkmadan önce:

"Ne olur Fuat ağabeyi de bulalım, onu da çok özledim hiç olmazsa telefonla konuşuruz" diye Çetin'e adeta yalvarmıştı.

"Tamam" dedi Çetin." Muhakkak bir yolunu bulup, Fuat ağabey'e ulaşacağım. Onu bulur bulmaz telefonunu sana da veririm." Arabaya binerlerken Berfin ağlamamak için kendini zor tutuyordu.

197

＊

Çetin sonraki günler hep Fuat ağabeye nasıl ulaşırım, diye düşündü. Sonunda aklına Yalçın öğretmeni geldi. İlk karşılaşmalarında ona Fuat ağabeyini bulmak istediğini anlattı. Fuat'ın soyadını da alan Yalçın öğretmen, "Ben hallederim" diye Çetin'i rahatlattı. Gerçekten de iki gün sonra elinde Fuat'ın telefon numarasıyla geldi.

"Al bakalım, bu telefon numarası Fuat'ın. Yalnız her aradığında çıkmayabilirmiş. Çalıştığı saatlerde telefon kullanmaları yasakmış. Bu nedenle birkaç kez, günün farklı saatlerinde ararsan yakalayabilirsin."

Çok sevinmişti Çetin:

"Sağol öğretmenim, beni ne kadar sevindirdin bilemezsin!" diye gidip elini öpmek istedi.

"El öpmek yok, demedim mi? Gel sarılalım."

"Yalçın öğretmenim, Fuat ağabeyim, kim bilir dünyanın neresinde? Peki nasıl buldun telefonunu?"

" Bu da benim sırrım olsun ama çok zor olmadı onu söyleyeyim."

Çetin defalarca aramış ama Fuat ağabeyine ulaşamamıştı. Acaba Yalçın öğretmen bir yanlışlık mı yaptı? diye düşünmeye başlamıştı. Birkaç gün sonra yattığı sırada telefonu çaldı.

"Çetin, ben Fuat ağabeyim, Almanya'dan bir kaç kez arandığımı görünce 'bu muhakkak Çetin'dir' dedim. Sana ulaştığıma çok sevindim. Bundan sonra sık sık ararım. Ben şimdi Portekiz civarındayım. Berfin nasıl?" Çok heyecanlanan Çetin fazla konuşamadı; Berfin'in telefonunu verdi. Sık sık "Sesini duyduğuma çok sevindim" diyor, aklına başka bir şey gelmiyordu.

198

Berfin, telefonunu açtığında,"Ben Fuat ağabeyinim, Berfin sen misin?" diyen sesi duyduğunda ne yapacağını, ne söyleyeceğini şaşırmıştı. "Essahtan mı? Nerdesin? Ne yapıyorsun?" diye peş peşe aklına gelenleri sormaya başladı. Fuat kısaca nerede olduğunu, çalıştığı gemiyi anlatmaya çalıştı.

Geminin çok büyük olduğunu, çok insan çalıştığını duyunca:

"Çok mu balık tutuyorsunuz, çok tutunca balıkları nereye satıyorsunuz peki?" diye heyecanla sordu. Fuat bu kez balık tutmadıklarını anlattıysa da Berfin Fuat ağabeyinin ne yaptığını tam anlayamamıştı.

"Kavak'da Boğaz'dan kocaman gemiler geçiyordu hatırladın mı?"

"Hatırladım elbette, o zaman sen çok uzaklara da gidiyorsundur."

"Haklısın çok uzaklara gidiyoruz, belki Almanya'ya da geliriz. O zaman muhakkak seni ve Çetin'i ararım, birlikte oluruz. Tamam mı?"

"Essah mı? Ne zaman peki? "

"Biz yük taşıyoruz. Kaptan Almanya'ya da gideceğimizi söylemişti. Ama ne zaman bilmiyorum. Ben seni arar söylerim."

Berfin telefonu kapattığında tam bir heyecan küpü olmuştu. Hemen Çetin'i arayıp Fuat ağabeyiyle konuştuklarını anlatmak istiyordu. Ama Çetin açmıyordu telefonu. Derste olduğunu hatırlayıp akşama kadar beklemeye karar verdi.

*

Çetin sınıfta arkadaşlarının çoğunun sevdiği bir çocuk olmuştu. Herkes bilmediklerini Çetin'e soruyordu. Öğretmenleri de Çetin'i

çok seviyordu çünkü ikinci bir öğretmen gibi kendilerine yardımcı oluyordu. Hem Çetin, hem de öğretmenleri altı ayın geçmesini bekliyordu. Altı ay geçince Çetin normal liseye gidebilecekti çünkü.

Yalçın öğretmenle de sık sık buluşuyor bazen basket oynuyor, bazen de yüzme havuzuna gidiyorlardı. Çetin, Yalçın ağabeyiyle yüzme havuzuna gittiğinde çok eğleniyordu. Çünkü Yalçın öğretmen birçok komiklik yapıyordu havuzda. Örneğin, havuza atlanan tramplenin en üst katına çıkıyor, amuda kalktıktan sonra kendisini suya bırakıyordu. Ak saçlı, yaşlı birisinin bu gösterisini herkes hayretle izliyordu. Üst üste birkaç kez atlayınca aşağıda yüzmeyi bırakanlar alkışlamaya başlıyordu. Daha sonra da:

"Bir daha, bir daha" diye bağırarak Yalçın öğretmeni teşvik ediyorlardı. O da kendisine tezahürat yapanları selâmlayıp, onları kırmıyor ve defalarca suya atlıyordu.

Annesinin yanına gitmeyeli bir ayı geçmişti. Bakıcıların sık sık "gelme" demesine rağmen dayanamayıp yine ziyaretine gitmişti. Ama annesiyle ilgilenen psikolog:

"Ali evlâdım, sana bir süre anneni görmemeni söylemiştim. Bugün de yanına gitmesen iyi olacak. Nedendir bilmem sen gittikten sonra annen daha kötüleşti. Çok istiyorsan uzaktan annene bak ama yanına girme" dedi. Çok üzülmüştü Çetin:

"Niye böyle davranıyor sizce, ilk geldiğimde beni görmesinin yararlı olacağını söylemiştiniz."

"Biz de bilemiyoruz evlâdım ama şurası kesin: Bilinçaltında çözemediğimiz bir şey var."

Pencereden annesini izleyen Çetin, şaşırmıştı; gerçekten de annesi ilk gördüğü, bir kaç ay öncesi gibi değildi. Sanki daha zayıflamış, saçları daha da beyazlaşmıştı.

Annesini bu halde gören Çetin "Acaba annemin iyi olması, birlikte bir eve çıkmamız yoksa bir hayal mi?" diye düşünerek bakım evinden başı eğik ayrıldı. Yolda hep düşünüyordu: "Kim bilir belki de bundan sonraki yaşantımı tek başıma, annem olmadan sürdüreceğim. Aslında Türkiye'ye gittiğimden bugüne kadar hep çevremde birileri vardı ama ben yalnızdım. Bugün yine etrafımda pek çok insan var. Ama yine yalnızım, kendimi buna alıştırmam gerekir."

Çetin o günden sonra kendi kendine hiç boş vakit geçermemeye karar vermişti. Derneğe gidiyor, Kürtçe öğreniyor, orada yeni dostluklar kuruyordu; fırsat buldukça gazete dağıtıyor, yakındaki koruda koşu yapıyor, en çok da Yalçın öğretmenle birlikte olmak için çaba harcıyordu. Berfin ise hiç aksatmadan haftada birkaç gün arıyordu. Fuat ağabey ile de çok sık olmasa da görüşüyorlardı.

*

Altı ay bitmiş hazırlık okulundaki öğretmenlerinin ortak kararı ile liseye gidebileceğine karar verilmişti. Yeni okuluna, yeni sınıfına uyum sağlaması zor olmamıştı. Dersleri iyiydi; ne ki, yalnızlık duygusundan burada da kurtulamamıştı.

Durağan yaşantısındaki en önemli değişiklik Fuat ağabeyinin Hamburg'a gelişi olmuştu. Fuat, Berfin ve Çetin'in tren biletlerini, Hamburg'ta kalacakları oteli ayarlamıştı. İki gün birlikte olacakları için Çetin de, Berfin de çok sevinçliydi. Berfin, Köln'e gelmiş birlikte trenle Hamburg'a gitmişlerdi. İki gün boyunca Hamburg'u gezmiş çok güzel yemekler yemişlerdi. Fuat ağabeyi çat pat İngilizce konuşuyordu. Çetin, Fuat ağabeyine baktıkça, dinledikçe

hayranlığı artıyordu. Zaten yanık olan teni daha da koyulaşmıştı. Anlatacağı o kadar çok şey vardı ki! Hiç durmadan gittiği ülkeleri, farklı insanları, gemiyi anlatıyordu.

Çetin'in de anlatacağı çok şey vardı. Başından geçenleri yıldırım gibi anlatmaya başladı. Fuat Çetin'i dikkatle dinliyor, annesiyle ilgili tek lâf etmemesine bir anlam veremiyordu. Sormasına gerek kalmadan Çetin annesinin durumunu, birlikte yaşamak için çok fazla umudu kalmadığını anlattı. Üzülmüştü Fuat, ne diyeceğini bilemiyordu. Şaşkınca:

"Bu kadar üzülme, bak ben varım, Yalçın ağabeyin, Berfin var" dedi.

Berfin fazla söze karışmıyor, sadece gittikleri yerlerde çevreyi izliyordu. En çok da Hamburg limanını gemiyle dolaştıklarında, gördükleri karşısında şaşırıp kalmıştı. Her gördüğünü ağabeyine soruyordu. Fuat:

"Eee güzel Berfin, sen niye konuşmuyorsun? Neler yaptın biraz da sen anlat" deyince, birden patladı Berfin:

"Ne anlatacağım Fuat ağabey? Herkes bu memleketi seviyor, beni de çok seviyorlar ama ben buraları da, beni sevenleri de hiç sevmiyorum artık."

"Beni de mi?" diye sormadan duramadı Çetin.

"Seni seviyorum helbet ama sen de çok uzaktasın. Niye geldik sanki buralara? İstanbul ne güzeldi. Öğretmenim de çok iyiydi. Siz vardınız, ninem, dedem..." Ağlamaya başlamıştı. Ne yaptılar, ne söyledilerse susturamadılar. "Bırak ağlasın" diye Çetin'e işaret ediyordu Fuat. Kendisine sarılan Fuat ağabeyine, Berfin de sımsıkı sarılmıştı. Biraz sonra da dinginleşti. Ama ondn sonraki iki gün boyunca çok fazla konuşmadı.

Hamburg gezileri artık üçü için bir gelenek haline gelmişti. Fuat kimi zaman altı ayda bir, kimi zaman bir sene içinde Hamburg'a uğruyor ve iki-üç gün biraraya geliyorlardı.

*

Telefon çaldığında önce kim olduğunu anlamamıştı Çetin. Arayan annesinin bakım evindeki psikoloğuydu.

"Çetin evlâdım vaktin varsa bugün annenin yanına gelir misin?" Annesinin psikoloğunun aramasına şaşıran Çetin, heyecanlanmış ama çok da kaygılanmıştı, bir garipti kadının sesi çünkü.

"Hemen geliyorum" dedi.

Bakımevine gittiğinde psikolog kadın Çetin'i kapıda karşıladı.

"Annen biraz rahatsız; istedim ki, onu göresin." Çetin'in annesi yatakta kımıltısız, gözlerini tavana dikmiş, kıpırdamadan bakıyordu. Çetin yanına gittiğinde de hiç tepki vermedi. Çetin'in "Anne nasılsın?" sorusunu da sanki duymamış gibi yanıtlamadı. Yüzü de bir garip beyazdı.

Çetin ağlamamak için kendini zor tutmuştu. Annesinin hasta, hem de çok hasta olduğunu anlamıştı.

"Çok mu hasta? Çabuk geçer mi? „diye sormadan duramadı.

Psikolog kadın "Umarım" demekle yetindi.

Çetin annesinin durumunun çok ağır olduğunu anlamıştı. Ağlamamaya çalışarak bakımevini terketti.

Birkaç gün sonra aynı psikolog yeniden aradı:

"Ali evlâdım, bakımevine gelebilir misin?"

Kadının sesini duyan Çetin hemen geleceğini söyledi.

Annesinin odasının kapısına bir sandalye konulmuştu. Kapı açıktı. Psikolog kadın içeri girmesine izin vermedi. Annesi kımıltısız yatağında yatıyordu.

203

"Çok istiyorsan annenin yanına girebilirsin. Ne yazık ki, annen vefat etti" dedi. Ne yapacağını şaşırmıştı Çetin. Son geldiğinde annesinin durumunun çok ağır olduğunu anlamıştı; yine de onu kaybedeceğini düşünmemişti.

"Yanına girebilir miyim?"

"Elbet girebilirsin. Yalnız temas etmesen iyi olur."

Yatağın yanına yaklaşan Çetin annesine sarılmamak için kendini zor tutuyordu. Ağlamak istiyor ama ağlıyamıyordu da. Öylesine donup kalmıştı. "Yatakta yatan, incecik, bembeyaz yüzlü, bembeyaz saçlı kadın gerçekten benim annem mi?" diye düşündü bir an.

Görevlilerden bir kadın yanına gelip:

"Biraz konuşabilir miyiz Ali evlâdım? Gel benim odama gidelim" dedi.

Çetin sessizce kadını takip etti. Girdikleri odada kadın masasına oturmuş, sürekli yere bakan Çetinle konuşmaya başlamıştı. Önünde ayakkabı kutusuna benzer büyük bir kutu vardı.

"Ali evlâdım, senin için zor bir durum biliyoruz. Cenazeyi biz kaldıracağız. Ama istersen sen ve yakınların da elbet gelebilir. Bu kâğıtta cenazenin nerede ve saat kaçta kaldırılacağı yazılı. Bu kutuyu da annen sana vermemiz için bize emanet etti. Üstüne de ismini yazıp sıkı sıkı bantlamış. Lütfen burada aç, kutuyu sana teslim ettiğimizi, içinde ne olduğunu yazmamız gerekiyor" dedi.

"Her şey için teşekkür ederim. Bazı tanışlarımla cenazenin kaldırılışında biz de geliriz," dedi.

Çetin'in açtığı kutuda birçok resim vardı. Hepsi de Çetin ve annesinin birlikte çektirdiği resimler. Çetin gözyaşlarını tutamadı. Başka büyük bir zarf daha vardı. Zarfı açan Çetin çok şaşırdı. Zarfın içinde bir sürü kağıt para, birkaç yüzük, bilezik gibi mücevhe-

204

rat çıkmıştı. "Zavallı anneciğim, demek ki, hep benimle bir araya gelebileceği umuduyla bu paraları biriktirmiş" diye düşünen Çetin kendini tutamayıp sesli olarak ağlamaya başlamıştı. Görevli kadın Çetin'in sakinleşmesini bekledikten sonra, kendisine boş bir tabaka kağıt uzatıp:

"Ali evlâdım, çok üzgünsün biliyorum. Ama bu kutuyu sana teslim ettiğimi ve içinden neler çıktığını yazarak aldığını, lütfen belirt."

"Ne kadar para çıktığını da yazayım mı?" diye sordu Çetin.

"Lütfen kutudan çıkan her şeyi yaz evlâdım."

Çetin kutudan çıkan resimleri, mücevherleri yazdı, ne kadar para olduğuna bakmamıştı. Zarftan çıkan paraları da saydı, tamı tamına 3800 Euro vardı. Her şeyi yazdıktan sonra kâğıdı imzalayıp kadına uzattı.

Gençlik yurduna gidince Berfin'e telefon etmeyi düşünüyordu. Ama kendisinden önce Berfin onu aradı, ağlıyordu. Çetin, "Annemin öldüğünü mü öğrendi acaba?" diye şaşkınlıkla konuşmasını bekledi. Kesik kesik sözcüklerle konuşuyordu Berfin:

"Çetin ağabey, annem dağda ölmüş. Hafta sonunda dernekte onun için tören yapacaklarmış; kocaman bir de resmini yapmışlar. Benim de gelmemi istiyorlar. Ben annemi hiç anımsamıyorum; ninemin dediğine göre beni çok sever ve bana benzermiş. Keşke sen yanımda olsaydın..."

"Çok isterdim ama yarın..." Söylesem mi, söylemesem mi, diye düşünen Çetin söylemeye karar verdi.

"Canım Berfin, güzelim Berfin hemen trene atlayıp yanına gelirdim ama olanaksız. Niye olduğunu söyleyeceğim ama seni tekrar üzmek istemezdim. Benim annem de bugün vefat etti Berfinciğim. Yarın cenazesi kaldırılacak." Hiç ses gelmiyordu telefondan. Sonra Berfin'in hıçkırıklarını duydu. Konuşmuyordu.

"Ben seni sonra arayacağım, üzülme canım, yapacak bir şey yok ne yazık ki? Hafta sonu muhakkak geleceğim" deyip telefonu kapattı. İlk şaşkınlığını üstünden atan Çetin, "Bir an evvel Yalçın ağabeyle konuşmalıyım" diye düşünüp, kendisine telefon etti. Yarım saat sonra Yalçın öğretmen yanına gelmişti. Olanları anlatıp, birlikte cenaze törenine gitmeyi önerdi.

"Elbette gelirim, Ali evlâdım. Seni buradan alırım birlikte gideriz" dedi. Çetin'e sarılmak istiyor, "Kendimi tutamam ağlarım" diye çekiniyordu.

Çetin annesinin kendisine bıraktığı kutuyu çıkarıp Yalçın ağabeyine gösterdi.

"Öğretmenim, bu kutudaki resimler bende kalsın ama zarfın içindeki paraları ve mücevherleri sen al; ihtiyacım oldukça bana verirsin" dedi.

"Bana güvendiğin için sağol, hemen gidip bankada bir kasa açtırıp bunları saklarım. Kasanın anahtarını da sana veririm, tamam mı?" dedi.

"Bana verme öğretmenim."

"Öğretmenim değil, Yalçın ağabey."

"Tamam Yalçın ağabey ama anahtarı bana verme; ben kaybedebilirim, sende kalsın."

"Resimlere bakabilir miyim?"

"Elbette" diyen Çetin kutuyu uzattı. Resimlere dikkatle bakan Yalçın öğretmen:

"Annen çok güzelmiş Ali" dedi.

"Haklısın ağabey, çok güzeldi" diyen Çetin ağlamaya başlamıştı. Dinginleşince:

"Yalçın ağabey, Hasan amcaya da haber versek. Sanırım o da mezarlığa gelmek ister" dedi. Birlikte Hasan amcalara gittiler. Ha-

san amca da, "Muhakkak izin alır gelirim" dedi. Konuşmaları dinleyen Emine kadın Çetin'in yanında ağlamamak için mutfağa gidip sesini kısabildiği kadar kısıp Kürtçe ağıtlar yakmaya başladı. "Gurbet elde bu çocuğu böyle kimsesiz, anasız babasız tek başına bırakmamak lâzım" diye düşünüyordu. Gözyaşlarını silip içeriye gittiğinde:

"Çetin evlâdım, bundan sonra seni bırakmam. Sen de bizim çocuğumuz sayılırsın. Gurbanın olurum inat etme, gençlik yurdu mu nedir, orayı terk et, gel yanımızda kal. Biliyorsun ev de müsait, hem Gülle Ahmet'e de derslerinde yardımcı olursun" dedi. Hasan amca da aynı şeyleri yineledi. Ne ki, Çetin kararlıydı.

"Sağolun, her zaman yanınıza gelirim. Ama kendi başıma yaşamayı öğrenmem lâzım" dedi. Emine kadının çok ısrar etmesi üzerine o gece onlarda kalmayı kabul etti.

Bir gün sonra mezarlıkta buluştular. Annesinin tabutu tören yapılan salona konulmuş, üstüne de çiçekler serpilmişti. Yalçın öğretmen getirdiği büyük çiçek demetini tabutun üstüne bıraktı. Sonra bir papaz gelip dualar okudu. Görevliler tabutu mezara indirdikten sonra, Çetin'in eline bir kürek tutuşturarak ilk toprağı kendisinin atmasını istediler. Mezarlıktan çıkarlarken, Çetin Berfin'i aradı. Hafta sonu dernekte annesi için anma yapılacağını öğrenince "Ben de muhakkak geleceğim" dedi. Sevinmişti Berfin. "Essah mı Çetin ağabey, çok sevinirim" dedi.

Hafta sonu Berfin'in annesinin anma töreninde dernek çok kalabalıktı. İnsanlar fısıldayarak konuşuyordu. Berfin en önde oturuyor, bir saat evvel Nürnberg'e gelmiş olan Çetin ağabeyinin elini sımsıkı tutuyordu. Dernekten içeri giren kadın-erkek herkes önce onun yanına geliyor, elini sıkıp başsağlığı diliyorlardı. Bu aşırı ilgiyi yapmacık bulan Berfin, utanmasa "Yeter artık, kimse gelip saçımı okşamasın, beni sevmesin" diye bağıracaktı.

İki masa birleştirilmiş, üzerine gerilla giysisiyle Berfin'in annesinin resmi konulmuş, etrafına çiçeklerden bir çerçeve yapılmıştı. Resmin altında büyük harflerle Avaşin, daha küçük harflerle de Derya Güçlü yazılmıştı.

Fısıltıyla konuşuyordu insanlar:

"Berfin'in yanında oturan İstanbul'dan tanışıymış..."

"O delikanlının babası da Kürtmüş ama lânet bi herifmiş."

"Annesi Almanmış."

"Birkaç gün önce annesi ölmüş..."

"Ona rağmen Berfin'i yalnız bırakmamış..."

"Çok vefalı çocukmuş, çok da yakışıklıymış, baksana gözlerine..."

Çetin'in kim olduğunu öğrenenler, gelip kendisine sarılmaya, başsağlığı dilemeye başlamışlardı.

Konuşmalar Kürtçe yapılıyordu. Çetin konuşmaların çok azını anlıyordu. Sürekli elini sıkan Berfin ise sessizce ağlamaya başlamıştı.

Tören bittiğinde özellikle gençler Çetin'in etrafında toplanmış, başsağlığı diliyor ve sürekli sorular soruyorlardı. Sıkılmaya başlamıştı Çetin, neyse ki, Berfin'in evlerinde kaldığı kadın her ikisini de alıp eve götürdü. Çok ısrar etmelerine rağmen bir gün sonra Çetin dönmek istediğini söyledi. Berfin'i ikna etmesi kolay olmadı. Okulunu aksatmak istemiyordu.

Trende hep düşünüyordu. Kendisi yolunu çizmişti. Artık kalabalıklar içinde de olsa yalnız olduğunu biliyordu ve yalnız bir insan olarak nasıl davranması gerektiğini de. Asıl düşündüğü Berfin'di. O kalabalık içinde yalnızlık duygusunu henüz içine sindirebilmiş değildi. Bu onu isyankâr ve hırçın yapıyordu. Dernekteki törenden sonra da bu hırçın halini sürdürmüştü. Bir tek Çetin'in yanında dinginleşiyor, yalnızlık duymuyordu. "Bu da geçecek, muhakkak

alışacak, alışmaya mecbur" diye düşünen Çetin, günlerin getirdiği yorgunluğa, aşırı gerginliğe yenik düşmüş uyumaya başlamıştı.

On yıl sonra ...

Berfinle Çetin ve Fuat hiç aksatmadan Hamburg buluşmalarını sürdürmüşlerdi. Altı ay veya senede bir Fuat Hamburg'a geldikçe muhakkak buluşuyorlardı. Bu kez buluştuklarında artık bunun son kez olduğunun ayrımındaydılar. Her zaman oturdukları İtalyan kahvesinde geleceğe ilişkin düşüncesini ilk açıklayan Fuat oldu:

"Sanırım içimdeki' deniz cin'i artık çıktı. Bilmiyorum, belki de yoruldum. Deniz bana, ben denize bu yaşa kadar vefalı davrandık, hiç ihanet etmedik birbirimize. Şimdi biriktirdiğim paramla Kavak'a gidip kendime bir iş kurmak istiyorum. Bir kahve, bakkal dükkânı falan. Becerebilirsem, kıçımın üstüne oturup, sakin bir yaşantı kurmak istiyorum. Gelecek ay bizim gemi İstanbul'da olacak. Ben de bavulumu alıp, 'Hadi bana eyvallah' diyeceğim."

Berfin de, Çetin de Fuat ağabeylerinin kararına sevinmişlerdi. Çetin'e ikisi de, "Sen ne yapacaksın?" diye sormadı. Biliyorlardı çünkü. Çetin eğitimini bitirir bitirmez, bir seneden beri sosyal danışman olarak çalışıyordu. Dört dil biliyor, ihtiyacı olan göçmenlere, özellikle Kürt ilticacılara yardımcı olmaya çalışıyordu.

Berfin ise artık eskisi gibi hırçın ve barut fıçısı değildi. O da kesin kararını vermişti. Onlar sormadan açıkladı.

"Buraların bana göre olmadığını biliyorum. Çok düşündüm. Gelecek ay memleketime gideceğim. 'Nereye, nasıl?' diye sormayın. Tahmin ettiğiniz yere gideceğim. Nefes alabileceğim, kendimi özgür hissedebileceğim, özgür olan insanların yanına gideceğim."

4-Nisan-2018 Köln

EDEBİYAT ATÖLYESİ
Çetin Doğan'ın Çetin'i

Havaların cok sıcak olduğu bir yaz akşamıdır. Çetin ile ninesi yataklarını dama sererler. Gecenin sessizliğini köpekler ve ağustos böcekleri bozmaktadır. Gökyüzü pırıl pırıl ve yıldızlarla doludur. Çetin uzandığı yerden dalgın dalgın gökyüzüne bakar. Aklında hep annesi vardır; onu çok özlemiştir. "Şimdi nerededir, o da beni özlemiş midir?" diye kendi kendine sorar.

Ninesi, Çetin'in bu dalgın halinin sebebini bilir. Bilir ama elinden bir şey gelmez. Nasırlı elleri ile Çetin'in başını okşar. Kendi dilinden usul usul türküler söyler. Ninesinin türküleri, Çetin'e geceleri ninni olur.

Vakit hayli geçtir. Çetin ve ninesi uyumak üzeredirler. Köyün gençlerinin seslerini duyarlar. Gençler kalabalık bir şekilde türküler söyleyerek evlerinin yanından geçip giderler. Çetin ninesine sorar:

- Nine, nereye gidiyorlar?

Ninesi:

- Harman yerine gidiyorlar.

Çetin:

- Ne yapacaklar harman yerinde?

Ninesi:

- Dilek dileyecekler. Gençler için bu günler dilek zamanıdır, der ve anlatmaya devam eder.

- Gökyüzü her zaman bu kadar güzel olmaz. Bu kadar çok yıldızı her zaman bir arada göremezsin. Senede birkaç kez böyle olur. Bu gecelerde de köyün gençleri harman yerine giderler. Yıldızların kaymasını beklerler. Her kayan yıldızda birisi dilek diler.

Çetin merakla sorar:

- Ne dilerler?

Ninesi cevap verir:

- Genelde Almanya'ya gitmeyi dilerler.

Çetin sormaya devam eder:

- Peki, dilekleri yerine gelir mi? Almanya'ya giderler mi?

Ninesi cevap verir:

- Dilek dileyenlerin çoğu şimdi Almanya'da.

Ninesinin söyledikleri Çetin'i umutlandırır. Kendi kendine düşünür ve harman yerine gitmek ister.

Çetin ninesine döner:

- Nine anlattıkların çok güzeldi. Ben artık yatıyorum. Sana iyi geceler, der ve yorganı başına çeker

Bir süre öylece bekler. Harman yerinden dönen gençlerin sesini duyar.

Çetin ninesine döner:

- Nine, nine diye yavaşça seslenir.

Ninesi Çetin'i duyar ama karşılık vermez. Çetin ninesinin uyuduğunu düşünür, yataktan kalkar, usulca merdivenlerden iner. Çetin'in merdivenlerden indiğini gören ninesi kalkar, arkasından bakar ve:

- Git oğul git. Git de dileğin yerine gelsin. Tez zamanda annene kavuşasın, der.

Çetin, köyden çıkana kadar yavaş adımlarla gider. Köyden çıktıktan sonra koşabildiği kadar hızlı koşmaya başlar.

Bir an önce harman yerine varmak ister. Nefes nefese harman yerine varır.

Köpek sesleri azalmıştır. Ağustos böceklerinin şarkıları devam etmektedir. Ateş böcekleri, Çetin'e göz kırpar gibi yanıp sönmektedirler. Yere oturur ve başını kaldırıp gökyüzüne bakar. Gökyüzü hâlâ pırıl pırıldır. Yıldızlar oyun oynayan çocuklar gibidir.

Çetin ellerini havaya kaldırır ve bir yıldızın kaymasını bekler. Bir süre sonra bir yıldızın kaydığını görür ve avazı çıktığı kadar

bağırmaya başlar:

- Gökyüzü! Yıldızlar! Duyun beni. Annemi görmek, onun yanında olmak ona sarılmak istiyorum! der ve susar.

Bir süre öylece kalır. Ateşböceklerini seyreder, ağustos böceklerinin şarkılarını dinler. Daha sonra harman yerinden ayrılır ve eve döner. Ninesi de Çetin'i beklemektedir. Onun merdivenlerden çıktığını görünce yatağına yatar. Çetin de yavaşça ninesinin yanına uzanır. Heyecanlı ve umutludur.

Annesini görebilme umudu Çetin'in tüm benliğini sarmıştır. Bu umut yüzünde tatlı bir tebessüm oluşturur ve güzel bir uykuya dalar.

Çetin köyde kaldığı sürece zor günler geçirir. Aklında hep annesi vardır. Ona kavuşabilmek için her şeyi göze almaya hazırdır. Sonunda İstanbul'a gitmeye karar verir.

O günlerde yaz tatilini köyde geçirmek için Almanya'dan gelen kendi yaşındaki Yusuf ile tanışır. Yusuf ile iyi anlaşırlar ve beraber dereleri, dağları gezerler. Almanca konuşup Almanya'dan söz ederler. Çetin Almanca'yı unutmadığına sevinir. Yaz tatili bitmek üzeredir. Çetin, Yusuf'a annesini anlatır ve onu çok özlediğini, Almanya'ya gitmek istediğini söyler. Yusuf, Çetin'e:

- Biz yarın dönüyoruz, akşam bize gel ve babamla konuş, belki sana yardım edebilir, der.

Çetin sevinir, akşam olunca Yusufların evine gider. Yusuf'un babası Ahmet amcaya İstanbul'a gitmek istediğini söyler.

Ahmet amca, Çetin'in babasından çekinir. Ama oğlu Yusuf ve Çetin'in ısrarlarına dayanamaz.

- Peki, yarın sabah köyün çıkışına gel, der.

Çetin sevinçle ninesinin evine gider. Ninesiyle birlikte dama yatmaya çıkarlar. Çetin ninesine sıkı sıkı sarılır, ve

- Nineciğim bana yine türküler söyler misin?, der.

Ninesi usul usul türküler söyler. Ninesinin söylediği türküler bu sefer daha anlamlıdır Çetin için. Çünkü yarın ninesinden ayrıla-

caktır. Sabah olmak üzeredir. Çetin kalkar, ninesinin yüzüne uzun uzun bakar. Onu yavaşça öper ve yüzünü, ninesinin nasırlı ellerine sürer.

- Hoşça kal nineciğim, seni çok seviyorum. Nasırlı ellerini ve seni çok özleyeceğim, der.

Merdivenlerden iner, son kez ninesinin evine bakar. Köyün çıkışına doğru gider. Kısa bir süre sonra Yusuşarın arabası gelir ve Çetin'in yanında durur. Çetin arabaya biner. İstanbul yolculuğu başlar. Yol boyunca Çetin ile Yusuf, Almanya'da buluşmayı hayal ederler. Neşeli geçen bir yolculuktan sonra İstanbul'a gelirler. Yusuf'un babası Çetin'e bir miktar para ve telefon numarasının yazılı olduğu küçük bir kağıt verir ve Çetin'e:
- Ben, anneni bulmaya çalışacağım. Sen de beni bu numaradan ara sıra ara, der.
Yusuf ile Çetin, Almanya'da görüşme umuduyla birbirlerine sarılırlar. Yusuf Çetin'e:

- Kendine iyi bak, çok dikkatli ol! der.
Yusuf ve ailesi arabalarına binerler, gözden kaybolup giderler. Çetin, hemen bir telefon kulübesi bulur ve ninesine telefon eder.
- Nineciğim, beni merak etme. İstanbul'a geldim, Almanya'ya gitmeye çalışacağım. Seni çok seviyorum, seni görmek için yine köye geleceğim.
Ninesi:
- Oğlum, kara gözlüm, sabah seni göremeyince çok korktum. Sesini duydum rahatladım. Esen yeller kokunu getirsin bana. Annene kavuşman için dua edeceğim. Nenen gurban olsun sana Çetin'im.

Çetin şimdi İstanbul'da tek başınadır. Ne bir tanıdığı, ne de kalacak bir yeri vardır. Sokaklarda kalır. Kaldırımlar yatağı, yıldızlar örtüsü olur. Ayazla, açlıkla, endişeyle tanışır. Kavgayı öğrenir. Bir akşamüstüdür. Çetin, güzel yemek kokularının geldiği bir

213

lokantanın kaldırımında oturmaktadır. Yanından, kendisinden küçük bir sokak çocuğu geçer, lokantanın kapısından içeri girer. Çok geçmeden çocuğun ağlamalarını duyar. Garson, çocuğu dışarı çıkartmış ve öldüresiye dövmektedir. Çetin, çocukla garsonun arasına girer.

- Bırak!, diye bağırır.

Garson çocuğu bırakır, Çetin'in üzerine gelir. Çetin, cebinden çakısını çıkartır:

- Gel bakalım, der.

Çetin ile garson tartışırlarken çok korkmuş olan küçük sokak çocuğu karanlıkta kaybolur gider. Bu sırada lokantaya yemek yemeye gelen bir adam yanlarına gelir.

- Ne oluyor burada?, diye sorar.

Garson, bu adamı tanımaktadır.

- Fuat abi, bir sokak çocuğu lokantaya girdi, müşterileri rahatsız etti. Ben de onu aldım dışarı çıkarttım, bu çocuk da bana bıçak çekti, der.

Çetin yine bağırır:

- Yalan söylüyorsun. Sen o çocuğu öldüresiye dövüyordun. Ben gelmesem daha da dövecektin.

Yabancı adam garsona bakar:

Sen gir içeri, der.

Çetin'e döner:

- Benim adım Fuat, senin adın ne?,

diye sorar.

Çetin:

- Sana ne benim adımdan, der ve kaldırımın öbür ucuna gider.

Yabancı adam da Çetin'in yanına oturur ve:

- Sokak çocuklarını bilirim. Ben de yıllar önce sokaklarda kaldım. Belli ki, sen de sokaklarda kalıyorsun. Ben buraya yemek yemeye geldim, sen de açsındır, gel beraber yemek yiyelim, der.

Çetin, yabancı adama bakar:
- Yemem senin yemeğini.
Yabancı adam ayağa kalkar.
- Ben lokantaya giriyorum, seni içeride bekleyeceğim. Sen gelene kadar ben de yemek yemeyeceğim, der
Dışarısı çok soğuktur ve Çetin'in karnı da çok açtır. Göz ucuyla lokantadaki adama bakar. Garsonlar, masasına gelip gitmektedirler. Ama o hâlâ yemek yememektedir. Çetin, biraz tedirgin, biraz da endişeli halde lokantaya girer.
Çetin'in içeri girdiğini gören adam:
- Gel bakalım arkadaş, der.
Çetin yavaşça adamın karşısındaki sandalyeye oturur. Adam garsonu çağırır.
- Bize yiyecek bir şeyler getir, der.
Garson, yemekleri getirmek için gider. Çetin de lavaboya gidip elini yüzünü yıkar. Yemekler gelir,karınlarını doyururlar. Çetin, yabancı adama:
Ben artık gidiyorum, der
Yabancı adam:
- Otur arkadaş, biraz konuşalım. Benden çekinme, beni buradaki lokantacılar ve balıkçılar tanır. Ben de seni tanımak, sana yardımcı olmak isterim. şimdi adını bana söyleyecek misin?, diye sorar
Çetin, ürkek ve tedirgin bir sesle:
- Adım Çetin, der.
- Benim adım da Fuat. Sen Fuat abi diyebilirsin bana, der.
Fuat abi, Çetin'e sokaklarda kaldığı yılları ve balıkçı Karga Hasan'ın kendisini nasıl sokaklardan kurtardığını anlatır. Fuat abi, tüm bunları anlatırken de Çetin'in tedirgin ve ürkek halini görür. Onun bu tedirginliğini gidermek ve güvenini kazanmak için garsonları ve lokanta sahibini masaya çağırır. Onlara, Çetin'i yanında götürmek, ona yardımcı olmak istediğini söyler.
Garsonlar ve lokanta sahibi:
- Fuat abiyi iyi tanıyoruz, ondan sana bir kötülük gelmez, derler.

Fuat abi Çetin'e:

- Benimle gel. Ben balıkçılık yapıyorum. Beraberce çalışırız. Sana kalacak yer de veririm. Sokaklardan daha iyi olur senin için, der.

Çetin hâlâ tedirgin ve kararsızdır. Fuat abinin ise Çetin'i orada bırakmaya hiç niyeti yoktur.

- Seni almadan hiç bir yere gitmeyeceğim, der.

Çetin sokaklarda çok yorulmuştur. Sürekli tedirginlik hali artık zor gelmektedir. Başını yavaşça sallar.

- Tamam, geliyorum.

Fuat abi çok sevinir. Çetin ile birlikte eve giderler. İki odası ve bir salonu olan küçük bir evdir burası. Odanın birini Çetin'e verir.

Bu oda senin. Anahtar kapının arkasında. Yat, dinlen. Sabah konuşuruz.

Çetin kapıyı kilitler. Oda sıcak, yatak temizdir. Başını yastığa kor, kendi kendine sorar:

- Kimdir Fuat abi? Yarın ne olacak?

Sorular cevapsızdır.

Yine de kendini iyi hisseder. Öylece uykuya dalar. Sabah olur, odasından dışarı çıkar.

Fuat abi erken kalkmış, kahvaltıyı hazırlamıştır. Birlikte kahvaltı ederler.

Kahvaltıdan sonra Fuat abi, Çetin'i diğer balıkçı arkadaşları ile tanıştırır.

Tanışmalar henüz bitmemiştir:

- Gel bakalım, seni birisi ile daha tanıştıracağım. O, benim en iyi arkadaşım, her şeyimdir.

Çetin ile birlikte deniz kenarına giderler.

Balıkçı barınağında, sarı-kırmızı boyalı bir kayığın yanında dururlar.

İşte, sana söylediğim arkadaşım. Bundan sonra bu kayık ikimizin.

Çetin hem şaşırır, hem de sevinir. Sarı-kırmızı boyalı kayığa binerler, denizde gezerler. Her şey Çetin'in çok hoşuna gider. En çok da:

- Sarı-kırmızı boyalı kayık artık senden sorulur, ona sen bakacaksın, demesine çok sevinir.

Çetin o günden sonra sarı-kırmızı boyalı kayık ile arkadaş olur, onunla konuşur, ona türküler söyler.

Fuat abi, Çetin'in tekrar sokağa dönmemesine sevinir.

Ona yaşamını, sokaklardaki günlerini, balıkçı Karga Hasan'ın kendisi için yaptıklarını anlatır.

- O olmasa idi, kim bilir ben ne halde olurdum, der.

Bu arada Çetin, Berfin ile tanışır.

Berfin, ninesi ve dedesi ile birlikte yaşayan küçük bir kızdır. Onunla güzel günler geçirirler.

Bir akşam otururlarken Çetin köydeki ninesine ve annesine olan özlemini anlatır.

Fuat abi:

- Annene ait her hangi bir telefon numarası falan var mı?

Çetin eşyalarının arasından Ahmet amcanın verdiği telefon numarasını getirir.

Fuat abi, telefon numarasının yazılı olduğu kağıdı alır, hemen numarayı arar.

Telefona Ahmet amca çıkar. Fuat abi kendisini tanıtır, Çetin'in yanında olduğunu söyler. Çetin'in annesini sorar.

Ahmet amca, Çetin'in annesinin telefonunun olduğunu söyler ve numarayı verir.

Fuat abi, telefon numarasını kağıda yazar. Çetin ile Fuat abi birbirlerine öylece bakarlar. Çetin'in annesi bir telefon kadar yakındır şimdi. Fuat abi, numarayı yavaş yavaş çevirir. Telefonu dinler ve çaldığını duyunca, telefonu Çetin'e uzatır. Çetin rüyada gibidir, umutla telefonu alır ve gelecek sesi bekler.

Telefonun diğer ucundan

- Alo diye bir kadın sesi gelir. Bu ses annesinin sesidir. Çetin, sevinçle bağırır:

- Anne, anneciğim. Benim, Çetin.

Çetin ve annesi birbirlerinin sesini duymuş ve çok sevinçlidirler.

Bir süre konuşurlar, tekrar görüşmek üzere telefonu kapatırlar. Fuat abi de çok sevinmiştir. Çetin'e sarılır.

- Çetin'im, anneni bulduk! Artık iş seni oraya göndermekte. Hemen ne yapabileceklerini konuşurlar. İşleri çok zordur. Kimlik ve pasaport için babası gereklidir. Bu da mümkün olmadığı için başka bir yol bulmaları şarttır.

Fuat abi, çok eskiden beri tanıdığı, gemilerde çalışan arkadaşı Samsatlı Kadir'i arar. Ona durumu anlatır.

Ertesi gün buluşurlar. Ne yapabileceklerini konuşurlar. Samsatlı Kadir:

- İşimiz çok zor. Yapabileceğimiz bir tek şey var: Çalıştığım gemi yakında Almanya'ya gidecek. Biraz riskli olur, ama Çetin'i yanımda Almanya'ya götürmeyi deneyebilirim.

Fuat abi, arkadaşı Samsatlı Kadir'i çok iyi tanımakta ve ona güvenmektedir. Arkadaşıyla konuştuklarını Çetin'e anlatır. Çetin de telefonda annesine anlatır. Yapacak başka bir şeyleri olmadığı için Çetin ve annesi de bu yolu denemeye karar verirler. Birkaç güne kalmadan gemi yola çıkacaktır. Fuat abi, Çetin'e gerekli olacak eşyalar için bir bavul hazırlar. Çetin de gitmeden önce son bir kez ninesinin sesini duymak ister. Ninesini arar ve olanları anlatır. Ninesi de sevinmiştir.

Ninesi:

- İnşallah bir dahaki sefere sesini,

Almanya'da annenin yanında duyarım. Yolun açık, Hızır yoldaşın olsun, der.

Yolculuk günü gelip çatar. Çetin, Berfin'in yanına gider. Ona:

- Hoşça kal. Ama mutlaka yine görüşeceğiz, Sen bana çok iyi bir arkadaş oldun. Seni hiç unutmayacağım, der.

Berfin ağlamaktadır. Usulca:

- Kendine iyi bak. Ben de seni hiç unutmayacağım, der.

Çetin, Berfin'in ninesi ve dedesinin de yanına gider. Ellerini öper.

218

Onlarla vedalaşır.

Çetin ve Fuat abi, limana giderler. Fuat abi, Çetin'i arkadaşıyla tanıştırır ve:

- Samsatlı, Çetin'e gözün gibi bak. Annesini bulmadan da sakın bir yere bırakma!, der.

Samsatlı Kadir:

- Sen merak etme Hopalı. Ona gözüm gibi bakarım, diye cevap verir.

Ayrılık vakti gelmiştir.

Çetin ve Fuat abi birbirlerine sarılırlar.

Çetin:

- Her şey için teşekkür ederim Fuat abi. İyi ki, seni tanıdım. İyi ki, sen varsın. Sarı-kırmızı boyalı kayığı ve seni hiç unutmayacağım.

Fuat Abi:

- Çetin'im, kara çocuk, kendine çok iyi bak. İyi ki, ben de seni tanıdım. İyi ki, seni buldum. Sarı-kırmızı boyalı kayık ve Balıkçı Fuat seni hiç unutmayacak. Her zaman seni bekleyecekler, der.

Ağlamaklı olurlar. Birbirlerine son kez sıkı sıkı sarılırlar ve ayrılırlar. Çetin, gemiye binene kadar Fuat abiye el sallar. Gemi düdüğünü çalar ve hareket eder.

Büyükçe ve çok çalışanın olduğu bir yük gemisidir. Kadir abi aşçılık yapmaktadır. Yolculuk boyunca Çetin'e çok iyi bakar.

Kadir abi akşamları saz çalıp türkü söylemektedir. Çetin, Kadir abiyi dinlediği zaman aklına hep ninesi gelir. Ninesini ve onun türkülerini çok özlemiştir.

Yolculuk boyunca Çetin annesi ile telefonda konuşur. Zorlu ve riskli geçen günlerden sonra Almanya'ya gelirler.

Annesi Çetin'i limanda beklemektedir.

Çetin gemiden çıkıp limana indiği an sanki kalbi yerinden fırlayacaktır. Annesini görür, dünya durmuş gibidir. Annesine doğru koşar ve birbirlerine sarılırlar.

Annesi sevinçten ağlamaktadır. Özlemle ve sevgiyle kucaklar oğlu

Çetin'i.

- Çetin'im, yavrum, seni çok özledim.

- Çetin de çok sevinçlidir. Annesinin gözlerine bakar, ve Anne, annem, ben de seni çok özledim. Hep seni düşündüm.

Çetin ve annesi çok mutludur.

Kadir abi, olan biteni mutlulukla izler, onların yanına gelir.

Çetin, annesi ile Kadir abiyi tanıştırır. Annesi ve Çetin ona yaptıkları için teşekkür ederler. Kadir abi de onlara:

- Dilerim bundan sonra birbirinizden ayrılmaz, bugünkü gibi mutlu olursunuz.

Çetin:

- Kadir abi, beni anneme kavuşturdun. Benim için yapılabilecek en güzel şeyi yaptın. Seni hiç unutmayacağım.

Kadir abi gemiye döner. Çetin ve annesi ise limandan ayrılırlar. Çok mutludurlar. Yıllar sonra bir araya gelmenin mutluluğunu yaşarlar.

Çetin, Fuat abiyi düşünür. Bu mutluluğun arkasında Fuat abinin emeği vardır. Koca yürekli Fuat abi, sokak çocuğu Çetin'i annesine kavuşturmuştur. Sokaklardaki en zor günlerinde ona uzanan bir dost eli olmuştur. Çetin'i tekrar yaşama bağlamış, onun için her zaman umut olmuştur. şimdi bir kez daha

- İyi ki, seni tanıdım Fuat abi. İyi ki varsın, der kendi kendine.

Gelelim harman yerine. Harman yerinin Çetin'in annesine kavuşmasında etkisi olmuş mudur bilinmez. Ama şu var ki harman yeri Çetin'i umutlandırmıştır. Kayan yıldız yüreğine bir kıvılcım olmuştur. Bu yüzden de harman yeri ve kayan yıldız Çetin'in yüreğinde güzel bir anı olarak hep kalacaktır.

Bir daha ninesinin köyüne gittiğinde yine harman yerine gidecek ve kayan yıldızı bekleyecektir. Bu kez bütün çocuklar için dileyecektir dileğini. Çocukların sokaklarda kalmamalarını, sokakta kalmak zorunda bırakılan tüm sokak çocukları için ise Fuat abi gibilerin hep olmasını dileyecektir kayan yıldızdan.

Leyla Bulut'un Çetin'i

Çetin Fuat'a içini dökünce rahatlamıştı ama Fuat'ı bu bilgiler düşündürmeye başlamıştı; ne yapmalıyım, bu çocuğu annesine nasıl kavuşturmalıyım diye içi içini kemirip duruyordu:
"Almanya'ya gitmek ister misin?"
"Aman Fuat abi, olmayacak şeylere kafa yorma; ben seninle burada rahatım ama annemi çok özledim; bir kerecik olsa onu görsem."
Fuat:
"Ben kararımı verdim. Senin kimliğinle yarın Alman konsolosluğuna gideceğim; bakalım onlar nasıl bir yol gösterir?" Fuat sabah erkenden konsolosluğa gider. Bir sürü sorudan sonra nihayet bir yetkiliye ulaşır, durumu anlatır ve en geç ay sonuna kadar bilgilendireceklerine dair söz alır.
Günler rutin bir şekilde geçerken Fuat'a bir telefon gelir; ertesi gün çocukla birlikte konsoloslukta olmaları söylenir. İkisi de o geceyi huzursuz geçirirler. Sabah bir taksiye atlayıp konsolosluğa giderler. İçeri girdiklerinde onları büyük bir süpriz beklemektedir. Çetin içeri girer girmez:
"Teyze!" diye çığlık atar ve teyzesinin boynuna sarılır. Onun boynunda yıllar önce kaybettiği annesinin kokusunu alır, gözleri dolar, Fuat abisine döner:
"Fuat abi, sen ne kadar iyi bir insansın beni teyzeme kavuşturdun."
Fuat'ın da gözleri dolar; "O kadarcık da olsun." Oysa günlerce Çetin'e farkettirmeden konsoloslukla muhtarlık arasında mekik dokumuş, Almanya'da Çetin'in annesini ve teyzesini buldurtmuştur.
Çetin'in teyzesi uzun boyu, endamlı görünümü, omuzlarına dökülen dalgalı saçları ve deniz renginde gözleri ile çok güzel bir kadındır. Fuat, deniz aşığı biri olarak gözlerini bir türlü ondan alamaz. Claudia tüm sevimliliğiyle elini uzatır ve Fuat'a anlamadığı bir dilde teşekkür eder. Çetin de bir çırpıda tercüme eder teyzesinin söylediklerini. Fuat:

"Bu kadarı şimdilik yeter; haydi çıkalım gerisini evde konuşuruz."
Dışarı çıkınca Claudia tekrar Fuat'a bakarak:
"Hep birlikte bir lokantaya gidelim sonra da otele" der. Fuat:
"Olur mu? Burada evsahibi biziz; siz bizim misafirimiz olacaksınız." Cevabını beklemeden geçen bir taksiyi durdurur.
Çetin ve teyzesi arkaya otururlar, Fuat öne geçer, şoföre adresi verir, araba hareketlenir hareketlenmez Claudia'ya sorular yağmaya baslar.
"Annem nerede, o niye gelmedi? Kötü bir şey mi oldu?"
"Hayır, hiç olur mu? Kötü birşey yok; sadece senin hasretine dayanamadığı icin annenin biraz sinirleri bozuldu ve hastaneye yatırdık. Ama senden haber alınca çok sevindi, şimdiden kendine gelmeye başladı. Sen yanına gidince daha da çabuk iyileşecek göreceksin."
"Tamam burası" der Fuat. Deniz kenarındaki balıkçı barınağına gelmişlerdir. Taksiden inerler.
Çetin teyzesinin elini sıkı sıkı tutmuştur - sakın beni bırakma - der gibi...
Teyzenin gelişini güzel bir balık sofrasıyla kutlarlar, şaraplar içilir, balıklar ızgara olur. Teyze Fuat' ın biraz İngilizce bildiğini duyunca sevinerek İngilizce konuşmaya baslar. Fuat'a bol bol teşekkür eder; onun sayesinde yeğenine kavuşmustur; ablası onu görünce kimbilir ne kadar sevinecektir. Şimdiden sabırsızlıkla onları bekliyordur. Çetinse mutluluktan uçarak bir teyzesine, bir Fuat abisine bakar durur.
Saat geç olmuştur. Claudia teyze kalkmak ister. Fuat ve Çetin onu otele bırakır ve dönerler. Yolu öğrenen Claudia sabah kalkıp kahvaltısını yapıp Fuat'ın kulübesine gelir. Fuat ve Çetin sabah erkenden balık tutmaya gidip geleceklerini söylemişlerdir. Kapının önünde onları beklerken Berfin, dede ve ninesiyle orada belirir. Berfin meraklı kara gözlerle Claudia'yı süzmeye başlar. Korktuğu başına gelmiştir. "Bu olsa olsa Çetin'in annesidir ve onu almaya gelmiştir" diye düşünür. O arada balıkçı teknesi uzaktan gözükür;

222

hepsi heyecanla gözlerini kayığa dikerler.

Fuat ve Çetin ellerinde balık kasalarıyla neşeli neşeli gelmektedir.

Berfin denize doğru koşar ve Çetin'e:

"Annen mi geldi Çetin abi?" Çetin gülerek:

"Hayır, teyzem geldi."

"Seni götürmeye geldi. Gideceksin, değil mi?" Çetin cevap vermeden yürümeye devam eder.

Elindeki balık kasasını bırakır bırakmaz Berfin'in kırgın bakışlarına aldırmadan koşup teyzesine sarılır.

Fuat:

"Ooo herkes burada! Ne güzel böylesi; haydi hep beraber kahvaltı edelim." Barakanın önüne güzel bir masa hazırlayıp otururlar.

Claudia Çetin'in gözlerine bakarak konuşmaya başlar:

"Çetin, artık bu hasretlik bitecek; birlikte annene gideceğiz orada okuluna başlayacaksın. Yaşadığın acıları, kötü günleri unutacaksın. Gerçi Fuat sana cok yardımcı olmuş ondan ayrılmak sana zor gelecek ama biz de yıllardır seni kaybetmenin üzüntüsünü, kahrını yaşadık. Annen hastanelik oldu." Çetin teyzesinin söylediklerini Berfin'in kara gözlerine gözlerini dikip ninenin onu kaybettiği oğlunun yerine koyarak nasıl sevdiğini, şimdi onsuz nasıl üzüleceğini bildiğinden onun gözlerini teğet geçerek dedeye, ardından Fuat abisine bakarak tercüme etti. Hem seviniyor, hem de üzülüyordu. Bir yanda annesi, bir yanda buradaki ailesi vardı. Yaşadığı yaraları temizlemişler, sevgi ilacıyla ovmuslar ve onu kendine getirmişlerdi. Bu dünyada demek ki, iyi insanlar da vardı; onları asla unutmayacaktı. Hatta yaz tatillerinde annesini razı ederse belki yanlarına da gelecekti, kimbilir?

Berfin kara kaşlarını çatarak, gözleri çakmak çakmak:

"Sen yalancısın Çetin abi, beni kandırdın, bana hiçbir şey demedin.."

"Olur mu Berfin, herşey iki gün içinde oldu. Benim de haberim yoktu; herşeyi Fuat abi yapmış. Söz, yazları yanınıza geleceğim. Sizler artık benim ailemsiniz - Fuat abim, sen, nenem ve dedem."

223

Beyaz yazmalı, mavi dövmeli nene ağıta başlamıştı bile:

"Ah kuzum, sen de mi beni bırakıp gideceksin, neden hep oğullarımı yitiriyorum ben?"

Dede kaşlarını çatarak:

"Hanım, hanım, sus hele, el kadar çocuğun sevincini kursağında bırakma. O da bizim gibi evini yurdunu kaybetmiş, anacığını yitirmiş, nasıl böyle acı sözler dersin, kor olursun körpecik çocuğun yüreğine."

Fuat:

"Haydi bakalım yeter; bu kadar üzülmeyi bırakın! Misafirimize balıkçı motorumuzla, ekmek kapımızla, bir tur attıralım. Bakalım, memleketimizi sevecek mi?"

Türkiye'nin en güzel koylarına sahiptiler; yeşille mavinin sarmaş dolaş olduğu, aşk rüzgârlarının estiği, çeşit çeşit balıklarla dolu denizi kahkahalarla dolaşıp geri döndüler. Çetin dede, nene ve Berfin'i evlerine bıraktı.

Fuat, Claudia ve Çetin artık yalnızdılar. Çetin arabanın başka yöne doğru gittiğini görünce:

"Şimdi nereye Fuat abi?"

Fuat cevap vermeden hafifçe gülümsedi. Bir bakkalın önünde durdular. Fuat Almanların soğuk birayı sevdiklerini düşündü; birkaç soğuk bira ve biraz çerez - Çetin'i de unutmadı tabii, ona da meyve suyu - aldı. Araba bir tepeye doğru tırmanmaya başladı; Claudia Almanya'da hiç görmediği bitki örtüsüyle karşılaşmıştı: Zeytin ağaçları ve fıstık çamlarıyla doluydu her yer; camı açtı, içeriye mis gibi hava doldu. Çetin bilmiş bilmiş:

"Buralar kekik, adaçayı ve lavanta dolu teyze; bu yüzden böyle güzel kokular doldu arabaya."

Fuat, Çetin'in bu bilmişliğine sevindi. Çetin denizde de teyzesine Fuat abisinden öğrendiklerini anlatmış durmuştu büyük bir heyecanla. Teyzesi şaşırmış:

"Sen bütün bunları ne ara öğrendin, Çetin?" demişti.

Çetin de "Fuat ağabeyim öğretti hepsini" dedi. Sesinde öğünme vardı.

224

Tepeye vardıklarında güneş de yavaş yavaş veda etmeye hazırlanıyordu.

Her vedada biraz hüzün vardır

Hepsinin gözlerine gölge düştü, ertesi gün Claudia ve yeğeni gidecekti. Fuat yine yalnız dünyasıyla başbaşa kalacaktı. Nasıl da sevmişti Çetin'i. Kimseye göstermeden gözlerini sildi.

Teyze onları, bu dillerini bilmedikleri insanları çok sevmiş; yeğenine bu kadar sevgiyle baktıkları için onlara minnet duymuştu. Bu insanları ve bu güzellikleri hiç unutmamaya söz verdi kendi kendine...

Kızıl güneş, denizi de alev alev yapmıştı. O da Çetin'e sanki veda ediyordu. Çetin, o güzelliklerden nasıl ayrılacağını düşündü; bir daha kimbilir ne zaman geri gelecekti?

"Annesi yine onu eskisi gibi sevecek miydi? Öğretmenleri ve arkadaşları ile anlaşabilecek miydi? Sanki bir ayağı burada, bir ayağı orada kalmıştı."

Çetin gözyaşlarını göstermemek için yerinden kalktı, arabaya doğru yürüdü.

Sus pus arabaya binip otele gittiler. Bu son gecelerinde Çetin'in hazırlanması gerekiyordu. Fuat abisi Çetin'i banyoya soktu, ona aldığı yeni giysileri yatağının üstüne koydu; "Almanya'ya gidiyordu çocuk; üstü başı düzgün olmalıydı."

Banyodan çıkıp yatağının üstünde pijamalarını ararken yeni giysileri gördü; Fuat abisinin kendine aldığını anladı, içi titredi birden...

"Ah Fuat abi, ah!"

Herkes için heyecanlı bir gece olmuştu; sabah erkenden uyandılar. Çetin'in ufacık valizinde bir iki resim, bir iki kitap ve giysileri vardı; hepsini Fuat abisi almıştı.

Ayaküstü kahvaltı ettiler. Tam çıkacakları sırada Berfin'ler geldi. Berfin'in ağlamaktan gözleri şişmişti. Nene de ondan farksızdı.

Dede elindeki paketi Çetin'e uzatıp

"Bu saat oğlumdan kalan son hatıra; artık oğlum sen olduğuna göre, sende kalmalı."

Sarmaş dolaş olurlar, nene dualar okuyarak arabanın arkasından bir maşrapa su döker:

"Yolun açık alsun, su gibi gidip su gibi gelesin" der. Arabaya binen teyze yeğen onları gözden yitirene kadar el sallarlar karşılıklı.

Uçağı gördüğünde aklına babası gelir Çetin'in. "Ne yalanlarla kandırıp getirmiştir onu Türkiye'ye. Umarım, Almanya'da yine beni bulup zorla Türkiye'ye getirmez" diye düşünür. Uçağa biner binmez uykuya dalar; günlerdir yaşadıkları hiç de kolay şeyler değildir. Teyzesinin sesiyle irkilerek uyanır. Çabucak çıkarlar havaalanından. Yüreği yerinden çıkacakmış gibi atmaktadır. Annesi onu karşılamaya gelmediğine göre, demek ki çok hastadır.

Claudia, Çetin'i önce kendi evine götürür. Çetin '

"Anneme niye gitmedik?" Teyzesi:

"Kaç gündür çok yorulduk, duş alalım, dinlenelim; yarın sabah da hastaneye gidelim."

Çetin sabaha kadar kâbuslar içinde uyur, terler içinde sabahın erken saatinde uyanır, sessizce duş yapar, üstünü giyer, mutfakta masayı hazırlamaya çalışırken teyzesi kapıda belirir.

"Çetin, ne yapıyorsun burada, uyku tutmadı mı?"

"Evet, teyze ama seni uyandırmak istememiştim; sana kahvaltı hazırlıyordum." Teyzesi sevgiyle sarılır yeğenine:

"Sen çok tatlı bir çocuksun, annen seninle gurur duyacak; haydi çabucak kahvaltı edip gidelim."

Çetin teyzesinin arabasıyla giderken onu dinlemektedir:

"Annen çok yorgun, Çetin. Onu görünce şaşırma, üzülme e mi! İlaçlar da onu etkiliyor ama zamanla iyileşecek göreceksin."

Merheim Sinir Kliniğinin önünde park ederler. Hastanenin büyüklüğü Çetin'i şaşırtır.

İçeri girerler, teyzesi:

"Önce doktora haber verelim, sonra girelim."

Doktor, anneyle konuşulduğunu ve içeri girebileceklerini söyler. Odaya girdiklerinde annesi derin bir uykudadır; oysa Çetin yıllarca annesiyle kavuşmasını hiç böyle hayal etmemiştir. Hafif hafif dokunarak

"Anne, anneciğim ben geldim." Annesi zorla gözlerini açar, anlamsız anlamsız bakar. Çetin:

"Anne benim, ben Çetin. Beni tanımadın mı?

"Ah, evet Çetin, nihayet geldin" der ve Çetin'e sarılarak ağlamaya başlar. Birlikte epeyce vakit geçirirler.

"Çetin benden ayrıldıktan sonra nasıl Türkiye'ye gittin ve neler yaşadın hepsini bilmek istiyorum."

Teyzesi: "Hayır, sen önce sabahlığını giy; hep birlikte kafeteryaya gidelim ve orada sohbet edelim."

Aylardır odasından çıkmayan anne bir çırpıda Claudia'nın uzattığı sabahlığı giyer ve "Haydi" der. Teyze, annenin bu canlılığına çok sevinmiştir.

Anneler çocuklarının hiçbir şeyini unutmazlar

Asansörle, ışıklar içindeki kafeteryaya inerler. Hastalar ve ziyaretçileriyle doludur salon. Kimi çocuğunu sevmektedir, kimi kahve içmekte, pasta yemektedir; bazılarının masasındaki kocaman dondurma bardaklarına gözü takılır Çetin'in. Ne kadar çok olmuştur o dondurmadan yemediği. Masaya otururlar; annesi, güzel garson kıza, oğlu için onun küçükken çok sevdiği dondurmadan ısmarlar, kendilerine de kahve ve pasta söylerler. Annesinin onun sevdiği dondurmayı unutmaması Çetin'i çok mutlu etmiştir.

"Annem, benim sevdiğim dondurmayı bile unutmamış."

Çetin anneciğine başından geçenleri anlattıkça annesi gözyaşlarına hakim olamaz. Bu yüzden yaşadığı o karanlık günleri ve geceleri hiç anlatmaz, sadece anılarında kalan güzel yaşanmışlıkları aktarmaya çalışır. Claudia da orada yaşadıklarını ve o güzel insanları anlatır ablasına.

Ablası:

"Çetin'in babası da önceleri öyleydi, bak sonra ne pislikler açtı başımıza" der hırsla.

"Bugünlük bu kadar yeter; haydi seni odana bırakıp gidelim" der Claudia.

Odadan ayrılmaları zor gelir; sarmaş dolaş olurlar ana oğul.

Eve dönerken Çetin çok düşüncelidir. "Bundan sonrası nasıl olacak?" diye düşünürken teyzesi:

"Çetin, yarın okula gidip kayıt yaptırmamız gerek." Çetin

"Beni okula alırlar mı?"

"Tabii, burda okul zorunludur; yarın onu da halledelim."

"Başarabilir miyim? Kaç yıldır uzaklardayım; sadece turistlerle Almanca konuştum."

"Tabii başarırsın Çetin; senin anadilin Almanca. İnsan anadilini kolay kolay unutmaz; bol bol kitap okursun, arkadaş edinirsin. Taaa Suriye'den, Tunus'dan insanlar geliyor, tek kelime bilmeden okula gidiyorlar. Sana ne olmuş!"

Çetin arkasına yaslanırken rahat bir nefes alır.

Sabah kahvaltısını sessizce yapıp okula giderler. Sekreterden izin alıp müdürün odasına girerler.

Uzun boylu, sarışın müdür bey yerinden kalkmadan

"Buyurun!" der.

Claudia kısaca, yeğeninin buraya yeni geldiğini ama burada doğduğunu ve anaokuluna gittiğini, Almanca'yı unutmadığını söyler. Okul müdürü Çetin'e birkaç soru sorar, aldığı cevaplardan Almancasının iyi olduğunu farkeder.

"Tamam, okula kaydını yapabilirsiniz, sekreterime söyleyin işlemleri tamamlasın" der. Teşekkür edip odadan ayrılır, sekreterin odasına geçerler.

Sekreter: "Ne oldu?" diye sorar.

Claudia:

"Kayıt işlemlerini siz yapacakmışsınız." Bir sürü soruları cevaplar,

kağıtları imzalar ve ayrılırlar.

Çetin çok sevinçlidir; öyle ya artık okula başlayacaktır. Arabaya binerken teyzesi,

"Çetin, sıra anneannene geldi, şimdi de ona gidiyoruz. Seni çok özledi, çok merak ediyor." Çetin çok sevinir.

Kısa boylu, saçlarına ak düşmüş, ufacık tefecik anneannesi onları kapıda karşılar:

"Mein Maus" diye boynuna atılır. Almanca sıralamaya başlar:

"Seni çok merak ettik, özleminden kahrolduk. Mein Gott, ne kadar da büyümüşsün; içeri gel."

Anneannesinin evi tıpkı yıllar önceki gibidir. Bu ev her zaman tarçın kokar, her akşamüstü pasta yenir ve kahve içilir. Belli ki, anneannesi ona Apfelkuchen mit Zimt (Tarçınlı elma pastası) yapmıştır. Pastalarını yerken Claudia,

"Anne, kısa bir süre Çetin'e sen bakabilir misin?" diye sorar.

"Ne demek, tabii bakarım. O benim bir tanecik torunum" Biraz sonra kalkarlar.

Eve geldiklerinde Claudia:

"Fuat'ı arayalım mı?" deyip numaraları çevirir ve telefon ahizesini Çetin'e uzatır. Çetin, Fuat ağabeyine heyecanla tüm olup bitenleri anlatır ve telefonu teyzesine verir.

Claudia Fuat'a tekrar teşekkür eder ve onu Köln'e davet eder.

Çetin, yavaş yavaş okula alışmaya başlar, arkadaşlar edinir, öğretmenlerini çok sever.

Annesi oğlunun sevgisiyle çabucak iyileşir.

Anneanesinin evinden kendi evlerine taşınırlar.

Çetin sık sık Berfin'le konuşur, ona yaşadığı yenilikleri anlatır.

Dede ve neneye cıvıl cıvıl sesiyle moral verir.

Claudia Fuat'a, Çetin'den gizli davetiye gönderir. Fuat paskalya tatilinde Köln'e gelir.

Çetin artık tüm sevdikleriyle birlikte geçmişin acılarını onarmaya çalışmaktadır.

Neriman Orman'ın Çetin'i

Berfin eve geldiğinde ninesi torbanın içindekileri sordu. Berfin daha cevap vermeden dedesi söze girerek "Ne kadar iyi çocuk bunlar böyle" dedi "bugünkü hasılatlarını bize vermişler" derken yaşlı adamın kirpikleri ıslandı ve gözlerinden yaşlar süzüldü. Berfin tam anlayamadı ve sordu: "Dedeciğim yanlış birşey mi yaptım hee?"

"Hayır kızım, duygulandım."

"Niye ki?"

"Duygulandım, yavrum" diye tekrarladı yaşlı adam. Berfin daha çok küçüktü anlayamazdı. Nine küçük kızın elindeki naylon torbayı alarak balıkları kızarttı. Afiyetle yedikten sonra küçük kız uykuya daldı. Dedesi kucağına alıp onu yatağına yerleştirdikten ve üzerini battaniye ile örttükten sonra yaşlı kadının yanına gitti.

"Neden duygulandığını tahmin eder gibiyim" dedi yaşlı kadın.

"Evet, bizi buralara sürükleyen, yerimizden yurdumuzdan eden sebepler" dedi yaşlı adam ve daha fazla konuşamadı. Yaşlı kadına sarıldı; ikisi de ağlamaya başladılar.

Berfinin babası dağda bir çatışmada ölmüş, annesi de Berfin'in doğumundan sonra Berfin'in minik bedenini iki yaşlı insana teslim ederek hayata gözlerini yummuştu. Artık oralada kalamazlardı; köyleri boşaltılmış, sürgüne mahkûm edilmişlerdi.

Çetin, ninesinin ölümünden sonra sokaklara düşmüştü ve kimsesizdi.

Fuat da, Çetin ve Berfin'den pek de farklı değildi; o da sokaklardan gelmiş, feleğin sillesini yemiş biriydi.

Her üçünün de yollarını hayatta yaşadıkları olaylar birleştirmişti. Hayat çok güzel olduğu kadar, kötüydü de. Belki de hayatı kötüleştiren yaşadıklarımız değil, yaşamak zorunda bırakıldığımız entrikalar, iki yüzlüler, sahtekâr, yalancı ve etik olmayan bir sürü olayları yaratan, insan olmanın erdemine ulaşamamış mahlûkların yüzündendi.

Fuat akşam çayını içtikten sonra, günün yorgunluğuna yenik düşmüş, yatağına uzanmıştı; yalnız kaldığı zamanlar sorgulardı hayatı. Yine öyle olmuştu. Yorgun bedenine ve ruhuna sorarak düşündü, Yaşar Kemal'in sözlerini mırıldanarak uykuya daldı:" O iyi insanlar, iyi atlara binip gittiler; demirin tuncuna, insanın piçine kaldık."

Sabah sahile inmek için evden çıktığında karşısında dedeyi gördü Fuat, şaşırarak

"Günaydın, dedeciğim" dedi.

"Günaydın, evlât. Sabah sabah kapına geldim ama hayırlı bir haberim var."

"Estağfurullah dedeciğim, buyur; ne yapabilirim senin için?"

"Bu sefer benim için değil evlât. Çetin için buradayım. Ona hayırlı haberlerim var."

"Merak ettim nedir ki?"

"Almanya'dan tanıdıklarımız gelecekler bizi ziyaret etmeye; Köln'de yaşıyorlar. Demem şu ki, Çetin çocuk da gitsin onlarla; yavrucak annesini özlemiştir. Ne dersin?"

"Dedeciğim, bu mükemmel bir haber. Eminim, Çetin buna çok sevinecektir fakat arabada yer var mıdır ve Çetin'i alırlar mı?"

"Alırlar evlât, alırlar. Sordum, durumu anlattım; 'Tabii' dediler 'bizimle gelebilir, seve seve.' "

Fuat bunu duyunca Çetin'in adına çok sevindi ve haberi ona iletti. Bu güzel haber karşısında Çetin sevinçten denizin mavi dalgalarında kulaç atmak istedi. "Yaşasın" çığlıkları atarken sevincine hâkim olamıyordu.

*

Çetin Almanya'ya gideceği günü iple çekiyordu. "Artık o gün gelse de gitsem" diyordu. Öyle hayaller kuruyordu ki, "annem" diyordu "seni ne kadar çok özledim." Diğer özlem duyduğu şey de okuldu. Uzun zaman olmuştu okula gitmeyeli, "acaba" diyordu "başarabilir miyim?"

Çetin, Almanya'ya gidecekleri güne kadar bu sorularla beynini meşgul etti durdu. Nihayet o gün gelmiş dayanmıştı kapıya; artık Almanya yolculsuydu. Her ne kadar hep bugünü beklediyse de yüreği buruktu. Ne de olsa kısa bir zaman içinde burada sevdiği insanları geride bırakmanın acısını yaşadı birden: Fuat abisini, dedesini, ninesini ve Berfin'i ardında bırakacaktı. Her şeye rağmen kendi kendine "umut bazen hayal kırıklığı yaşatsa da, umudumu yitirmeyeceğim" dedi, "kimbilir belki bir gün tekrardan Almanya'da yolum onlarla kesişir."

Hüzün dolu yüreğiyle yatağından kalktı. Hiç vakit kaybetmeden giyindi; sonra kahvaltı etmek için ninenin ve dedenin yanına gitti. Berfin'i aradı gözleri ama Berfin yoktu; meraklandı "Nerede bu kız?" dedi kendi kendine ve kahvaltısını bitirmeden sordu Berfin'i. Nine buruk bir sesle "sahilde" dedi. Koşarak sahile indi. Berfin denize karşı oturmuş dalgaları seyrediyordu. Dalgalar kıyıya öyle vuruyordu ki, sesi kulaklarında değil âdeta yüreğinde uğuluyordu.

Gökyüzü denizle birleşmiş, engin maviliklerde sonsuz bir yolculuğa çıkmış gibiydi. Berfin'in gözyaşları dalgaların uğultusunu aşmış, küçük kız sevdiği bir insanı kaybedercesine iç çeke çeke ağlıyordu.

Çetin bu manazara karşısında daha fazla dayanamadı, koşarak küçük kıza bütün yüreğiyle sarıldı ve gözyaşlarını sildi.

"Ağlama kardeşim, sen böyle ağlarsan ben nasıl gidebilirim?" dedi saçlarını okşayarak. Ama hem deniz, hem de Çetin ve Berfin gözyaşlarına hakim olamıyorlardı.

*

Artık gitme vakti gelmişti. Çetin Fuat abisine, dedesi, ninesi ve Berfin'e son bir kez daha sarıldı. Hem hüzün, hem heyecan dolu karmakarışık duygular içinde arabada yerini aldı. Artık yeni umutlara doğru yelken açacaktı. Çok küçük yaşlarda koparıldığı o sıcacık anne kucağına geri dönecekti.
"Hoşçakal tüm sevdiklerim, hoşçakal deniz" dedi...

*

Üç gün süren araba yolculuğundan sonra nihayet Köln'e varmışlardı. Yolculuk her ne kadar yorucu da olsa, üç çocuk arkada tıka basa doldurulmuş arabanın içindeyken bile, hasret duyduğundan mıdır yoksa hissettiği karışık duygulardan mıdır, Çetin çok fazla şikâyetçi değildi bu durumdan.

Hasan abisi ve Emine ablası ona çok sıcak davranıyorladı ve hatta annesini bulana kadar ona yanlarında kalmayı bile teklif etmişlerdi; bu Çetin için sevindiriciydi; ne de olsa onları kısa zamanda tanıma fırsatı bulmuş ve annesini bulana kadar ya da en azından biraz etrafı tanıyana kadar hayır diyemeyeceği bir teklifti bu. Aklından rahatsızlık vereceği geçse de evet dedi.

Hasan abisi ve ailesi Köln'de yabancıların çok yoğun olduğu bir semtte oturuyorladı. Bu yüzden Çetin ilk zamanlarda İstanbul'daki sevdiklerini ne kadar çok özlemiş olsa da, çok yabancılık çekmemişti. Etrafı tanımak için bir gün evden çıktı; oturdukları yer apartmanın en üst katıydı. Cadde boyu birbirine benzeyen evlerin arasından alışveriş yapılan caddeye girdi. Ama burnuna gelen kokular ona hiç yabancı değildi; dükkânın biri kebapçı, bir diğeri

simitçi, hemen yanında etrafa lâhmacun ve pide kokuları saçan bir fırın, yanıbaşında kuaför dükkânları ve nargile içilen mekânlar, aralarında sıkışmış Türk ve Arap marketleri ve yoğun insan kalabalığı.

Çetin hayretle etrafı seyrederken insanları da gözlemliyordu. Ne kadar da çok köyündeki amcalara, teyzelere, halalara benzeyen insanlar vardı. Hele grup halinde gezen o gençler! İstanbul'dayken başına birşey gelmesin diye kendini saklamak için, içlerine karıştığı „Bally" çeken çocuklar gibiydiler sanki. Çetin onları ve çevresini seyrederken beyninde dolaşan soruları cevaplamanın biraz vakit alacağını hissetmişti.

Akşama kadar dolaşmıştı. Böylelikle kaldıkları yeri biraz da olsa tanıma fırsatı bulmuştu. Eve geldiğinde Hasan abisi ona güzel haberi vermişti çünkü okullar açılmıştı ve Çetin'in de okula gitmesi gerekiyordu. Ama Çetin hemen öyle ha deyince okula başlayamadı. İlk önce bazı aşamalardan geçmeliydi. İlkokulu Türkiye'de bitirmişti ama ondan sonra ortaokul öğrenimine başlayamamıştı. Köyden kaçış, İstanbul macerası derken, nereden bakılsa uzunca bir süre kaybetmişti. şu anda yedinci sınıfta olması gerekirdi. Fiziksel görünümünden ve yaşından dolayı "ilkokulun son yılını umarım tekrarlatmazlar" diye düşündü. Çetin'e Almanca dil sınavı yapılması önkoşuldu. Çetin buna çok şaşırmıştı. "Neden? Benim annem Alman" dese de soyadının Schneider olması pek bir şey ifade etmemişti.

Çetin'in böylelikle "Hauptschule"nin yedinci sınıfından başlamasına karar verdiler. Yalnız Çetin'in okuldan sonra bir dönem ya da birkaç ay - dilde sergileyeceği başarısına göre - hazırlık sınıfına gitmesi de gerekiyordu. Resmi formaliteler yüzünden Çetin okula birkaç gün geç başlayabildi. Okul oturduğu yere çok uzak olmasa da Çetin heyecandan kıpır kıpırdı okula başlayacağı ilk gün. Okula gitmek için erkenden evden çıktı.

Sınıfa girdiğinde öğretmeni onu diğer sınıf arkadaşları ile tanıştırdı: "Hallo Ali, willkommen in unserer Klasse", (Ali sınıfımıza hoş

geldin) diyerek selâmladı. Ama öğretmen Bayan Roth, Çetin'e sorularını sorarken yavaş yavaş konuşuyor, her şeyi tane tane soruyordu. Çetin öğretmeninin böyle soru sormasına şaşırmıştı. Kendi kendine kuşkulandı: "Acaba çok mu kötü Almanca konuşuyorum?" diye birden kendini mahcup hissetti ve etrafındaki sınıf arkadaşlarına bakarak yardım ister gibi kekeledi. Öğretmen arkada olan boş bir yere oturmasını eliyle işaret etti ve "arka ya otura bilirsin, orada yer var" dedi kelimeleri uzatarak ve yayarak.

Çetin kendisine gösterilen yere oturdu; yanında kendinden emin tavırlar sergileyen Çetin'den bir kafa daha uzun, aynı yaşta olmalarına rağmen kaslarını geliştirmeye çalışan, saçları "undercut" dedikleri - başının tepesinde saç bırakıp etrafını kazıtan - kendine çok güvenen pozlar veren, ayak ayak üstüne atmış öğrenci, yediği lolipopun çöpünü dişlerinde gezdiriyordu. "Ne tuhaf bir çocuk" dedi. Kırmızı eşofman pantolonunun altına giydiği altın sarısı aynı markadan ayakkabısı, üzerine hangi dilden olduğunu çıkartamadığı yazılarıyla desenli bol bir beyaz "Sweatshirt" olan kişinin yanına oturdu. Biraz çekindi Çetin; kaş altından bakan çocuğun bakışları hiç de hoşuna gitmemişti.

Öğretmen Çetin'e dönerek tekrardan nereden geldiğini, neler yaptığını sordu. Çetin biraz heyecanlanmasına rağmen çok kısa süre önce İstanbul'dan geldiğini ama ilkokulu köyde babaannesinin yanında okuduğunu, sonra bazı durumlardan dolayı okula ara vermek zorunda kaldığını anlattı. Kısa ve öz. İlk başta her ne kadar da heyecanlı olduğu için Almanca'yı titrek sesle ve kekeleyerek konuşsa da sonra daha seri bir şekilde anlatabildi. Bunun üzerine Bayan Roth:
"Aaa sen Almancayı çok iyi konuşuyorsun" dedi,
"Efendim, benim annem Alman, yani anadilim Almanca."
Bayan Roth bunu üzerine şaşkınlığını gizleyemedi. Çetin her ne kadar ilk dilim Almanca dese de, öğretmen ders boyunca "Afe-

rin Ali, çok güzel Almanca konuşuyorsun" demekten kendini alıkoyamamıştı. Çetin ilk öğrendiği dilin Almanca olmasına her vurgu yaptığında yanındaki sınıf arkadaşınının keskin ve sinirli bakışlarına hedef oluyordu.

Dersin bitiş ziliyle teneffüs başlamıştı. Yanındaki arkadaşı hiç vakit kaybetmeden Çetin'e seslendi:

"Merhaba, demek senin adın Ali Schneider Polat."

"Merhaba, evet adım Ali Schneider Polat ama Çetin diyorlar bana."

"Yapma yahu! Demek Çetin. Niye peki Çetin, niye Hans değil?"

"Bilmiyorum 'Çetin' diyorlar. Peki, senin adın ne?"

"Horst" diyen çocuk alaycı bir kahkahayla Çetin'in yüzüne gülüyordu. Adının sonradan Brûsk olduğunu öğrendi.

"Demek ilk öğrendiğin dil Almanca?"

"Evet annem Alman ve ilk öğrendiğim dil Almanca".

Yine Çetin'i keskin bakışlarıyla tutsak alarak sınıftaki diğer arkadaşlarına seslendi:

"Arkadaşın adı Ali'ymiş; yoook yaani Çetin'miş alsoo nee yani Schneider, ama dili Almancaymış...he 'Alter' yürü git" dedi ve diğer arkadaşlarını da toplayarak Çetin'den uzaklaştılar. Çetin'in şaşkınlığı biraz daha arttı; ne olduğunu anlayamadı. Çok üzülmüştü bu duruma. Dileği, dersin ve okulun bir an önce bitmesiydi.

*

Okuldan çıktıktan sonra Çetin eve gitmedi; ileride bir tramvay durağının olduğunu fark etti. 9 no.lu tramvaya binip aktarma yapıp oradan da gara gidip Ren Nehri kenarında biraz yürümek istedi ve öyle de yaptı. Ren Nehrine geldiğinde yüreğini anlam veremediği bir sızı kaplamıştı âdeta. Okulda olup biten-

leri anlamaya çalışıyordu; köyde gâvur diyorlardı. "Ama burada kimim ben" dedi kendi kendine mırıldanarak "öğretmenim beni yabancılaştırıyor, arkadaşlarım benimle alay ediyorlar" dedi.

Ötekileştirmenin verdiği buruk acı Çetin'i çok üzmüştü. Hangi umutlarla o çok gelmek istediği Almanya, sevinerek gittiği okul onu böyle karşılamıştı. Yüreğinin sessiz ağıdını, gözlerinden damlayan yaşlar Ren Nehrine bırakıyordu; yavaşça başını gökyüzüne kaldırıp "Anne" dedi "anne neredesin?"

*

Zaman su gibi akıp geçiyordu. Okula alışmak istese de, dışlanmalar yüzünden bir türlü başaramamıştı. Arkadaşlarının onu neden hâlâ dışladığını anlayamıyordu - sanki dünyada bir tek onun annesi Almanmış ve ilk öğrendiği dil Almancaymış gibi. "Yok" dedi kendi kendine "bu böyle olmayacak, sorunlarını böyle yaparak halledemezler ve beni dışlamalarına izin vermemeliyim." Her ne kadar annesi Alman olsa da Çetin öğretmenlerinin gözünde diğer yabancı arkadaşlarından farksızdı, ama yabancı arkadaşları da onu farklı görüyorlardı, özellikle de Brûsk.

Teneffüsten sonra etik dersine başladılar. Bay Roncalli derse girdikten ve çocukları selâmladıktan sonra dersin konusunu söyledi: "Çocuklar bugünkü konumuz: Ben kimim."
"Yapmayın öğretmenin" dedi Ricarda.
"Neden Ricarda?"
"Öğretmenim, ben Ricarda'yım çünkü" dedi Ricarda alaylı bir tonla.
"Peki, söylediğini biraz açar mısın?"

"Öf öfff..."

"Başka bir şey söylemek isteyen var mı? Evet Brûsk, el kaldırdığına göre seni dinliyoruz."

"Valla öğretmenim ben de Brûsk'um."

"Peki Brûsk kimdir?"

"OK, o halde rap yaparak cevaplayayım:
Adım Brûsk
Almanya'da doğan çılgın bir Türk
Kanım akar kırmızı
Çok severim ben beyazı
Ben kimim diye sorarsan
Türkçedir tek dilim...

"daha devam edeyim mi?" derken katıla katıla gülüyordu.

"Tamam Brûsk, anladım; peki sence zenginlik midir tek dilinin Türkçe olması?

"Bana yeter öğretmenim, 'also' biz Türküz yani, öyle bazıları gibi de gocunmayız, ilk öğrendiğim dil Almanca, hahahahha"

Çetin Brûsk'un kendisine aklınca bir gönderme yaptığını fark etmişti. O anda ona kızmaktansa içten içe çok acımıştı; zenginliğin farklılıkta olduğunu anlayamasına da üzülmüştü.

"Ben söyleyebilir miyim, öğretmenim?"

"Tabii ki Ali."

Çetin söze girerek, " 'Ben kimim' sorusu bence sorunun içinde gizli yani benim nereden geldiğim, ilk olarak hangi dili öğrendiğim, bunların aslında bir önemi yok, önemli olan kişinin dünyayı nasıl algıladığıdır, sahip olduğu zenginliklerinin yani değerlerin farkında olduğudur ve farklılığın değerini bilmesidir. Meselâ, ben köydeyken, babaannem bazen hikâyeler anlatırdı. Benim en çok sevdiğim hikâye ise gökkuşağı hikâyesiydi: morun, yeşilin, mavinin, sarının, turuncunun ve kırmızının bir uyum içinde âhenkle gökyüzünde yansımasının hikâyesiydi ve zenginliğin aslında farklılıkta olduğunun en güzel özetiydi bu. Öyle değil mi sevgili Brûsk?"

Brûsk şaşırdı. "Niye bana soruyon?" dedi.

"Sana soruyorum, çünkü sen adında aslında bir zenginlik taşıyorsun".

"Was sagst du da oğlum?"'

"Sen adının anlamını biliyor musun?"

"Nöö', adım Brûsk, bilmem mi gerek?"

"Belki bilmen faydalı olabilir. İstersen söyleyebilirim?"

"Sanki biliyon? Hem nerden bilecen? Sen önce Almanca öğrenmişsin şimdi bana soruyon, söyle hadi söyle?"

Çetin biraz düşünerek baktı Brûsk'a "Peki" dedi.

"Brûsk'un Türkçe anlamı şimşek" dedi ve Brûsk'un Türkçe değil de Kürtçe bir isim olduğunu söyledi.

Brûsk şaşırmıştı ve inanmadı "Hadi ordan yalan söylüyon ben Türküm, Kürt değilim."

"İnanmak zorunda değilsin ama araştırmanda yarar olabilir; yine de sen bilirsin" dedi Çetin.

Zil çaldı; son ders olduğundan dolayı eve gitmek için yola koyuldular.

Brûsk başka bir tepki göstermeden şaşkın şaşkın Çetin'i takip etti. Çetin biraz ürkmüştü, "Belli ki, kavga çıkaracak" dedi içinden. Brûsk sert bir bakışla Çetin'in yanından geçerek hızlı hızlı yürüdü. Eve sinirli bir şekilde girdi. Çantasını antreye bırakıp "Anne nerdesin?" diye bağırdı. Mutfaktan bir ses geldi: "Buradayım oğlum, gel". Brûsk telâşlı ve sinirli bir şekilde "Anne benim adım neden Brûsk, ben kimim? Benim adım neden Kürtçe?"

"Oğlum biz Almanya'ya ilk geldiğimiz yıllarda bize her konuda yardımcı olan bir amcamız vardı. Sen doğduğunda adını o koydu. Bir oğlu varmış adı Brûsk olan ama genç yaşta bir hastalıktan kaybetmişler. 'Brûsk koyabilir misiniz?' dedi, biz de sana onun oğlunun adını verdik. Sen küçükken kaybettik amcamızı, çok değerli bir insanın oğlunu isminde yaşatıyorsun oğlum. Ayrıca rica ediyorum artık bırak şu düşünceni, lütfen oğlum kendine gel artık. Hem biz seni hiç böyle yetiştirmedik. Sen ne vakit böyle insanları ayırır oldun, çünkü biz insanları birbirinden ayırt etmi-

239

yoruz. Önemli olan senin değerlerin; dünyaya, insanlığa bakış açın. Rica ediyorum artık, biraz kendine gel, sorgula hayatı, tüm yaşananları. Ondan sonra sor kendine: ben kimim ve neyim diye sor olur mu oğlum!"

Brûsk doğmuş olduğu bu ülkede yabancı olarak görüldüğünden kendini bir kimliğe sıkıştırmış ve zenginliğin tek dilde olduğuna inandırmıştı kendini, oysa kendi kimliğindeki farklılığı yaşatmanın bilincinde olamaması onun kendi dünyasında koyduğu kuralları, taşlarını yerinden oynatmıştı. Uzun bir süre okula gitmedi; çok düşündü, çok genç olmasına rağmen birşeylere tutunmaya çalışmasının, bir yerlerde kendini kabul ettirme gereksinimini sorguladı ve Çetin'e haksızlık ettiğini fark etti.

Onunla alay ettiği içinde çok utandı ve ondan özür dilemesinin doğru bir davranış olduğunu farkına vardı. "Zaten okul sistemi bizi dışlıyor, okulda kendimizi kabul ettirmek için çabalıyoruz ama herşeye rağmen yabancıyız. Önemli olan o zaman farklılıklarımızla birlikte yaşamak ve onları yaşatmak."

Ertesi gün okula geldiğinde derste öğretmenden izin isteyerek sınıfta herkesin önünde Çetin'den özür diledi ve:

"Okula bir süre gelmedim çünkü çok düşündüm ve de özellikle Ali'ye karşı iyi davranmadım. Senden özür diliyorum ve izin verirsen anneni seninle birlikte aramak istiyorum" dedi.

Çetin çok duygulanmıştı ve yerinden kalkıp "Önemli değil" dedi "önemli olan düşünmendir ve sorgulamandır". Çetin ve Brûsk el sıkışarak birbirlerine sarıldılar. Bu davranış sınıftaki diğer çocukları da çok etkiledi ve hep beraber "Biz de varız" dediler.

Sınıfta gökkuşağı belirmişti; gökkuşağı gibi birbirinden özel olan Kürt, Arap, Türk, Alman, Ermeni, Sinti-Roma ve Rus çocuklar Çetin'in çok sevdiği gökkuşağı hikâyesini gerçekleştirmişlerdi. Çetin artık yalnız değildi ve annesini bulması çok daha kolay olacaktı.

KİTAP HAKKINDA

Şüphesiz bir romanın sonsözü olmaz. Ama bu roman, daha doğrusu böyle bir çalışma, için bir sonsöz veya açıklama gerekliydi.

Elinizdeki roman, Köln'de çalışmalarını sürdüren İnterkultur derneği içinde yer alan Edebiyat Atölyesinin bir ürünü olarak ortaya çıktı. Roman bu Atölyede bulunan Atilla Keskin tarafından kaleme alındı. Ama değişik bir çaba olarak romanın belli bölümlerinde, atölye çalışmalarına katılan bazı arkadaşlar, "ben olsaydım bu bölümü şöyle yazardım", diye kendi katkılarını sundular: Leylâ Bulut, Çetin Doğan ve Neriman Orman. Bu katkıları da romanın sonuna ekledik.

Aslında bu girişim, Edebiyat Atölyesi'nin bu sene sürdürdüğü birlikte yazma konusundaki çabasının bir ön hazırlığı olarak da görülebilir. Bu sene fazla yapılmamış olan bir edebiyat çalışmasını birlikte sürdürüyoruz. Bir arkadaşımızın yazdığı bölümü, diğer arkadaşlar devam ediyor. Böylece toplu olarak yazılmış bir roman ortaya çıkacak.

Herkese açık olarak çalışmalarını sürdüren Atölyemizde neler yapıyoruz? Türkçe dil bilgisi kurallarını bu konuda uzman olan Yavuz Kürkçü arkadaşımızın sunuşuyla öğreniyoruz. Türkiye'deki yazarlarla yapılmış sözlü röportajları izliyoruz, arkadaşlar seçtiği edebi eserleri, yazar ve şairleri sırayla bize tanıtıyor. Kimi zaman sanat filmleri izliyoruz. Şair arkadaşlarımızın şiirlerini, öykü yazan arkadaşların ürünlerini birlikte dinliyor ve önerilerimizi, eleştirilerimizi belirtiyoruz. Yine Yavuz Kürkçü arkadaşımızın hazırladığı müzikli şiir dinletisini izliyor kimi zaman şiirleri sırayla birlik-

te okuyor ve irdeliyoruz. Son aylarda Almanya'daki gençlerin oynayacağı Karagöz benzeri bir tiyatroyu yazma çabamız var. Atölyemiz her hafta salı günü İnterKultur Derneğin'de bir araya geliyor. Çalışmalarımıza Yavuz Kürkçü, Atilla Keskin, Işılay Karagöz, Ekrem Başaran, Neriman Orman, Çetin Doğan, Leyla Bulut, Kıymet Karabulut, Erdal Aslan, Hatice Yurtdaş, Cafer Cebe, Ali Rıza Orman, Erdal Boyoğlu, Saadet ve Fikret Akyurt, Pelin Oran, Tufan Acil isimli arkadaşlarımız sürekli katılıyor. Zaman zaman farklı arkadaşları da Atölye'mize misafir ediyoruz. Kapımız Köln ve çevresindeki edebiyata gönül vermiş arkadaşlara açıktır. Yeni çalışmalarımızda sizleri de aramızda görmek isteriz.